中國世界的全盛

姚 大 中 著

學歷：中央大學畢業
　　　日本大東文化大學研究
現職：東吳大學教授

三 民 書 局 印 行

行政院新聞局登記證局版臺業字第〇二〇〇號

中華民國七十二年一月初版

中國世界的全盛

基本定價肆元捌角玖分

版權所有　翻印必究

著作者　姚　大　中

發行人　劉　振　強

出版者　三民書局股份有限公司

印刷所　三民書局股份有限公司

臺北市重慶南路一段六十一號

郵政劃撥九九九八號

中國世界的全盛

編號　S 61011

三民書局

中國世界的全盛　目次

世界帝國的榮光

開放性的生活、思想與文化

中天之日換入斜陽期

巨大帝國崩裂的震力與轉運期開創

世界帝國的榮光

隋—唐新漢族・大統一成立

　　二世紀後半漢末以來，動盪顛簸的中國四百年大分裂時代，終以經過五胡亂華的極度混亂期，脫了軸的社會秩序從疲憊癱瘓漸漸回復正常運行，產業復活與政治重建，而歸納到南北朝初步收拾分裂局面。南北朝新秩序穩定約一個世紀後，南、北同時出現的再分裂反常現象，似同萬里晴空前的短暫時間陰霾，北朝北魏分解為東魏——北齊、西魏——北周；南朝歷宋、齊、梁三朝而後梁與陳朝分立，一時四國並存。但待北齊向北周回歸而北朝單一主權支配再建，北周又於紀元五八一年踏襲南北朝朝代變易一貫法則，禪讓由權臣楊堅的新朝代「隋」嬗代時，大統一氣運已自此北朝系的新朝代把握。六年後的紀元五八七年，廢併南朝系的北朝保護國江陵後梁，再兩年的紀元五八九年，江南陳朝續在隋朝大軍未經激戰的情況下覆亡，總結漢族中國離析歷史，南、北回復合一。

　　——如上連續的大事件，自六世紀三〇年代四分中國所代表反常而又具世紀性巨人胎動意味時起算，未滿六十年，一氣呵成。新氣運統一朝代的名詞由來，係沿襲楊堅之父，西魏命運掌握者與北周創業主宇文泰股肱大臣之一的楊忠，受封隨國公，楊堅自身又晉封隨王的原名號，

祇以「隨」字帶「辵」爲不吉利而改書「隋」字。但「隋」字仍非吉利，世局推移的大動力第二波又再興起，七世紀初而萬丈光芒的世界大帝國唐朝接替隋朝誕生。

基於此，是隋朝開啟大唐三百年歷史之門，前導或過渡朝代的性格頗爲明朗。

隋朝歷史評價，中國史學家基於傳統的道德標準，推崇文帝（紀元五八一——六〇四年在位）開皇·仁壽之治的節約與勤政愛民，嗇於自奉而厚於賞賜，重視民生，減輕課役，廢止酒稅與鹽稅，健全又統一流通的貨幣制定，以及開皇（元年，紀元五八一年）律與其後繼頒開皇令的全國頒行，指其「躬節儉，平徭賦，倉廩實，法令行。君子咸樂其生，小人各安其業，強無陵弱，眾不暴寡。人物殷阜，朝野歡娛，二十年間天下無事，區宇之內晏如」（「隋書」高祖紀史臣曰），卻已批評其「無寬仁之度，有刻薄之資」的對人猜疑與擅用權術。於其子楊廣，次代或末代皇帝煬帝（紀元六〇四——六一八年在位）政績，則一律以「惡政」，以及基於私慾目的與誇大心理的奢侈、荒亂、黷武概括。唯物史觀學者尤其對之猛烈抨擊，范文瀾筆下的煬帝，乃是「歷史上著名的浪子、標準的暴君」，謂其奢侈生活與殘虐政治乃中國歷史上前所未曾有的人物❶。

隋朝誠然是失敗的，煬帝也誠然是失德的亡國之君，朝代自壞非爲無因。然而「煬」字係隋——唐交代後所諡，「隋書」又是唐初的官修史書，爲須辨明。惟其如此，脫出推翻隋朝的唐朝政治立場，或非故意強調其罪惡的話，也可以發現，煬帝同樣存在性情可愛的一面，乃與其父文帝極端理智性格相背的感情型人物，此正是「隋書」浮現煬帝放浪面影另一角度的了解，堪注意與「晉書」諸載記與南北朝史書記錄的帝

❶ 引文藝春秋版「大世界史」④大唐の春，第一一六頁語。

王同一範式。南北朝多數統治者兼具善、惡雙重性格，南朝君主且是飽學之士，個人智慧特高，煬帝毋寧便偏向於南方型。一部較早期的歷史教科書❷，列數煬帝惡跡所附注語：「隋煬帝集六朝昏主之大成，然其人有特長。史稱其好讀書著述，自經術文章、兵、農、地理、醫、卜、釋、道乃至鷹、犬之類，皆爲新書，無不精洽，除去猥雜，尚存三萬七千餘卷（係聚百數學士共著），則學術可謂博矣。又於觀文殿爲書室十四間，每三間開方戶，垂錦幔，上有二飛仙，戶外地中施機，踐之則飛仙收幔，厨扉皆開，去則垂閉如故，其技巧亦有過人者」，不難想見其人。煬帝詩文、書法俱優，「隋書」文學傳曾錄其「與越公書」、「過東都詔」、「冬至受朝詩」、「擬飲馬長城窟」等篇名。詩的聞名，且傳誦國外，日本聖武天皇御筆繕抄煬帝作品之一「淨土詩」，現尚存日本正倉院❸，「隋書」煬帝紀也未吝言其人「美姿儀，好學書屬文，沉深嚴重，朝野屬望」。史稱煬帝弒父（文帝六四歲臥病時，被置毒於藥中），殺兄（同母兄原皇太子勇，受譖廢，楊廣由原封晉王繼立爲皇太子，父崩矯詔賜勇死），性格也仍祇趙翼「廿二史劄記」宋子孫屠戮之慘、後魏多家庭之變等篇之續，上承宇文護連弒其叔宇文泰二子（北周第一、二代孝閔帝與明帝）前例，下啟唐初玄武門之變，李世民殺同母兄弟皇太子建成與齊王元吉，由秦王繼爲皇太子後受父高祖禪，登位爲太宗的大事件，簡言之，南北朝骨肉相殘遺風的殘餘。

相對方向，南北朝朝代變易，後朝盡殺前朝皇族的殘暴政治，卻自此際一變。隋——周交代，雖續演「隋文帝殺宇文氏子孫」（「廿二史劄記」篇名）慘劇，但滅南朝，陳朝皇族已全獲善待，並多顯貴。尤堪重視的，同係隋朝建國有力功臣與開皇之治兩大靈魂人物高熲與蘇威

---

❷　羅元鯤「高中本國史」（開明版），第一冊，第二〇五頁。
❸　人物往來社「東洋の歷史」⑤隋唐世界帝國，第二八頁注及附圖。

（蘇綽之子），前者北齊系而後者北周系，無歧視被重用，統一政治的府兵制固踏襲北周，均田制土地制度與律令系譜，繼承的卻都是北齊，以及煬帝時代南朝文學風行全國，都已破除地域觀念。煬帝自身且以晉王時代統率水陸大軍平陳，留鎮江都（今江蘇省揚州）的因緣，非祇結束個人生命之地便在江都，也鑄定一生便是個南方文化愛好者，日常生活深染江南習俗與愛用吳語❹。統一政治必需的祥和氣氛，以及中國南北統一時代，北方——政治、南方——文化的調和徵兆，都已初現。

然而，隋朝卻二世（依唐朝官方紀錄則須加恭帝為三世）三八年，短命覆亡。覆亡原因，「通典」的總結說明有二：

其一：「（大業初為隋之極盛，煬帝）承其全實，遂恣荒淫。登極之初，即建洛邑，每月役丁二百萬人（煬帝時代隋朝政治中心也因之移至東都洛陽，而非長安，為異於文帝時代）。導洛至河及淮，又引沁水達河，北通涿郡；築長城，東西千餘里。皆徵百萬餘人，丁男不充以婦人，兼役而死者大半。及親征吐谷渾，駐軍青海，遇雨雪，士卒死者十二三。又三駕東征遼澤，皆興百餘萬眾，饋運者倍之。又逆徵數年之賦，窮侈極奢，舉天下之人，十分九為盜賊，身喪國滅，實自取之，蓋資我唐之速有天下也」（食貨七歷代盛衰戶口項隋條）。

其二：「大業以後，王綱弛紊，巨姦大猾，遂多私鑄，錢轉薄惡……，貨賤物貴，以至於亡」（食貨九錢幣下隋條）。

便是說，連續的勞役與兵役徵發踰度，以及惡性通貨膨脹的併發症。農民羣由怨尤而憤怒，鋌而走險，大業六年（紀元六一〇年），自稱彌勒佛的盜賊數十人闖破洛陽皇城城門，已是信號，大業八年第一次高句麗征伐大挫敗，各地盜賊武裝蠭起之勢終於形成。然而，堪注目係此一形勢成立之際，「通典」所說明「蓋資我唐速有天下」的大轉捩——

---

❹ 如天下已亂，煬帝在江都語蕭后：「外間大有人圖儂」。

　　隋朝全壽命，煬帝十四年治世佔約後半五分之二。其三六歲登位後
第十年（大業九年、紀元六一三年），楊玄感震撼爆發，乃導引動亂事
態一發不可收拾。楊玄感非隋朝皇族成員，卻是擁高位、負盛譽的名門
世族，其父越國公楊素，乃文帝重臣，平定江南陳朝的統帥部執行首
腦，因之與名義的統帥晉王（煬帝）感情親密，晉王時代的煬帝也因與
之相結，得其協力而被立皇太子登位，死後玄感繼承其父煊赫餘緒，自
身又具才能，好賓客，爲國內名士所傾向。煬帝當各地盜賊橫行之勢已
成之際，第二度發動高句麗親征，楊玄感充漕運監督，全權負責後方補
給勤務，忽然自黎陽（今河南省濬縣東北，黃河與通往涿郡永濟渠的交
會點）豎起叛旗。結局，以攻擊洛陽不成，再攻長安，戰線拉長時，被
高句麗征伐軍回師追擊，自殺，反亂落幕。但其携手者另一高敎養世
族，西魏──北周時最大名門之一的後裔李密，已立即接替楊玄感領導
地位，佔領洛陽東方洛口倉城，洛口倉城位當洛水流入黃河的今河南鞏
縣之地，城郭周圍延長至九〇公里，內置三千窖，每窖儲藏八千石米，
隋朝全國民生、戰略物資最重要的儲備地。李密以此據點，又奪洛陽北
方回洛倉城（周圍五公里，窖數三百）爲犄角，大規模叛變之勢確立。
前此處處散布，性質都祇破壞、掠奪本位，假託依附了彌勒佛降世信仰
的暴民、農民、小地主、無賴之徒、地方官衙的小服役者、低級官吏等
小野心家與不滿份子所製造低層次暴動，由是獲得鼓勵而相互統合，叛
亂層次昇高，指導權多移入地方豪族出身者與利用了鎮壓暴動之名的政
府高位次野心家。不數年間，羣雄割據態勢已成，而其時，煬帝正居江
都離宮。便在此全國大動亂漩渦中，大業十三年（紀元六一七年），留
守晉陽（今山西省太原）的唐公李淵也受其二〇歲次子李世民慫恿起
兵，結合變局中求安定、圖保全的諸大家族之力，南下突襲長安得手，
立煬帝南方行幸時留鎮長安的十五歲之孫代王侑（其父原皇太子已先

死）爲傀儡皇帝，而遙尊煬帝太上皇，全權的李淵進位唐王。周——隋交代前夕一幕重演。次年（隋煬帝大業十四年、代王侑或恭帝義寧二年、唐高祖武德元年、紀元六一八年），煬帝在江都被側近少壯幸臣宇文化及（非被隋文帝盡殺的北周皇室宇文氏同宗）絞殺，立煬帝姪秦王浩爲帝，長安乃正式禪代，唐朝開國，李淵登位爲唐高祖（紀元六一八——六二六年在位）。

如上事件的另一方面意義，也指示唐朝初興，尙祇關中爲中心的諸割據勢力與地方政權之一，同時期與「唐」同在的國號，出現至十餘之數，實力雄厚諸集團均對漢族中國心臟地區虎視眈眈：江都宇文化及的部隊也北上參加爭奪中原，據魏（今河北省大名）弒浩自立，國號許；李密仍控制扼運河口的洛口倉城，國號魏；東京洛陽於西京長安變易朝代之際，臣下立侑之兄越王侗爲帝，暫仍擁有隋朝名義，但次年（唐武德二年）便上演大臣王世充（父係歸化粟特人，父死母改嫁，隨漢人後父姓王）的弒纂，國號鄭；地方豪族出身，以洺（今河北省永年）爲中核而奄有河北、河南、山東三省接合地帶的是竇建德，國號夏；後梁皇室後裔的蕭銑分割長江中流域，仍都江陵，國號也仍是梁。唐朝號令全國的第一步，先併合西北方面的次要割據者，穩固背面，乃躍馬洛陽，投入中原戰場，展開羣雄的中國統一主權爭奪戰高潮。唐朝氣勢如虹，中原諸割據者先後倒下後，餘勢再削平北方與南方邊緣的各霸一方人物。自隋亡至唐武德七年（紀元六二四年），七年間天下全定，僅餘長安正北方，受北方草原突厥勢力庇護的陝西北部梁師都「梁」國，延至四年後的貞觀二年或紀元六二八年被最後收拾。旋風式武力回復統一，具有非常才能的秦王李世民是最大功勞者，卻不幸於武德九年，也以之爲主角而兄弟鬩牆，上演宮城北門玄武門之變家庭流血悲劇。同年勝利的秦王由被册封皇太子而登位，年二九歲，六一歲的高祖讓位爲太上

皇。新皇帝便是文治、武功同博極峯盛名，中國抑或世界歷史上最偉大帝王之一的唐太宗（紀元六二六——六四九年在位）。

　　隋——唐交代媒介作用的天下大亂，從其過程，可發見係以名門世族的挿手而昇高。析言之，最初的農民暴動蠭起，基本原因乃隋朝統一天下，由文帝時代財力、物力、人力儉約運用，猛烈轉變爲煬帝的極度擴張，波動太劇與太快，人民不能適應時的反響，也便是說，非社會、經濟因素而係政治性的，因應本非艱難，卻反以楊玄感震撼而注入更大政治因素，終致於海內崩析。繼起逐鹿中原的羣雄，也幾乎無不出自同一的貴戚大臣背景。所以，是統一政治的矛盾導發變亂，世族政治餘勢又激化，也相對寫下全國動亂的休止符。南北朝獨特發達的世族政治陪伴南北朝時代結束而入末期狀態，隋末反動正是最後掙扎的強弩之末徵象，但厭惡興風作浪破壞和平的世族，毋寧仍佔多數，唐朝掌握此一心理而共同携手，乃是唐朝短暫用兵便回復統一，迅速再收拾、再整理中國政治秩序成功的憑藉。「唐會要」卷三六氏族類蘇氏議曰：「創業君臣，俱是貴族，三代以後，無如我唐。高祖八柱國唐公之後，周元懿、隋元眞二皇后外戚，娶周太師竇毅女，毅則周太祖之婿也。宰相蕭瑀、陳叔達，梁、陳帝王之子；裴矩、宇文化及，齊、隋駙馬都尉；竇成、楊恭仁、封德彝、竇抗，並前朝師保之裔。其將相裴寂、唐儉、長孫順德、屈突通、劉政會、竇軌、竇琮、柴紹、殷開山、李靖等，並是貴冑子弟」，足資說明其事。於此，唐朝建國，不過因勢利導，具有幸運成分可見。

　　惟其如此，中國自隋朝實現再統一固已瓜熟蒂落，隋末大亂祇是統一政治建設期，賽車式衝力過大與太過急馳時的翻覆意味；但南北朝政治的終結，實質非隋朝而須延長到代興的唐初爲可瞭然。也因此隋——唐朝代改易，本質不變，抑且唐朝接受隋朝教訓而愈堅定統一的行進腳

步，歷史進程視八百年前秦朝與漢朝間的關係，初無二致。這層意義上，秦朝、隋朝之於漢朝、唐朝此兩最堪代表漢族中國的偉大朝代，都得謂之先行的試驗性朝代。以唐太宗貞觀年號而名的「貞觀之治」穩固中國再次大統一磐石，也正如同漢初「文、景之治」保證了中國最早統一事業的穩定進步。

唐朝初期直結隋朝，隋朝又便是前期唐朝的歷史性格，至為明晰。以均田制為基盤的支配組織與周密的中央集權新政治制度所支持國家機能，推行到包括原南朝領土的中國全域，法律體制整備，全國性整理地方行政區劃與行政體制，重建西京、東京兩都而創中國計劃都市之始，予南北朝學術、文學以集大成的文化事業展開，宗教的保護，突厥降伏，漢族直轄領土伸入新疆省範疇，西域與東南亞、南洋方面的國力大發展，中國文明之光耀目四射，而文化內涵要素又相對廣泛國際化，唐朝傲視歷史的世界性大事業諸分野，堪注意均自隋朝發軔而一體化。特別關於：其一，南北朝世族政治特權被剝奪，九品中正法退潮而「科舉」官吏登用制度萌芽，鑄定自此一千三百年中國政治人才選拔準則，係自隋文帝而創始；其二，與秦朝大長城工事同係人類文明偉大表徵之一，人力所製造世界最長距離交通大動脈，今日的南北大運河原型，又便自博有惡名的隋煬帝而實現。雖然，以其係犧牲役丁數字過鉅，甚且動員了婦女才開鑿完成，向被歷史界與營建東都新洛陽城並太多離宮同列，歸納為惡政事實的舉證，但大運河的利用，對中國南北經濟調和與物資流通的嘉惠迄今，也必須承認。

所以，隋朝與煬帝儘管值得批評，也不能對其歷史意義積極的一面輕描淡寫，抑或一筆抹煞。如謂煬帝對外好大喜功，則貞觀之治同樣不排除外征。「隋書」煬帝紀史臣曰：「爰在弱齡，早有令聞。南平吳會，北卻匈奴，昆弟之中，獨著聲績」，於其繼位後又是：「極廣三

代，威振八絃，單于稽顙，越裳重譯；赤仄之泉，流溢於都內，紅腐之衆，委積於塞下」，如果不連讀下文貶非筆誅之詞，直可移用之爲唐太宗事業的褒語。隋朝的存在，曇花一現爲誠然，但其事業、其精神，與所導引後續的漢族中國標準長期朝代唐朝，則是一體的、連貫的，由是可得概知。

隋　朝　世　系　圖

①高祖文帝（楊堅）———②煬帝（廣）———〔元德太子昭〕———恭帝（越王侗）
581-604　　　　　　604-618　　　　　　　　　　　　　618-619（煬帝死後洛陽所立）
　　　　　　　　　　　　　　　　　　　　　　　　　　　　　恭帝（代王侑）
　　　　　　　　└—〔秦王俊〕———秦王浩　　　　　　　617-618（唐受禪前立，遙尊煬帝太上皇）
　　　　　　　　　　　　　　　　618（宇文化及在江都弒煬帝立）

　　外國歷史界研究中國史，態度原較客觀，卻於隋——唐創業，往往落入東——西洋史民族大移動與蠻族入侵爲同一公式的主觀意識，概認北朝諸朝代係「胡」系，隋朝傳承出自北朝系統，所以懷疑楊堅乃是漢化鮮卑人[5]，理由係以楊堅之父楊忠於北魏分裂了的西魏時代，一度賦有「普六茹」的鮮卑姓，情況與唐朝開國君主李淵之祖，與楊忠同時代也同等高官的李虎一度姓「大野」，正相彷彿，唐朝系譜因之也被疑出自鮮卑[6]。實則，此等人物與其指爲漢化的鮮卑人，不如謂之鮮卑化了的漢人，「隋書」、「唐書」兩高祖紀都曾明言，普六茹氏、大野氏均宇文泰時代對漢裔功臣的賜姓，李淵祖先且是五胡十六國中漢人國家之一，五涼國中西涼建國者李暠，經歷七世而至李淵。「周書」文帝（宇文泰於北周建國時追諡尊號）魏恭帝九年條對此背景的說明：「魏氏之

---

[5]　日本東洋史學者往往持此意見，如文藝春秋版「大世界史」④大唐の春，第一○九頁；人物往來社版「東洋の歷史」⑤隋唐世界帝國，第一二頁；誠文堂新光版社「世界史大系」⑧東アジアⅠ（鈴木俊、青山定雄「隋唐帝國」政治篇），第一八八頁。

[6]　如人物往來社版「東洋の歷史」⑤隋唐世界帝國，第六○頁。

初，統國三十六，大姓九十九，後多絕滅。至是，以諸將功高者爲三十六國後，次功者爲九十九姓後，所統軍人亦改從其姓」。洪邁「容齋隨筆」（三筆第三卷）魏改功臣姓氏篇的補充尤爲詳細：「魏孝文自代遷洛，欲大革胡俗，既自改拓跋氏爲元氏，而諸功臣舊族自代來者，以姓或重複，皆改之……然至於其孫恭帝，翻以中原故家易賜蕃姓，如李弼爲徒河氏、趙肅、趙貴爲乙弗氏、劉亮爲侯莫陳氏、楊忠爲普六茹氏、王雄爲可頻氏、李虎、閻慶爲大野氏、辛威爲普毛氏、田宏爲紇干氏、耿豪爲和稽氏、王勇爲庫汗氏、楊紹爲叱利氏、侯植爲侯伏侯氏、竇熾爲紇豆陵氏、李穆爲拓伐氏、陸通爲步六孤氏、楊纂爲莫胡盧氏、寇儁爲若口引氏、段永爲爾綿氏、韓褒爲侯呂陵氏、斐文舉爲賀蘭氏、王軌爲烏丸氏、陳忻爲尉遲氏、樊深爲萬紐于氏，一何其不循乃祖彝憲也。是時蓋宇文泰顓國，此事皆出其手，遂復國姓爲拓跋，而九十九姓改爲單者，皆從其舊」。爲何一時突又出現反漢化運動的原因，從北魏分解東、西魏時的形勢容易瞭然，便是：關中的西魏鮮──漢聯合政權成立，形式固仍鮮主漢從，力量的鮮卑弱勢，卻反較東魏所蛻化漢主鮮從的北齊明顯，漢裔實力者賜與鮮卑姓，動機無非在加重鮮卑系精神份量。宇文泰智囊團領袖漢人蘇綽創制著名的府兵制，內涵漢族實質而外貌反採用鮮卑漢化前早期的八部大人遺制，無非同一意味。卻是，任何意識上的遷就或反抗，都已無可違拗「鮮卑」族名詞從歷史上退隱的現實走向，尤其北齊向北周合流後的北朝，漢裔主導全然明朗化，回復漢族中國的時機注定成熟，而有結局的隋朝成立。所以，果爾楊堅，抑且李淵均係鮮卑系，或所謂漢化的鮮卑人，則對隋、唐如何忽然一變便以標準的、純粹的漢族中國面貌屹立，將無由解釋，也全無如北魏孝文帝時代明晰的轉捩線索可循。

歷史的軌道上，北朝上承五胡十六國，拓跋部領導的鮮卑系諸部族

移住長城以內，已係投入「中國」範圍非漢族諸集團的最後一波巨潮。北魏朝代建設，對連續數世紀的胡人漢化運動也具有總結意味，特別是五世紀末孝文帝的時代，而堪注意，孝文帝生母、祖母便均係漢人，早年攝政的嫡祖母，北魏史上一大女傑的馮太皇太后，也是。至此階段，已非僅禁胡服、胡語法令斷行而已，胡姓改定漢姓乃爲必然，籍貫改繫所居住郡縣，等於意識上向漢族認同的正式宣告。因之北魏分裂之初，西魏一度返還胡姓的反動政策，難挽既倒狂瀾乃是意料中事。北周成立，一切立即復舊，返回北魏孝文帝的軌跡，而且已等於廣泛的北魏所謂「北族」死亡善後料理性質。所以，六世紀北朝分裂期的北齊著作「魏書」官氏志，所錄入紀元四九六年姓族分定詔頒布時，胡族如何更改漢姓的調查資料，已係新漢族組成時，僅存得以識別原北族或胡人系譜的依憑——

㈠與皇族拓跋氏（改元氏）同血統諸部族，合共十姓：

紇骨氏——胡氏　　普氏——周氏　　拓拔氏——長孫氏
達奚氏——奚氏　　伊婁氏——伊氏　　丘敦氏——丘氏
侯氏——亥氏　　乙旃氏——叔孫氏　車焜氏——車氏

㈡北魏朝代成立以前服屬諸部族（官氏志之語係「＜始祖＞神元皇帝＜力微＞時餘部諸姓內入者」）：

丘穆陵氏——穆氏　　步六孤氏——陸氏　　賀蘭氏——賀氏
獨孤氏——劉氏　　賀樓氏——樓氏　　勿忸于氏——于氏
是連氏——連氏　　僕蘭氏——僕氏　　若干氏——苟氏
拔列氏——梁氏　　撥略氏——略氏　　若口引氏——寇氏
叱羅氏——羅氏　　普陋茹氏——茹氏　賀葛氏——葛氏
是賁氏——封氏　　阿伏于氏——阿氏　可地延氏——延氏
阿鹿桓氏——鹿氏　他駱拔氏——駱氏　薄奚氏——薄氏

烏丸氏——桓氏　　素和氏——和氏　　吐谷渾氏（未改）

胡古口引氏——梁氏　賀若氏（未改）　　谷渾氏——渾氏

匹婁氏——婁氏　　俟力伐氏——鮑氏　吐伏盧氏——盧氏

牒云氏——云氏　　是云氏——是氏　　叱利氏——利氏

副呂氏——副氏　　那氏（未改）　　如羅氏——如氏

乙扶氏——扶氏　　阿單氏——單氏　　俟幾氏——幾氏

賀兒氏——兒氏　　吐奚氏——古氏　　出連氏——畢氏

庚氏（未改）　　賀拔氏——何氏　　叱呂氏——呂氏

莫那婁氏——莫氏　奚斗盧氏——索盧氏　莫蘆氏——蘆氏

出大汗氏——韓氏　沒路眞氏——路氏　扈地于氏——扈氏

莫輿氏——輿氏　　紇干氏——干氏　　俟伏斤氏——伏氏

是樓氏——高氏　　尸突氏——屈氏　　沓盧氏——沓氏

嘔石蘭氏——石氏　解枇氏——解氏　　奇斤氏——奇氏

須卜氏——卜氏　　丘林氏——林氏　　大莫干氏——郃氏

介綿氏——綿氏　　蓋樓氏——蓋氏　　素黎氏——黎氏

渴單氏——單氏　　壹斤眷氏——明氏　叱門氏——門氏

宿六斤氏——宿氏　馥邘氏——邘氏　　土難氏——山氏

屋引氏——房氏　　樹洛于氏——樹氏　乙弗氏——乙氏

(三)統一北部中國期間所服屬：

（東方）歸納爲宇文、慕容兩大姓。

（南方）茂眷氏——茂氏　宥連氏——雲氏

（次南）紇豆陵氏——竇氏　俟莫陳氏——陳氏　庫狄氏——狄氏
大洛稽氏——稽氏　柯拔氏——柯氏

（西方）尉遲氏——尉氏　步鹿根氏——步氏　破多羅氏——潘氏
叱干氏——薛氏　俟奴氏——俟氏　輾遲氏——展氏

費連氏——費氏　　其連氏——綦氏　　去斤氏——艾氏

渴侯氏——緱氏　　叱羅氏——祝氏　　和稽氏——緩氏

宼賴氏——就氏　　嗢盆氏——溫氏　　達勃氏——褒氏

獨孤渾氏——杜氏

（北方）賀蘭氏——賀氏　郁郁甄氏——甄氏　紇奚氏——嵇氏

越勒氏——越氏　　叱奴氏——狼氏　　渴燭渾氏——味氏

庫褥官氏——庫氏　烏洛蘭氏——蘭氏　一那蔞氏——蔞氏

羽弗氏——羽氏

　　胡——漢文化、血統混合，朝往漢化的大方向固至鮮明，但進程中漢人胡妻，以及倒反的生活習俗方面若干程度胡化，其不可避免也容易想見。北齊創業主高歡是現成的例子，其子第一代文宣帝高洋，母婁氏便是鮮卑裔。所以，謂之漢人或胡人，殘餘已僅依父系空懸其名，實質往往反而母系成份愈累積愈濃厚。相對而言，母系卻又正從逆方向作相同的轉變，自五胡十六國到北朝落幕前夕，北周末兩代宣帝與靜帝，其母非祇漢人，且均係南方漢人（一楚人、一吳人），尤增加了相互間血統關係的複雜化。惟其如此，連鎖反覆出現的任何胡——漢聯合政權，外貌儘有胡主漢從抑漢主胡從之別，本質則一，過程中帝王係原漢人抑原胡人（鮮卑人）？意義上已無關重要。重要在嬗變的結局：第一，結束北朝歷史的最終主導者是漢人父系楊氏；第二，併合南朝而統一的漢族中國再現，又便自漢裔世族楊氏建設的隋朝；第三，接替隋朝，穩固再統一基盤與光大統一事業的唐朝，續由漢裔世族李氏所創造，而有新漢族與新的漢族中國實至名歸誕生與壯大。

　　下表，可供參考前引姓族分定表，透視新漢族形成期間胡（鮮卑）——漢血統如何複雜滲合的內情，雖然仍祇能部份了解（資料依「周書」、「隋書」、「唐書」有關傳記）。

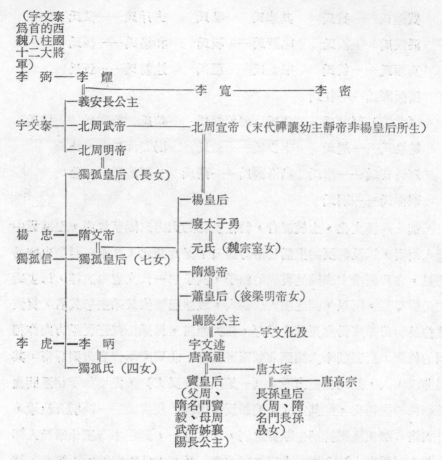

（宇文泰
為首的西
魏八柱國
十二大將
軍）

李 弼——李 耀
　　　　‖————————李 寬————————李 密
　　　　┌義安長公主
宇文泰——┼北周武帝————————北周宣帝（末代禪讓幼主靜帝非楊皇后所生）
　　　　└北周明帝
　　　　　‖
　　　　┌獨孤皇后（長女）

　　　　　　　　　　┌楊皇后
　　　　　　　　　　├廢太子勇
楊　忠——隋文帝　　├元氏（魏宗室女）
　　　　　‖　　　　├隋煬帝
獨孤信——獨孤皇后（七女）├蕭皇后（後梁明帝女）
　　　　　　　　　　└蘭陵公主
　　　　　　　　　　　　　————宇文化及
李　虎——李　昞　　宇文述
　　　　　　　　　唐高祖
　　　　┌獨孤氏（四女）‖————唐太宗
　　　　　　竇皇后　　　　　　　‖————唐高宗
　　　　　（父周、　　　長孫皇后
　　　　　隋名門竇　　　（周、隋
　　　　　毅、母周　　　名門長孫
　　　　　武帝姊襄　　　晟女）
　　　　　陽長公主）

　　便在如此北朝貌「胡」實「漢」或貌「漢」實「胡」的父系、母系
血統相互又不斷滲合，中國統一重現後又加入南朝漢人血統的狀況下，
到唐朝向穩定建設再統一的漢族中國之途邁進時，凡歷史上進入漢族
「中國」範圍的所有胡人，或者鮮卑人漢化浪潮中所謂的北族，已一概
了無踪影。漢族中國全域惟一的民族已祇是「漢族」，卻又已非早期或
秦——漢時代漢族，而是注入了新生命、新活力的新漢族。世界文化史
上高評價的中國文明，也以中國新的朝代、新的漢族成長，而以更成
熟、更進步的姿貌展現於全世界人類眼前。

從「貞觀之治」到「開元之治」

　　唐太宗天縱英姿，是不世出的偉大帝王典型。其所以異於歷史上所有雄才大略君主之處，係如秦始皇、漢武帝的對外事業發展大成功，另一方面卻都須以犧牲國民安居樂業的生活爲條件，惟唐太宗則未。唐朝世界帝國之光自其手上照耀千古，國內政治同時表現國民生活安定與社會康樂安謐的最美好境地。「於是帝卽位四年，歲斷死二十九，幾至刑措。米斗三錢」（「新唐書」魏徵傳），傳爲美談，「唐書」太宗紀贊尤其大書：「貞觀之風，到今歌誦」。

　　唐太宗在位二四年，卽位翌年改元貞觀，「貞觀之治」因之已係中國歷史的理想治世，也被引爲後世政治的模範，最成功政治的借鏡。太宗在位時與臣下有關政治方針、政治倫理的討論記錄，後代中宗時吳競編集爲「貞觀政要」十卷，分「論君道」、「論政體」以至「論愼終」等四十篇，非祇後世有爲天子所必讀❶，也已係東洋——中國文明圈內各國，凡君主、政治家均共同研修的帝王學教科書❷。

　　「貞觀政要」開宗明義之語：「爲君之道，必須先存百姓。若損百姓以奉其身，猶割股以啖腸，腸飽而身斃」（論君道第一）原理，以及「凡事皆須務本，國以人爲本」（論務農第三十）的民本主義思想高揚，鮮明便是貞觀政治方針，以及由此方針貫徹而後世敬羨的貞觀之治實現。「民爲貴」原係孟子理想，一千年後，卻由帝王肯定民爲國本，唐太宗無愧最高級天子，曠古的第一人。

---

❶　民國以來，清朝退位皇帝溥儀仍受溫肅進講「貞觀政要」，見羅香林「唐代文化史」第五二頁，貞觀政要述記篇注七。

❷　日文著作中慣用此形容詞，且多以德川家康愛讀舉證。

念念以人民足衣食與登昇平爲帝王義務 ，隋文帝爲相同 ；睿智雄略，廓伸國威於北、東亞洲，自身出生於北朝系而熱愛南朝文化，用絕大政治力提倡各種文化事業，又便是隋煬帝寫照。唐太宗偉業，實質卽此前朝兩帝王統一政治的合影，以及隋煬帝之夢實現。但爲何唐太宗得兼其功，獨享令名？原因端以其性格中，不存在隋文帝對民寬仁而待臣下苛嚴陰沉，以及隋煬帝剛愎自用的雙方缺陷，待人至誠係其出乎自然的至性 。 貞觀之治的塴景仰由此 ， 也以此構成唐太宗之爲名天子的條件。於此，「貞觀政要」的一段文字值得注視：

「貞觀四年，太宗問蕭瑀曰：隋文帝何如主也？對曰：克己復禮，勤勞思政，每一坐朝，或至日昃。五品以上，引坐論事；宿衞之士，傳飧而食，雖性非仁明，亦是勵精之主。太宗曰：公知其一，未知其二。此人性至察而心不明，夫心暗則照有不通，至察則多疑於物。又欺孤兒寡婦以得天下，恆恐羣臣內懷不服，不肯信任百司，每事皆自決斷，雖則勞神苦形，未能盡合於理。朝臣旣知其意，亦不敢直言，宰相以下，惟卽承順而已。朕意則不然，以天下之廣，四海之眾，千端萬緒，須合變通，皆委百司商量，宰相籌畫，於事穩便，方可奉行。豈得以一日萬機，獨斷一人之慮也？且自斷十事，五條不中，中者信善，其如不中者何？以日繼月，乃至累年，乖謬旣多，不亡何待？豈如廣任賢良，高居深視，法令嚴肅，誰敢爲非？因令諸司，詔勅頒下有未穩便者，必須執奏，不得順旨；便卽施行，務盡臣下之意」（論政體第二）。

秦王時代從事平定羣雄，激戰之地建立佛寺，祈賜敵對雙方陣亡將士冥福，各寺哀悼追思死者的紀念碑，文章均出自顏師古等當時著名文人並書寫，殘存迄今仍有邠州昭仁寺、汜水等慈寺等遺跡供憑弔。這是從來未見的爲政者心跡表露，憫惜生命之情發乎內衷，今日陣亡將士紀念碑的最早原型。

秦王府邸西側開設學士館，由王府官屬爲中核兼任的十八學士（杜如晦，房玄齡、虞世南、褚遂良、姚思廉、李玄道、蔡允恭、薛元敬、顏相時、蘇勖、于志寧、蘇世長、薛收、李守素、陸德明、孔穎達、蓋文達、許敬宗）分番入值，於秦王公餘，相與暢論學問上問題。登位後續由此幕府集團擴大爲弘文館，延攬高教養人物，各以本官兼任弘文館學士，應召入太宗內殿議論古今政事與學問，企畫政治興革藍本。君臣間前後此等場合的問答內容，便是「貞觀政要」所選錄，「論愼終」也特被列爲最末第四十篇篇名，兢兢業業的勤政不懈，又顯見不含揉作成份。

玄武門流血大政變是太宗繼位的決定性關鍵，而參與核心機密的，除太宗妻兄長孫無忌外，房玄齡、杜如晦乃太宗時代並稱的股肱輔佐名宰相，史家讚美房謀杜斷，係貞觀之治展開要素之一，而兩人固以十八學士幕府中人博信任，參與此集團以前卻對秦王時代的太宗毫無淵源，政變企畫成功便是此二人之力。另一臨場最重要主角尉遲敬德，當秦王墜馬，素以勇猛擅騎聞名的齊王元吉已趕上將加不利，事變成敗間髮之際，及時力衞秦王，射殺格鬥脫逃中的元吉，穩定局面的關鍵人物，卻是秦王前此削平羣雄時的戰場上降將。相同之例，導引唐朝聲威四播域外，前後破滅突厥、薛延陀、吐谷渾、高句麗等四方大活躍統帥，熠熠兩大武功巨頭的李靖與李勣，前者是被捕虜的隋朝地方屬吏，後者則原李密麾下而隨李密歸順，卻都得自身便具豐富實戰經驗的太宗倚重。以上房、杜、長孫無忌、李靖，以及魏徵，均名列七位配享太宗廟功臣。（李勣則配享次代高宗廟），七人中另兩人，高士廉係太宗長孫皇后與長孫無忌舅父，屈突（複姓）通乃隋朝重臣，於太宗已係長兩輩人物，唐朝起兵之初拒戰敗俘而降，擔當太宗爲秦王時的行軍幕僚長，太宗卽位未久老邁去世。於太宗次代高宗時代，與李勣同具再添世界帝國榮光大功勳，

平定西突厥與百濟的大將蘇定方，原先也係仕於竇建德。所以，太宗偉業，個人的智力、毅力、卓越的指導力，自是成功條件，知人善任，眞摯化敵人力量爲自身力量，携手合作，盡忘過去一切，祇前瞻共同的未來，才得開廣創造唐朝黃金時代眼光遠大、魄力雄渾的將相之才泉源。

引原敵對或反對派人物爲股肱大臣的最有名例子是魏徵，傳爲歷史美談的是魏徵直言無忌的諍諫與太宗的接納其諫言。善諫非祇魏徵，以同等性格受太宗尊敬的王珪是另一名臣，兩人也同樣原係被鬥倒的太子建成派。魏徵事蹟尤堪舉證，以最早且乃隨李密降唐，從太子建成期間又是推倒秦王的積極主張者。而太宗登位，了無芥蒂，臣則「每以諫諍，恥君不及堯舜」（「貞觀政要」論任賢第三，王珪評魏徵語），君則「常念魏徵，隨事諫正，多中朕失，如明鏡鑒形，美惡必見」（「貞觀政要」論求諫第四，魏徵去世後太宗語房玄齡等言），肝膽相照，流傳爲最足感動後人的君臣相處典範。「貞觀政要」四十篇中，論求諫第四、論納諫第五佔有兩篇的份量，太宗如何鼓勵建立鞭策自己的力量，其熱望與誠意都可想見，「唐書」太宗紀史臣曰：「聽斷不惑，從善如流，千載可稱一人而已」，是恰切的。

貞觀之治，便以如上特徵，君臣間推心置腹，水乳交融，相互激勵，一方面是知人善用而不問由來，一方面又是鼎盛的人才樂爲所用，所以貞觀之治本質異乎歷史上任何治世。「商旅野次，無復盜賊，囹圄常空，馬牛布野，外戶不閉。又頻致豐稔，米斗三四錢。行旅自京師至於嶺表，自山東至於滄海，皆不賷糧，取給於途。入山東村落，行客經過者，必厚加供待，或發時有贈遺」（「貞觀政要」論政體第二）的政治表現也特可貴，乃得穩固唐朝近三百年長期朝代基石，以及開創自此迄於玄宗，超過百年的唐朝隆盛期。

太宗——玄宗間中介的歷史大事件，樞軸人物是一位家喻戶曉的傑

出女性武則天——

　紀元六四九年，太宗享年五二歲而崩，二二歲的皇太子繼位爲高宗，卻是壯年便患神經性病痛。所以，紀元六六〇年（顯慶五年）起，自昭儀繼位皇后纔五年的三八歲武后，已協助其年齡爲輕的夫君，擔當政治實任，十四年後的上元元年或紀元六七四年，再與高宗分別以天皇、天后並稱二聖（「唐書」則天皇后紀的記錄：「帝自顯慶之後，多苦風疾，百司章奏，皆委天后詳決」，「新唐書」后妃傳則天武皇后條又說明高宗疾狀爲「頭眩不能視」）。紀元六八三年高宗崩，武后繼續總攬統治權，七年間連廢兩位徒有帝位虛名的親生兒中宗與睿宗，自累積已三十年的政治經驗上，天授元年或紀元六九〇年突破性發展，正式自登帝位，改朝代名爲「周」，武周革命正式實現，時年六八歲。在位十五年後的紀元七〇五年（神龍元年），已屆八三歲的此一老婦人，終在重臣張柬之等策動禁衞軍支援下，衰病中被迫內禪由中宗復位，回復唐朝之名，同年崩，歷史界「武則天」或「則天武后」稱謂，便以其時由原上尊號則天大聖皇帝改諡則天大聖皇后而得。武則天通半個世紀旺盛的政治生命力，其光輝自照耀以至熄滅，從來的歷史界評價，則是「女禍」。

　「女禍」尙續激起餘波，中宗韋皇后係同一類型政治慾望熾熱的女性，懦弱的中宗復位僅四年，便遭強悍精明的韋后與助母威福的親生女安樂公主，合謀於食物中置毒弑害，立少子殤帝（未列唐朝帝系）而韋后攝政，韋氏親黨布列朝廷，圖上演第二武則天事件。同年（紀元七一〇年，睿宗景雲元年），中宗親弟睿宗（時封相王）之子臨淄王隆基發動近衞兵推翻韋后，擁其父睿宗復位，隆基被立爲皇太子，兩年後實行內禪，英明的皇太子隆基於紀元七一二年繼位爲第六代皇帝。這位二八歲年青天子，便是唐朝歷史上另一聞名君主玄宗，續再撲滅政治上強大的反對勢力，其姑（高宗與武后之女）太平公主所代表的一派（「資治

通鑑」唐紀二六謂太平公主「擅權用事，與上有隙。宰相七人，五出其門，文武之臣，大半附之」），唐朝盛期所謂「女禍」的洶湧逆流，至是始告平息。

中國史上空前絕後惟一正位的女皇帝武則天，其「女禍」的軒然大波興起，非無歷史由來。中國自女權未被壓抑的近代以前，女子的社會地位，特別是支配階層間女子政治發言的存在伸展力，非近代社會基準可以評估，漢族以外的歷史上遊牧民族如此，漢族自身也如此。距武則天時代較遠的漢朝呂太后，較近的北魏文明馮太后，都與武則天事蹟無實質區別，所缺祇未冠正式的「皇帝」尊號而已。唐初之例，非天子配偶，也不屬包括了氣燄萬丈，炙手可熱的太平、安樂姑姪兩公主「女禍」範疇的女性英雄，晉陽起義時高祖之女平陽公主統軍轉戰疆場，發展至七萬人大部隊，與其夫柴紹各置幕府，營中號「娘子軍」的佳話，又是另一類型。所以，立於男性本位觀點，視女性權力膨脹便謂之「禍」的後代理念，須不適用於中世與其以前的中國社會。

「女禍」加塗的色彩是失德，武后老而彌淫，前則薛懷義（六〇歲以後），後則張易之、昌宗兄弟（七〇歲以後），爲史所共加渲染。而武后時代獎勵密告，酷吏網檢察體制成立與酷刑的濫用，又被引爲超越了律令國家治安維持與保障人民生活安定限度的恐怖手段。清朝趙翼「廿二史剳記」的武后之忍篇，便是「唐書」、「新唐書」中武后心狠手辣記事的歸納，包括其與高宗親生諸子中，年長於中宗、睿宗，也前此先後已立爲皇太子的兩子宏、賢（後一人卽特以學者素質著譽的追諡章懷太子，生前邀集專家完成而以「章懷太子注」具名的「後漢書」注釋，博有後世學界高評價）相繼慘死，甚且「薛懷義入侍牀笫，寵冠一時，至命爲行軍大總管，率十八將軍擊默啜，以宰相李昭德、蘇味道爲其長史、司馬，可謂愛之極點。後以嫌，卽令太平公主，伏有力婦人數十，

縛而殺之，畚車載其屍還白馬寺」。「廿二史劄記」專記武后之事共
兩篇，而第二篇武后納諫知人篇相關述論則謂：「直陳其淫穢……，直
揭后之燕昵嬖倖，可羞可恥，敵以下所難堪，而后不惟不罪之，反賜
（朱）敬則綵百段，曰：非卿不聞此言。而於（宋）璟、（桓）彥範，
亦終保護倚任。夫以懷義、易之等牀笫之閒，何言不可中傷善類，而后
迄不爲所動搖，則其能別白人才，主持國是，有大過人者。其視懷義、
易之等，不過如面首之類，人主富有四海，妃嬪動至千百，后旣身爲
女主，而所寵倖不過數人，亦無足深怪，故后初不以爲諱，幷若不必諱
也。至用人行政之大端，則獨握其綱，至老不可撓撼」。則據如上資
料，以下事實爲可澄淸——

　　第一；私行爲的縱慾淫穢，無損於其政治淸明，趙翼武后之忍篇
結論：「新唐書謂其當忍斷，雖甚愛不少隱也，眞千古未有之忍人也
哉」。「忍斷」正是保證公私分明的果斷力，政治家的條件，毋寧與趙
翼此篇文末按語譽武后爲「雄才」，同係對這位女性政治家的讚美詞。

　　第二，惟其「廿二史劄記」武后之忍篇之後，便接續武后納諫知人
篇的另一角度長文，酷吏、酷刑的恐怖印象便必須修正。武后時代此
等手段自已超越律令國家治安維持與檢察社會秩序的限度，卻未至納粹
(NAZIS) 德國 Gestapo 警察國家的程度，相反還是此一老婦人統御力
堅強的指示。「新唐書」是對武后持極度厭惡態度的史書，傳記分見本
紀與后妃傳上，兩文贊曰，前一篇憤然於「武后之惡不及於大戮，所謂
幸免者也」，後一篇已不得不承認「僭於上而治於下」，這個「治」
字，便明顯未含恐怖統治的成份。

　　所以，唐朝「女禍」醜惡面應不值得強調，倫理道德樹立爲衡量人
與事的惟一準則也宜放寬，武后時代治績的積極面才是據以裁判的最重
要憑證，此於傳統道德派史學界同所景仰的八世紀末唐朝德宗時代名相

陸贄評論風範已然。較宋朝「新唐書」早過一個多世紀，十世紀前半五代分解唐朝後撰定的「唐書」，其則天皇后紀之末史臣曰，「其不道也，甚矣」之後，所續書也是「然猶汎延讜議，時禮正人。初雖牝鷄司晨，終能復子明辟。尊時憲而抑幸臣，聽忠言而誅酷吏，有旨哉！有旨哉！」然而，即使立定道德歷史觀點的宋朝以後，仍有如趙翼「廿二史劄記」的上承宋朝以前原基準，「武后納諫知人篇」結語：「陸贄謂后收人心，擢才俊，當時稱知人之明，累朝賴多才之用。李絳亦言，后命官猥多，而開元中名臣多出其選。舊書（指「唐書」）贊謂后不惜官爵籠豪傑以自助，有一言合，輒不次用；不稱職，亦廢除不少假，務取實才眞賢。然則區區帷薄不修，固其末節，而知人善任，權不下移，不可謂非女中英主也」。而堪注視，「納諫知人」的篇名，正是歷史界對唐太宗幾乎公式化了的讚美詞。

第三，武后之父武士彠，最初係以山西（幷州）木材巨商資助高祖起義而仕途得意，家庭背景原已與唐初多數功臣之爲世族有異，武后自身奪得皇后之位，又係鬥倒元老派宰相長孫無忌（被迫自殺）、褚遂良（謫死）爲首的舊權力者集團的結果。所以，武后時代的政治特色，便在勇敢向南北朝以來根深蒂固的名望舊勢力挑戰，排除傳統政治倫理束縛，一個以才能爲基準的、自由化的新興政治集團與導航方式，因武后強力的領導與提携而被培育。也惟其如此，武后時代大臣多以剛正賢明受後世景仰的另一面，又在此等新進政治人才所具的平民色調，自科舉之門而登用。「唐書」贊「終替武氏，光復唐基，功之莫大，人無以師」的名相狄仁傑是明經出身，推翻「周」朝的行動領導人兩位宰相張柬之與崔玄暐，前者太學生而進士出身，後者與兩位禁軍高級將領之一敬暉同係明經出身，另一將領桓彥範才由門廕。便是說，通過科舉之門的有能力人士，即以武后之世的半個世紀爲關鍵時代而大量登場，世族

子弟以科舉出身爲榮的觀念漸漸與平民齊一，用人行政的銓選與任子（
門蔭）平行兩途，開始向前者傾斜。國家政治中心於武后時代轉移以洛
陽爲司令臺，改易中樞組織官職名稱，無非都是刺激除舊、佈新加速效
率的動力意味，革命的決心表現。以前的隋煬帝同具此大魄力，以後的
玄宗也曾變更官名。而又堪注意，抑壓名門社會地位與世族政治上勢
力的強力意志表示，切離父祖官爵關係的科舉制度推進，卻都非始自武
后，而又是太宗遺意。

　　第四，唐朝文化事業由太宗以絕大熱忱獎勵爲起點，接棒的更堅實
推動人，便是武后。與高宗對稱天皇、天后時期，周圍大量結集高敎養
文化人，號北門學士，從事各種編纂事業也擔常政治顧問，建立天后爲
中心的側近政治，已係太宗秦王時代文學館十八學士的直接模倣。武周
革命實現，控鶴府（改奉宸府）內供奉網羅文人學士的範圍愈廣，出入
宮廷，宴會賦詩，文化人受優渥待遇蔚爲風尚，武氏一族權力諸王武承
嗣、武三思、太平、安樂諸公主與寵臣張易之、張昌宗邸宅，競相倣
效。唐詩風靡之勢初展，初唐四傑耽美詩風的形成，便由此似於十七、
八世紀歐洲沙龍文化的背景下培育，以及便在武后時代，而敞開光輝耀
目盛唐之詩的康莊大道。另一方面，科舉制度所謂「殿前試人」的天子
親試與進士科加試詩賦（所謂「雜文」），也都自武后創始，非祇增大
科舉考試參與者的榮譽感，進士科也以加試文學的鼓勵，自此發達爲士
人最感興趣，應考人數最多，以及國家扱引人才最盛的方向。史學界的
一項驚人發見：「唐書」文苑傳三篇，所列文學家一百餘人中，武后
一朝幾佔三分之一❸，文化史上唐朝所以文運昌隆，武后佔有的地位可
知。由書法表現的個人才氣，太宗爲有名，高宗「李勣碑」、武后「昇
仙太子碑」等遺留今日的優美書蹟，同樣都堪代表。武周革命前（載初

---

❸　章羣「唐史」第一册，第四六頁。

元年，卽位改天授元年，紀元六九〇年）制頒新字，又係大魄力手筆
（新字非新增加之意而乃更改部份旣有文字的書寫形式），自身之名
「照」因而變形爲「曌」。新字於武后時代結束雖仍廢棄不用，但自此
時傳入日本後，其一的「圀」字卻迄今通用。此類武后更定而今日仍能
考定的文字，日本學者常盤大定考證其時書蹟，發見包括「曌」字已共
十七個❹。

可以明瞭，武后政治‧文化實質，其嚴肅意義，乃在太宗「貞觀之
治」的再強化，對唐朝國家奠基同具正面意義而非負數。順此方向，而
得有媲美「貞觀之治」的「開元之治」唐朝盛世第二高潮期，隨玄宗卽
位翌年（紀元七一三年）改元開元而展現。玄宗事業核心的先後兩位宰
相姚崇與宋璟，正又都是進士出身而自武后時代所遺留。則玄宗政治精
勵意願如何繼承其祖母武后，依循脈絡，可謂顯而易見。

「天可汗」國際秩序軸心

「至是天下大治，蠻夷君長，襲衣冠，帶刀宿衞。東薄海，南踰
嶺，戶闔不閉，行旅不齎糧，取給於道」（「新唐書」魏徵傳），乃是
唐太宗貞觀之治，浮現四海一家，天下昇平的平實又中肯寫照。

太宗昭陵營造於長安城西北直徑距離五〇公里九嵕山，陵側刻立唐
朝世界大帝國象徵的阿羅那順（印度）、棄宗弄贊（吐蕃）與龜茲、高
昌諸王石像。周圍貞觀一代皇族諸王、公主與功臣等墓陪葬之數且至百
數十，墓碑均出當時具代表性諸文人、書法家之手，誇視陪陵爲無上榮
譽。而「唐會要」卷二一「陪陵名位」項列舉陪葬昭陵名氏，歸化外籍
人士中，突厥可汗系便有衡陽公主駙馬阿史那社爾、右衞大將軍、可汗

❹　人物往來版「東洋の歷史」⑤隋唐世界帝國，第二〇五頁。

阿史那思摩（賜姓李）、薛國公阿史那忠、大將軍阿史那道眞、大將軍、可汗阿史那步眞、大將軍阿史那德昌，藩屬國王題名又有于闐王尉遲光、薩寶王贊善、新羅王女德眞。太宗聲威與德澤，激發漢族中國域外的巨大廻響，也正是貞觀之治創造大唐世界帝國，光輝照耀如何泛遠的現實說明。

次代高宗繼續增大世界帝國之光至極致，弘道元年（紀元六八三年）之崩，各國首長（王）親來會葬者六十一人，立彼等石像六十一座，布列高宗乾陵前供紀念。今日石像數雖已破滅不齊全，所留存的，頭部也已全失，但體軀仍多巍然屹立陵前，堪資想見千數百年前，眾星拱月的大唐世界帝國氣慨。

在於歐洲，今日各國均由古代史上羅馬帝國衍化，所以，羅馬立於自此之後歐洲歷史共通源流的位置，其係世界帝國堪謂名實相符。中國「普天之下，莫非王土」的無際限天下觀念下，秦——漢予周圍諸地域未開化民族以啟蒙指導，已係羅馬帝國同一意味，東亞全域以中國中心的世界大帝國展現，則是隋——唐業績。自雄渾的唐朝成立，而有近代中國的再形成，以及政治上、文化上孕育今日東亞各國的存在。

隋一唐的朝代性格是一體的，唐朝世界帝國藍圖也由隋朝設定——

紀元六世紀後半，於亞洲是個大倂合的時代，五〇年代，北方遊牧世界由迅速茁壯巨大的突厥統一北、中亞細亞；七〇年代，中國北方再統一；八〇年代，中國由隋朝回復南——北大統合。以長城分隔的草原‧農耕兩大勢力順隨幾乎同時統一的進程而對立態勢昇高，衝突的激化爲無可避免。隋——唐世界帝國實現，因之注定自隋朝的北方事業起步。

突厥對於尚在分裂期的漢族中國，抗爭原居優勢，但屆統一中國的主導者隋文帝接收北朝政權之初，形勢便形倒轉。長城外強大的統一勢

力受隋朝離間分化，開皇二年（紀元五八二年）決定性東、西分裂，而且以後續在隋朝一貫的反間政策下，完全喪失復合可能，是中國方面的決勝關鍵，外交上絕大成功。隋朝劍及履及的遠交近攻，一方面懷柔以伊犂河谷爲中心的西突厥，一方面對蒙古高原的東突厥，亦卽突厥主體，翌年（開皇三年，紀元五八三年）立卽發動軍事攻擊，東突厥潰敗被迫臣伏隋朝。隔離東—西突厥，交互加以壓制與利用的效率，至隋朝從突厥際遇的逆方向已統一漢族中國全域的時期，陪伴製造突厥同盟主成員鐵勒諸部的叛離，而愈益穩定。「隋書」對文帝次代煬帝大業三年（紀元六〇七年）北巡時的有關記錄：

「車駕北巡狩，次赤岸澤。五月，突厥啟民可汗遣子拓特勒來朝，（又）遣其兄子毗黎迦特勒來朝，（又）遣使請自入塞奉迎輿駕，上不許。六月，次楡林郡，啟民可汗來朝，吐谷渾高昌並遣使貢方物。上御北樓觀漁子河，以宴百寮。七月，啟民可汗上表請變服襲冠帶，詔啟民贊拜不名，位在諸侯王上。上於郡城東御大帳，其下備儀衞，建旌旗，宴啟民及其部落三千五百人，奏百戲之樂，賜啟民及其部落各有差。八月，車駕發楡林，啟民飾廬清道，以候乘輿，帝幸其帳，啟民奉觴上壽，宴賜極厚，皇后亦幸義成公主帳」（煬帝紀）。

「大業三年，煬帝幸楡林，欲出塞外，陳兵耀武，經突厥中，指于涿郡。仍恐染干（啟民可汗）驚懼，先遣晟往喻旨，稱述帝意。染干聽之，因召所部諸國奚、霫、室韋等種落數十酋長咸萃。晟以牙中草穢，……染干乃悟曰：奴罪過，奴之骨肉，皆天子所賜也，得效筋力，豈敢有辭。特以邊人，不知法耳，賴將軍恩澤而教導之，將軍之惠，奴之幸也。遂拔所佩刀，親自芟草，其貴人及諸部爭倣效之。乃發楡林北境至于其牙，又東達于薊，長三千里，廣百步，舉國就役而開御道」（長孫晟傳）。

「大業三年四月，煬帝幸楡林，啟民及義成公主來朝行宮，前後獻
馬三千四。帝大悅，賜物萬三千段。啟民上表曰：已前聖人先帝莫緣可
汗（指文帝）存在之日憐臣，賜臣、安義公主種種無少短，臣種末爲
聖人先帝憐養。臣兄弟妬惡，相共殺臣，臣當時無處去向，上看只看
天，下看只見地，實憶聖人先帝言語，投命去來。聖人先帝見臣大憐臣
死，命養活，勝於往前，遣臣作大可汗，坐着也。其突厥百姓，死者以
外，還聚作百姓也。至尊今還如聖人先帝，據天下四方坐也，還養活臣
及突厥百姓，實無短少。臣今憶想聖人及至尊養活事，具奏不可盡，並
至尊聖心裏在。臣今非是舊日邊地突厥可汗，臣卽是至尊臣民，至尊憐
臣時，乞依大國服飾法用，一同華夏。臣今率部落，敢以上聞，伏願天
慈，不違所請表奏。帝下其議，公卿請依所奏，帝以爲不可，下詔曰：
先王建國，夷夏殊風，君子敎民，不求變俗。斷髮文身，咸安其性；旃
裘卉服，各尙所宜，因而利之，其道弘矣。何必化削袵褶以長纓，豈遂
性之至理，非包含之遠度。衣服不同，旣辨宴荒之敍；庶類區別，彌見
天地之情。仍璽書答啟民，以爲磧北未靜，猶須征戰，但使好心孝順，
何必改變衣服也。帝法駕御千人大帳，享啟民及部落酋長三千五百人，
賜物二十萬段，其下各有差。復下詔曰：德合天地，覆載所以弗遺；功
格區寓，聲敎所以成治。至於梯山航海，請受正朔，襲冠解辮，同彼臣
民。是故王會納貢，義彰前冊，呼韓入臣，待以殊禮。突厥意利珍寶，
啟民可汗志懷沉毅，世修藩職，往者挺身逆難，拔足歸仁，先朝嘉此款
誠，授以徽號，資其甲兵之眾，收其破滅之餘，復祀於旣亡之國，繼絕
於不存之地。朕以薄德，祇奉靈命，恩播遠猷，光融令緒，是以親巡朔
野，撫寧藩服。啟民深委誠心，入奉朝覲，率其種落，拜首軒墀，言念
丹款，良足嘉尙，宜隆榮數，式優恒典。可賜路車乘馬、鼓吹幡旗，贊
拜不名，位在諸侯王上。帝親巡雲內泝金河，而東北幸啟民所居，啟民

奉觴上壽，跪伏甚恭。帝大悅，賦詩曰：鹿塞鴻旗駐，龍庭翠輦廻，氈帷望風舉，穹廬向日開，呼韓頓顙至，屠耆接踵來。索辮擎犍肉，韋韝獻酒杯，何如漢天子，空上單于臺」（突厥傳）。

「大業三年……及帝西巡，次燕支山，高昌王、伊吾設等及西蕃胡二十七國謁於道左，皆令佩金玉被錦罽，焚香奏樂，歌舞諠譟。復令武威、張掖士女，盛飾縱觀，騎乘填咽，周亙數十里，以示中國之盛，帝見而大悅。竟破吐谷渾，拓地數千里，並遣兵戍之，每歲委輸巨億萬計。諸蕃懾懼，朝貢相繼。其冬，帝至東都，矩以蠻夷朝貢者多，諷帝令都下大戲，徵四方奇技異藝，陳於端門街，衣錦綺珥金翠者以十數萬。又勒百官及民士女，列坐柵閣而縱觀焉，皆被服鮮麗，終月乃罷。又令三市店肆，皆設帷帳，盛列酒食，遣掌蕃率蠻夷與民貿易，所至之處，悉令邀延就坐，醉飽而散。蠻夷嗟歎，謂中國為神仙。（矩）從帝巡于塞北，幸啟民帳……」（裴矩傳）。

所以，可以發現——

第一，突厥閃電暴雷似征服北方歐亞大陸東半部，加諸漢族中國巨大壓力匹敵漢初匈奴。但隋朝化消這股壓力，成立前漢——呼韓邪匈奴相倣的突厥關係，非如漢朝付出重大軍事代價，而係熟練的外交策略運用結果，最高政治藝術的表現。迄於隋末大亂，與直接接壤的東突厥間非祇特形親密，且是牢固的控制，尤堪譽為成功。

第二，北方關係帶動西方關係，隋朝也如同漢朝。於此，「隋書」西域傳兩段記錄值得注意：

序：「煬帝時，遣侍御史韋節、司隸從事杜行滿使於西蕃諸國，於罽賓得瑪瑙杯、王舍城得佛經，史國得十儛女、師子皮、火鼠毛而還。帝復令聞喜公裴矩於武威、張掖間往來，以引致之，其有君長者四十四國，大業年中相率而來朝者三十餘國。帝因置西域校尉，以應接之」。

　　吐谷渾條：「鐵勒遣使謝罪請降，帝遣黃門侍郎裴矩慰撫之，諷令擊吐谷渾以自效。鐵勒許諾，即勒兵襲吐谷渾，大敗之，（吐谷渾主）伏允東走保西平境。帝復令觀王雄出澆河，許公宇文述出西平以掩之，大破其眾。伏允遁逃，部落來降者十萬餘口，六畜三十餘萬。逃迫之急，伏允懼，南遁於山谷間，其故地皆空，自西平臨羌城以西，且末以東，祁連以南，雪山以北，東西四千里，南北二千里，皆為隋有，置郡縣鎮戍」（煬帝紀大業五年條：「置西海、河源、鄯善、且末等四郡」）

　　隋朝短命而亡，一切成就全傾覆於隋末大動亂中。但繼起卻是更雄偉而氣概磅礡的唐朝。一個氣象萬千的世界大帝國如何自太宗、高宗父子兩代約五〇年間完成建設，學者間曾有如下一份年代表製成❶：

①貞觀二年（六二八），靺鞨酋長突地稽率全部內附。
②同年，眞臘王刹利氏臣貢。
③貞觀三年（六二九），霫臣服。
④同年，室臣服。
⑤同年，黨項大酋細封步賴舉部內屬。
⑥同年，牂牁蠻大酋謝龍羽臣屬。
⑦同年，東謝蠻大酋謝元深內屬。
⑧同年，東謝蠻大酋謝彊內屬。
⑨同年，西趙蠻大酋趙磨內屬。
⑩貞觀四年（六三〇），滅東突厥，俘頡利可汗。
⑪同年，朱俱波國臣附。
⑫同年，伊吾酋長以七城降。
⑬貞觀五年（六三一），蒙瓦臣服。
⑭同年，康國臣附。
⑮同年，林邑國王范頭黎臣貢。

❶　摘引吳其昌「隋唐邊政之借鏡」二續：唐太宗、高宗兩朝主宰全亞洲之綜合大事年表（民國三三年「邊政公論」三卷八期）。

⑯同年，婆利國王護路那婆臣貢。

⑰同年，羅利國臣貢。

⑱貞觀六年（六三二），烏羅渾臣服。

⑲同年，契苾羽大酋何力尚紐舉部來歸，內徙甘涼。

⑳同年，安國臣附。

㉑同年，西羌族多彌國臣附。

㉒貞觀七年（六三三）以後，陸續討平龔州、巫州諸叛獠。

㉓貞觀八年（六三四），破吐蕃（十五年＜六四一＞，以文成公主降棄宗弄贊，吐蕃臣服）。

㉔同年，諭降南平獠叛酋，南方遂定。

㉕貞觀九年（六三五），破吐谷渾，可汗伏允自殺，更立其子，臣服。

㉖同年，疏勒王裴阿摩支臣屬。

㉗同年，喝盤陀國臣服。

㉘同年，盤盤國臣貢。

㉙貞觀十二年（六三八），闍婆國臣貢。

㉚同年，墮和羅國臣貢。

㉛同年，婆登國臣貢。

㉜貞觀十四年（六四〇），流鬼國臣服。

㉝同年，滅高昌，擒其王麴智盛。

㉞同年，訶陵國臣貢。

㉟貞觀十五年（六四一），印度戒日王朝 Harsha 尸羅迭多 Siladitya 王上表臣附。

㊱貞觀十六年（六四二），烏萇國王達摩因陀訶斯臣服。

㊲同年，闕賓國王曷擷支臣附。

㊳同年，俱密國臣附。

㊴貞觀十八年（六四四），親征高麗。

㊵同年，滅焉耆，俘王龍突騎支，更立其弟。

㊶同年，陀洹國王察利臣貢。

㊷貞觀二十年（六四六），破薛延陀。

㊸同年，俱蘭國王忽提婆臣附。

㊹同年，識匿國臣附。

㊺同年，似沒國臣附，役樂國稱臣。

㊻同年，戒日王之臣阿羅那順 Arjene 篡位，自爲摩揭陀 Magadha 國王，唐滅其國，俘王。

㊼貞觀二一年（六四七），拔野古大酋屈利失舉部內屬。

⑷8同年，僕骨大酋歌濫拔延擧部內屬。

⑷9同年，同羅大酋時健啜擧部內屬。

⑸0同年，渾大酋汪，及阿貪支，擧部內屬。

(51)同年，多覽葛大酋多覽葛末擧部內屬。

(52)同年，阿跌（阿跋）大酋擧部內屬。

(53)同年，都波臣屬。

(54)同年，骨利幹擧部內屬。

(55)同年，白霫內屬。

(56)同年，奚結部內屬。

(57)同年，思結部內屬。

(58)同年，斛薛部內屬。

(59)同年，鐵勒十一部歸命內屬。

(60)同年，回紇大酋吐迷度擧部內屬。

(61)同年，滅龜茲國，俘王訶黎失畢，更立王弟。

(62)同年，降于闐國，擒其王伏闍信。

(63)同年，尼婆羅國王那陵提臣附。

(64)貞觀二二年（六四八），契丹大酋窟哥擧部內附。

(65)同年，庫莫奚大酋可度者擧部內附。

(66)同年，立西突厥可汗阿史那賀魯。

(67)同年，黠戛斯內屬，大酋失鉢屈阿棧入朝。

(68)同年，討平松外蠻叛酋雙舍，諭降七十餘部。

(69)同年，西洱河蠻酋楊盛、東洱河蠻酋楊斂，率部落內附。

(70)貞觀二三年（六四九），新羅眞德女王獻巨唐太平頌。

(71)同年，拔悉密臣屬。

(72)同年，西爨蠻弘達率領徒莫祇蠻、儉望蠻等擧部內屬。

(73)高宗永徽元年（六五〇）滅東突厥餘眾，俘車鼻可汗。

(74)同年，葛邏祿之謀落、熾俟、踏實力三族擧部內屬。

(75)同年，吐火羅臣附。

(76)永徽二年（六五一），滅處月、處密二部沙陀突厥。

(77)顯慶元年（六五六），拔汗那國臣屬。

(78)顯慶二年（六五七），滅西突厥，俘其可汗阿史那賀魯父子。

(79)顯慶三年（六五八），突騎施黃、黑二部同臣屬。

(80)同年，臣石國。

(81)同年，臣米國。

㉒同年，臣何國。

㉓同年，臣史國。

㉔同年，臣梵衍那國。

㉕同年，臣護密國。

㉖顯慶四年（六五九），臣東安國。

㉗顯慶五年（六六〇），滅百濟，俘其王義慈。

㉘龍朔元年（六六一），儋羅臣服。

㉙同年，波斯薩珊王朝末王卑路斯 Pirouz 上表臣附。

㉚龍朔三年（六六三），敗日本於朝鮮白村江口，覆其全軍。

㉛同年，昆明蠻內附。

㉜乾封初（六六六），南海單單國臣貢。

㉝乾封三年（六六八），滅高句麗，俘其王藏。

㉞咸亨初（六七〇），室利佛逝國臣貢。

㉟咸亨五年（六七四），討平永昌蠻之叛。

㊱調露元年（六七九），滅東突厥餘眾，斬其酋阿史那泥熟匐。

㊲同年，滅西突厥餘眾，俘其酋阿史那都支。

㊳永隆元年（六八〇），滅東突厥餘眾，斬其酋阿史那伏念。

　　就上表條目年代順序可以明瞭，其涉外關係基點仍踏襲隋朝，以太宗時平東突厥而高宗時再平西突厥爲全事業軸心。

　　然而，畢竟唐朝北、西事業，建設的層面已高過隋朝，便是：天可汗統制網成立，與所附着羈縻府州制度的展開。唐朝世界大帝國秩序，非祇力量較漢朝西域都護制度強化，支配圈也繼漢朝的包含中亞細亞，再擴大弘布到西亞細亞地域。經約一個半世紀，八世紀中玄宗——肅宗之交，安史亂後，大唐世界帝國之光才漸漸黯淡，天可汗統制自式微而步上解體之途。

　　「天可汗」尊號，係太宗卽位第五年的貞觀四年（紀元六三〇年）滅亡東突厥，原服從東突厥的眾多北、西遊牧部族或國家，全行轉移入唐朝勢力支配之下，諸酋長於東突厥崩壞同年，共同朝覲長安時自發

的、一體的所奉上。「唐書」太宗紀貞觀四年條：「夏四月丁酉，御順
天門，軍吏執（東突厥）頡利（可汗）以獻捷。自是西北諸蕃咸請上尊
號爲天可汗。於是降璽書册命其君長，則兼稱之」；「唐會要」卷一
百雜錄「（貞觀）四年三月，詣蕃詣闕，請太宗爲天可汗，乃下制，令
後璽書，賜西域、北荒之君長，皆稱皇帝天可汗。諸蕃渠帥有死亡者，
必下詔册立其後嗣焉。統制四夷，自此始也」（同書卷七三安北都護府
條，語略同），都是說明。「天可汗」乃 Tangri Khaghı (Khaghan)
的音譯，前一字爲突厥（土耳其）語與蒙古語「天」之義，後一字則君
長意味，由是唐朝皇帝兼以天可汗名義而君臨北亞細亞、中亞細亞，以
至西亞細亞，猶之二次世界大戰前英國國王的加印度皇帝尊號，以支配
Raja、Nawab、Nizam 等邦藩王。所以，唐朝「天可汗」所含還是「可
汗之可汗」與「普天之下的可汗或皇帝」雙重意識。「唐會要」卷七三
鐵勒條：「貞觀二十年（既滅突厥同種族鐵勒諸部盟主薛延陀），十一
月，太宗至靈州，鐵勒諸部俟斤頡利發等諸姓至靈州數千人，咸請列其
地（外蒙古與南西伯利亞）爲州縣。又曰：願得天至尊爲奴等作可汗，
子孫常爲天至尊作奴，死無恨」的記事固早在太宗治世，以屆「册府元
龜」❷收錄天可汗制度屹立國際間已一個世紀的玄宗開元時代體系內諸
國表文，仍然強烈表現：

——「開元七年（紀元七一九年）二月，安國篤薩波提遣使上表論
事曰：臣篤薩波提言：臣是從天主領普天下賢聖皇帝下，百萬里卑類
奴，在遠方叉手，胡跪禮拜天恩威相，如拜諸天……」（卷九九九）。

——「開元七年二月庚午，康國王烏勒伽遣使上表曰：臣烏勒伽

---

❷　「册府元龜」，計一千卷，宋朝王欽若等奉勅修撰歷朝君臣事迹，自帝王以
　　至陪臣、外臣，區分部門甚細，史料按年代順次分類排列，宋眞宗大中祥符
　　六年（紀元一〇一三年）撰定。此書於唐朝與五代，頗見不載於正史的重要
　　史料。

言：臣是從天主普天皇帝下百萬里馬蹄下草士類奴……」（卷九九九）。

——「開元十五年（紀元七二七年），吐火羅葉護上言曰：奴身罪逆，不孝慈父，身被大食統押，應徹天聰，頒奉天可汗進旨云……」（卷九九九）。

天可汗制度原型，可了解便是漢朝宗主——藩屬關係、天子册封——外臣朝貢關係的再推進，乃有君（主）——臣（奴）名分的維繫。「册府元龜」所保留頗多册文，尤具興味：

（卷九六四，開元二一年或紀元七三三年，册封箇失密國王文）「册曰：維開元二十一年，歲次癸酉，四月丁酉朔，五日辛丑，皇帝若曰：咨爾箇失密國王本多筆，嗚呼，奕葉師順，遠輸誠節，修職貢之禮，受藩落之寄，時有代謝，兄亡弟襲，保界山川，輯率黎庶，國有制度，俗尚清靜，可不勉歟。今命爾爲箇失密國王，恭膺册命，往欽哉」——這是父死子承、兄亡弟襲場合的最通常册封國王文。

（卷九六五，天寶四年或紀元七四五年，册罽賓國王文）「册曰：維天寶四年，歲次乙酉，九月乙卯朔，二十二日丙子，皇帝詔曰：於戲，遠方恭順，褒賜宜優，累代忠勤，寵章斯及。咨爾罽賓國王男勃準，宿承信義，早曷款誠，寧彼下人，二蕃安靜，繼其舊業，萬里來朝，秉節不渝，懇懷彌著，愿情之至，深可嘉焉。是用命襲罽賓國王及烏萇國王，仍授右驍衞將軍，往欽哉。爾其肅恭興册，保尚忠義，承膺於寵命，以率於遐蕃，可不愼歟」——這是册命曾朝長安者承襲父位，加授朝廷官位之例。

（卷九六四，開元十六年或紀元七二八年，册疏勒國王文）「册曰：維開元十六年，歲次戊辰，正月戊戌朔，十四日辛亥，皇帝若曰：萬邦述職，無隔華夷，五等疏封，式固藩屏。咨爾疏勒阿摩支知王事左武衞將軍員外置裴安之，誕靈蒲海，稟秀葱山，蘊義以立名，蹈仁而成

德，雖日月所炤，莫非王土，而烽燧時警，猶日虜廷，遂能扞彼邊陲，歸我聲敎，載闡疇庸之義，俾弘利建之風。今遣大理正攝鴻臚少卿喬夢松册爾爲疏勒王，於戲，允迪繇庚，勿替敬典，綏厥戎落，永爲漢藩，爾往欽哉」——這又是留住京師已具官位的王子，被遣返本國册立爲國王之例。

　　所以，三世紀晉朝統一朝代崩壞而五世紀南北朝再建册封——朝貢網，同時付藩屬國王以宗主國爵位、官等的新猷，唐朝天可汗制度中非祇接納，且是廣泛適用。東、西突厥亦然，自主的可汗名位陪伴其國覆亡而消滅，登可汗之位槪由唐朝册封，原統治階層首長也分授唐朝官位。東突厥最早於貞觀時被滅，「新唐書」突厥傳上的記載便是：「剖頡利（可汗）故地左置定襄都督、右置雲中都督二府統之。擢酋豪爲將軍、郞將者五百人，奉朝請者且百員（『唐會要』卷七三安北都護府條：『五品已上者有百餘人，殆與朝士相牛』），入長安自籍者數千戶」（『唐會要』卷七三安北都護府條稱『入居長安者近萬家』），兩位領袖人物突利任右衞大將軍而封北不郡王，思摩任右武侯大將軍而封懷化郡王（後立爲可汗，又歸朝），被俘的頡利可汗也授與右衞大將軍。自此北方與西方諸國一方面繼承君位必須經由天子册封，才被承認爲合法。另一方面，諸國統治階層子弟羣集長安，直接環繞到天子周圍，「册府元龜」卷九九九且錄入吐火羅國王子嫉妬同輩高秩而訴屈的表文：

　　「（開元）六年（紀元七一八年）十一月丁未，阿史特勤僕羅上書訴曰：僕羅兄吐火羅葉護部下管諸國王都督刺史總二百一十二人，謝颭國王統領兵馬二十萬衆，罽賓國王統領兵馬二十萬衆，骨吐國王、石汗那國王、解蘇國王、石匿國王、悒達國王、護密國王、護時健國王、范延國王、久越得健國王、勃特山主，各領五萬衆。僕羅祖父已來，並是上件諸國之王，蕃望尊重，僕羅兄般都泥利承嫡繼襲，先蒙恩勅，差使

持節就本國册立爲王，然火羅葉護積代已來於大唐忠赤，朝貢不絕。本
國緣接近大食、吐蕃，東界又是西鎭，僕羅兄每徵發部落下兵馬討擊諸
賊，與漢軍相知，聲援應接在於邊境，所以免有侵漁。僕羅兄前後屢蒙
聖澤，媿荷國恩，遂發遣僕羅入朝，侍衛玉階，至願獻忠殉命，以爲臣
妾。僕羅至此，爲不解漢法，鴻臚寺不委蕃望大小，有不比類流例，高
下相懸，即奏擬授官。竊見石國、龜茲並餘小國王子、首領等入朝，元
無功效，並緣蕃望授三品將軍，況僕羅身特勒，本蕃位望與親王一種，
比類大小，與諸國王子懸殊，卻授僕羅四品中郎。但在蕃王子弟婆羅門
瞿曇金剛、龜茲王子白孝順等，皆數改轉位，至諸衛將軍，唯僕羅最是
大蕃，去神龍元年（紀元七〇五年）蒙恩勅授左領軍衛翊府中郎將，至
今經一十四年，久被淪屈，不蒙准例授職，不勝苦屈之甚。勅鴻臚卿准
例定品秩，勿令稱屈」。此文所反映，可全知帕米爾東——西、錫爾
河、阿姆河以南諸國如何通過名分關係與唐朝相結，以及天可汗支配下
種族間無差別待遇，與漢族自身一律平等。由此精神力所吸引向心的諸
國王子、首領布列唐朝朝堂，宿衛天子宮廷，又如何重視唐朝所給付官
職。也惟其已係袪除了華、夷之別，無視種族、血統一視同仁的統合統
治，唐朝堪誇名副其實開放性的「世界」帝國。此其一。

其二，學術界以突厥爲對象的研究發見，隋——唐世界帝國的性
格，與突厥、薛延陀（鐵勒諸部）名分關係，非祇維繫於册立——被册
立、君——臣，以及羈縻府州體制，也連結了舅——婿關係、父——子
關係。國際秩序便依此各種關係的組合而維持安謐，雖然因子關係乃單
純抑複合，並複合程度，也對應結合雙方勢方關係的變化，而非公式化
固定❸。舅——婿關係所依附的和親，毋寧早自漢朝已製定國家政策加

---

❸　參閱護雅夫「隋、唐とチュルク國家」（學生社版「古代史講座」⑩世界帝
　　國の諸問題，第一一一～一一七頁）。

以運用，且以係特爲成功的外交手段而被以後朝代一貫踏襲。突厥的場
合，自六世紀中勃興之初的第一代伊利可汗（土門），已與中國北朝初
現分裂的西魏締姻和親，歷北周至隋朝，開皇四年（紀元五八四年），
沙鉢略可汗兵敗之後，隋文帝應下嫁的北周千金公主之請，賜公主姓
楊，承認轉變爲隋朝義女身分，所以沙鉢略可汗上書：「皇帝是婦父，
卽是翁；此是女夫，卽是兒例」，隋文帝報書：「旣是沙鉢略婦翁，今
日看沙鉢略共兒子不異」（「隋書」突厥傳），此乃隋——唐與外國君
主舅——婿關係的最早成立。關係的續向裏層推展，便有據於「唐書」
突厥傳上，開元八年（紀元七二〇年）「（毗伽可汗）乞與玄宗爲子，
上許之」（「新唐書」之語係「請父事天子，許之」），十三年（紀元
七二五年）「（毗伽可汗）宴謂（唐朝使者袁）振曰：吐蕃狗種，唐國
與之爲婚；奚及契丹，昔是突厥之奴，反尚唐家公主，突厥前後請結和
親，獨不蒙許，何也？袁振曰：可汗旣與皇帝爲子，父子豈可合爲婚
姻」記事，以及引證玄宗時代名臣張九齡「曲江集」累見「兒可汗（毗
伽）」、「勅兒突厥登里（毗伽子）可汗」、「勅兒突厥可汗（登里）」
稱謂，而有父子關係設定的研究結論提出❹。雖然此項關係，時間上須
不必待到唐朝玄宗時才成立，如前引「隋書」文字，且可推前至隋初。
類此尊長意識（父子關係成立時且已轉爲家長）的關係，唐朝非祇對待
突厥，也與其餘的北方、西方諸國相結，繼薛延陀而於玄宗時代領導鐵
勒諸部雄飛，已南移突厥故地的回紇可汗，自其建設國家以迄滅亡，通
全時期固均由唐朝册立，並受封奉義王、忠義王與獲授左驍騎員外大將
軍、司空等官位，便又全時期均與唐朝結合兄弟關係（前期）或舅——
婿關係（後期）。回紇以前天可汗初期統治網有力一員，受封西海郡
王、賓王的吐蕃，當時也係與唐朝加立舅——婿關係。由政治關係結合

❹　同上，第一〇四～一〇五、一〇八～一〇九頁、一一七頁附註⑩。

親屬關係，無論諸關係乃相互表裏抑相互替換，前提均懸於「天下一家」理想爲甚明顯。唐朝與北方、西方諸國間，如此以中國爲中心，尊長或家長的領導方式下，一個整體的歷史世界形成，便稱之大唐世界帝國。其和睦、親善爲基調的親密感、家人感，又正是惟唐朝式樣的世界帝國所加附特徵。

其三，唐朝世界帝國以中國——長上爲中心的全關係展開，也堪注意非中國單方面設定，多數場合且是應參加成員方面的要求，此從所有前曾引錄文獻語意可以瞭然。所以，其形象非祇理念的、名目的，也是現實的，基於當事者雙方共同的權利與義務，效果與影響關係的實體，性格如同今日國際共同安全體系。貞觀二一年（紀元六四七年）王玄策奉使今日印度的當時天竺，而值其國內亂，便曾以中國全權代表身分便宜行事，「至吐蕃，發精銳千二百人，並泥婆羅國兵七千騎，玄策與副使蔣師仁，率二國兵大破之，虜其王（阿羅那順）以歸」（「唐會要」卷一百天竺國條）。八世紀吐蕃強盛，阿拉伯勢力又似怒潮似東湧，唐朝黃金時代漸漸褪色之際，共同安全機能的運用仍然靈活，而且便出自接受領導各國自發的要求，「新唐書」西域傳下箇失密條載開元時其王木多筆遣使告言：「國有象步馬三種兵，臣身與中天竺王阨吐蕃之大道，禁出入，戰輒勝。如有天可汗兵至勃律者，雖眾二十萬，能輸糧以助」。「唐會要」卷九八曹國條也仍記：「（玄宗天寶）四載（紀元七四五年），其王哥邏僕羅上表，自陳曾祖以來，奉向天可汗忠赤，常受徵發，望乞恩慈，將奴土國同於康國小子，所須驅遣，奴身一心爲國征討。十一載，其王設阿忽與國副王野解，及九國王（指吐火羅、康國等）並上表，請同心擊黑衣大食，玄宗宴賜慰諭遣之」。

較政治・軍事特具深遠影響，也是唐朝世界帝國的偉大歷史貢獻，係在文化。長安巍然屹立爲亞洲全域文化教育中心，中國周圍諸國君長

子弟以下均來留學，貞觀時國學在籍學生人數統計八千餘人，內中便包含了來自高句麗、百濟、新羅、高昌、吐蕃各國的學生（「唐會要」卷三五學校條）。有記錄可查考的國家別留學長安人數，如新羅，卽使屆文宗開成二年（紀元八三七年）仍至二百十六人在學（「唐會要」卷三十六附學讀書條）。漢族中國以唐朝世界帝國成立，而其文化的國際性愈形濃烈而且開廣，另一方面，奪目光耀的唐朝文化四方傳播，律令、制度、文物波及漢族中國域外普遍化，東亞——中國文明圈內諸國家完成中國化，便在其時，以及便由於唐朝世界帝國強力文化指導力的推動。

其四，「唐會要」卷七三安北都護府條、安西都護府條的幾段記載：

「貞觀四年三月三日，分（東突厥）頡利（可汗）之地爲六州，左置定襄都督，右置雲中都督，以統降虜」。

「貞觀十四年九月二十二日平高昌國，於西州置安西都護府，治交河城」。

「（貞觀）二十一年正月九日，以鐵勒回紇等十三部內附，置六都督府、七州，並各以其酋帥爲都督刺史，給元金魚、黃金爲字，以爲符信。於是回紇等請於回紇以南，突厥以北，置郵驛，總六十六所，以通北荒，號爲參天可汗道，俾通貢焉。四月十日，置燕然都護府，六都督、七州並隸焉」。

「顯慶二年十一月（滅西突厥），西域悉平，開通道路，別置鎮驛，擒賀魯（沙鉢羅可汗）以歸，分其地置濛池、崑陵二都護府，又分其種落，列置州縣（爲六都督府）。其所役屬諸胡國，皆置州府，西盡於波斯，並隸安西都護府（原注：西域既平，遣使分往康國及吐火羅國，訪其風俗物產及古今廢置，盡圖以進，因令史官撰「西域圖志」六十卷）」。

「四年正月，西蕃部落所置州府，各給印契，以爲徵發符信」。

「龍朔元年六月十七日，吐火羅道置州縣，使王命遠進「西域圖記」，並請于闐以西、波斯以東十六國，分置都督府，及州八十、縣一百一十、軍府一百二十六，仍于吐火羅國立碑，以誌聖德，詔從之」。

此等配合北亞細亞、中亞細亞征服事業，唐朝西方經營步步推進時所成立，非由唐朝中央派遣地方官治理其地，而係就地任命原部落首長爲模擬郡縣制的都督府、州、縣官，以及保留當地異民族原來社會習慣，但受中央派出統理軍政、民政長官都督，或太宗、高宗時代做漢朝西域統制前例，特設四方異民族管理系統主流的都護（漢族或非漢族平等選任）監護的支配體制，稱之羈縻府州，天可汗機能的有力支柱。惟其如此，天下一家的理想實現，觀念上固無分華、夷，地理上也消滅了人爲限界的意識。漢族尊重非漢族傳統生活習慣而容許存在殊異形態，制度仍是一體的府、州、縣，如近代的國界意識，自理論上而言，唐朝爲不存在。此一意味，又是典型的世界帝國形象。

「新唐書」地理志七下序言說明：「自太宗平突厥，西北諸蕃及蠻夷稍稍內屬，即其部落，列置州縣，其大者爲都督府。以其首領爲都督、刺史，皆得世襲。雖貢賦版籍多不上戶部，然聲教所暨，皆邊州都督、都護所領，著於令式。突厥、回紇、黨項、吐谷渾隸關內道者爲府二十九、州九十；突厥之別部及奚、契丹、靺鞨、降胡、高麗隸河北者爲府十四、州四十六；突厥、回紇、黨項、吐谷渾之別部及龜茲、于闐、焉耆、疏勒、河西內屬諸胡、西域十六國隸隴右者爲府五十一、州百九十八；羌、蠻隸劍南者爲州二百六十一；蠻隸江南者爲州五十一、隸嶺南者爲州九十三。又有黨項州二十四，不知其隸屬。大凡府、州八百五十六，號爲羈縻云」。「新唐書」地理志七下羈縻府州專志，又分道列舉羈縻府州管轄上級爲：關內道爲夏州、靈州、慶州、延州等四都

督府，單于、安北兩都護府；河北道爲幽州（原係晉州，武后萬歲通天時移）都督府，安東都護府；隴右道爲涼州、秦州、臨州、洮州等四都督府，北庭、安西兩都護府；劍南道爲松州、茂州、嶲州、雅州、黎州、戎州、姚州、瀘州等八都督府；黔中道爲黔州都督府；嶺南道爲桂州、邕州兩都督府，安南都護府。以突厥部落的隸屬系譜舉例，關內道州十九、府五，其定襄都督府（領州四）隸夏州都督府（同一夏州系統另轄回紇州五、府四，吐谷渾州一）；雲中都督府（領州五），桑乾都督府（領州四）、呼延都督府（領州三）隸單于都護府；另三州與堅昆都督府隸安北都護府（同一安北系統另轄回紇州七、府五）；河北道州二，隸幽州都督府（同一幽州系統另轄奚州九、府一，契丹州十七、府一，靺鞨州三、府三，降胡州一）；隴右道州一與興昔都督府隸涼州都督府（同一涼州系統另轄回紇州三、府一，吐谷渾州一）；州二與濛池、昆陵兩都護府、匐延等二十四都督府隸北庭都督府。大唐世界帝國，便以都護府中核的羈縻府州隸屬系譜散布，而東起朝鮮半島，西至西亞細亞，北及西伯利亞南部，南至中南半島的廣大領域支配，具體展現——

都　護　府　名	設置年代	治　　　　　所	管轄區域
安西	太宗貞觀一四年（六四〇年）	原爲西州（高昌交河城，今新疆省吐魯番）顯慶三年（六五八）移龜茲（今新疆省庫車）	帕米爾東——西的天山南路與中、西亞細亞
安北（初名燕然，龍朔三年＜六六三＞改名瀚海，總章二年＜六六九＞再改）	高宗永徽元年（六五〇）	外蒙古鄂爾渾河方面的都斤山（開元二年＜七一四＞移黃河北岸陰山之麓的中受降城）	外蒙古、南西伯利亞
單于（一度改雲中，又復）	永徽元年（六五〇）	雲中城（今綏遠省歸綏附近）	內蒙古

安東	總章元年 （六六八）	原爲平壤城（朝鮮） 儀鳳元年（六七六）移 　遼東故城（今遼陽方 　面），次年又移遼東 　新城（今撫順） 開元二年移平州	朝鮮、東北
安南 （交州改置）	調露元年 （六七九）	交州（越南河內）	南海諸國 西南諸省土著
北庭 （庭州改置）	武后長安元年 （七〇一）	庭州（今新疆省孚遠＜ 濟木薩＞方面）	天山北路、伊犁 河谷以西

羈縻府州的設置，其係自治體性格，以及便以土著領袖任命爲都督、刺史的政策，可了解與本格的州縣制度存有區別，所以，唐朝世界帝國精神上固以四海一家而無國界觀念，漢族中國的實質領土範疇，仍然不能不從事實上劃定，直轄領土的意識也仍然不能具有。羈縻府州的分佈在直轄領土邊緣內外，六都護府的位置自亦相同，且視需要而自直轄領土內外移動。七世紀時，西方的安西都護府，最早設於直轄領土之內（西州）而後外移（龜茲）；東方的安東都護府，又在非直轄領土上北移（原平壤，改遼東，續內移）。

但此項都護府遷移形態，也於歷史界往往引起誤解，日本的東洋——中國史研究者，便專注視安東都護府位置變動，而於說明朝鮮半島的唐朝對外關係時，幾乎全持同一立場，謂以高宗總章元年（紀元六六八年）平定高句麗爲發展頂點，以後已是唐朝東方勢力的後退，韓國史學界又加味強調新羅驅逐唐朝半島勢力而達成統一大事業，類此解說都有辨正必要。

唐朝的朝鮮半島事業繼承隋朝，隋朝經營朝鮮又與突厥關係相結。其過程：六世紀中突厥強大遊牧帝國建立，其討滅柔然統一蒙古高原前一年（紀元五五一年），據朝鮮「三國史記」記載，曾越過興安嶺攻擊

高句麗西邊，被高句麗擊退後，雙方卻結合了親密關係。有名的外蒙古鄂爾渾 (Orkhon) 河畔突厥毗伽可汗 (Bilga Khaghan) 碑與其弟闕特勤 (Kul-tegin) 碑，記其始祖時代與之具有深切關係的國家中，都列有高句麗之名。另一方面，高句麗與中國間的關係，南北朝時代以兩面外交的成功而頗爲平穩，便以新與突厥連結而趁隋朝變易中國朝代的機會蠢動，入侵遼西，引發隋文帝懲罰性的遣將攻擊（紀元五九八年，開皇十八年），大軍至遼河，高句麗嬰陽王（「隋書」東夷傳高麗條高元）上表卑詞謝罪，自稱「遼東糞土臣」云云，而結束不愉快的第一幕，宗主──屬國關係如舊。

　　隋朝對高句麗的大征伐與大失敗，係在北方突厥降服之後的煬帝時代。「隋書」東夷傳高麗條記錄：「煬帝嗣位，天下大盛，高昌王、突厥啟人（民）可汗並親詣闕貢獻，於是徵元入朝。元懼，藩禮頗闕」，戰爭因而爆發。自大業八年（紀元六一二年）起連續三次親征，第一次百餘萬眾渡遼河，分道進發，高句麗諸城固守，頑強抵抗，隋軍「食盡師老，轉輸不繼，諸軍多敗績」，於狼狽窘境下班師。翌年，再度大規模動員，發兵高句麗，「會楊玄感作亂，反書至，帝大懼，卽日六軍並還」。再次年的大業十年，已係天下盜賊蠭起聲中，仍然第三次征討，「人多流亡，所在阻絕，軍多失期，至遼水，高麗亦困弊，遣使乞降」，於是在形式上接受了高句麗的降款，便算凱旋，但「徵元入朝，元竟不至」（引文均「隋書」東夷傳高麗條）。三次征戰，詔命威信仍然未能維持，而隋朝自身，其後四年的紀元六一八年已被推翻，唐朝代興。

　　唐朝開國，包括了高句麗的半島三國對之均上達恭順友好衷忱，接受高祖册封，道教也於此時期傳入高句麗而大受歡迎。但唐朝便是隋朝延長而隋朝亦卽前期唐朝的歷史性格，注定唐朝漕在對外政策踏襲隋朝，太宗時代已介入干預朝鮮局勢，背景則建築在半島三國從未停息的

相互抗爭之上。紀元六四一年，高句麗大政變，權臣泉蓋蘇文，（韓國史料作「淵蓋蘇文」）弒榮留王（嬰陽王之弟，「唐書」東夷傳高麗條中高建武），另立其弟大陽之子寶藏王（「唐書」中高藏，高句麗末代之王），又大殺大臣，專制權力，高句麗獨裁的強力政治出現，對內努力充實國力，對外與百濟携手封鎖新羅，侵奪其四十城。窮迫的新羅向唐朝求救（紀元六四三年，貞觀十七年），太宗諭高句麗停止攻擊被拒絕，乃有貞觀十九年（紀元六四五年）的親征軍事干預，陸軍十萬，水軍七萬，齊頭進擊，轉移遼河以東的遼東城（今遼寧省遼陽）一帶為唐朝支配後班師，高句麗謝罪，兵革暫息。其後，高宗繼位之初，又曾連續幾次警告性用兵，而高句麗對新羅的兇燄被壓制。此期間，新羅特殊親密的親唐關係展開，急速吸收唐風文化與唐朝文物制度的頂峯期來臨。太宗時代與高宗之初的新羅眞德女王治世，已傚用唐朝服制為自國服制，女王且親自織錦繡成以「大唐開洪業，巍巍皇猷昌」為起語，「五三成一德，昭我唐家光」為結語的「太平頌」全詞，呈獻高宗。待太宗時代以執國政王族重臣身份出使唐朝的傑出人物金春秋，於高宗時代繼眞德女王登位為有名的武烈王（紀元六五四年），新羅國內已全力傾向唐式的中央集權制，國勢隆盛，一番活躍的新氣象興起，愈向唐朝成立依附態勢。相對方面，唐朝扶植新羅，澈底改變半島形勢的決心也已立定，而朝鮮半島結束三國分立時代的機運，實現已在眼前。

唐朝旣然決意單獨提携新羅，從來的半島方針一變，消滅高句麗已係勢在必行，戰略上則先從犧牲高句麗同盟國與新羅另一宿敵的百濟着手，命新羅配合正面唐朝主力由背面助攻，兩面夾擊的攻擊計劃製定，顯慶五年（紀元六六〇年），唐以應新羅王金春秋乞師為理由，派出三年前（顯慶二年）以討滅西突厥，帕米爾以西自粟特至於印度北部克什米爾全域歸唐朝支配，而赫赫有名的蘇定方為統帥，水陸十一萬人大

軍，自山東半島萊州循海道，通過黃海向仁川灣進發，新羅軍五萬由武烈王親率，從南面呼應，百濟國都泗沘城（今忠清南道扶余南）陷落，百濟末代義慈王降伏，與太子、大臣、將領等均被俘歸長安，原百濟領土分置熊津等五都督府。

祇是，戰事告一段落後仍餘波盪漾，「唐書」東夷傳百濟國條載：「百濟僧道琛、舊將福信（韓國史料謂其身份為王族一員，日本史上則稱遺臣或遺將鬼室福信）率眾據周留城（今全羅北道全州西，錦江下流白江右岸之地）以叛，遣使往倭國迎王子扶餘（百濟王姓）豐（日本史料作「豐璋」），立為王，其北部、西部並翻城應之」，時為龍朔元年（紀元六六一年），韓國方面的記錄，此次轟轟烈烈的百濟復興運動展開，非祇向日本乞師，高句麗也曾派兵接應。接續，「日本書紀」中同有詳細記事，卻是代表了悲壯的白江口（日本稱「白村江」）決戰爆發。日本白百濟「興復軍」興起當年，齊明女帝偕執國政的中大兄皇子已親征到着北九州，大規模動員與徵集物資作戰爭準備，翌年女帝死於大本營，中大兄皇子繼位為天智天皇。紀元六六三年（唐朝龍朔三年，日本天智二年），日本軍救援百濟，集結到錦江的河口白江口，總勢已達三萬二千人，而唐・新羅聯合軍於唐朝留守百濟的將軍劉仁軌指揮下，攻擊也已開始。兩天內，以日本全軍覆沒，江口日本軍船四百艘全數被焚燬，結束這場可以日本空前「慘敗」形容的戰事。大勝利的唐軍東下周留城，扶餘豐脫出奔高句麗，百濟遣將叛亂餘勢一掃而盡。此一經過，「唐書」除東夷傳百濟國條外，劉仁軌傳記載的明晰相同。

朝鮮半島局面愈益惡化，因百濟滅亡而陷入孤立的高句麗，國都平壤於龍朔元年或紀元六六一年，已遭受蘇定方百濟凱旋後，自水路施加的圍攻壓力。泉蓋蘇文於紀元六六五年（依韓國記錄）之死，又決定了高句麗氣數已盡的命運，繼任執政者其長子泉男生與兩弟間內鬨失敗，

投奔唐朝，授予唐朝最有利的時機。總章元年（紀元六六八年），唐朝對高句麗的總攻擊展開，威名四播的名將李勣被任命為總大將，席捲遼東，渡鴨綠江直指平壤，別軍從水路進入大同江，新羅軍（在位已係武烈王之子文武王金法敏）北上合圍平壤城，寶藏王以下窮迫投降。唐朝滅亡高句麗後的處分是：分其全域為九都督府，平壤的安東都護府也於此際成立。

半島問題澈底解決，其後的事態發展，便是「唐書」東夷傳新羅國條所指的「自是新羅漸有高麗、百濟之地，其界益大」，立於此一背景而與安東都護府北移的現象上連結，乃製造了外國的東洋史學者印象錯覺，以及解釋上的誤入歧途。實則這方面誤解，如果注意史料的有關記錄，即使僅以「唐書」一書而言，也已容易發覺：

——「（百濟）其國舊分為五部，統郡三十七，城二百，戶七十六萬。至是（顯慶五年滅百濟）乃以其地分置熊津、馬韓、東明等五都督府，各統州縣，立其酋渠為都督、刺史及縣令」；「高麗國舊分為五部，有城百七十六，戶六十九萬七千。（總章元年）乃分其地置都督府九、州四十一、縣一百，又置安東都護府以統之，擢其酋渠有功者授都督、刺史及縣令」，（東夷傳百濟條、高麗條）。

——「（白江口之役後）乃授扶餘隆（百濟末代義慈王太子，國亡被俘，白江口之戰從征水軍將領之一）熊津都督，遣還本國，共新羅和親，以招輯其餘眾。麟德二年八月，隆到熊津城，與新羅王法敏（即文武王）刑白馬而盟，先祀神祇及川谷之神，而後歃血……。（劉）仁願、（劉）仁軌等既還，隆懼新羅，尋歸京師。儀鳳二年拜光祿大夫、太常員外卿兼熊津都督、帶方郡王，令歸東蕃，安輯餘眾。時百濟本地荒毀，漸歸新羅所據，隆竟不敢還舊國而卒。其孫敬，則天朝襲封帶方郡王，授衞尉卿。其地自此為新羅及渤海靺鞨所分，百濟之種遂絕。」

（東夷傳百濟國條）。

——「儀鳳中，高宗授高藏（即降伏的高句麗末代寶藏王）開府儀同三司、遼東都督、朝鮮郡王，居安東，鎮本蕃爲主。高藏至安東，潛與靺鞨相通，謀叛事覺，召還配流邛州，並分徙其人，散向河南、隴右諸州，其貧弱者留在安東城傍。高藏以永淳初卒……，垂拱二年，又封高藏孫寶元爲朝鮮郡王，（則天）聖曆元年進授左鷹揚衞大將軍，封爲忠誠王，委其統攝安東舊戶，事竟不行。二年，又授高藏男德武爲安東都督，以領本蕃。自是高麗舊戶在安東者漸寡少，分投突厥及靺鞨等，高氏君長遂絕矣」（東夷傳高麗條）。

——「龍朔元年，春秋（武烈王）卒，詔其子太府卿法敏嗣位，爲開府儀同三司、上柱國、樂浪郡王、新羅王。三年，詔以其國爲雞林州都督府，授法敏爲雞林州都督」（東夷傳新羅國條）。

——「安東都護府（總章元年九月置於平壤城），上元三年二月移於遼東郡故城置，儀鳳二年又移置於新城。（則天）聖曆元年六月改爲安東都督府，（中宗）神龍元年復爲安東都護府。（玄宗）開元二年移安東都護於平州置，天寶二年移於遼西故郡城置，（肅宗）至德後（八世紀安史之亂）廢。初置領羈縻州十四：新城州都督府（遼東郡新城）、遼城州都督府（遼東郡故城）、哥勿州都督府、建安州都督府、南蘇州、木底州、蓋牟州、代那州、倉巖州、磨米州、積利州、梨山州、延津州、安市州。凡此十四州，並無城池，是高麗降戶散此諸軍鎮，以其酋渠爲都督、刺史羈縻之。……安祿山之亂，一切驅之寇，……今記天寶承平之地理焉」（地理志二河北道）（此方面的記載，「唐書」較「新唐書」爲詳）。

可以瞭然，唐朝對於被征服者百濟與高句麗的舊領土，全域所設定都是自治體型態的羈縻府州支配，無任何一地區實行漢族移住與收入漢族中國州縣體系，相對，還是當地部份異民族的向中國內地反遷移（如

「唐會要」卷九五高句麗條，載貞觀二二年房玄齡臨終遺表奏上太宗，追憶親征之役「問罪遼碣，未經旬日，即滅遼東，前後虜獲數十萬計，分配諸州，無處不滿」）。所以，唐朝的朝鮮半島征伐善後，從未成立如外國著作中所指的歸劃爲「直轄領」之舉，即使遼東方面亦然。換言之，唐朝世界帝國的展現，東方直轄領土盡頭仍是遼西（營州），踏襲隋朝制度未變。以唐朝先已開展的西方局面比擬，半島模式自始便是安西都護府遷治後的龜茲，而非遷治前的西州，西州才是滅高昌國而收入漢族中國州縣系統的直轄領，隸隴右道。滅龜茲國所置都督府已係羈縻府州，滅百濟、高句麗，處置與龜茲或其他西方國家並無二致。七世紀時東方統制中心安東都護府治所的移動，因之無論鴨綠江內、外，都在羈縻府州支配範圍，且自平壤內移到遼東，縮短迂迴繞行渤海灣補給線之半，於戰略形勢毋寧乃是明智，與退縮的意義迥異。而僅憑表象，便往往會誤判，此其一。

其二，隨安東都護府北移而新羅領土得有機緣向北擴張，乃爲誠然，新羅煽動百濟、高句麗舊領域內遺民變亂以製造併合機會，也可以想像。百濟熊津等五都督因此有名無實，高句麗原羈縻府州之數也減少到如「唐書」地理志所列。然而，不能僅注意消極意味而忽視另一方面的積極措置，便是龍朔三年（紀元六六三年）的唐朝詔命以新羅國爲鷄林州都督府。此一意義，非祇適應新羅併合百濟、高句麗舊領土的政治現實，正式替代原百濟五都督府與高句麗部份羈縻府州，統一以新的鷄林州都督府概括，抑且，原非羈縻府州系統內的新羅本國由是也被合併納入，爲尤堪重視。換言之，新羅在唐朝世界帝國內的地位，比擬西方，已由原先的吐蕃式，轉換爲康國或吐火羅式，國王（屬國→冊封）兼具了羈縻府州長官（唐朝統制圈內自治體→任命）的雙重身份。此一變化，一方面是新羅親唐關係益益緊密的結果，一方面又正是唐朝半島

勢力加強的說明，羈縻統制效率從法理上推展到半島全域（領有原高句麗北東部土地的渤海國亦然，「唐書」北狄傳渤海靺鞨條：「睿宗先天二年，遣郎將崔訢往冊封祚榮爲左驍衞員外大將軍、渤海郡王，仍以其所統爲忽汗州，授忽汗州都督」）。同樣的意義，外國史學家強調新羅北方國境推進到西起平壤、東至元山所結成的一線（大略北緯三十九度光景），誇謂新羅對浿水（大同江）以南全域領有爲半島最早的統一，但堪注意，此仍須唐朝正式承認，以及所承認限浿水爲界。載入韓國正史「三國史記」之語便是八世紀前半，聖德王三十四年，「（唐玄宗）勅賜浿江（大同江）以南地」，平壤以北，於韓國史書中係被解釋爲支配不明確的荒地，東北方的元山以北巳與渤海國南京南海府之地隣接。則唐朝的新羅約束力，八世紀甚或以後仍然強勁，爲甚明顯。

　　所以，指七世紀時唐朝勢力已自東方朝鮮半島退卻，且係以新羅國力充實而驅逐唐朝勢力，立論可知爲非正確。卽使八世紀玄宗時代安東都護府眞正設置到唐朝直轄領土上，原又係兵役制度醞釀轉變，適應徵兵制改易就地召募補充國境防衞軍的方便所需要，出發點仍與外國學者「撤退」的想像不符。

　　關於唐朝展開的世界大帝國，東方的外國學界注意其朝鮮經略，西方史・地學者則對六都護府中，最早設置的安西都護府治下，研究爲特感興趣。安西都護府管轄範圍分四部份：

　　①河西內屬諸胡州十二、府二，差雜河西郡縣中國直轄領土上，最無「問題」可議。

　　②安西四鎭，「新唐書」地理志七下說明：「四鎭都督府領州三十四：龜茲都督府領州九、毗沙都督府（原于闐國）領州十、焉耆都督府、疏勒都督府領州十五」，而同書西域傳上龜茲國條稱：「（滅龜茲國後，顯慶三年或紀元六五八年）始徙安西都護于其都，統于闐、碎

葉、疏勒，（合龜茲）爲四鎮」。此一記錄的差異，雖可參照同書焉耆
國條述開元七年或紀元七一九年，西突厥十姓可汗請居碎葉，才「以焉
耆備四鎮」，解釋爲地理志所採集乃後期資料，但同書王方翼傳，又載
儀鳳二年（紀元六七七年）始在碎葉川（今楚 Chu 河）南岸築碎葉城
（今蘇聯吉爾吉斯共和國接界哈薩克共和國的托克馬克 Tokmak），則
碎葉與其他三鎮同格（城）的時間，矛盾仍然存在。

於此，同書突厥傳下如下的幾段記載，對清理「四鎮」頭緒爲有幫
助：「分其國（西突厥）爲十部，部以一人統之，授一箭。號十設，亦
曰十箭。爲左右，左五咄陸部，置五大啜，居碎葉東；右五弩矢畢部，
置五大俟斤，居碎葉西。其下稱一箭爲一部落，號十姓部落云」。「（
西突厥）賀魯已滅，裂其地爲州縣，以處諸部，木昆部爲匐延都督府、
突騎施索葛莫賀部爲嗢鹿都督府、突騎施阿利施部爲絜山都督府……又
置崑陵、濛池二都護府以統之，其所役屬諸國皆置州，西盡波斯，並隸
安西都護府。以阿史那彌射爲興昔亡可汗兼驃騎大將軍、崑陵都護，領
五咄陸部；阿史那步眞爲繼往滅可汗兼驃騎大將軍、濛池都護，領五弩
矢畢部」。然後，便是武后長安二年（紀元七〇二年）北庭都護府的分
設，而自原安西都護府統制系統中移歸北庭都護府治下的，又便是原以
碎葉分界，西突厥或十姓部落所區別東（五咄陸部、崑陵都護所隸）、
西（五弩矢畢部、濛池都護所隸）狀態的全體再統一，如「新唐書」地
理志七下所開列府、州名。管轄對象的分割標準既是北庭→西突厥本
國、安西→原西突厥役屬西域各國，則碎葉非安西四鎮之一，毋須待開
元以後才轉變其地位，至遲北庭都護府成立的同時已屬必然，此其一。
其二，儀鳳二年碎葉築城以前，固可認定立於監護崑陵、濛池兩都護府
的需要，而脫出如餘三鎮城郭性格的同一基準，以及天山南路同一地理
範疇，成立單獨突出到伊犁河谷的一鎮爲有其戰略意味，但北庭都護府

分置時繼續維持此形勢，便是破壞指揮系統，應不可能。所以，碎葉果爾列入安西四鎮，相反已是四鎮存在的最後階段，存立時間非久，甚或便以「新唐書」地理志七下所載為正確，安西四鎮自始至終都是龜茲、于闐、焉耆、疏勒，完整建立環繞天山南路南——北道戰略大道的據點。

　　③拔汗那與以康國為中心的昭武九姓之國羈縻府州，乃安西都護府統制體系中特為重要的環節，「新唐書」地理志七下卻為獨漏，須依同書西域傳下寧遠條與康國條，始得部份補充。此一區域，位當帕米爾西，錫爾河上、中流域與阿姆河以北，歷史地理名詞的費爾干、粟特與花剌子模。大月氏——貴霜與嚈噠先後統一支配中亞細亞——西北印度又解體後，當地所出現，便是唐朝記錄中的此等國家，先服從西突厥可汗為聯合體元首，再尊唐朝天子為「普天下皇帝」的天可汗。「新唐書」寧遠條說明拔汗那係玄宗天寶三載（紀元七四四年）賜改國號為「寧遠」，康國條載：「枝庶分王，曰安、曰曹、曰石、曰米、曰何、曰火尋、曰戊地、曰史，世謂九姓（國）皆姓昭武」，諸國的歷史地圖上位置，今日多已能正確明瞭：

國　　名	羈　縻　府　州		今　　　　　　地
	府　州　名	建置年代	
拔汗那 （鏺汗，「魏書」破洛那）	休循州都督府	高宗顯慶三年 （六五八）	蘇聯吉爾吉斯共和國（Kirgiz-skaya SSR）、達吉克共和國（Tadzhikskaya SSR）。烏孜別克共和國（Uzbekskya SSR）錯雜地域
石國 （柘支、柘折、赭時）	大宛都督府	顯慶三年	蘇聯烏孜別克共和國首都塔什干（Tashkent）
康國 （薩末鞬、颯秣建）	康居都督府	高宗永徽間 （六五〇——六五五）	蘇聯烏孜別克共和國撒馬爾罕（Samarkand）

安國（布豁） 東安（喝汗）	安息州 木鹿州	顯慶間（六五 六——六六 〇年） 顯慶間	蘇聯烏孜別克共和國布哈爾 （Buhkara）
曹國①東曹（率 都沙那、蘇對 沙那、劫布呾 那、蘇都識匿 ）②西曹③中 曹			均蘇聯烏孜別克共和國南部地 方 史國在康國南 米國在康國西 曹國在康國西北 曹國之西爲何國 何國之西便是安國
米國 （彌末、弭秣賀）	南謐州	顯慶三年	
何國 （屈霜儞迦）	貴霜州	永徽間	
史國 （佉沙、羯霜那）	佉沙州	顯慶間	
戊地			
火尋 （貨利習彌、過 利）			近鹹海阿姆河下流南岸蘇聯土 庫曼共和國（Turkmenskaya SSR）北境

④顯慶——龍朔（紀元六五六——六六一年）間成立的西域十六國（府），其古今地名配當考證的學術界努力，得考定如康國等被共通接受的，嚴格而言，可謂絕無。眾所週知的吐火羅應係最無疑義，「魏書」中作「吐呼羅」，便是原先巴特利亞同義字，西洋人著作中 Tukhara 或 Tokharastan（吐火羅斯坦）的音譯，「新唐書」西域傳下呼火羅條敍述「或曰土豁羅、曰覩貨邏」，都是同音異譯。雖然地理觀念至「新唐書」敍述的時代，由泛稱阿姆河中流兩岸轉移已以阿姆河以南地區爲主體，北與九姓昭武相接的印象頗爲鮮明，卻是，所確知不過此由地理名詞代表政治區域的吐火羅國家概念，「以其阿緩城爲月氏都督府」的阿緩城是今日何地？都祇推測而無有力證據支持，所有西域十六國羈縻府州的情況全相同。所以，此等國（府）均爲今日阿富汗斯坦、巴基斯

坦北部，伊朗東部的範圍可供了解，若干國（府）存在於此範圍內的方位別也能判明，但再深進一層研判時，便將含有主觀成份。中程研究的推證中外同時代地名，法國沙畹（E. Chavannes）的成績乃佼佼者，也特具系統，雖非定論，其係重要的參考資料則堪認定。附表卽其唐朝西域十六國羈縻府與當時西洋著作中各別地名的比定，以及今日學術界接近實際的了解部份對照：

府名與所領州數	治　　　　所	沙畹所比定 [5]	通　說　位　置
月氐都督府(二十六州)	吐火羅葉護阿緩城	War-waliz (Koundouz)	興都庫什山脈北部
大汗都督府 (十五州)	嚈噠部落活路城	Balkh	同上偏東
條支都督府 (九州)	訶達羅支國 (改國號「謝颺」) 伏寶瑟顛城	Arokhanadj	興都庫什山脈西、南部
大馬都督府 (二州)	解蘇國數瞞城	Schouman	興都庫什山脈南部
高附都督府 (二州)	骨咄施沃沙城	Khottal	
修鮮都督府 (十州)	罽賓國遏紇城	Kapica	克什米爾，迦畢沙 (Capisa) 地方 (Cafiristan)
寫鳳都督府 (四州)	帆延國羅爛城	Bamyan	
悅般州都督府 (一州)	石汗那國艷城	Kokcha	
奇沙州都督府 (二州)	護時犍國遏蜜城	Djouzdjan	
姑墨州都督府 (一州)	怛沒國怛沒城	Tirmidh	
旅獒州都督府	烏拉喝國摩竭城		
崑墟州都督府	多勤建國低寶那城	Talekan	
至拔州都督府	俱蜜國楮瑟城	Koumedh	
鳥飛州都督府 (一州)	護蜜多國摸達城	Wakhan	
王庭州都督府	久越得犍國步師城	Qowadhiyan	
波斯都督府	波斯國疾陵城	Zereng	Seistan (伊朗與阿富汗斯坦交界地)

[5]　沙畹「西突厥史料」，馮承鈞譯本第一九七～二〇二頁，文首並稱：「唐代所置諸府州之名稱……其所列府州所治本地域名，約近百數，極為重要。吾人對於此種譯名，固難完全求其原名，然其可以考訂者，則與大食人之撰述所著錄者完全相符，足證新書（「新唐書」）地理志所誌之確實」。

　　七世紀唐朝太宗、高宗兩代治世，氣概的磅礴，依如上概略印象，已堪證明，無愧於今日史學界「名實相符世界最強之國」❻的誇言。

　　八世紀玄宗在位期，大唐世界帝國第二次高峯展現，卻也是唐朝盛極而衰的**轉換時代**，西方正值伊斯蘭（回教）世界擴大期，歷史上曾煊赫一時的薩珊朝波斯，則自此時已結束其光輝生命。薩珊波斯衰微固種因於東羅馬與西突厥的長期攻擊，中國記錄（「隋書」西域傳波斯條、「新唐書」西突厥傳、西域傳下波斯條）也載七世紀初的隋朝末年，西突厥一度脅服薩珊波斯，但直接的摧毀力便來自阿剌伯或唐朝所稱的大食。阿剌伯統一於穆罕默德的回教──薩拉遜（Saracen）大帝國後，「新唐書」波斯國傳記記述波斯王伊嗣俟於貞觀十二年（紀元六三八年）遣使向唐朝朝貢的前後時期，大食早已佔領薩珊波斯國都與其大部份領土，西洋史上設定大食滅亡薩珊波斯之年係紀元六四二年，被認定的最後之王 Yezdegind Ⅲ 逃亡至其東北領土木鹿（Merv，今蘇聯土庫曼共和國 Mary）時被追及的大食兵殺害。此王在位期與王名發音均相當於中國史的伊嗣俟，可認定爲同一人，悲慘下場也同樣見諸中國文獻，「新唐書」西域傳下波斯條載「伊嗣俟……奔吐火羅，半道，大食擊殺之」（「冊府元龜」卷九九九之文，則謂＜高宗＞永徽五年＜紀元六五四年＞，大食引兵擊波斯及米國，皆破之，波斯王伊嗣俟爲大食兵所殺），參差係在年代。「新唐書」續文：「（伊嗣俟）子卑路斯（Peroz）入吐火羅以免，遣使者告難，高宗以遠不可師，謝遣。會大食解而去，吐火羅以兵納之入。龍朔初（紀元六六一年）又訴爲大食所侵，是時天子方遣使者到西域分置州縣，以疾陵城爲波斯都督府，卽拜卑路斯爲都督。俄爲大食所滅，雖不能國，咸亨（紀元六七〇──六七三年）中猶入朝，拜右武衞將軍，死。始其子泥涅師爲質，調露元年（

❻　人物往來社版「東洋の歷史」⑤隋唐世界帝國，第一三九頁。

紀元六七九年）詔裴行儉將兵護還，將復王其國。以道遠，至安西碎
葉，行儉還，泥涅師因客吐火羅二十年，部落益離散。（中宗）景龍初
（紀元七〇七年）復來朝，授左威衞將軍，病死。西部獨存，（玄宗）
開元、天寶間，遣使者十輩，獻瑪瑙牀、火毛繡、舞筵」（「册府元
龜」同樣數見開元以來波斯王遣使朝貢記錄）。可知唐朝西域十六國羈
縻府州中波斯都督府之設，時間已在薩珊波斯覆亡之後，設置地點因之
非波斯本土，而祇能求證於原波斯支配圈邊緣與退縮到達的東方屬州。
卑路斯也不再被列波斯王系，向唐朝乞求救援未果，最後的立腳點淪
喪，都督府至此全自「波斯」實體架空。紀元六七九年遣送去世在長安
的卑路斯之子返國失敗，一段時間後，在吐火羅成立的流亡政府也告解
散。所以，儘管八世紀的記錄尚見波斯地下游擊組織領袖以舊國名義與
唐朝接觸，波斯國家抑或都督府都早不存在。類似情況，西域十六國都
督府中，可能非僅波斯一例。

　　但另一方面，唐朝的西方影響力並未因之後退，統御地區也一方面
收縮，一方面又在急激擴大。帕米爾以西各國於此期間，對唐朝表現的
向心力不遜於太宗、高宗時代，自「册府元龜」收錄各國忠誠擁戴，款
輸赤忱的表文可得明示。原因則主要便是大食巨大壓力，以及與大食逆
方向而來的吐蕃勢力。所以八世紀時的唐朝世界帝國，鑄定了兩項強烈
徵象，第一：維繫國際秩序和平安謐的理想，向共同防衞一面傾斜，第
二：便立於共同防衞需要，一方面是加盟國彼此間團結協力，共同強烈
的仰望唐朝庇護，一方面又因而新參加唐朝世界帝國的興都庫什山脈・
克什米爾地區國家，益益增多。「册府元龜」卷九九九天寶八載（紀元
七四九年）吐火羅葉護失里嘗伽羅「表曰：臣鄰境有一胡，號曰揭師，
居在深山，恃其險阻，違背聖化，親輔吐蕃，於國內置吐蕃城堡，捉勃
律要路，勃律困之。揭師王與吐蕃乘此虛危，將兵擬入，臣每憂思，一

破兇徒。望安西兵馬來載五月到小勃律，六月到大勃律，伏乞天恩允臣
所奏，若不成，請斬臣為七段。緣箇失蜜王向漢忠赤，兵馬復多，土廣
人稠，糧食豐足，特望天恩賜箇失蜜王勅書宣慰，賜衣物並寶鈿腰帶，
使感荷聖恩，更加忠赤。帝覽表許之」。表文所涉大、小勃律，箇失
蜜、揭師（唐朝允吐火羅所請如期出兵加以征服），以及烏萇、骨咄等
國，便全非原羈縻府州體制之內，而係玄宗時代新服屬唐朝的國家羣。
接受統一領導的形態也與前期有異，不必附着直結唐朝政治的羈縻府州
體系，此其一。其二，代表唐朝對此等屬國統制力的表徵，轉換以濃厚
的軍事色調替代，「新唐書」西域傳下大小勃律條：「開元初，（小勃
律）王沒謹忙來朝，玄宗以兒子畜之，以其地為綏遠軍」；「唐書」西
戎傳天竺條：「（開元八年）南天竺國王尸利那羅僧伽請以戰象及兵馬
討大食及吐蕃等，仍求有及名其軍，玄宗甚嘉之，名軍為懷德軍」。而
此等措置，顯又與直轄領土邊緣十節度新制與所統率名號諸「軍」，相
互表裏。天可汗尊號惟北方、西方適用，羈縻府州則普遍到唐朝世界帝
國東、南、西、北各個方位，「軍」號的成立，於後期唐朝世界帝國同係
一體化，新羅──→寧海軍、契丹──→靜析軍等，都是說明。

　　惟其如此，八世紀玄宗近半個世紀盛世，屹立已百年的唐朝世界帝
國的成員國，對唐朝的實力依賴已屬空前。然而，唐朝世界帝國抑或歷
史上北、西亞細亞惟唐朝一見的天可汗尊嚴，玄宗時代畢竟已是廻光反
照性質，安、史亂後的衰運已預在等待。

國家規模的超越‧政治平等的復活

　　隋──唐繼承秦──漢又一大世紀展現，制度律令超越性完備，予

古來制度律令以集大成的整理，係耀目的中國中世史之光，歷史的中國人偉大創造效果。凡同時期新羅、日本、渤海等東亞國家，其政治、經濟制度，抑且國都建設的規制，也無不模倣唐朝爲母體。

　　傳承自古代史而中國中世史轉換完成象徵的國家根本制度均田制，自北魏孝文帝太和九年（紀元四八五年）創始，以屆八世紀唐玄宗時代，土地國有制度實行近三百年。初創期的北魏均田法下，國家分配與農民的土地，種類分：生產穀物的田地，所謂露田（正田），含有休耕調節意味的倍田，以及種植半永久植物養蠶所需桑樹、木材所由的榆樹、與供食用的棗樹，統稱桑田（栽培麻之地則麻田）。露田以受田者年老或死亡而返還國家，倍田亦然，惟桑田受後歸子孫永遠保有，凡田地均依男、女性別按人口給與，擁有奴隸的同數額給田，且奴隸人數無限制。在任地方官另在任所支有「職分田」，自刺史十五頃以下至一頃（百畝）有差，更代相付。六世紀中北朝分解期的北齊河清令（河清三年，紀元五六四年）發布，廢止倍田規定而露田給田額加倍，一夫八十畝，婦人四十畝（北魏倍田原便與露田同額給與，男夫、婦人各爲四十畝與二十畝），桑田正名永業田，如舊二十畝（麻田如桑田法）。特堪示爲一大進步的改革，係具有受田資格的奴隸數字已加限制，最多自親王的三百人，以下按官品等差至庶人六十人。此外，北魏地方官在任中給與公田的制度，也自北齊擴大至中央級官吏，同樣適用，京師（鄴）四郊劃定爲支應所需的公田。北周則廢止夫婦各別給田規定，而改依「有室者」基準通計百四十畝，未婚配意味的丁者百畝。

　　隋朝土地法，「隋書」食貨志明言：「其丁男、中男，永業、露田皆遵後齊之制」，受田面積與資格均同，但統一後人口密集地區如京畿，以土地分配不能依標準數而區別寬鄉（足額），狹鄉（每丁僅二十畝）的法令修正，也已出現於「隋書」食貨志記錄。隋制立腳於北齊制

度基礎上特堪注目的大變化，或者說，更大的進步，係「隋書」食貨志大書「煬帝即位，是時戶口益多，府庫盈滿，乃除婦人及奴隸部曲之課，男子以二十二成丁」，均田制課稅對象與受田對象乃相適應，「隋書」食貨志所強調「未受田者皆不課」，可推知奴隸給田制為已停止，世族憑藉奴隸數字獲得國家承認發展大土地所有的護符，終自中國南北統一，均田制全面推行之後，由限制而被斷然撕毀。可能便與廢止奴隸給田此項大變革具有密切關係，而着眼於緩和世族對此的不滿情緒，另一項前代從未曾有，係自南北統一，北朝均田制推展至南朝領域一體實行的隋朝新規定發端，京官、外官除各應九品等差支給五頃至一頃的職分田外，另給公廨田充公用之費，又另自諸王以下迄都督，依等差各授面積相當廣大的永業田（官人永業田），多者至百頃，少者四十頃（四十頃之數據「隋書」食貨志，「通典」食貨二田制下作三十頃）。

　　煬帝新令，對婦人停止給田，又係重要的改革斷行，以此關係而租稅制度發生大變化。北朝均田制下課稅制度以夫婦為一單位，所謂「一牀」，原與女子受田存有關聯，與均田制以前租稅徵收的「戶調」對稱「牀調」。牀調制出現，已打破世族大家族制，國家直接支配小農民紐帶的契機被把握意味，婦人受田制廢止的原因與所反映事實，又便在課役都再改變以丁男為單位，租稅制度戶調→牀調→丁調三次轉易的結果，國家權力向戶的內部滲透，而回復直接掌握個別人身成功。

　　如上轉捩所代表再一層意義，對人民而言，是稅負減輕，隋初開皇二年（紀元五八二年）令，田租每夫妻「一牀」單位粟三石（以丁男露田八十畝二石，其婦露田四十畝一石計算），已依不受田不課原則，婦人給田停止而僅按丁男基準，修正為原額三分之二的二石之數，此其一。其二，又是人民納稅義務的年限縮短，北魏均田制初創時男夫年十五受田，七十還田；北齊十八以上六十以下為丁，分別受還田，隋初「

十八以上爲丁（成年），以從課役，六十爲老，乃免」（「隋書」食貨
志），以後成丁的基準年齡兩度提高，至煬帝大業令發布時已如記載是
二二歲。其前提，正與課役單位的變更原因相同，都建立在「隋書」食
貨志累言「百姓承平」、「戶口歲增」「庫藏皆滿」的統一政治背景。
相反方面，也是土地國有制度均田制的全國統一實行成功，才展現中國
社會‧經濟踏實的欣欣向榮可能性。而其時，隔斷四百年之久，漢朝統
一政治原理的農村社會個別人身支配，以及每一成年者約四十年課役年
齡（漢朝規定係十五──五六歲）的把握，始得全行回復。

隋唐時代丁中制（據「通典」食貨七‧丁中）

年代＼種別		黃	小	中	丁	老
隋	開皇二年（五八二）	一～三歲	四～一〇歲	一一～一七歲	一八～五九歲	六〇歲以上
	開皇三年（五八三）	一～三歲	四～一〇歲	一一～二〇歲	二一～五九歲	六〇歲以上
	煬帝初年	一～三歲	四～一〇歲	一一～二一歲	二二～五九歲	六〇歲以上
唐	武德七年（六二四）	一～三歲	四～一五歲	一六～二〇歲	二一～五九歲	六〇歲以上
	神龍元年（七〇五）至景雲元年（七一〇）〔韋皇后誅，復舊〕	一～三歲	四～一五歲	一六～二一歲	二二～五八歲	五九歲以上
	天寶三年（七四四）	一～三歲	四～一七歲	一八～二二歲	二三～五九歲	六〇歲以上

　　唐朝均田制，係同時期東亞社會‧經濟史全體的骨幹，日本、新
羅、高麗、南詔等周圍國家一概蒙受其影響波及，各各的土地法意識與
制度構造，共通由唐朝均田制指導而以之爲範式。而唐朝均田制，踏襲
的便是隋朝制度，祗已加以體系化再整備，以及能率的穩定化。
　　均田制以已非祗中國史上單獨的問題，而係東亞史相共通，所以今

日學術界研究「均田」理念，均田制源流，特別關於唐朝制度的興趣，不斷提高，也愈對此當時「平均地權」思想與實現無任憧憬。學問上研究唐朝均田制的基本資料，是高祖武德七年令（見十世紀前半五代著作的正史「唐書」食貨志上、十世紀中宋初王溥「唐會要」租稅上、十一世紀宋朝官修正史「新唐書」食貨志一，元朝馬端臨「文獻通考」田賦考歷代田賦之制），玄宗開元七年令（玄宗欽定「唐六典」戶部郎中、員外郎條），同二十五年令（八世紀末唐杜佑「通典」食貨二田制下大唐條、食貨六賦稅下大唐條）❶。近來益益增大的西域學術考古成果，敦煌、吐魯蕃所發見戶籍文書經過分析整理，對唐朝均田制營運，理解的追求爲愈具信心，田地收授過程中製作的給田簿、退田簿、欠田簿等根本資料被介紹認識（參閱次節），於唐朝均田法規效率的普遍化，與其施行的實態，尤獲有明晰印象。

有關唐制，今日學者的細部解釋儘有諸說，概念則相一致。便是說，已認識其基本精神，乃以有擔負課役能力的丁男爲中心，應口數分給一定面積的土地，安定的定着其上，至老、死而土地返還國家作交替。土地給付標準，外貌繼承隋制，實質以隋、唐度量衡制非全相同而存有

---

❶ 「唐書」與「新唐書」以外的唐朝制度重要研究資料——

(a)「唐六典」，三〇卷（分：理典、敎典、禮典、政典、形典、事典），玄宗開元十年（紀元七二二年）着手編纂，二十六年完成，玄宗御撰而李林甫奉勅注釋。但其基準非此書成立時的律令格式，而係開元七年（紀元七一九年）令。

(b)「通典」，二〇〇卷，八世紀後半唐朝杜佑，自代宗大曆中起稿，約三十年而於德宗貞元中撰定。「通」乃通諸朝代之意，「典」謂典章制度，全書分食貨、選舉、職官、禮、樂、兵刑、州郡、邊防等八部門。宋朝鄭樵作「通志」、元朝馬端臨作「文獻通考」，均做「通典」而以之爲藍本，合稱「三通」，乃研究制度史所不可缺。

(c)「唐會要」，一〇〇卷，宋朝之初王溥續唐朝原已成立的「會要」（高祖至德宗九代），「續會要」（德宗後）所缺宣宗以迄唐末之事，宋太祖建隆二年（紀元九六一年）成書。「會」係統或聚之意，分立門類，記述一朝代文物典章之書，現存同性質諸會要書，卽以身歷五代的王溥「唐會要」、「五代會要」爲最古。

差異。國家以把握全國丁男數，而確保固定的財政收入與人力資源，與租庸調課役制度相表裏。但其實行，仍非以排除世族餘緒的大土地所有爲必要，保障品官，勳官與有爵位者所按地位高低特別給付一定面積土地的官人永業田，也仍依有品爵者免課役的隋制。一般永業田（亦稱世業田），則與官人永業田對稱戶內永業田，露田正名口分田，永業田具自由處分的彈性（官人永業田與賜田亦同），口分田於法令允許的特別場合亦准買賣，係唐朝新規定。

隋、唐度量衡表❷

朝　　　代	度（尺）	量（升）	衡（斤）
隋	29.51cm	0.594ℓ	668.19g
唐	31.10cm	0.594ℓ	596.82g
	長度單位　丈（10尺）尺（10寸）尺（10分） 　　　　　絹四丈爲一匹（疋），麻布五丈爲一端 容量單位　石（＝斛，10斗）斗（10升）升（10合） 重量單位　斤（＝觔，16兩）兩（24銖）銖（10絫）		

此項制度見於「唐書」食貨志（上）的記錄是——

「武德七年（紀元六二四年），始定律令，以度田之制，五尺爲步，步二百四十爲畝（「新唐書」食貨志一：「度田以步，其闊一步，長二百四十步爲畝」），百畝爲頃。

「丁男、中男給一頃（「唐六典」戶部郎中條注：中男年十八已上者亦依男丁給；「新唐書」：「授田之制，丁及男年十八以上者人一頃」），篤疾、廢疾給四十畝（「唐六典」：「老男及篤疾、廢疾」；「新唐書」：「老及篤疾廢疾」；「通典」食貨二田制下大唐條說明「口分田四十畝」），寡妻妾三十畝（「通典」說明「口分田三十畝」）。

❷　誠文堂新光社版「世界史大系」⑧東アジアⅠ，第二三四頁。

若爲戶者，加二十畝（「通典」：「黃、小、中、丁男子及老男、篤疾、廢疾、寡妻妾當戶者，各給永業田二十畝，口分田二十畝」）。所授之田，十分之二爲世業（「新唐書」、「唐六典」均稱「永業」），八爲口分」。

「世業之田，身死則承戶者便授之，口分則收入官，更以授人」。（「通典」：「庶人有身死家貧無以供葬者，聽賣永業田，卽流移者，亦如之。樂遷就寬鄉者，並聽賣口分＜原注：賣充住宅、邸店、碾磑者，雖非樂遷，亦聽私賣＞。諸買者不得過本制，雖居狹鄉，亦聽依寬制，其賣者不待更請。凡賣買皆須經所部官司申牒。……若從遠役外任，無人守業者，聽貼賃及質。其官人永業田及賜田欲賣及貼賃者，皆不在禁限」。「唐六典」：「凡天下百姓給園宅地者，良口三人已上給一畝，三口加一畝；賤口五人給一畝，五口加一畝，其口分，永業不與焉」。）

「每歲一計帳，三年一造戶籍，州縣留五比，尚書省留三比（「唐六典」：「凡應收授之田，皆起十月，畢十二月」）」。

與均田制具有密接關係的租、庸、調課役制度，自唐初至安史之亂後的德宗建中元年（紀元七八〇年），實行一百六十多年。此一以唐朝中期以前所獨有而聞名的制度，原卽漢朝田租（租）、口錢（調）、力役（庸）的延續，漢末動亂以來，田租自收成提成改按耕地面積定額計準，人頭稅口錢變化以戶爲單位的戶調，以及布帛現物納入，再由均田制初創期牀調至隋朝統一南北，而回復到丁調。唐朝租、役、調制，都立於隋制基點（「隋書」食貨志：紀元五八三年隋文帝開皇三年令，調由北周制度的絹、絁一匹〔＝四丈〕減半爲二丈，或麻布一端（＝五丈）減半爲二丈五尺，歲役由三十日改二十日，煬帝再減田租三石爲二石），特色係在力役方面的「庸」。「庸」字與「傭」字意義相通，隋制丁男「每歲爲二十日役」（「隋書」食貨志）雖同係唐制基本，但

唐朝均田制結構透視（武德七年、開元七年、二五年令）——一

身分	職・公廨田	分田	官人永業田（五品以上受田賣鄉，六品，解免者追田，襲爵者不別給） 官人受田以下受於本鄉，口分之田 口分品以下	賜田	永業地	口分地	園宅地
官	附屬於官廳的營運費	一品 1,200畝 二品 1,000 三品 900 四品 800 五品 700 六品 500 七品 400 八品 300 九品 250 （惟任內保有）	親王 正一品 10,000畝 　　正一品 6,000 郡王 從一品 5,000 國公 正二品 4,000 郡公 從二品 3,500 縣公 正三品 3,000 　　從三品 2,500 　　正四品 2,000 　　從四品 2,000 侯　正五品 1,100 伯　從五品 800 子　正六品 500 男　正六品以下 80　　（勳官） 　　　上柱國 3,000 　　　柱國 2,500 　　　上護軍 2,000 　　　護軍 1,500 　　　上輕車都尉 1,000 　　　輕車都尉 700 　　　上騎都尉 600 　　　騎都尉 400 　　　驍騎尉 　　　飛騎尉　各80 　　　雲騎尉 　　　武騎尉　各60	無限定			
一般人民（良民） 農民（百姓） 丁男、十八歲以上中男					均20畝 （狹鄉不給）	均80畝 狹鄉減半 40 30 20	每三人一畝
老疾殘廢、寡婦戶主					20	40 20	
工商戶					10畝 （狹鄉不給） 20	40畝（狹鄉不給） 20	
僧：道士、女冠 尼					20畝	80畝	每五人一畝
雜戶					40畝	40畝	
賤民 官戶、部曲、客女 奴婢							

武德七年令制定均田制的同時，租庸調制公布，已明示了新精神，「唐書」食貨志（上）說明：「凡丁歲役二旬，若不役，則收其傭，每日（絹）三尺（「唐六典」戶部郎中條：「凡丁歲役二旬」句加注：「有閏之年加二日」，「無事則收其庸每日三尺」句亦加注：「布（指麻布）加五分之一」；「通典」食貨六賦稅下大唐條：「諸丁匠不役者收庸，無絹之鄉絁布」，原注：「絹、絁各三尺，布則三尺七寸五分〔按，即加四分之一〕」應是開元七年令與開元二十五年令的差異）。有事而加役者，旬有五日免其調，三旬則租、調俱免，通正役並不過五十日」。現物徵收，則顯然基於排除物價因素的理由。制度全貌的大概——

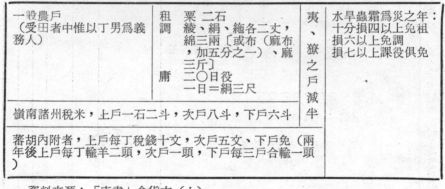

一般農戶 （受田者中惟以丁男為義務人）	租	粟　二石	夷 、 獠 之 戶 減 半	水旱蟲霜為災之年： 十分損四以上免租 損六以上免調 損七以上課役俱免
	調	綾、絹、絁各二丈，綿三兩〔或布（麻布，加五分之一）、麻三斤〕		
	庸	二〇日役 一日＝絹三尺		
嶺南諸州稅米，上戶一石二斗，次戶八斗，下戶六斗				
蕃胡內附者，上戶每丁稅錢十文，次戶五文、下戶免（兩年後上戶每丁輸羊二頭，次戶一頭，下戶每三戶合輸一頭）				

資料來源：「唐書」食貨志（上）

租庸調制之下，每一農戶受田非限丁男而課役僅出諸丁男，比較漢朝制度的未成年者也納人頭稅，婦女也須提供勞動力役，以及勞役時間縮短三分之一（漢朝力役每歲一月），可謂甚輕。但關於田租，不計畝制與物價變異，以及農業技術與農具的改良進步等複雜因素，每一頃二石（＝每畝二升）卻較漢朝每畝十五稅一的單位計準比例為高（雖視大分裂期的沈重負擔已降低）。抑且，須加注意，唐朝稅目，法制規定便非三而係四項，「唐六典」戶部郎中條明記：「凡賦役之制有四，一

曰租，二曰調、三曰役，四曰雜徭」，祇是，前三項以租庸調制概括，第四項則不包含入內。所謂「雜徭」，係與正役「庸」對應的地方性義務勞動，從事當地土木工事，更番服役官廳，或備臨時徵發時提供各項勞力，義務人也已不限丁男，而擴大到年十八歲以上的中男。

對丁男、中男的課役以外，尚存在以戶為對象，對課丁而言，性質上已是重覆課稅的兩項重要稅目：

其一，戶稅，係於租庸調之外，再應各戶貧富等差所課征之稅。區分民戶等級之法原非自唐朝創始，北魏已依輸租立貧富三等九品之制，北齊也有九等民戶富者稅錢而貧者力役的立法，至唐初，武德三年先分三等，九年（紀元六二六年）續按資產詳分天下之戶為九等（四等以上為上戶，七等以上為次戶，以下為下戶，三年一普查校正）。所以，唐朝開始實行戶稅的年代雖不明，便在唐初則可推定，最初似也曾一度中止，因而「通典」食貨六賦稅下入唐條又有「武太后長安元年（紀元七〇一年）十月，詔天下諸州，王公以下，宜准往例稅戶」之言。租庸調制以土地均分為前提，但狹鄉、寬鄉之別，以及土地肥瘠不同，對一律基準的公平課稅原則不可避免存在矛盾，另依貧富等差課徵戶稅，所以不失為補救之道。也惟其戶稅徵收係自「貧」「富」社會問題觀點着眼，因之課徵對象不限受田的農戶，工商業者等凡登錄戶籍的概須負擔，以及徵收以錢。其準則：「上上戶（每年）四千（錢），每等減五百，至下中七百，下下戶全於五百」（「通典」食貨六賦稅下大唐條原注）。

其二，地稅，指於常平倉以外，出諸賦課所得，貯蓄當地的義倉米。「地稅」非法制上名稱，而係依其「據地取稅」課徵方法的用語，且早自隋文帝開皇五年（紀元五八五年），「勸課當社共立義倉」，開皇十六年又定收穫之日，原隨所得作不定數額捐輸的，「詔社倉准上、

中、下三等稅」，改爲固定每年上戶納穀一石，中戶七斗，下戶四斗（見「隋書」食貨志）。唐初再改按畝計準，如「通典」食貨六賦稅下大唐條說明：「王公以下墾田（指實際已耕種的土地），畝納二升，其粟、麥、稻之屬，各依土地，貯之州縣，以備凶年」❸。歉收時減收標準是：六分作的田地半免，三分作全免，無田土的商賈地稅依戶等，自上上戶五石至下中戶五斗，分等差附納，下下戶全免。

國家財政基礎穩定與其圓滑運轉，財源確保，便都由此堅實把握。「通典」食貨六賦稅下大唐條，設定於下列數字的基礎上，所編定唐朝盛世終末期玄宗天寶七載至十四載（紀元七四八——七五五年）每歲國庫收入的概算，是份重要資料：

——此六、七年期間，天下計帳戶約八百九十餘萬。

——課丁八百二十餘萬，其庸、調、租等，約出絲綿郡縣計三百七十餘萬丁，約出布郡縣計四百五十餘萬丁（內又江南郡縣百九十餘萬丁、江北郡縣二百六十餘萬丁）。

（同書食貨七歷代盛衰戶口大唐條的詳細戶口數字，天寶十四載管戶總八百九十一萬四千七百九〔原注：應不課戶三百五十六萬五千五百一，應課戶五百三十四萬九千二百八十〕。管口總五千二百九十一萬九千三百九〔原注：不課口四千四百七十萬九百八十八，課口八百二十萬八千三百二十一〕。）

（又，「中丁」大唐條解釋：戶內有課口者爲課戶，無課口者爲不課戶。天寶三載十二月制：自今以後，二十三以上成丁。）

（同書食貨二田制下記錄：天寶中，應受田一千四百三十萬三千八百六十二頃十三畝。）

---

❸　鈴木俊的考定，地稅須中宗以後才列爲正式稅目，戶稅則係高宗時代創始，見誠文堂新光社版「世界史大系」⑧東アジアＩ，第二三九頁。

　　——原注（戶稅）：計帳戶高等少，下等多，今一律以八等以下戶計。其八等戶所稅四百五十二（錢），九等戶二百二十二（錢），通以二百五十（錢）爲準。

　　——原注（地稅），西漢每戶所墾田，不過七十畝，今亦准此約計數。

全編戶 890萬戶 {
　（戶稅）250錢×890萬＝222,500 萬錢 (2,225 萬貫)
　（地稅）2升×70（畝）×890萬＝124,600萬升 (1,246萬石)

全課丁 820萬人 {

　370萬人 {
　　庸調 {
　　　（絹）2匹(＝8丈*)×370萬＝740萬匹
　　　（綿）0.5屯(＝3兩)×370萬＝185萬屯
　　租（粟）2石×370＝740萬石

　450萬人 {
　　庸調(布)2.3端(二端一丈二尺＝115尺**)×450萬＝1,035萬端
　　租 {
　　　南方190萬人（折納布）3端***×190萬＝570萬端
　　　北方260萬人（粟）2石×260萬＝520萬石

*內庸的部份 3尺×20（日）＝60尺(6丈)，調的部份2丈，庸調合計8丈(＝2匹)
**內75尺(3.75尺×20〔日〕)爲庸，40 尺（絹折布25尺，另加麻三斤＝粟 3 斗＝布15尺計算）爲調。
***原註：以八等以下戶計，八等折租每丁三端一丈九，九等二端二丈，通以三端爲準。

　　以上每年國家租、稅、庸、調四大項的總收入爲：錢、粟、絹、綿、布約五千二百二十餘萬端、匹、屯、貫、石。

　　歲出的支用分配方面：

二、五〇〇萬粟（石）	三〇〇萬，折充絹、布，添入西（長安）東（洛陽）兩京國庫 三〇〇萬，碾成米豆，供宮廷與諸官衙儲食，儲京庫。 四〇〇萬，在江淮碾米後轉入京，充官祿用。	中央一、〇〇〇萬石
	五〇〇萬，①留當州充官祿②供運糧費用。 一、〇〇〇萬，①供應諸道軍糧②儲備當州倉。	地方一、五〇〇萬石
布、絹、綿二、七〇萬（端、屯、匹）	一、三〇〇萬，添入西京國庫。 一〇〇萬，添入東京國庫。	中央一、四〇〇萬端屯匹
	一、三〇〇萬，①供應諸道兵賜②充地方公用與郵驛等費用。	地方一、三〇〇萬端屯匹

二〇〇萬錢（貫）	二〇〇萬，均充地方公用。	地方

唐朝盛世財政收支實況，由此可以獲得概約印象。

　　府兵制是隋——唐納入了新外衣的秦——漢徵兵制復活，基盤便立於均田法健全的經濟力與動員力之上，中國兵役史上著名的兵農合一徵兵制度。北朝西魏創始時，於關中諸州設數字統稱「百府」的多處儀同府，適用均田法而選拔農民中壯丁，免除其租調，於農隙集中交替接受訓練，平時在鄉耕種，有事徵發出征。儀同府因之別稱「軍府」，其長由中央直接任命，直屬中央，不受州的長官刺史干涉，此類兵役制度因之被稱府兵制。西魏蛻化北周，合併北齊統一北方，已得府兵制臂助，隋朝繼承北周而滅亡南方陳朝，統一中國，又便以府兵制爲原動力，抑且愈嚴密其制度化，「新唐書」兵志所謂：「府兵之制，起自西魏後周，而備於隋。唐興，因之」。其時特色，除了已中國南、北全域推行的軍府於煬帝時代正名鷹揚府，而分別統屬到中央的十二衞，自大將軍以下確立中國最早的獨立武官系統，上柱國、柱國等名號轉變建立酬庸勳勞的榮譽銜，脫離實職而謂之「勳」的官位系統。更重要的，是西魏——北周府兵制前期形態，兵源尚係自農民中募集選拔，隋制已是名副其實的徵兵制，以均田制下每戶三丁抽一的原則擔當國家義務。

　　唐朝府兵制度的形式與內容愈加整備，全國置約六五〇處貞觀時正名的折衝府，而分隸京師十二衞、六率府的軍府（軍府數字諸說有異，「文獻通考」兵考三兵制章氏曰所列舉：唐志謂六百三十四，會要謂六百三十三，陸贄奏議謂太宗置府八百，杜牧之言則五百七十四，「通考」正文依唐志<「新唐書」兵志>），擔當府兵徵發、動員、編練等任務。重心布列在京畿地區，以西、東兩都長安與洛陽爲中核，由此分向東北與西北伸展成半月形的狹長地帶集中，而非全國各地域均等配置。制度

的營運，係每戶二十歲至五十九歲役齡男子，所謂丁男中以三丁抽一的比例，隸屬折衝府受兵士必需的軍事訓練。家境富裕、家庭人丁非單薄而個人身體又強壯爲選擇原則而徵發，免其租庸調。

　　唐朝府兵制的健全展開，丁男三十九年兵役期間，每年冬季農閑期，向所隸屬的折衝府報到集合，分騎兵、步兵、弩手、角手等四兵種，分別接受戰鬥技術的訓練，便是所謂「府兵」，國家的常備兵。每一折衝府的兵數約八百至一千人，全國常備軍兵員最盛期維持六〇萬人左右。府兵在役期間，依三時耕種，一時講武的原則，平時仍如一般農民在鄉里從事耕作，惟冬季農隙學習戰鬥。主要任務，其一「番上」，分組分番交代，赴京師任禁軍，按折衝府隸屬系統各別在十二衛（左右衛、大右驍衛、左爲武衛、右爲威衛、左右領軍衛、左右金吾衛）與皇太子六率府（左右衛率府、左右司禦率府、左右清道率府）服役一個月，擔當天子、東宮的宿衛、儀仗與京師警備之事，充禁軍者名「衛士」，衛士總數通常在八萬人以下。其二「邊戍」，派遣至國境線充防衛軍，府兵在役三十九年期間，每人必須輪派一次，服役期三年，充之者名「防人」，防人之數推定大略七、八萬人。唐朝邊境地方，基於國境警備的目的，散置二百餘「鎮」與三百餘「戍」（各區別三等，上鎮二十，各領防人五百人，中鎮九十，各領三百人；上戍十一，各領防人五十人，中戍八十六，各領三十人。所領不足中鎮、中戍之數者均下鎮、下戍）。鎮將、戍主便由率領防人前往服役的折衝府軍官充當，受鎮戍所在地都督府統轄，隨防人而三年交待。其三「征行」，遇內亂或外征發生，各地折衝府留充地方兵備的府兵，隨時奉兵部命令緊急召集，編組戰鬥部隊，歸中央差遣任命的將軍（行軍總管）指揮，事畢解散，將軍返朝，兵士還鄉。

　　府兵制下兵役丁男於在役年限內，對折衝府所配給乘用、馱用的軍

馬負有飼養與管理責任。武器、軍裝、糧食等所有軍隊生活所必要的一
切裝備與用品又均須自辦，平時貯藏府庫，臨事取給。府兵由官方供給
食糧的場合，惟限征行從軍，邊戍中以及番上、邊戍往返鄉里之時。所
以，府兵制立法，避免兵農分離時國家的沉重經濟負擔，與中央確保兵
權，乃一體兩面的制度特色。節減了國家軍事費用的支出，又依之獲得
多數良兵，發展國防體系爲中央——地方——邊境整體結合的有機體，
「新唐書」兵志所說：「府兵之制，居無事時耕於野，其番上者宿衞京
師而已。若四方有事，則命將以出，事解輒罷，兵散於府，將歸於衞，
故士不失業，而將帥無握兵之重」，正是其精神所寄（制度的形式與內
容，參閱「新唐書」兵志、「通典」職官十「武官」上、又「武官」下
折衝府項、「唐會要」卷七一「十二衞」、「東宮諸衞」、卷七二「府
兵」、「文獻通考」兵考三兵制）。

　　隋——唐統一政治實現，也象徵強力中央集權統御力的回復。大分
裂期以漢末監察區「州」向大行政區轉化爲起點，地方勢力汹湧高漲，
與同時急速抬頭的豪族勢力相結合，而軍閥割據形態通魏——晉——南
北朝強固隱在。相對，卻又於權位爭奪內在矛盾中，大單位「州」愈被
分解愈細，南北朝末期，無論南方或北方，「州」的數字均已猛昇到對
其下級單位「郡」呈現二與五的比例，跡近成爲重叠架構，州——郡
——縣三級地方制度的維持顯已勉強。隋文帝開皇三年（紀元五八三
年），因而斷然撤廢介在中間層「郡」的設置，以州直接轄縣，二級制
行政系統重建（煬帝雖改州爲郡，兩級制精神仍舊，至唐高祖武德元年
再回復改郡爲州，以後八世紀玄宗天寶時又一度改「州」爲「郡」，
但終仍復舊）。煬帝續倣漢朝成立地方行政分部巡察制度，唐朝代興，
太宗貞觀元年（紀元六二七年）而於隋煬帝基礎上正式分立關內、隴
右、河東、河北、河南、山南、劍南、淮南、江南、嶺南等十道（隨宜

差遣的「使」職，玄宗開元二十一年，紀元七三三年，析置關內、京畿、隴右、河東、河北、河南、都畿、山南東、山南西、劍南、淮南、江南東、江南西、黔中、嶺南等＜「唐六典」戶部卷有河西而無黔中＞十五道），漢朝基準全行回復，監察區「道」等於漢朝的「州」，行政區「州」替代了漢朝的「郡」，州── 縣兩級行政單位的長官則沿漢朝稱謂仍為「刺史」與「令」。與州同等級而提高長官地位的，一是都城所在的「府」（京兆＝京師或西京、西都，河南＝東京、東都，以及唐朝發祥地晉陽的太原，長官均稱尹，親王遙領時則「牧」）；二是衝要之地的「都督府」（長官稱都督），全國總三百六十州府，一千五百五十七縣（貞觀十四年平高昌時之數。開元二十八年統計則州府二百二十八，縣千五百七十三。均見「唐書」地理志序）。如上變化的堪重視處──

其一：具有一千年歷史，與「縣」同保中國大領土國家發展期最早成立的地方區劃名詞「郡」，從此自政治制度史消滅。

其二：大分裂期「州」的數字膨脹結果，至唐朝完成取代「郡」的位置階段，較漢朝原百數郡國已擴充到三倍之譜。換言之，面積約略相等的直轄領土上，唐朝「州」的區域範圍，一般落到漢朝「郡」的三分之一標準。

其三：郡制初創，尚殘存封建制度遺意，長官自由任命屬吏，秦──漢大統一時代仍保留此傳統。而便自隋──唐再統一中國，面貌全已變換，地方長官不再保有僚屬任命權。「通典」選舉二歷代制中隋條的記錄：「當時（隋文帝時）之制，（吏部）尚書舉其大者，侍郎銓其小者，則六品以下官吏，咸吏部所掌，自是海內一命以上之官，州郡無復辟署矣」。原注：「自後魏末北齊以來，州郡僚佐多已為吏部所授，至隋，一切歸在省司」；同書職官五尚書下吏部：「大唐至貞觀以前，尚書掌五品選事，至景龍中，尚書掌七品以上選，侍郎掌八品以下選。

至景雲元年（紀元七一〇年），始通其選而分掌之，因爲常例」。

地方一級單位轄區縮小，而人事權又一概收歸中央，隋——唐中央集權制較秦——漢政治愈加強固，爲可瞭解。於今日，唐朝官制與律令制度，以後歷史上東亞各國的國家體制統一藍本，而與均田法共同形成東洋史學者研究上的共同課題。如下乃是文獻中有關隋——唐中央政府架構的基礎了解：

——「隋書」百官志序：「漢高祖除暴寧亂，輕刑約法，而職官之制因於嬴氏。光武中興，事遵前緒，唯廢丞相與御史大夫，而以三司綜理眾務，泊於叔世，事歸臺閣，論道之官，備員而已。魏晉繼及，大抵略同；爰及宋齊，亦無改作。梁武受終，多循齊舊，然而定諸卿之位，各配四時，置戎秩之官，百有餘號，陳氏繼梁，不失舊物。高齊創業，亦遵後魏，臺省位號，與江左相殊。有周創據關右，日不暇給，洎於克清江漢，爰議憲章，酌豐鎬之遺文，置六官以綜務，詳其典制，有可稱焉。高祖（文帝）踐極，百度伊始，復廢周官，還依漢魏，唯以中書爲內史，侍中爲納言，自餘庶僚，頗有損益。煬帝嗣位，意存稽古，建官分職，率由舊章，大業三年，始行新令。於時三川定鼎，萬國朝宗，衣冠文物，足爲壯觀。既而以人從欲，待下若讎，號令日改，官名日易。尋而南征不復，朝廷播遷，圖籍注記，多從散佚，今之存錄者，不能詳備焉」（同書百官志下：「高祖既受命，改周之六官，其所制名，多依前代之法，置三師、三公，及尚書、門下、內史、秘書、內侍等（五）省，御史、都水等（二）臺，太常、光祿、衛尉、宗正、太僕、大理、鴻臚、司農、太府、國子、將作等（十一）寺，左右衛、左右武衛、左右武侯、左右領、左右監門、左右領軍等（十二）府，分司統職焉」。「通典」職官七諸卿上總論諸卿原注，又有「故隋氏復廢（北周）六官，多依北齊之制」的補充說明）。

——「新唐書」百官志序：「唐之官制，其名號祿秩，雖因時增損，而大抵皆沿隋。故其官司之別，曰省、臺、寺、監、衛、府」。

可知完備而煥然一新的政治制度出現，唐朝是以隋制爲基盤，隋朝又非立脚於否定古制之上，而係整理已紊亂古制的成績。所以，唐之於漢，一臺＝御史大夫，九寺＝九卿，五監＝列卿，獨特精神的發揚乃在中樞的核心結構。獨任制的丞相固然已成歷史名詞，分散丞相權力的三公，也追隨帝王「訓導之官」的三師，無力化而被架空爲「論道之官」。漢朝時代皇帝側近之臣，秘書意味的尚書令與中書令（兩者於漢朝乃二而一的士人與宦者之別，魏——晉尚書省獨立爲國家機構，中書令乃變換身份爲士人，「中書」也接替了原「尚書」的位置），以及侍從意味的侍中，大分裂期先後步出宮廷，接收三公職權，至唐朝而新的政治支配中心三省六部確立。調整後政府機能運行（「通典」職官）如次頁表。

三省中最爲後起的門下省權力，也最值得重視，賦有否決皇帝命令的特權，以防止皇帝獨裁，掣肘皇帝專制意志爲特定機能。門下省組織與中書省相對應，以及各各的基礎成員給事中與中書舍人名詞，都非隋朝或其以前成立，而係唐朝之事，也是唐朝中樞政治開明精神所寄。「通典」職官三（宰相）侍中・給事中條明言隋煬帝始置給事郎，其職「省讀奏案」，而唐朝給事中「讀署奏抄，駁正違失」，則覆議之制固已自隋朝開創，以覆議而否決詔命，退回中書省或予以糾正的「封駁」之權斷行，則始自唐朝。中書省立法出命，門下省審議與行使同意權，尚書省受命執行，三省連鎖關係與三機關的分權精神，因之是唐朝較隋朝青出於藍，獨特的制度實踐，此其一。其二，三省以均係發令機關而首長同被承認爲唐朝宰相，然而，最大的權限非與最高的官位相當，抑且，續向制度上所規定官位、職權非與宰相名位相一致的方向調整，以收隨時進退，參與決策，而毋須隨時變換其職位的彈性之效，（參閱上

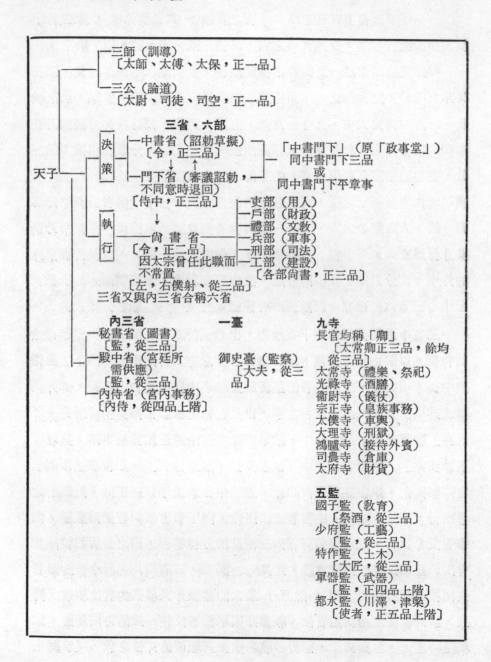

三師（訓導）
〔太師、太傅、太保，正一品〕

三公（論道）
〔太尉、司徒、司空，正一品〕

三省・六部

天子

決策

中書省（詔勅草擬）
〔令，正三品〕

門下省（審議詔勅，
不同意時退回）
〔侍中，正三品〕

「中書門下」（原「政事堂」）
同中書門下三品
或
同中書門下平章事

執行

尚 書 省
〔令，正二品〕
因太宗曾任此職而
不常置
〔左，右僕射，從三品〕

吏部（用人）
戶部（財政）
禮部（文教）
兵部（軍事）
刑部（司法）
工部（建設）
〔各部尚書，正三品〕

三省又與內三省合稱六省

內三省

秘書省（圖書）
〔監，從三品〕
殿中省（宮廷所
需供應）
〔監，從三品〕
內侍省（宮內事務）
〔內侍，從四品上階〕

一臺

御史臺（監察）
〔大夫，從三
品〕

九寺

長官均稱「卿」
〔太常卿正三品，餘均
從三品〕
太常寺（禮樂、祭祀）
光祿寺（酒膳）
衛尉寺（儀仗）
宗正寺（皇族事務）
太僕寺（車輿）
大理寺（刑獄）
鴻臚寺（接待外賓）
司農寺（倉庫）
太府寺（財貨）

五監

國子監（教育）
〔祭酒，從三品〕
少府監（工藝）
〔監，從三品〕
特作監（土木）
〔大匠，從三品〕
軍器監（武器）
〔監，正四品上階〕
都水監（川澤、津梁）
〔使者，正五品上階〕

頁附表），又係唐朝官制一大特色。貞觀年間，已開加給他官「同中書門下三品」銜而參與政事堂（門下中書兩省合議場所，玄宗時代以來直截改稱「中書門下」）議政之例，宰相非限三省長官，擴大合議制精神。自後「參預朝政」、「參知政事」等都是同性質銜名，且漸漸顛倒為帶其銜才是宰相，侍中、中書令不能例外，否則已非宰相，玄宗開元年間，宰相銜名續向「同中書門下平章事」（簡稱「同平章事」）固定化與劃一化。而浮動式宰相的選任，因之也鑄定了唐朝政治制度另一特徵。

　　「封建」制度又是唐朝政治獨特精神所在。受封基本原則固如同前代，惟帝王自族的皇室與功臣具有資格，各各依血緣親疏或功業大小，分王（國王、親王）、郡王、國公、郡縣開國公、侯、伯、子、男等九等爵位授與（九等爵制踏襲隋朝，修正處係第四等郡公以下均加「開國」字樣。玄宗以前，臣下且限第三等國公以下，其後衰運期加至郡王）。但列爵而不分土，均居京師，且不附隨食邑，必須指定特定地域內特定數的課戶為封戶，所謂「實封」，才撥此等封戶所納租稅（租調）為收益，否則除官人永業田外，別無直接來自爵位的所得，諸王於法制具有府、國官屬，實質因無實土而徒擁虛名。「通典」職官十三歷代王侯封爵項大唐條：「……並無官土，其加實封者則食其封分。原注：自武德至天寶實封者百餘家」；「唐會要」卷四七封建雜錄下引劉秩「政典」：「設爵無土，署官不職……今封建子弟，有其名號，而無其國邑，空樹官僚，而無蒞事，聚居京輦，食租衣稅」。可以了解，除了附着「世襲」特質外（實際也多僅傳一代之例），「爵」已與法制上代表個人榮譽的「勳」無多差異，也相與同入品秩之列，自親王正一品，嗣王（親王次代）、郡王、國公從一品，以迄開國男的從五品上階。所以均田制中，親王以下與品官所享特典同稱「官人永業田」，大統一國家中央集權制精神，愈已進一步發揚。

　　與官制密接，官吏登用制度同以統一政治的實現而注入新精神。魏晉南北朝習用的九品中正法，於隋朝統一朝代出現，隋文帝才能本位的人材登用方針下，決定性揚棄。「文獻通考」選舉考一舉士項魏文帝條原注所稱：「而九品及中正，至開皇中方罷」，替代的新制度，便是同書同考隋文帝條「開皇七年制各州歲貢三人」以及「隋書」文帝紀開皇八年條「詔京官五品以上、總管、刺史，以志行修謹、清平幹濟二科舉人」，前者所謂「鄉貢」，後者所謂「制舉」。均須通過考試後始得登用，祇是其時每年例行鄉貢的科目不明，僅知「秀才」之科文帝時最早設定，煬帝又增「進士」科，並創應試者自動報名之例。從此，依固定各類別（所謂「科目」）按時考試選拔人材（所謂「舉人」）的「常科舉人」，與所謂「天子自詔」，按皇帝自訂特定科目，也不定期舉行的「制舉」相對。合稱則是「貢舉」，也以均按科目而舉士，所以稱之「科舉」。惟其如此，「科舉」名詞產生固須俟制度完成期的唐朝，但制度的創始者則是隋文帝，其萌芽雖無確切年代記載，推定便是上引開皇七年（紀元五八七年）的制令發布。自是歷唐朝而至宋朝進入最盛期，清朝末年才行廢止，科舉制歷史前後延長一千三百多年。同時，區別官位高低以「品」，由來固自九品中正制度，政府依州郡中正官所物色各該擔當區域內人物的評價，自上至下分九等級的九「品」序列而登用，各各給付品級相對應的官位，中正官的推荐謂之「鄉品」，政府所授官位等級謂之「官品」。隋朝廢止九品中正制，鄉品陪伴無由依存而消滅，九品的官品卻繼續保留。自「九」逆數至「一」為最高位，每品又區分「正」「從」的計準法，同樣於隋朝仍被適用，但隋、唐正四品以下再細分上、下階，九品共三十階。

　　唐朝予隋朝科舉考試制度以再推進，一方面啣接學校教育，中央與州縣各學校畢業生，所謂「生徒」，均得獲保送與自動報名（謂之「懷

牒自投」）經縣、州兩級試驗通過而送京師的「鄉貢」，共同參加每年「常科舉人」的分科考試，加「制舉」已係三途並行。另一方面，常科的科目大為增多而充實，明法、明字、明算等專門科目外，一般性科目以秀才科考試內容最單純，僅試方略策（政策論文）五道，卻是錄取也最難；明經科考試分三場，先帖經（經文填充式記憶默寫），通過後口試經義，再通過後策問（時務策，時事論文）；進士科較具柔性，雖在方式上同樣分三場進行，也仍以時務策五道為主，以及帖經，但已加試雜文兩首，錄取又以文詞為重，開元以來雜文且指定試詩、賦，所以最受歡迎，產生人材也最多，而形成唐朝士人進身最廣闊的大道。但科舉合格登榜的所謂「及第」或「登科」，尚祇官吏錄用第一階段的資格考試意味，由禮部主持，須續通過另由吏部所主持第二階段的錄用考試，依身（容貌）、言（言詞）、書（書法）、判（公文書擬定）四項標準合格，才正式登用為基層官員。高宗總章元年（紀元六六八年），此項銓注法定案。武后「周朝」時代，試驗制且又適用到武官方面，而有武舉諸科目的登場。

　　所以，科舉儘管於今日被詬病，但必須辨明，應限定在科舉考試內容已僵化的八股取士末期症狀階段。在於唐朝，抑或其先行朝代隋朝，科舉分科標準與其考試方式，都無不當。嚴選科舉出身人士，且正是新時代的革命性創意，回復漢朝平民社會的政治開放性有力一環節。二十世紀初清朝以採用西洋學校制而科舉制遭遇廢止命運，逆方向十九世紀歐美卻已認識此一方法優點，英國自一八七〇年起適用之於文官制度，美國繼於一八八三年以來採用試驗制。中國史的科舉制，與其沒落期約略同時，卻倒反流向了國外，誠為不可思議之事。

　　隋朝上承南北朝而開創統一朝代氣運，鞏固中央集權政治基礎係其前提，也注定與南北朝傳統社會勢力世族權益相衝突。南朝世族原以「

家」的意識高過於「國」，或者說，倒反而不屑覬覦帝位爲特徵，北朝
長久立於胡——漢聯合政權下的世族則否，而終勃發末期突變，隋朝係
南北朝漢人世族第一次也是惟一次的「化家爲國」，唐朝踏襲了同一軌
跡。惟其隋‧唐創業主自身便都是政府必須與之妥協的世族中人，明瞭
相互間矛盾與如何調和矛盾爲最妥恰。統一政治遂行，所選擇協調方式
則是對世族勢力的決意抑壓。世族以後漢以來豪族的社會根柢，結合經
濟上大土地所有者，軍事上私兵擁有者，以及政治上九品中正法護符所
形成門閥的四合一身份，通南北朝鑄定爲對政府的龐大抗拒力。均田
制以賜與官人永業田交換奴隸給田制的取消，已係關閉土地兼併最後之
門；隋文帝府兵制全國展開的同時兩度嚴頒禁令：「今率土大同……禁
衞九重之餘，鎭守四方之外，戎旅軍器，宜皆停罷；人間甲仗，悉皆除
毀」（開皇九年平陳詔）；「凡是軍人，可悉屬州縣墾田，籍帳一與民
同」（十年詔，均「隋書」高祖紀），私兵保有與民間武器私藏，後漢
末以來統一政治弊害的另一面地方兵權，又由國家完成收回。科舉制創
意而九品中正制架構塌毀，再係對門閥政治優勢的無情打擊，蔭子之制
雖然仍是高官特權，意義卻已全異，餘廕由來憑恃父祖個人，而與族望
無關，族望世代保有，個人官位則法律上爲浮動，此其一；其二，也以
通過科舉制，登位高官大道已向平民開放，政治平等的立腳點設定。如
上原則，都自隋朝成立，唐朝堅定把持而光大。

歷史發展反常附加的世族諸特權，終在歷史前進軌道上脫落，剝露
賸餘的已祇世族形成基本，根深蒂固的約七個世紀社會地位，回復到其
原型前漢中期以來豪族基準所變貌的門望意識，所謂族望。而唐朝替代
隋朝，且也已嘗試對此根柢的直截挖掘。代表性大事件，係貞觀六年（
紀元六三二年）太宗勅命製作「氏族志」，調查天下名門世家所付與家
世等級中，仍然是清河崔氏被推第一，范陽盧氏第二，唐朝國姓隴西李

氏僅列第三，震怒的太宗親加修改，抑壓崔氏爲第三，與李氏倒易。至
次代高宗而續有「姓氏錄」的再編定，姓氏排列次第再調整。雖然此一
大事的背景，也與唐朝抑或其先行朝代隋朝開國期，包括兩朝代各別的
創業主楊氏與李氏，所有活躍於其時的權力世族，於五世紀北魏世族
固定化形成基盤的社會地位上，都僅係二、三流而非一流世族有關，此
從「氏族志」最早的編定可知，也因而招致太宗的赫然斯怒。然而，用
政治壓力對世族地位重加組合，固不失爲大打擊，卻非絕對有效，尤其
關於毀壞名門久已深厚的社會根底。所以，通唐朝一代，崔氏、盧氏等
一流名門望族受社會尊敬的事實與社會習慣仍在，其完全沒落，須連續
經過黃巢之亂與五代軍閥動亂的唐末以來大變革期。然而，前後十個世
紀左右的豪族——世族——望族盛極而衰，瓦解其最後堡壘的動力，則
不得不注視係唐朝正面加諸名門世家壓力的強烈意志表現，強力中央集
權制國家必需與必然的方針。

　　中央集權制機能樞軸，律令體制自秦——漢整然完備，可惜文獻久
已散佚，現存最古律文惟祇唐律。唐律在中國法制史的位置，程樹德「
九朝律考」❹之言：「今之言舊律者，率溯源於唐律。顧唐本於隋（「
唐會要」卷三九：武德七年律令成，大略以開皇爲准，凡律五百條）。
隋本於北齊，此徵諸律目之相同可知也……。自晉而後，律分南北二
支，南朝律至陳併於隋而其祀遽斬，北朝則自魏及唐統系相承，迄於明
淸，猶守舊制。如流徒之列刑名，死罪之分斬絞，及十惡入律，此皆與
南朝相異者。然則唐宋以來，相沿之律，皆屬北系」。歐洲非至近代不能
確立的刑法罪刑法定主義，中國唐朝以前早已發達❺。隋朝開皇律（開

---

❹　是書卽收集自漢至隋的九個朝代已散佚律文與其他法制史料所加考證。引文
　　見其下冊三九九頁北魏律考序。
❺　社會思想社「敎養人の東洋史」（上），第一二一頁。

皇元年，紀元五八一年高熲主稿修正，三年，續在蘇威主持下刪簡）的愈見進步處，係廢止從來的肉刑，北齊尚施行的宮刑，以及鞭刑與更殘酷的梟首、轘裂之法，均由開皇律而確定滅絕，劃一適用笞、杖、徒、流、死五等刑，而爲以後朝代踏襲。律、令、格、式的體系化，也自隋朝成立，唐朝受繼而充實。「律」係罪刑規定或今日的刑法，「令」則行政法規，兩者乃國家法律骨幹，對律、令的改訂、補充、追加等變更規定謂「格」，律、令的施行細則又稱「式」，合而爲法規的整體。其中律的部份，高祖初年已准隋律頒布新律，貞觀十一年（紀元六三七年），房玄齡等奉詔基於隋制續加損益補正，以後再經永徽律，開元律等改正。研究中國法制史必讀書「唐律疏議」三〇卷❻，便是律的官撰注釋書（高宗永徽四年與紀元六五三年撰定，玄宗開元二五年與紀元七三七年續加完成），爲今日了解唐朝律法最主要的依憑。著名的「唐六典」又是令文（開元七年令）的結果。唐朝開元以前律令格式的歷次編

---

❻　「唐律疏議」三〇卷內容：

篇　目	卷　　　序	要　　　　　　　　　　　　　　　義
名例律	一一六	五刑、十惡、八議，及官當自首、數罪併發等
衞禁律	七一八	宮門禁衞、關津往來等
職制律	九一一一	官吏違制、貪贓枉法等
戶婚律	一二一一四	戶賦徭役、田地買賣、嫁娶違制等
庫廐律	一五	出納不實等
擅興律	一六	徵調專擅等
賊盜律	一七一二〇	謀反大逆、謀殺期親、恐嚇盜刼等
鬬訟律	二一一二四	鬬殺毆詈，掠誘誣告等
詐僞律	二五	詐取、詐冒等
雜　律	二六一二七	國忌作樂、負債不償等
捕亡律	二八	拒捕、亡匿等
斷獄律	二九一三〇	囚禁決罪失法等

纂❼：

①武德律令式	武德七年（六二四）
②貞觀律令格式	貞觀一一年（六三七）
③永徽律令格式	永徽二年（六五一）
④永徽律疏	永徽四年（六五三）
⑤麟德令格式	麟德二年（六六五）
⑥儀鳳令格式	儀鳳二年（六七七）
⑦垂拱律令格式	垂拱元年（六八五）
⑧神龍律令格式	神龍元年（七〇五）
⑨太極格	太極元年（七一二）
⑩開元三年令格式	開元三年（七一五）
⑪開元七年律令格式	開元七年（七一九）
⑫開元二五年律令格式及律疏	開元二五年（七三七）

　　自隋以至唐朝中期，法制、官制的完備，正是時代特色，所有經公佈律、令、格、式的法律支柱，均田法→土地制度、府兵制→軍事組織、租庸調制→租稅體系、里村與鄰保→村落結構（詳次節），通過此四方式組合而把握全人民，也建築唐朝三省六部制政治權力集中化的基盤。從國家中樞無遠勿屆伸展全國任何偏僻土地上，適用同一法律，執行同一基準的行政設施，而中央集權的統一政治效率充分發揮。所以，律令精神與其影響力的向公法一面發達，較之西方羅馬法的濃厚私法色調，全然異趣，此其一。其二，也惟其律令法制諸支柱係如齒輪的連鎖運用，其一故障，全機構機能立將面臨阻塞的危險，又係不可忽視，而隆盛的唐朝國運自中期以後傾斜，原因正便由此。

---

❼　據人物往來社版「東洋の歷史」⑤隋唐世界帝國一四三頁統計。

社會關係與均田法施行實況

漢族中國歷史層面堆積到隋・唐，時代性格的區分，已係中世。特別關於唐朝，中國古代社會經過三──六世紀劇烈顛簸的過渡期，完全轉移完成，挺拔出現新的，也是健康的中世社會明朗面貌。然後，九世紀以來再一度迎接過渡期，而中國登向近代社會的大道。

中國文明展開以來，中國社會基本組織固定在家族制度，本質從來不變，有關家族生活的一切規範，因之也便是中國社會規範的根柢。導源於宗法的宗祧繼嗣思想，尊重家系、辨別嫡庶，以祖先爲中心而相團結的習慣法，唐朝且已由「禮」的範疇反映到法律。倒反而言，七世紀唐朝安定秩序布展，律令法的家族制度，已係再統一的新中國與中國中世社會的基盤建築。

唐朝親屬法基準的五等喪服親分類法，依斬衰、齊衰、大功、小功、緦麻等五種喪服與各別的三年、一年、九月、五月、三月服喪期間（如父母之喪斬衰三年，祖父母、伯叔父母齊衰一年，以迄同高祖的三從兄弟緦麻三月，詳見以貞觀禮、顯慶禮爲藍本，開元二十年＜紀元七三二年＞更定的「大唐開元禮」卷百三十三五服制度條），以別親疏，與供爲親屬關係的標準。此項家族制自是由以後的朝代踏襲，明律、清律中仍適用相同的五服圖。

五等喪服親的限界，上自高祖父母而下及玄孫的直系親屬之外，也包擁迄於三從兄弟的旁系親，所以範圍頗廣，但根本構成仍是血族親。喪服制從己身通過四世而「服之窮也」，如下圖所示，五世以外已係所謂無服親屬。

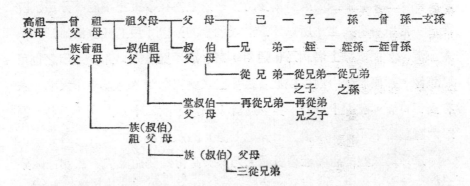

　　家族組織與其維繫力量倫常意識的注入唐律，刑法總則意味的名例律「十惡」之條，罪在不赦，不在八議之科的，依序列有④謀惡逆（毆及謀殺祖父母、父母、夫之祖父母、父母，與殺伯叔父母、姑兄姊、外祖父母及夫）；⑦不孝（告言詛罵祖父母、父母、夫之祖父母、父母，及祖父母；父母在，別籍異財者，若奉養有缺；居父母喪，身自嫁娶，若作樂，釋服從吉；聞祖父母喪，匿不舉哀；或詐稱祖父母、父母死亡）；⑧不睦（謀殺及賣緦麻以上親；毆告夫及大功以上尊長、小功尊屬）；⑩內亂（姦小功以上親、父祖妾，及與和者）等四條，並與⑨不義（其一：聞夫喪匿不舉哀，若作樂、釋服從吉及改嫁）有關，比重己與關係君、國的①謀反、②謀大逆、③謀叛、⑥大不敬的四條之數相當，僅餘⑤不道（概指惡性重大）為與君、親均無涉。

　　唐令，「家」與「戶」作同意義使用的場合非少。兩者原有其各別的概念，戶由一家或聯合本支關係的數家組成，性質係供為地方行政管轄對象的單位；家則主宰地位的一家尊長（家長）之下，從屬的直系與旁系血族親並其配偶所構成具同居者關係的總團體，非祇同居，也同財（產）、同爨，營共同生活的親屬之謂（唐律，名例律且有「父母在，而子孫別籍異財者，徒三年」的明文）。所以，戶主定必是家長，家長非必定是戶主，但「家」往往包擁亘於數世的直系、旁系親屬而組織大

家屬制，大家族制家屬成員眾多時，一家之內從事實上不能不分房別院而居，起臥各各獨立，所以「家」（社會的）與「戶」（政治的）從形式上混淆，而法律上名詞乃相通用。每一家戶擁有人口非少，因之也可以想像。即使唐朝中期以後社會組織已在變貌期間，仍維持「大率一家有養百口者，有養十口者，多少通計，一家不減二十人」（「通典」選舉六雜議論下「選舉雜議」七條之七語）的狀態。

家戶為底盤的唐朝社會組織，乃基於身份制度而築成，法制上區分王侯、百官、庶民、賤民等四層次高下有別的身份。四種別中，前兩者係特殊的身份集團，共同形成擁有權勢的上流社會，被區分的此兩身份實質也是二而一，王侯多與百官身份重疊，僅以世襲名位顯示其社會最高地位而已，所以王侯、百官，通常便合稱「官人」。百官於唐朝所細分類別又有職事官、散官（文、武），以及勳官。勳級十二等代表榮譽，職事官與散官均應官品支領豐厚俸祿，開元二十四年（紀元七三六年）令的標準，自正一品祿米（歲）七百斛，俸料（月）三萬二千錢，以至從九品祿米五十二斛，月俸千九百一十七，以及官給供差遣防閑、庶僕等（均平民勞役，「雜徭」項目之一）的勞務者，職事官並以公務支出需要而分配公廨田、職分田（各類收益詳數參閱「新唐書」食貨志五、「唐會要」卷九〇──九三內外官祿、內外官料錢、內外官職田諸條、「通典」職官十七祿秩、職田公廨諸項）。

包括了王侯與百官的「官人」，以享受刑法與行政法上優遇而形成社會的特權份子。這些優惠與特權，鮮明表現於──

唐律，名例律「八議」寬典，①「議親」（皇家袒免以上親及太皇太后、皇太后緦麻以上親、皇后小功以上親、皇太子妃大功以上親）、⑦「議貴」（職事官三品以上、散官二品以上及爵一品者），條文固直接為「官人」而立，其餘②「議故」（故舊之謂，若從龍輔佐之臣）、

③「議功」、④「議賢」、⑤「議能」、⑥「議勤」、⑧「議賓」（承先代之後爲國賓者），也莫不有利於「官人」。抑且，此項恩典非限本人，一定範圍內的親族亦得適用。此其一。

適用蔭子制度，所謂「用蔭」的特別任用制度。用蔭出身，自一品官之子授正七品官等，以迄從五品之子授從八品下官等，三品以上高官且蔭及曾孫（五品以上蔭孫，孫降子一等，曾孫又降孫一等），均不必經過國家考試合格。此其二。

九等爵與五品以上官員，均受領許可自由出處分的官人永業田，自親王一〇〇頃、正一品六〇頃、郡王與從一品五〇頃，以迄縣男與從五品五頃，分十一級差。十二等勳官比照受此特典，自上柱國三〇頃至雲騎尉、武騎尉六〇畝，分十級差。此其三。

官人概行免除課稅與兵役的義務，而且惠及親屬。「新唐書」食貨志一：「太皇太后、皇太后、皇后緦麻以上親、郡王及五品以上祖父兄弟、職事、勳官三品以上有封者若縣男父子、國子、太學、四門學生俊士、孝子順孫、義夫節婦，同籍者皆免課役。凡主戶內有課口者爲課戶，若老及男廢疾、篤疾、寡妻妾、部曲、客女、奴婢及視九品以上官，不課」，可知豁免權雖也擴大到具備特定條件的平民，主體仍是官人，而且是官人的全體，此其四。

唐朝律令，丁分課口與不課口，戶分應課戶與應不課戶。文獻所謂「國家之極盛」的戶口最繁時代，玄宗天寶十四載（紀元七五五年，安祿山叛亂爆發之年）的統計，管戶總八百九十一萬四千七百九，內應不課戶三百五十六萬五千五百一，應課戶五百三十四萬九千二百八十；管口總五千二百九十一萬九千三百九，內不課口四千四百七十萬九百八十八，課口八百二十萬八千三百二十一（「通典」食貨七歷代盛衰戶口項），又可了解「不課」於全戶口數中比例之高。其應課戶對象全指平

民，也爲不言而喻。

稅、役課徵所由的平民，所謂庶民或庶人，傳統的士、農、工、商身份區分不變，共同構成廣大的社會基層。但「士人」自四民中獨立，與餘三類身份對稱「士庶」的社會習慣，也已養成。

身份上良、賤之別，係唐朝社會組織的注目現象，非祇完全的不自由民奴隸，且存在不同類別的半自由民，而法律上總稱「賤民」。後一型態的賤民雖非奴隸得似牛馬貨物般買賣，卻也同樣無居住移轉的自由，法律上多加限制，受異於自由民良人的差別待遇。泛稱的賤民，依管理與使用者係國家抑私家而區分──

官賤：包括官奴婢與官戶、雜戶兩種頭半自由民。

私賤：部曲、客女的半自由民與私奴婢。

官奴婢來源甚廣：①謀反、謀大逆的犯罪連坐者、②盜鑄錢幣者、③外征俘虜、④地方貢獻、⑤奴生子女等，都是。官戶係官奴婢的半解放者，又稱番戶，更番執役諸司之謂（「唐會要」卷八六奴婢項原注：「諸律、令、格、式言官戶者，是番戶之總稱」，同項「（武后）如意元年四月十七日勅、逆人家奴婢、及緣坐等色入官者，不須充尙食、尙藥驅使」之條，又說明服役場合原且入宮廷），均田制下得分配口分田的半數四〇畝土地。雜戶指隸屬少府監，以及太常寺的樂人（所謂音聲人、樂工），換言之，轉變爲訓練特殊技能的樂戶，身份較官戶又高一層，承認得與良民通婚，也已獲有與良民同額的口分田與永業田。

私奴婢發生原因，則①買賣、典質、②契約投靠、③賜與的官奴婢、③奴生子女等。部曲、客女得與良民婚嫁，但欠缺擔當政府公職資格，也如同私奴婢的注記入主家戶籍，負對主家終生服從的義務，人格爲不完全，來源係投靠或奴婢轉變身份。

從如上社會身份的性格，可以明瞭，形態的上下層次堆積爲誠然，

階級架構卻難謂固定。平民通過科舉制連結官人（頗多著作中所謂貴族階級）的關係爲無論，良、賤之間，範籬也非嚴峻，相對還是鬆懈。「唐會要」卷八六奴婢項的兩條記錄：「（官奴婢）一免爲番戶，再免爲雜戶，三免爲良人，皆因赦宥所及，則免之。原注：凡免，皆因恩言之，得降一等二等，或直入良人」；「（高宗）顯慶二年勅，放還奴婢爲良，或部曲、客女者，聽之。皆由家長手書，長子已下連署，仍經本籍申牒。除附諸官奴婢，年六十以上及廢疾者，並免賤」，都是賤民非世代沉淪的指示。南北朝世族門閥，特別是標準型的南朝世族，其與庶姓不通婚、不同席，絕對的隔離，才是階級構築，唐朝社會本質已相異趣。

　　南朝世族早便自壞，北朝系世族的階級高牆也自隋朝而至唐朝，着手拆除，其手段，端恃強力的政治力剝奪其所附着政治、經濟、軍事各方面特權，對其根源的社會門望，則順隨一流世族與大門閥，所謂「四姓」的政治權威原自北朝崩壞期先已失墜，隋——唐開國結合的都屬原二、三流世族的趨向，於唐朝斷然續以「功勳」、「貴戚」的政治準則替代，由國家改評氏族等級高下以加制壓。抑且，唐朝開國功臣，亦卽所結集世族的籍貫爲偏向關中，所以原最大勢力的山東世族又便是最主要打擊對象。於此，「新唐書」高士廉傳是篇值得注目的文獻：

　　「初，太宗嘗以山東士人尙閥閱，後雖衰，子孫猶負世望，嫁娶必多取貲，故人謂之賣婚。由是詔高士廉與韋挺、岑文本、令狐德棻，責天下譜諜，參考史傳，檢正眞僞，進忠賢，退悖惡，先宗室，後外戚，退新門，進舊望，右膏粱，左寒畯，合二百九十三姓，千五百六十一家，爲九等，號曰『氏族志』，而崔幹仍居第一。帝曰：我於崔、盧、李、鄭（卽「四姓」）無嫌，顧其世衰，不復冠冕，猶恃舊地以取貲，不肖子偃然自高，販鬻松檟，不解人間何以貴之。齊據河北，梁、陳在

江南，雖有人物，偏方下國，無可貴者，故以崔、盧、王、謝爲重。今謀士勞臣，以忠孝學藝從我定天下者，何容納貨舊門，向聲背實，買婚爲榮耶？太上有立德，其次有立功，其次有立言，其次有爵，爲公卿大夫，世世不絕，此謂之門戶。今皆反是，豈不惑耶？朕以今日冠冕，爲等級高下。遂以崔幹爲第三姓，班其書天下。高宗時，許敬宗以不敍武后世，又李義府恥其家無名，更以孔志約等十二人刊定之，裁廣類例，合二百三十五姓，二千二百八十七家，帝自敍所以然。以四后姓、鄶公（隋之後）、介公（北周之後），及三公、太子三師、開府儀同三司、尚書僕射爲第一姓，文武二品及知政事三品爲第二姓，各以品位高下敍之，凡九等，取身及昆弟子孫，餘屬不入，改爲『姓氏錄』。當時軍功入五品者皆昇譜限，縉紳恥焉，目爲勳格。義府奏悉，索氏族志燒之。又詔後魏隴西李寶、太原王瓊、滎陽鄭溫、范陽盧子遷、盧澤、盧輔、清河崔宗伯、崔元孫、前燕博陵崔懿、晉趙郡李楷凡七姓十家，不得自爲婚。先是，後魏太和中定四海望族，以寶等爲冠，其後矜尚門地，故氏族志一切降之。王妃、主婿，皆取當世勳貴名臣家，未嘗尚山東舊族。後房玄齡、魏徵、李勣復與婚，故望不減。然每姓第其房望，雖一姓中，高下懸隔。李義府爲子求婚不得，始奏禁焉。其後，天下衰宗落譜，昭穆所不齒者，皆稱禁婚，家益自貴，凡男女皆潛相聘娶，天子不能禁，世以爲敝云」。可以顯知，社會意識究非政治力量可以駕御，世族可因國家干預而喪失外延的諸勢力，基礎的社會地位仍然牢固，愈是原一流名望大族愈受尊敬的社會意識仍然強烈，即使勳貴之家，也仍以攀婚爲榮。

望族終於沒落，時間固非在唐朝，種因卻便自唐朝。政治壓力不能毀壞名族的社會基礎，程度上的損害則不可避免，前引「新唐書」高士廉傳已謂「當時軍功入五品者皆昇譜限」，同書李義府傳說明更明晰：

「官至五品，皆昇士流，於是兵卒以軍功進者，悉入書限」，已是門第高下依憑的譜系混淆原因之一。之二，流行的賜姓影響，戰史上偉大統帥之一的徐世勣受賜國姓，又避太宗名諱去「世」字而以「李勣」聞名，以及另一開國功臣突厥可汗近支血族阿史那大奈，以原突厥特勤身份歸化，從秦王時代的太宗蕩平羣雄，賜姓「史」，都是因賜姓變更族譜之例。愈益嚴重的，自唐朝中期以來義兒風習熾盛（於親生子外，加養異姓子改己姓，入家系，以達增大家族勢力的目的，至五代而達盛行高潮），更於姓氏、家世、譜系製造大紊亂。門第命運，注定日暮途窮，鄭樵「通志」氏族略序對此的總括說明：

「自隋唐而上，官有簿狀，家有譜系。官之選舉，必由於簿狀；家之婚姻，必由於譜系。歷代並有圖譜局，置郎、令史以掌之，仍用博通古今之儒，知撰譜事。凡百官族姓之有家狀者，則上之官，為考定詳實，藏於秘閣，副在左戶。若私書有濫，則行之以官籍；官籍不及，則稽之以私書。此近古之制，以繩天下，使貴有常尊，賤有等威者也。所以人尚譜系之學，家藏譜系之書。自五季以來，取士不問家世，婚姻不問閥閱，故其書散佚，而其學不傳」。

唐朝上意下達的軌道，係通過「鄉」、「里」組織。唐令戶令的規定：農民每百戶為「里」，五里而為「鄉」，但是，鄉、里名詞固上承漢朝，性格卻已迥異，漢朝農民依自然秩序生活而成立村落自治組織，在於唐朝，里係人為的行政村編定，鄉也是整然每五百戶而成的行政區劃。中國社會基層的村落制度大改革，此時期已到達規制化頂點。

漢朝鄉里制，以世族前身的豪族層興起與三世紀大動亂而崩壞，脫軸後社會秩序重建，短暫統一期的晉朝最初試行由國家人為的，予一定戶數以組合而成的行政村，均田理想實現，村落自治制度的自然村維持，困難已告確定，所以五世紀北魏有與均田法具密接關係的三長制村

落新編組定案，爲其後北朝各朝代踏襲，戶數多少有所變化而三級制原則不變，隋朝統一南北後再一大改革，於原制保（五家）、閭（五保，畿外爲里）、族（四閭，百家，畿外爲黨）之上，制定五百家爲鄉。唐朝截取其上段組織，次級族、黨劃一以再次級「里」的名目取代，而兩級制斷行，全行回復漢朝鄉制稱謂。

「通典」職官十五鄉官項大唐條：「大唐凡百戶爲一里，里置正一人。五里爲一鄉，鄉置耆老一人，以耆年平謹者，縣補之，亦曰父老。太極元年初令老人年九十以上報授下州刺史，八十以上報授上州司馬；天寶七載詔父老六十報授本縣丞，七十以上授縣令」。隋朝一鄉之長置鄉正，而「五百家鄉正專理辭訟」，可知增設的原始目的係在受理裁判民間訴訟事件，其事與隋朝開始大魄力彈壓世族勢力正係同時期，因之可以推測便是環節措置之一，立於切割世族「武斷鄉曲」病態的要求。但鄉正自鄉產生，擺脫不了世族影響又增強干預的反效果，也易發覺，因而實行僅第二年，已以「黨與愛憎，公行貨賄」的理由廢免所司（參閱「通典」食貨三鄉黨項隋條）。鄉與鄉正形成沒有職務的虛級，卻非制度的撤消，所代表意義同樣不難測定，係從壓制的相對，避免刺激世族勢力過甚而轉變安撫意味的榮譽職。唐朝循此路線再一進步性改革，直截易稱鄉正爲耆老或父老，又援引「德、齒、爵」原理，愈高齡給付愈高的名義上官位，如上引文字所示。後世鄉紳出現，轉換線索便須自唐朝鄉制中的「父老」尋求。

惟其如此，唐朝鄉里實態，支配中心繫於「里」。縣通過里正而統轄里，里正由縣自該當里內勳官六品以下或白丁中適任者選擇指派，糾查土地買賣，漏戶，逃亡等均其職任，細節詳見唐律，怠忽者受罰。但所有繁重的職責，也可歸納爲大分類的四項：其一，把握本里戶口動態，每年正確製作戶籍簿向縣提出；其二，各戶田地給、退與收授確實

與否的監察；其三，擔當租庸調與其他雜稅徵收，以及兵役召集的責任；其四，犯罪發生時的通告，則已係警察任務。

　　然而，唐朝社會結構存在一項研究上感到困惑的問題，便是「唐書」職官志二戶部尙書條記載：「百戶爲里，五里爲鄉。兩京及州縣之郭內分爲坊，郊外爲村。里及坊、村皆有正，以司督察。四家爲鄰，五家爲保，保有長，以相禁約」；「通典」食貨三鄉黨項大唐條：「大唐令，諸戶以百戶爲里，五里爲鄉，四家爲鄰，三家爲保。每里置正一人，掌按比戶口，課植農桑，檢察非違，催驅賦役。在邑屬者爲坊，別置正一人，掌坊門管鑰，督察姦非。並免其課役。在四野者爲村，別置村正一人，其村滿百家增置一人，掌同坊正。其村居如（未？）滿十家者，隸入大村，不須別置村正」。意義均不明，每條文字前後頗見混亂與矛盾。中國學界對此系譜的整理與解說似乎不感興趣，反而日本的中國史學者們重視，研究者彼此意見且漸漸接近，而已能提出通說化的結論，謂鄉與里乃人爲區分，村與坊則自然區分的兩軌制。說明：從理論言，每百戶的里，乃設定於一定戶數爲單位基準而編成的行政村，與自然發生的地緣團體村或坊，區域範圍不必限定非一致不可，兩者可以同時存在，也以人爲區分與自然區分重複並行，性質上里係行政的基礎單位，村或坊則含警防團意味（所謂「以司督察」），與里正同樣享有免除租庸調的村正與坊正，課以警察任務而協助里正維持治安，社會安定秩序的運行得以圓滑。日本學界研究成果雖然祇能到此爲止，對於另一部份，相互監視負連帶責任的鄉保組織，其性格與體系的詳細還是承認不明瞭，僅籠統指係下部組織，僅知以「保」爲名始自隋，而唐承之，以及「保」字似由「保證」意味而得。但如上所有解說。也須承認是迄今較完整的推論，從而得製成唐朝社會的鄉里制度全結構關係圖是❶——

---

❶　人物往來社版「東洋の歷史」⑤隋唐世界帝國，第一五九頁。

```
自然區分……… ┌ 都市……………………………………………………坊——鄰
              └ 農村……………………………………………………村——鄰
人爲區分………… 都市，農村同……………………………………鄉——里——保
```

不論如何，唐朝生產方法基本的均田法農業，其遂行劃一的，同一面積的農民土地分配，以緩和國民貧富差距，企求所得非祇均等而且在均富，另一方面又循土地收益與勞動力平均增加的途徑，達到充裕國家財政目的的主旨，鄉里制度是特別重要也必要的手段。鄉里編成形態經隋——唐的改革，已使國家權力深入浸透社會基層細胞內部。於新的國家制度下，均田法、租調役法、府兵制等一連諸制度機動的組合與活用，已非「家」而以「丁」爲單位而把握。

自三長制以來，新的行政村體系成立，原以嚴密戶籍爲目的，戶籍整備，也係國家諸制度施行共同必要的不可欠缺基本，其製作，「通典」食貨三鄉黨項附版籍大唐條說明：「天下戶爲九等，三年一造戶籍。凡三本，一留縣，一送州，一送戶部。常留三比在州縣，五比送省」。「唐會要」卷八五籍帳項的記載尤詳：「開元十八年十一月勅，諸戶籍三年一造，起正月上旬，縣司責手實、計帳（戶籍製作的依憑，「手實」乃每年里正所命各戶戶主提出記入戶內口數、年齡、受田數的申告書，「計帳」則依據手實，每年一度，由縣預爲記入次年課役數，以向尙書省戶部報告的統計書表），赴州依式勘造，鄉別爲卷。總寫三通，其縫皆注某州某縣某年籍，州名用州印，縣名用縣印，三月三十日納訖，並裝潢一通，送尙書省，州縣各留一通。所須紙筆裝潢，並皆出當戶內口，戶別一錢。其戶每以造籍年預定爲九等（視各戶主申報資產，分天下之戶爲上下至下下的等級），便注籍腳。有析生、新附者，於舊戶後，以次編附」。

　　因而也從戶口數字昇降統計，可以反映時勢所影響均田法的效率，「通典」食貨七歷代盛衰戶口項的記述：

　　（隋條）「煬帝大業二年（紀元六〇六年），戶八百九十萬七千五百三十六，口四千六百一萬九千九百五十六，此隋之極盛也。原注：後周靜帝末授隋禪，有戶三百五十九萬九千六百四，至開皇九年（紀元五八九年）平陳，得戶五十萬，及是纔二十六、七年，直增四百八十萬七千九百三十二」。

　　（大唐條）「大唐貞觀，戶不滿三百萬」。

　　另「唐會要」卷八四戶口數項：「永徽三年（紀元六五二年）七月，戶部尙書高履行奏，計戶三百八十萬。神龍元年（紀元七〇五年）十一月二十五日，戶部尙書蘇瓌奏，計戶六百一十五萬六千一百四十一」。

　　隋朝平陳，以南方一體納入均田制序列而戶口倍增，以及隋末大亂，均田制破壞時，以各種因素劇跌至固有戶口的半數以下，其實況，由於上引資料得以全知。

　　與均田法密接的唐朝戶籍資料，今日以正陸續發見，而得詳細考察唐朝均田法展開的實情，敦煌係代表性發見地區之一。敦煌，也便是中國現存最早戶籍簿，西魏大統十三年（紀元五四七年）計帳的發見地。

　　敦煌文書中的戶籍類文件，明白指示均田制施行下人戶——土地不可分的關係，前半記載戶籍，後半記載田土。天寶六載（紀元七四七年）籍的實例：❷

戶主劉智新　載貳拾九歲　白丁　下下戶空　課戶見輸

　祖母　王　載六拾九歲　老寡空

　母　索　載四拾九歲　寡空

　妻　王　載貳拾壹歲　丁妻　天寶三載籍後漏附空

❷　堀敏一「均田制と古代帝國」（筑摩版「世界の歷史」⑥東アジア世界の變貌，第二五——二六頁）。

弟　知古　載壹拾七歲　小男^空

妹　仙云　載貳拾九歲　中女^空

妹　玉玉　載七歲　　小女^空

合應受田壹頃六拾叄畝　　六拾九畝已受　卅畝永業　卅七畝口分
　　　　　　　　　　　一畝居住園宅　九十五畝未受

一段貳拾畝永業　城西七里平渠　東買阿本　西渠　南渠　北自田

一段拾畝口分　　城西七里平渠　東舍　西渠　南渠　北劉善政

一段叄拾畝口分　城西七里平渠　東渠　西塋　南史勝明　北路

一段六畝口分　　城西十里平渠　東渠　西佛圖　南渠　北李懷忠

一段壹畝口分　　城西十里平渠　東卑思亮　西渠　南渠　北張思恭

一段壹畝居住園宅

　　——戶口記載：家族姓名、年齡、丁中之分，戶的等次，課戶抑不課戶（是否租庸調負擔者）等項，均加記注。上列戶主劉智新載明「白丁」，即無官職的丁男之意，「見輸」則現具納稅人身份之謂。各欄的「空」字表示以下空白，已無記入事項。

　　——田土記載，「合應受田」謂全戶共須受田總額，劉智新戶依均田法規定的計算：一〇〇畝（戶主丁男口分田八〇畝＋永業田二〇畝）＋六〇畝（寡婦口分田三〇畝×二人）＋三畝（良口七人的居住園宅）＝一六三畝＝一頃六十三畝。此數中，已受田、未受田數額分別登錄，已受田又註明永業田、口分田各若干，以及標示位置所在的地段（劉戶即分六段，而均在敦煌縣城西方七——十里的平渠地方），與所謂「四至」的東、西、南、北隣接地。

　　如下又是同縣天寶三載（紀元七四四年）籍，僅保有永業田的不課戶之例❸——

---

❸　誠文堂新光社版「世界史大系」⑧東ァジァⅠ，第二三五頁。

　　戶主張奴奴載陸拾叁載　老男　下下戶空　不課戶

　　母宋載捌拾叁載　老宣（寡）空

　　妻解載陸拾載　老男妻空

　　女妃尚載叁拾玖載　中女□

　　合應受田捌拾貳畝　貳拾貳畝已受　廿畝永業　二畝居住園宅
　　　　　　　　　　　六十畝未受

　　一段二畝永業　城西十里西大渠　東□　西道　南道　北□

　　□　敦煌縣　神沙鄉　□□□□里　天寶三載□

　　（以下缺）

　　關於均田法國家規制，學術界曾懷疑唐朝對所有田土祇授不還，戶
籍中土地登錄分已受、未受，便是還授否定論向來主張的依憑。而今
日，敦煌，尤其吐魯番地方（唐朝高昌縣）更多資料發見與提供研究，
「退田」、「還公」之詞都已明見於戶籍文書，土地的授與還，全得明
瞭❹：

　　——敦煌天寶六載籍：

　　一段拾叁畝　三畝永業　城東卅里鄉東渠　東渠　西退田　南自田……
　　　　　　　　十畝口分

　　——吐魯番開元四年（紀元七一六年）籍：

　　一段貳拾伍畝永業　常田　城南半里　東張太伯　西至渠……北還分
　　　　　　　　　　　買附

　　更直接的退田文書、給田文書，也都被發見，其例，吐魯番開元二
十九年（紀元七四一年）文書❺：

　　〔退田〕戶張師訓剩還壹段叁畝永業　部田　城東四拾里柳中縣
　　　　　　　　　　　　　　　　　　　叁易
　　　　　　東至渠　西至渠　南梁位　北至道
　　　　　　　　　　　　　　　常田
　　　　戶張阿蘇剩退壹段壹畝永業　　城西拾里武城渠
　　　　　　　　　　　　　　　東至道　西張伯　南至道　北靳阿患

---

❹　同❷，第二八、二九頁。
❺　同❷第二九、三〇頁。

壹段叄畝永業^常田城東四拾里柳中縣屯續渠

　　　　　　　　　　東范　西至渠　南至渠　北至渠

〔給田〕（前缺）

　　　給張□□

張阿蘇剩退壹段壹畝^常田城西拾里武城渠　東至道|＿＿＿＿＿

　　　給竹獻祥|＿＿＿＿＿

壹段叄畝^常田城東卅里柳中縣屯續里　東范西至渠南至渠北至渠

　　　給□□|＿＿＿＿＿

　　上兩文書的關係至爲明白，張阿蘇所退田，一部份的一畝之地改給竹獻祥，再一部份的三畝之地改給以文書破殘而姓名不詳的某人。田土還——受，均由里正於戶口調查時擬註，退田原因也非限「剩退」，其餘場合「死退」、「出嫁退」都經今日判明。吐魯番出土的另一份文件❻：

一段貳畝^部田_三易城西五里胡麻井渠

給翟恩記□訖

一段叄畝^薄田城東六十里橫截城阿觀渠　東至渠　西至道　南至渠

壹畝給安思秀貳畝給義仙訖

東虵子死退一段貳畝^常田城東廿里高寧　東申德　西李秋　南安僧□　北竹雋

給史尙賓訖

一段壹畝^部田城東五里左部渠　東至荒　西安忠相　南至渠　北至|＿＿＿＿＿

給史尙賓訖

一段貳畝^部田城西七里白渠　東麴明淮　西賈海仁　南至荒　北|＿＿＿＿＿

給康忠|＿＿＿＿＿

思訥死退一段壹畝^部田城西一里|＿＿＿＿＿

---

❻　同❸，第二三六頁。

　　（原件空白）
　　一段壹畝^{部田}城西七里康□□□□

　　從這些敦煌、吐魯番已發見的戶籍文書田土記載與給、退田文書，可獲得的綜合印象：第一，每戶農民保有地的全體，較依均田法標準的合應受田數，非爲相符，多不足額。但已受田中，永業田則幾乎百分之百全額受領，欠田種類以不准傳之子孫的口分田爲主體。第二，土地還授爲立於零細的基準，多一──三畝之數，抑且，永業田也在還授之例，與均田制令的一般規定，也不合致。而對此亦須續有補充了解：

　　關於第一部份，現有資料中也曾發見惟一例外，敦煌大曆四年（紀元七六九年）戶主爲李大娘的戶籍[7]：

　　合應受田伍拾九畝並已受　廿畝永業　廿五畝買田　一十三畝口分
　　一畝居住園宅

　　李大娘係四十四歲的寡婦，已無其他家族，寡婦爲戶主的場合，給二十畝永業田，三十畝口分田，加居住園宅一畝，此戶應受田須是五十一畝，而現實的保有地已至五十九畝之數。原因，則以包含了「買田」在內。唐朝法律固非禁絕土地買賣，但參照前引戶籍文字，田土四至記載已累見「自田」字樣，買田之數且超過法律上給田額，現象便堪注目，正反映了均田制自玄宗以來，已走上自疲敝而崩壞的道路。

　　關於第二部份，學者間依據如下資料──

　　一段四畝^{二畝永業}_{三畝口分}　城西十里平渠　東渠　西渠　南渠　北仁貞

的記載，而推測永業田與口分田之間，不存在實質上的區分[8]。然而，便因今日憑以研究唐朝戶、土關係的，一概是遲至八世紀時的資料，所有出土資料又局限敦煌（稍早）、吐魯番（後續加入）地區，則均田制

　　[7]　同[2]，第二七頁。
　　[8]　同上。

隨時間推移的常態、變態演化，以及施行時是否各具地域性特徵，都得恃慎重態度。

所以，唐朝國家根本立法的均田制，其施行實況，原則性的判明自已成立，成績卻還祇起步，續待進步的考古學，對地下史料時間的推前與發掘地域的擴大，再加努力。

都市非均田制施行範圍，但鄉村已變貌的唐朝，都市結構同非靜止無變動。中國古代都市，以供為王侯政治場所或軍事上的必要，聚集人口而建設，經濟意義乃附加的，性格祇是國家吸收農村剩餘生產物的吸盤，以及依於支配者自己收入所由的勞動與交換而表現，是之謂「邑」。與希臘、羅馬都市國家中心的都市，存有差距。春秋——戰國的社會大變革期，商工業勃興，「邑」才向真正的都市形態轉換，經濟都市出現，漢朝而發展本格化，唐朝而陪伴農村諸關係的新建立，都市確定規制化，「里」便係都市與農村共同的構造細胞。然而，古代中國都市的特徵，或者說，「邑」的面影，通過漢朝，於唐朝都市的實體也仍保留，便是：都市的建設，四周都圍有城壁，而且多數成方形。

唐朝標準型都市，城壁內部呈現直線走向的街（大道），整齊間隔一定距離，其間又是縱橫交叉的巷（小路）。依憑棋盤狀街巷的區分，每一棋盤格便是一「坊」，每「坊」也自成一地域，築有垣牆遮斷道路，開二——四個坊門，天明允許內外交通，入夜關閉，夜間通行大街為犯禁。所以，坊等於小的城，而各各獨立為一警察單位。城內指定一坊或二坊為商業區的「市」，市門同樣畫開晚閉，禁止夜間營業。同種類商業組合稱「行」，手工業組合叫「作」，今日商工業同業公會意味的團體於唐朝都已出現。

唐朝都市的代表例證，自係長安與洛陽，踏襲隋都長安為京師而洛陽為東都的舊制，也各各出發自隋朝兩代帝王新意匠，中國計劃性大都

市建設的創始。新的洛陽城以隋煬帝大業元年（紀元六〇五年）展開其浩大工程，「隋書」食貨志說明「以尙書令楊素爲營作大監，每月役丁二百萬人，徙洛州郭內人及天下富商大賈數萬家以實之」，「唐書」地理志一河南道項東都條注，又詳述其格局：「隋大業元年，自故洛城西移十八里置新都，今都城是也。都城南北十五里二百八十步，東西十五里七十步，周圍六十九里三百二十步。都內縱橫各十街，街分一百三坊、二市，每坊各縱橫三百步，開東西二門。宮城在都城之西北隅，城東西四里一百八十步，南北二里一十五步」。早過二十年，隋文帝開皇二年（紀元五八二年）先已完成營建工事的大長安城，「唐書」地理志一關內道項京師條注描繪了與東都相同的鳥瞰圖——

「隋開皇二年，自漢長安故城西南移二十里置新都，今京師是也。城東西十八里一百五十步，南北十五里一百七十五步。皇城在西北隅，謂之西內，有東、西兩市，都內南北十四街，東西十一街，分一百八坊，坊之廣長皆三百餘步。皇城之南大街曰朱雀之街，街東五十四坊，萬年縣（隋名大興縣）領之，街西五十坊，長安縣領之，京兆尹總其事。東內曰大明宮，在西內之東北；南內曰興慶宮，在東內之南隆慶坊，本玄宗在藩時宅也」（清朝徐松「兩京城坊考」的補充說明：城分三重，外郭、皇城、宮城，「宮城東西四里，南北二里二百七十步，周十三里一百八十步；傅宮城之南面曰皇城，亦曰子城，東西五里一百一十五步，南北三里一百四十步，周十七里一百五十步，（皇城）城中南北七街，東西五街，左宗廟，右社稷，百寮廨署，列於其間」。朱雀門街以係正當皇城南面朱雀門的南北大街，故名，「東西廣百步」。東市東西南北各六百步，內有二百二十四行；西市南北盡兩坊之地，市內店肆如東市之制）。

世界帝國雄偉國都的規模可見。英姿挺拔的豪邁貴公子，所代表典

型的唐朝上流社會人士，也便以此等繁華大都市為活動天地的中心，而散發人類歷史光芒。

大運河與產業・經濟發展

交通為建設之母，庶政的根本，於今日已是常識。而交通運輸事業，以載重量衡量其重要性，今日而言，空不如陸，陸不如海（水運），也係共通認識。則向來引為隋煬帝損耗勞動力惡政，七世紀初的今日大運河原型成立，便必須重加評價。雖然如今日所見此一水運交通大動脈，縱貫河北、山東、江蘇、浙江四省，起自通縣，迄於杭州，全長一千四百多公里的大運河北段多已非隋——唐時代舊物，但大部份仍是。

山脈呈東西走向而地勢西高東低的中國地形，限制大河多向東流。以人定勝天精神，切割自然的東西向諸大河流，人工製造如此一條連結中國南北的長大運河，而且早在距今約一千三百年前已昂然出現，不得不嘆佩為世界人類文明創造史與世界工程史上，無與倫比的巨構。其追隨歷史上漢族中國再度大統一而自地圖上劃定的事實，也象徵了大統一雄渾魄力，代表新漢族結束南北朝分裂歷史的紀念碑意味。隋朝運河工事之始，隋文帝受禪第四年的開皇四年（紀元五八四年），長安新都建遷翌年，首先已引渭水開廣通渠，連接新都與潼關，長度三百餘里。三年後的開皇七年（紀年五八七年），又對四世紀之半東晉一度重開被放棄春秋之末吳王夫差溝通淮水（淮安附近）與長江（揚州）所作邗溝，而後又湮塞的山陽瀆，再加復舊。煬帝即位，乃有本格化大運河工事，分四段相續展開——

通濟渠（唐朝改稱廣濟渠），大業元年（紀元六〇五年）徵發河

南、淮北諸郡人民百餘萬所開鑿，由河陰（今河南省廣武縣，清朝河陰縣，開封與洛陽之間）與黃河分流，東南經汴州（河南省開封）、宋州（河南省商邱），於泗州（安徽省泗縣）入淮河。

山陽瀆，同年發淮南十餘萬人民，續自泗州東淮陰縣（今江蘇省淮陰），大規模修廣楚州山陽（江蘇省淮安）以迄揚州揚子（江蘇省儀徵）間原已開鑿的運河河道。

江南河，大業六年（紀元六一〇年），運河自揚子切截長江向對面再延長，從長江南岸潤州京口（今江蘇省鎮江），經常州、蘇州，於杭州餘杭（浙江省杭州）通錢塘江。

永濟渠，南端隔黃河連接通濟渠。大業四年（紀元六〇八年）徵集河北諸郡男女百餘萬人從事勞役，工事自河陰對岸，黃河之北的武陟（今河南省武陟）引沁水，合衞河，至今日天津附近再利用白河（白溝）而抵幽州（今北平市）。

如上＜形的四段運河長度，以華里計算，南線通濟渠，山陽瀆合二千餘里，江南河八百餘里，北線永濟渠二千餘里，全工程的規模宏大可見。而南、北線合流基點，指向的便是東都洛陽，「隋書」煬帝紀大業元年條的記述：「開通濟渠，自（洛陽）西苑，引穀、洛水達於河（指黃河），自板渚引河通於淮」。

隋朝運河四階段的開鑿，山陽瀆係整修最早的邗溝舊路，通濟渠也曾利用古汴河與其支流，秦始皇時所開運河而紀元前三世紀末以「楚漢分界」著名於歷史的鴻溝廢道。古汴河自河陰迄汴州與通濟渠同一河道，自此東流至徐州（江蘇省銅山），會泗水再南注淮河，此一自然河的直角形流向，迂迴弧度甚大，南北朝時且以淤塞被放棄，至隋朝殆已全不能通舟，所以有煬帝人工運河亦即通濟渠的重開，自汴州截直角改向東南流，大部份利用商邱至泗州間其時的睢水、渙水爲新河道，距離

大為縮短。永濟渠與江南河，則煬帝時代全新的運河大工事。隋朝通濟渠或唐朝廣濟渠，以後至宋朝恢復汴河原名，再以後，以黃河流出的泥土淤塞日甚而放棄利用，加以十三世紀元朝以來國都確定建設於今日北平市，乃自山陽另開直截往北的新運河，接連永濟河北段，便是今日所見大運河的面貌。

隋朝國祚短暫，大運河完成，幾乎緊隨已是覆亡。於中國全域富力由歷史始源地北方黃河流域，向南方的長江流域與再以南傾斜之途行進，其態勢明朗化，係賴大運河平衡南——北經濟能率所推動，而最早蒙受大運河交通運輸實惠的，乃是唐朝。「史記」貨殖列傳描繪秦——漢「自汧雍以東至河華，膏壤沃野千里」的美景，自漢末展開經歷魏、晉、南北朝的大波動期，間隔四、五百年而隋——唐再統一中國南北，同一地區的全國政治、經濟心臟機能雖似舊，繁華的外貌也儘如昔日，外強中乾疲態從「通典」州郡四古雍州下附「風俗」記載，印象已至深刻：「秦開鄭渠，溉田萬頃；漢開白渠，復溉田四千五百餘頃，關中沃，實在於斯。聖唐永徽（紀元六五○——六五五年）中，兩渠所溉惟萬許頃；洎大曆（一個世紀後的紀元七六六——七七九年）初，又減至六千二百餘頃，比於漢代，減三萬八九千頃。每畝所減石餘，即僅校四、五百萬石矣」。相對方面，「史記」貨殖列傳提示「不待賈而足」的南方驚人經濟潛力，卻便以四百年分裂南方的注力開發，而產業·經濟飛躍成長，南北朝分立之初的南方景觀，已係「地廣野豐，民勤本業，一歲或稔，則數郡亡飢。會土帶海旁湖，良疇亦數十萬頃，膏腴土地，畝直一金，鄠杜之間不能比也。荊城跨南楚之富，揚都有全吳之沃。魚鹽杞梓之利，充牣八方；絲棉布帛之饒，覆衣天下」（「宋書」孔季恭等傳論）。待到南北統一時代唐朝來臨，基本產業農業於北方顯著的生產衰退，而高宗之後中樞又不斷擴大，俸祿給付數額隨官員數不

斷遞增，國用對南方的依賴度，惟有愈隨時間愈與南方經濟發達速度，成正比例昇高。國家公糧運儲的漕運，重要性益益增大，乃出現「通典」食貨十漕運項大唐條所收錄引人注目的數字：①七世紀中的貞觀、永徽之際，每年轉運不過一、二十萬石；②八世紀中的天寶中，每歲水陸運米二百五十萬石。僅唐朝中期以前百年間，關中的江南米穀需要量猛跳二十倍，大運河利用價值已如何突出可見。

後續的朝代，中國南──北方富力傾斜與依賴方向已經鑄定，祇有任令惡化，全無扭轉能力，於北方──政治、南方──經濟兩基本地帶被明顯分割的態勢中，大運河所發生連結與均衡作用，歷史界均加重視。但更重要的，尤在便以大運河此等功能，而避免了十三世紀以來，長久時間定都北平期的中國再度南北分裂。開皇四年隋文帝最早開鑿廣通渠的詔命：「朕君臨區宇，興利除害，公私之弊，情甚愍之。故東發潼關，南引渭水，因藉人力，開通漕渠。量事程功，易可成就，已令工匠巡歷渠道，觀地理之宜，審終久之義。一得開鑿，萬代無毀，可使官及私家，方舟巨舫，晨昏漕運，泝泝不停，旬日之功，堪省億萬。誠知時當炎暑，動致殷勤，然不有暫勞，安能永逸，宣告人庶，知朕意焉」（「隋書」食貨志）。「不有暫勞，安能永遠」宣告，置之今日仍是堂堂的嚴正政治原則，隋朝──特別便是煬帝的開鑿大運河，受益以迄今日，則煬帝功績，安得以逞行幸江南遊樂私慾而浪費民力的評語，輕易一筆勾銷？

史學界曾有意見，謂漕運、驛傳、關門三者的發達與整備，乃是如唐朝般世界稀見的大國家，鑄定其充裕財政與強力政治根源的關鍵部門[1]。漕運意味由國家統制公財物的水路運輸，驛、關同係交通運輸系統不可缺的環節，立於此等基點，乃有唐朝無遠勿屆的水陸交通大道展

───────────

[1]　平凡社版「世界歷史大系」⑤東洋中世史第二篇，第二四九頁。

布，以及保證其暢通與安全。運河以外，七──八世紀的唐朝交通幹線──

關於水路，南方特爲發達，長江與其支流湘水、贛水、漢水等，以及淮河、錢塘江、洞庭湖、鄱陽湖等河川與湖沼，均與大運河或相互間的地區性運河，縱橫連絡。其中，漢水係襄州、洋州方面通往長安的主線。湘水自今湖南、廣西兩省接界的分水嶺發源，過衡州、潭州（湖南省長沙）等都市，而由洞庭湖入長江，再由靈渠與灕水、桂江等一系列水路通往南方廣州。靈渠乃湘水上流與桂江上流灕水間由秦朝開鑿的運河，後漢大將馬援交趾征伐時加以重修。贛水發源於江西、廣東兩省交界的大庾嶺，經虔州、洪州等向北流，自鄱陽湖注入長江，與同自大庾嶺發源而南流的湞水相續，乃指向廣州的通路。通過大庾嶺陸行險阻，未若水路便利，所以唐朝已以利用湘水與廣州方面往來爲多，迨宋朝定都汴京，此線尤係連結中南部最重要的水路，與經由大運河而結合江南，重要性相埒。

於北方，黃河舟行困難之處頗多，尤其潼關東方，三門險惡爲世所著名。但黃河支流渭水、洛水與衛河等，仍多水運之便，祇是渭水也多流沙堆積形成的淺灘，所以隋文帝有於渭水之南，開鑿廣通渠以通黃河之舉，此渠至唐朝天寶之初再加整修而易名廣運潭，但今久已埋塞。衛河則永濟渠的主要部份。

陸路交通，以長安爲中心，放射線狀伸展的全國十大幹線，經學界整理得知如下❷：

①自長安向東，通過潼關，經陝州（今河南省陝縣）、洛陽，而至汴州（河南省開封），沿汴河、淮河東南行，於揚州渡長江，達潤州（江蘇省鎮江）、蘇州、杭州，再沿錢塘江出衢州（浙江省衢縣），經信

❷ 同上，第二三一──二三四頁。

州（江西省上饒）、建州（福建省建甌），通往福州。

　　②由長安東南行，從武關經襄州（今湖北省襄陽），於沔州（湖北省漢陽）渡長江，出鄂州（湖北省武昌），以通洪州（江西省南昌）、虔州（江西省贛縣），縱貫今江西省，越大庾嶺，出韶州（廣東省曲江縣），以達廣州。

　　③上述第二線於襄州分道，改由荊州（後升江陵府，今湖北省江陵）渡長江南下，經岳州（湖南省岳陽）、衡州（湖南省衡陽）、郴州（湖南省郴縣），縱貫今湖南省，於韶州再合第二線至廣州。

　　以上三線均呈南北行形式，其間，又自第一線的信州分道，西經洪州、袁州（江西省宜春）至衡州，作橫的連繫。

　　④由長安北渡渭水，出咸陽，西至岐州（後升鳳翔府，今陝西省鳳翔）折向南行，至梁州（後升興元府，陝西省南鄭）又改向西南，經利州（四川省廣元）、劍州（四川省劍閣）、綿州（四川省緜陽）而通益州（後升成都府，今成都）。此線再延長時，續以雲南為目的地。

　　⑤自長安至岐州與第四線同，於岐州沿渭水西行，經秦州（甘肅省天水）、臨州（甘肅省狄道）達蘭州。

　　⑥自長安經咸陽出西北，過涇州（今甘肅省涇川）、原州（甘肅省鎮原），與第五線在蘭州會合，也同自蘭州再出發，一道西北向沙州（甘肅省敦煌），連接通往西域的大道，一道西行，由鄯州（青海道西寧）出吐蕃之道。

　　⑦由長安北向坊州（今陝西省中部縣），過延州（陝西省膚施）赴夏州（陝西省榆林），夏州已係突厥、回紇大道的起點。

　　⑧由長安東北向同州（今陝西省大荔），渡黃河，出蒲州（後升河中府，山西省永濟），經晉州（山西省臨汾）、太原府（并州，以係唐朝發祥地而建為北都，與雍州、西都的京兆府，洛州、東都的河南府並

列，唐朝中期以前也惟此三都稱府，餘地設府均安史亂後之事），貫穿今山西省，以達代州（山西省代縣）、雲州（山西省大同）。

⑨循第一線，以至洛陽為分歧點，於此渡黃河東北行，通過衛州（今河南省汲縣）、相州（河南省安陽）、趙州（河北省趙縣）等，以抵幽州（今北平市）。續北行至營州（熱河省朝陽），則係出東北地方與朝鮮的準備地。

⑩同循第一線而於汴州分道，續向東行，過滑州（今河南省滑縣）鄆州（山東省東平）、齊州（山東省濟南）、青州（山東省益都）至登州（山東省蓬萊），連絡向遼東、朝鮮方面的海道。

十條大道，連結了唐朝中央與地方，與道路整備配當的驛傳制度，又發揮了人體心臟與全身動脈血液不停循環的機能。整然展開的廣大驛傳網，規定每三十里一驛，但驛與驛的實際間隔，也依土地狀況與都邑所在形勢等，多少有所差異。京畿地區以係全國驛路總滙點而稱都亭驛，地方則對應驛務繁閒與地位輕重，區分一等至六等的差別。陸驛置馬，水驛置船，布列道路諸幹線與其支線，由兵部駕部總轄其事務。

交通發達，乃是一國政治、經濟發展的基本，相對，一國政治、經濟的發展階段，也可視交通發展程度而測定。唐朝大統一國家產業諸部門的齊頭並進，以及各地域間貨物交流與商旅往來，都與交通發達成立密不可分的關係。

基幹產業農業以外，唐朝諸產業的昇級一般：

甘蔗於南北朝已在江西與江蘇南部推廣，此時的四川、福建方面也已栽培❸。

棉花也開始培育，自古名白疊、白氈、帛疊、氈布的棉織品，以盛

---

❸　森鹿三「中世中國の展望」（世界文化社「世界歷史シリース」⑦大唐の繁榮，第四七頁）。

產地原高昌國（新疆省吐魯番）的歸入漢族中國直轄領土爲西州，從而栽植向全國展布，漸漸與絲織品、麻織品同等普及。

絲織物向來以黃河流域山東、河南與內陸的四川省爲盛產地，至唐朝，南方的江蘇、浙江同樣都已聞名。

木棉產量以廣東、福建方面爲最。

鹽則淮南海鹽正大規模登場。

茶自南朝始見「飲」的風習，唐朝以產地普遍化而飲茶之風南北同已流行。

眞正的瓷器，產地已非限越州（紹興）爲中心的浙江省，而於中國南北平行分佈。南方紹興地方青綠色、暗綠灰色、淡灰色，表面雄麗線繪的越州青瓷，因已不能獨佔盛譽，北方邢州（河北省內邱）的白瓷，與青瓷共同發達爲雙璧。以後中國最人陶瓷製造地江西省浮梁景德鎮，唐朝的南窯，產品也開始聞名❹。著名的複式染色唐三彩發明，又鑄定爲其時陶瓷工藝表徵。

金屬製品的道具、武器、日常用品，尤其關於金屬研磨鏡製造，唐朝均聲名遠播國外❺。

漢朝發明樹皮屑麻等原料的良質紙以來，中國長期獨佔國外市場，輸出供應鄰接國家，八世紀時而製造技術也輸出西方。

唐朝產業·經濟高度發達的水準，從少府監、將作監的政府機關監督下，兩京與諸道眾多官營事業單位織錦坊、氈坊、毯坊、酒坊、染坊等，以及此等官營工場分業的細密，如「唐六典」記少府監屬下織染署內部區分；織染之作布、絹、絁、紗等十，組綬之作組、綬、縧等五，紬線之作紬、線等四，練染之作青、絳、黃等六，爲可明瞭。

---

❹　中央公論版「世界の歷史」④唐とインド，第四一二頁。
❺　蘇聯科學院「世界史」，東京圖書版日譯本「中世」①，第四五頁。

工業地理的分佈,「唐書」、「新唐書」食貨志、地理志記事,「通典」食貨六賦稅下大唐條天下諸郡(州)每年常貢表列品目,都足供參照。其一般大勢❻——

揚州(江蘇省),造船、製絲、製織、皮革、銅鐵等工業俱盛。每年貢品種類於全國諸州佔第一位,主要又是大量的錦袍、錦被、錦製品與青銅鏡。安史亂後,此地且是書籍、印刷業的重要中心地。

成都府(四川省),足堪推爲全國貨幣經濟最發達的地區,歷史性製絲、製織業的代表都市,纖維織物與金銀絲織入製品特爲有名。又係唐朝製紙業一大中心,政府公文書繕寫,大抵限用益州產的黃白麻紙。

貢物中紙的提供諸州,杭、婺、衢、越等州(均浙江省)上細黃白狀紙,均州(湖北省)大模紙,宣(安徽省)、衢州案紙、次紙、蒲州(山西省)百日油細薄白紙,都是。

定州(河北省),唐朝另一製絲、製織盛行地,據「通典」食貨六賦稅下,全國州郡所貢獻絲織物,數量上以此地佔第一位(五項品目全係綾,其中細綾至千二百七十疋,瑞綾二百五十五疋),但品質並非最佳。

邢州(河北省),瓷器如前述至唐朝已非常的馳名,河南府(河南省)的產品同。

易州(河北省),墨的利用附近太行山松林爲製材,所謂松烟製,自唐朝迄於宋朝均屬上品。另一墨的盛產地絳州(山西省),年貢千四百七十挺。

登州(山東省),造船工業根據地,江西省洪、饒、江等州亦然。

饒州(江西省),浮梁瓷器,唐初武德中已聞名。

---

❻ 部份取材自六花謙哉、岡本午一譯,鞠淸遠「唐代經濟史」,第一三三——一四〇頁。

襄州（湖北省），漆器的名產地，「通典」列舉其貢品中有「庫路眞」之名，卽此等產物中前代鮮卑語優秀品稱謂。

江蘇南部、安徽東南部、江西東北部與浙江西北部的於唐朝，礦產開發業都已勃興，河南西南部也是。「新唐書」食貨志四：德宗貞元（紀元七八五——八〇四年）「凡銀、銅、鐵、錫之治一百六十八。陝、宣、潤、饒、衢、信五州，銀治五十八，銅治九十六，鐵山五，錫山二，鉛山四。宣宗（紀元八四七——八五九年）「增銀治二，鐵山七十一，廢銅治二十九，鉛山一。天下歲率銀一萬五千兩，銅六十五萬五千斤，鉛十一萬四千斤，錫萬七千斤，鐵五十三萬二千斤」，係其明示。湖南省彬州又係另一著名的銅礦、銀礦所在地。產鐵的礦區，山西省爲代表，山東萊蕪，而且自漢朝迄於宋朝均以鐵採掘的工業地域聞名。山西又與山東南部同係石炭（煤）的採掘業發達地區，湖南西南部則水銀產地。

蔚州（河北省）飛狐縣乃銅採掘又是貨幣鑄造特盛的地方，利用拒馬河（易水異名）水力鎔鍊的鑄幣爐，曾設至五十餘爐，以唐朝每爐職工三十的法定人數推算，全盛時代造幣職工在千五百人以上，規模之大可以想像。宣州的國家造幣單位，利用南陵縣利國山銅鑛開採所鑄幣，每年也至五萬貫之數。此類造幣工場的分佈，「新唐書」食貨志四記錄天寶時代狀況，係絳、揚、潤、宣、鄂、蔚、益、郴、洋、定等十州。以地域而言，南方毋寧散在爲廣。

商業與金融方面，唐朝於中國經濟史係堪引爲劃期的時代。市場制度，自唐承隋而告確立。隋朝新建長安、洛陽東西兩都，坊制街道整然區劃，中國理想的都市計劃實現，政治中心都市附着的，又是濃厚商業都市色調。「隋書」地理志上說明長安「俗具五方，人物混淆，華戎雜錯，去農從商，爭朝夕之利，游手爲事，競錐刀之末」，地理志中說明

洛陽「其俗尚商賈機巧成俗」，新都建設完成又「徙天下富商大賈數萬家於東京」（「隋書」煬帝紀上大業元年條）。市場制度乃陪伴整備，唐朝踏襲隋朝的兩京市制：

$$長安\begin{cases}東市（隋「都會」市）\\西市（隋「利市」市）\end{cases} \quad 洛陽\begin{cases}南市\\北市\\西市\end{cases}隋「豐都」、「大同」、「通遠」三市$$

　　長安東、西兩市物資運輸，均利用運河。東市由城東引滻河之水所開龍首渠伸入支流以通舟；西市則西導流入滴水的漕渠之水。兩處市內運河末端均鑿船渠，備航行船隻停泊卸貨❼。

　　市政主管「署」的編制，也擴充到令一人、丞二人、錄事一人、府三人、史七人、典事三人、掌固一人。事務範圍包括監理交易、徵稅、調節物價、取締暴利，以及執行禁令。地，商店限設市內，集中管理；時，交易買賣行為限在白天，夜間閉市。兩京以外的有名都市諸「市」，揚州東市、淮安西市、夔州西市、成都東市、西市，以及廣州、荊州、滑州之市❽，均為相同。

　　市內商店，謂之「店」或「肆」，手工製造業的場合，謂之「坊」、「作」或「舖」，都市中的雇傭工人也因此發生。無論商、工業，於市內且都形成同業者聚居的狀態，即：同一街上多屬同種類工、商業者，此類形態，謂之「行」，所以「行」兼具同街組合與同業組合雙重意味。唐人小說中所見類例，有秤行、大衣行、肉行、鐵行、絹行、藥行、魚行、金銀行（金銀細工）、銀行、鞦轡行等，「秤行」即此街大多數為「造秤」與「賣秤」者，「大衣行」又是行中概屬販賣衣類之店。「行」的名詞，自唐朝使用習慣，至後世均被沿用，雖然如「藥材

❼　石田幹之助「長安の春」長安の春篇「唐長安城坊圖」（平凡社版「世界敎養全集」⑱，第三八七頁。
❽　誠文營新光社版「世界史大系」③東アジアⅠ，第二五五頁。

行」、「茶行」、「商行」等至今已取消了組合意味而純粹代表了個別的商號，但「行業」仍是今日職業類別的慣用語，Bank 借用的又便是「銀行」一詞。「行」於唐朝健全發展，今日學界已寄以注意力，對此類同業間相互團結以維護共同利益的組合，解釋之爲便是近代所見工商業界的同業公會組織，基爾特（Guild）的原型，此其一。

其二，研究者也發見，商店（包括手工業者）營業地域，於唐朝已非嚴格遵守設於「市」內的限制，長安東、西兩市以外的坊間也頗存在。見於諸文獻的：永昌坊有茶肆（「唐書」王涯傳）、崇仁坊有樂器店（唐朝段安節撰「樂府雜錄」）、豐邑坊有貸與轜車送葬之具的凶肆（宋朝宋敏求著「長安志」）、晉昌坊、新昌坊、開化坊、永昌坊多劇場、旗亭（宋朝錢易「南部新書」）等❾，都是。洛陽修善坊、明義坊、殖業坊同多旗亭、酒樓，由此推測，其餘都市可能都相同。利用寺廟祭日人多之際舉行的「廟會」流動交易，其普遍化與慣常化，尤其是破壞市制的巨大力量，祇是制度上商店仍須遵守設立在指定商業區域的「市」內爲原則。以後時代推移，「市」外設商店的傾向漸漸增強，以「日中爲市」作基點的買賣交易時間限制也放寬。經過唐末五代，市的正常形式漸漸消失，至宋朝，自古傳統「市」的制度終告解體，營業場所與營業時間雙方面禁令均行撤除，商業已不受任何限制，如今日情況。

「廟會」的延長，越出城外，一般流動性交易活動的「會」(Fair)，或唐朝文獻中所謂的「草市」，同爲盛行❿。草市意指定期而開的鄉村市集，或簡易「市」的意味，「草」也是草野之謂，今日鄉間演戲尚保留「草臺戲」的名稱。草市一方面是外來商人向附近農民售賣生活必需品，另一方面也收購農民剩餘產物，連結了農村——都市經濟，對地方

開發與當地生活向上具有重大的溝通機能 。 交 通 線上水陸往來便利所在，由定期市發展形成的小規模常設商店聚合爲底子，吸引人口定居，而市鎮漸次發生 ， 也漸次增多 ， 而鑄定宋朝以來新的社會生活發展方向，而其轉振開始，則是唐朝。買賣居間中介的經紀人，漢朝謂「儈」，便是「會」的意味（所以「史記」貨殖列傳名之「駔會」），唐朝轉變爲「牙」（牙人、牙郎、市儈），也已係近代的名詞。

　　與商業具密切關係的貨幣制度，唐朝對應商業發展需要而突破性發展。「通典」食貨七錢幣下，「唐會要」卷八九泉貨，以及「唐書」食貨志的資料：魏晉南北朝紊亂的幣制，隋興，於統一的貨幣政策下一概廢止，造幣權歸國有，發行新鑄的強力五銖錢，單位與重量均恢復漢朝基準。但煬帝時，民間私鑄、盜鑄、濫製又盛，劣質通貨惡性膨脹。所以，唐初的武德四年（紀元六二一年），斷然廢五銖錢，另行鑄造「開元通寶」（開元爲開國、建國之義），予幣制以再統一。中國貨幣史上的五銖錢時代，於焉宣告結束，替代流通的開元通寶銅錢，徑八分，重量二銖四絫（每十錢重一兩，一千錢爲「貫」，或稱「緡」，重六斤四兩），非祇通唐朝全時代鑄造，也由後世各朝代踏襲爲鑄幣標準，貨幣史的新時代開創。價格計算，唐朝便惟一的爲銅錢基準，金銀非鑄貨材質，用於蓄藏與賞賜、贈遺等場合以代表大價格。銅錢於開元錢以外，也曾另鑄大錢：高宗時乾封泉寶（當開元錢十）、肅宗時乾元重寶（當十）、重輪乾元錢（當五十），代宗時大曆元寶（當開元錢一），德宗時建中通寶（當十）等 ， 均以較開元錢的貨幣價值低而流通未久卽停廢。遺留最大問題，是銅錢鑄造能力受產銅量限制，供應量的增加不能適應經濟發展所需，銅價高時商人且以銅錢銷熔牟利。所以，唐朝一般現象，鑄貨頗爲缺乏，民間盜鑄、偽造惡錢流布仍廣，金、銀、帛的折用，因之仍被獎勵。同以銅錢不足的原因，七世紀中高宗永徽年間「大

唐寶鈔」已由官方印造發行，與錢通用，鈔成長方形，又是中國最早的信用紙幣發生（九世紀武宗會昌年間續有「大唐頒行寶鈔」兩種發行）。此等「鈔」字，已係今日「鈔票」名詞的發源。

　　高利貸資本於唐朝，與商業資本如同孿生子的並行發達，而且便由政府倡導，京師諸司與州縣均置所謂公廨本錢（公辦貸款資本金），別名取利本錢。「唐會要」卷九三諸司諸色本錢項（上）：「武德元年十二月，置公廨本錢，以諸州令史主之，號捉錢令史。每司九人，補於吏部。所主纔五萬錢以下，市肆販易，月納息錢四千文，歲滿授官」，又「唐會要」卷九一內外官料錢項（上）：「貞觀十二年一月，諫議大大褚遂良上疏曰：……陛下近許諸司令史，捉公廨本錢，諸司取此色人，號爲捉錢令史，不簡性識，寧論書藝，但令身能估販，家足貲財，錄牒吏部，使卽依補。大率人捉五十貫巳下，四十貫巳上，任居市肆，恣其販易，每月納利四千，一年凡輸五萬。送利不違，年滿受職」。可知：其一，貸款係委由商人放出，又責成總繳定額利息，所以謂之「捉錢」，平時免除課役，如期納息又享任令史之官的權利，而名「捉錢令史」，其戶名「捉錢戶」。其二，此項貸款，唐初年利高達百分之百，玄宗開元初年利七分，開元中利率每月六分，開元末減至每月收四分之利（均見「唐會要」前揭資料）。

　　民間高利貸，區分的種別有三：①「質」，與今日當舖的意味相同，當時稱之爲「收質」、「納質」、「質庫」等；②「舉」，毋須擔保物品的信用貸款，有「出舉」、「舉收」等名稱；③「質舉」，以提供擔保物品爲條件的借貸⓫。此等民間高利貸均被法律所承認，政府採取放任主義，態度上便是保護債權人。但對債務人利益，多少也有所保障，「唐會要」卷八八雜錄對此所提示：第一，「負債出舉，不得廻利

⓫　三種別依大塚恒雄「中國商業經濟史概說」，第一六七頁。

作本，並法外生利」（武后長安元年，紀元七〇一年令），便是說：不得複利計算，不得超過法定利率。第二，「自今已後，天下負舉，祇宜四分收利，官本五分取利」（開元十六年，紀元七二八年令），由此公布減輕利息的標準，可以知曉，官方貸款利率毋寧長期超過了民間。今日習慣用得「負債」、「舉債」，以及相對的「放債」名詞，唐朝都已成立也從而得知。

雄厚的唐朝商人資本，承繼隋朝國際通商的大規模展開，又係其力量擴散的另一方面。「隋書」裴矩傳記載此一歷史上著名的地理學家與西域事務專家所說明北道、中道、南道，目的地都是通往西方。「新唐書」地理志七下收錄唐朝中期賈耽提供當時唐朝對外七線主要交通大道的完整資料，則已廣泛包含了東、西、南、北四個方位，地理志引述時序文之言：「（德宗）貞元（紀元七八五——八〇四年）宰相賈耽，考方域道里之數最詳，從邊州入四夷，通譯於鴻臚者，莫不畢紀」。八世紀末已係大唐世界帝國榮光漸蒙陰影的安史亂後，旺盛的國外貿易熱卻迄於唐末仍然不衰。「新唐書」七大貿易道全資料記有旅行各段詳細里程，以及途中經歷數以百計的諸國諸地名，今日中外學者對此考證的興趣頗濃，雖多無定說，但大體所經由與其起訖點，則十分明白，其中陸上五線而海上二線。

陸上方面——

①營州入安東道，自營州（熱河省朝陽）東行過安東都護府治所，北通奚、契丹，東往渤海國，東南入朝鮮半島。

②夏州塞外通大同、雲中道，自夏州（陝西省榆林）向東北行，從山西省北端大同城入古長城線以北的內蒙古之地。

③中受降城入回鶻道，睿宗景雲二年（紀元七一一年）於綏遠省黃河以北築東、中、西三受降城，以之為準備地，與上一線同係蒙古大

道，此線且直指回鶻（回紇）所代表鐵勒諸部遊牧地的外蒙古與其以北地方。

④安西入西域道，便是歷史上最所熟悉的西方大道，連結地中海世界的著名絲道。旅程長而貿易盛，中間展開縱橫交錯的路線也最複雜。

⑤安南通天竺道，由越南北境通過雲南南部，橫斷緬甸而入印度。

兩大海道則——

⑥登州海行入高麗、渤海道，自登州（山東省蓬萊）渡海，於鴨綠江口分途，溯江而上至渤海國，沿海岸南下往新羅國，繼續渡航便抵日本。

⑦廣州通海夷道，自廣州通航南洋諸國，西行經錫蘭，繞過印度半島南端沿西海岸航行，入阿拉伯（大食）水域，連結西亞與歐洲。

唐朝中國陸海七大交通路網狀張開，觸角幾已伸向舊大陸已開發地全域，中國與北亞細亞、中、西亞細亞、地中海世界、印度、南洋羣島、中南半島地域間，由是得廣範圍進行商品交換。貿易的大宗項目，中國輸出金屬製品、絲、紙、瓷器等，輸入象牙、數種類的金屬、香料、生藥等[12]。中國商人渡海西行，與包括了猶太人、波斯人，特別是七世紀中大食國勃興後的阿拉伯人等西方各國商人渡洋東來的熱潮，愈隨時間後移而愈興旺。在於中國，唐朝著名的貿易港口，安南都護府（交州）的外港龍編、廣州、泉州、明州（浙江省寧波）、揚州（運河——長江交流點）、楚州（運河——淮河交流點、江蘇省淮安）、汴州（運河——黃河交流點）、洪州（江西省南昌）、荆州（江陵府）、益州（城都府）等[13]，都是。適應如文獻中纍纍而見南海舶、師子國舶、蕃舶、波斯舶、崑崙舶等眾多名詞所代表各國商船隊前來中國的盛況，

[12]　蘇聯科學院「世界史」，東京圖書版日譯本「中世」①，第四五頁。
[13]　大塚恒雄「中國商業經濟史概說」，第一六〇頁。又：劉伯驥「中西文化交通小史」第七八頁：「開元初，在廣州、泉州、杭州置提舉市舶司」。

至於管理蕃舶出入港口與卸貨徵稅需要，而諸貿易港的市舶司，也自唐朝成立。「開元二年（紀元七一四年）十二月，嶺南市舶司……」（「唐會要」卷六二諫諍項），乃記錄中最早見出「市舶司」其名的年代，初置約略便在此時，嶺南（廣州）也可能便是第一處。

中國自漢朝開通西域，南海地理上的發現已是相對應的另一方向豐碩收穫，但外國貿易主線，卻向來繫於陸上。海上交通——貿易終得與陸上相抗衡，到壓倒陸上，取得替代陸上的位置，最早是三世紀三國吳國邁出第一步，而唐朝中期以來登入關鍵性轉換時代。七大貿易道的海夷道已被盛加利用，而中國商人、商船活躍範圍脫出南海海域，通過麻六甲海峽突入印度洋，到達錫蘭或中國史書中累見其名的獅子國。獅子國於當時乃世界貿易中心，東方中國，西方腓尼基等各地商人，莫不以錫蘭爲中心而集散，然後作貿易的再出發❹。 於此繼續西行時，一道沿大陸海岸駛波斯灣，一道指向亞丁港進入紅海。

海夷道或南方海上交通——貿易大道，自八世紀中唐朝中期以來而特殊發達，其時間意義，顯示安史亂後的唐朝政治力固已鬆弛，世界帝國的榮光也正漸漸黯淡，南方海上交通與貿易卻全然無損，相反還呈逆方向的頻繁展開。此一現象，也正說明所附着政治關係的淡薄。而貿易的非政治化，則自唐朝世界帝國形成之初，便已鑄定其南方海上事業的特徵，以及表現爲唐朝繼承隋朝事業，究非全然同一軌跡的形貌——

唐朝世界帝國基礎，正確而言，係隋煬帝創締。隋煬帝積極的南方海上政策，正與北方陸上等重。「隋書」南蠻傳序：「大業中朝貢者十餘國　其事迹多湮沒而無聞，今所存錄，四國而已」。四國中，眞臘、婆利係自發的遣使朝貢，餘兩國都承受隋朝強力政治力影響：

——煬帝卽位之年的仁壽四年（紀元六〇四年）林邑征伐，將軍劉

❹　大塚恒雄「中國商業經濟史概說」，第一五九頁。

方破其國王巨象軍，陷國都，虜王宗廟中十八座祖先金像而歸。

　　——大業四年（紀元六〇八年），常駿使赤土國，自廣州出發，南海中水行百餘日抵其國都，國王以盛禮接待。金質多羅葉上隆起鑄爲文章，金函封之，以爲答書。使節團返程改從越南南部林邑登陸，北上入國境，赤土國王子隨行，率團朝貢。

　　另一次海島國家征伐見於同書東夷傳：

　　——大業三、四年，朱寬兩度出使福建省東方海中流求國招撫，國王不從。六年（紀元六一〇年），陳稜將兵浮海，攻下流求國都，焚其宮室，俘虜男女數千人而返。

　　同一林邑之例，唐初的對待態度已全轉變，自「新唐書」南蠻傳下環王（林邑）條記載可見：「貞觀時，（林邑）王頭黎獻馴象、鏐鎖、五色帶、朝霞布、火珠，與婆利、羅刹二國使者俱來。林邑其言不恭，羣臣請問罪，太宗赦不問」。另兩隋朝已加投資的赤土國與流求國，唐朝且任令中斷關係，而自南蠻傳或東夷傳中脫落其記錄。所以，六都護中安南都護的監臨對象，主體均僅陸上附近諸異民族，對海洋國家毋寧便以不介入政治力爲原則。八世紀以後唐朝海上貿易隆盛期來臨，因而全擺脫了貿易乃政治的延長，也由政治領導的傳統。卻是，惟其政治關係消極化，民間貿易儘管繁榮，依官方記錄而錄爲「新唐書」南蠻傳下（南蠻傳上、中兩篇均南詔傳）的有關南洋諸國事情，憑此等國家自發的，也不穩定的朝貢意願而認識，資料的遺留今日，便嫌不完整，也遺憾與「隋書」南蠻傳的記載往往不能連續。「隋書」四國中介紹最着力，人文景觀與旅程記載均詳的赤土國，便以唐朝記錄中斷，形成文獻上的曇花一現，而迄成東洋史研究上的問題之地，泰國、馬來半島、新加坡、蘇門答臘中部 Djambi 附近，又或其南以 Palembang （以後華名巨港、舊港）爲都，唐朝文獻中的室利佛逝（Srivijaya）國等諸說，

都曾被提出❺。流求國於「隋書」東夷傳中同樣份量頗重，人文記載爲
多，其「當建安郡（福建省北部）東，水行五日而已」的位置明言係臺
灣，已被歷史界接受爲通說，便是說，繼三國吳國黃龍二年（紀元二三
○年）所登陸的夷洲爲同一地，臺灣的第二度再發見。學者間卻也仍有
據同傳所記，陳稜係「將南方諸國人從軍」，「自義安（今廣東省潮安
縣）浮海，至高華嶼又東行二日，至鼊黿嶼，又一日便至流求」，而提
出也可能是菲律賓的懷疑❻。

　　如下是唐朝南海地圖上諸國位置的已知部份——

　　林邑（Lam AP 占城、占婆 Champa），與扶南 (Founan) 同係三
世紀前半三國吳國「南宣國化」時最早爲中國人所認識的南洋國家，以
位置在今日越南南部而與越南北部的中國直轄領土接壤，七世紀左右乃
是強力的國家。但便於勢力發展反彈力下遭受隋・唐壓力，以及繁榮所
由的中繼貿易地位被室利佛逝取代而衰退，其時「新唐書」謂已「更號
環王」（八世紀中玄宗次代肅宗至德以後）。惟其滅亡，則須延至越南
建國後的十七世紀後半。

　　眞臘（Siem-Reap），六世紀之半，與起於湄公河中流域的吉蔑人
(Khmer，柬埔寨人) 之國，七世紀時滅扶南而壯大。見於「新唐書」
眞臘的傳記是：「眞臘，一曰吉蔑，本扶南屬國……。貞觀初，幷扶南
有其地」。與唐朝關係至爲密切，「新唐書」的傳記說明：「開元、天
寶時，王子率其屬二十六來朝，拜果毅都尉；大曆中（八世紀後半），
副王婆彌及妻來朝，擢婆彌試殿中監，賜名賓漢」。九世紀時，此一高
棉本據的國家，已發達爲廣域支配的柬埔寨 (Kambuja) 帝國。

　　緬甸當八世紀左右，自伊洛瓦底 (Irrawaddy) 江中流域抬頭的 Phu

---

❺　文藝春秋版「大世界史」④大唐の春，第一二○頁。
❻　同上，同頁。

人建國後，「新唐書」中驃國，乃現在的緬甸民族本體 Burman 所建設最初的國家。「新唐書」驃國傳記說明其位於上緬甸的四界，東眞臘，西天竺，北南詔，南臨海，八——九世紀之交德宗貞元中始通唐朝。王雍羌遣子舒難陀所貢獻驃國樂（舞客、樂曲、樂器）在中國大受歡迎，勅授父、子各爲檢校太常卿與太僕卿而遣返，勅書草稿者大文學家白居易，其文錄入「香山集」（卷四十），白居易爲此而撰「驃國樂」詩，亦見「長慶集」（卷三）。

　　另一方面，島嶼部份，蘇門答臘上述室利佛逝王國，發達爲強力的海上貿易國家。其起源不明，七世紀之半以來，以立於印度與中國相結的航路中間，恃其麻六甲海峽與巽他（Sunda）海峽中央位置的有利地理條件，八世紀時海上活動急速發展。西方大食商船盛大東來，唐朝市場豐裕的商品也經中國商人之手海外進出，此一海上王國以係中繼貿易地而繁榮，八世紀半左右以後且支配馬來半島南部，領土之廣，足當其時東南亞惟一大國之稱[17]，十世紀最盛。與唐朝間關係，七世紀後半最早建立，高僧義淨赴印度留學，便以在此研究與翻譯佛典而聞名。「新唐書」的開元時代記錄：「又獻侏儒、僧祇女各二，及歌舞。官使者爲折衝，以其王爲左威衞大將軍，賜紫袍金鈿帶。後遣子入獻，詔宴於曲江，宰相會册封賓義王，授右金吾衞大將軍，還之」。

---

[17]　曉敎育圖書版「現代敎養百科事典」⑦歷史，第一三六頁：シュリービジャヤ王國條。

開放性的生活、思想與文化

大唐的榮華

白居易「長恨歌」名句：「金屋妝成嬌侍夜，玉樓宴罷醉和春。姊妹弟兄皆列土，可憐光彩生門戶，遂令天下父母心，不重生男重生女。驪宮高處入青雲，仙樂風飄處處聞，緩歌謾舞凝絲竹，盡日君王看不足」。

八世紀中玄宗治世，絢爛的唐朝文化正值最隆盛期，以此時為中心前後期光與熱不減的唐朝文化，也堪以歷史的集大成意味，而概括代表歷史的中國文化。特堪注目，又是如「長恨歌」內容所反映其時上流社會驚人的豪奢生活實態。

唐朝物價，「通典」食貨七歷代盛衰戶口項大唐條，曾載有貞觀八、九年以迄開元十三年（與「以後」）的調查記錄，以時代均屬唐朝盛期，不能據以窺見唐朝全時代社會生活水準的昇降，則歷史界整理有關諸文獻製定的一份完整統計表，可以填補「通典」空白，明瞭唐朝物價變遷的全貌：❶

❶ 誠文堂新光社版「世界史大系」③東アジアⅠ，第二三八頁。

年　　　　　　代	米（粟）	絹	錢	其　他	備　考
武德元　　　　（六一八）	一斛		八、九萬錢		東都大饑
武德四　　　　（六二一）	三升(粟)	一匹		當布十四、鹽三升	圍洛陽
貞觀元　　　　（六二七）	一斗	一匹			關中饑饉
貞觀四　　　　（六三〇）	一斗		四、五錢（三、四錢）		大稔
貞觀五、六（六三一、二）	十餘石（粟）	一匹			豐稔
貞觀八、九（六三四、五）	一斗		四、五錢		豐稔
貞觀一五　　　（六四一）	一斗		兩錢		
	一斗(粟)		三、四錢		稔長安
永徽五　　　　（六五四）	一斗(粟)		兩錢半		大稔、洛州
	一斗（秔米）		十一錢		
麟德二　　　　（六八五）	一斗		五錢		大稔
永淳元　　　　（六八二）	一斗		三百錢（四百錢）		關中蝗旱
開元一三　　　（七二五）	一斗		十五錢		豐稔、東都
	一斗		五錢		豐稔、青州、齊州
（以後）	一斗		三十文以下	麵一斗三十二文	西京
		一匹	二百十文		西京
開元二八　　　（七四〇）	一斛		二百文以下		豐稔
天寶五　　　　（七四八）		一匹	二百文		
乾元二　　　　（七二九）	一斗		七千文		貨幣混亂
上元三　　　　（七六〇）	一斗		五百文		饑饉
廣德二　　　　（七六四）	一斗		千五萬文		淫雨，蝗
	一斗		一千文		
永泰元　　　　（七六五）	一斗		一千文（千四百文）		霜（久旱）
大曆四　　　　（七六九）	一斗		八百文		連雨
大曆五　　　　（七七〇）	一斗		一千文		長安
大曆六　　　　（七七一）	一斛		萬錢		旱
建中初　（七八〇左右）	一斗		二百文		
		一匹	三千二百文（四千文）		
貞元元　　　　（七八五）	一斗		一千文		河北、河南饑饉
貞元二　　　　（七八六）	一斗		一千文（千五百文）		霖雨

年　　　　　　　　　代	米(粟)	絹	錢	其　　他	備　　　　考
貞元三　　　　　（七八七）			百五十文		豐稔
貞元中	一斗		三十七文		京師
（七八五——八〇五）	一斗		百五十文		淮南
		一匹	一千六百		
長慶初　　　（八二一左右）	一斗		五十文		
		一匹	八百文		
開成三　　　　　（八三八）		二匹	二千文		
開成五　　　　　（八四〇）	一斗（粳米）		百文		山東
宣宗、懿宗之際	一斗		四十文		京師

　　得以明瞭，表列前百年與後百年的兩個階段間，米價基準的物價差距頗大，但前後兩階段各別的約一個世紀間，則除非饑饉等天災、人禍場合，物價大體都保持平衡（合理的緩慢上漲毋寧乃正常現象）。生活水準的階段意味昇高，斷限正在玄宗時代，為堪玩味。盛唐的榮華，無論物質生活或精神生活都於此時代到達頂點，奢侈之風也自此時代明顯形成，自上流社會帶動而風靡全社會都市生活，以迄唐朝覆亡不衰，社會物價向高階段昇進之勢，終於鑄定。而唐朝奢靡風尚的倡導巨力，又正發自玄宗皇帝。

　　玄宗開元之治，史家向以與其曾祖太宗貞觀之治比美，政治上精勵恪勤，生活上戒風俗之華美，禁中杜絕聲色之娛，保持了先代堅實的世風。但以天寶為年號的治世後期，宮廷生活的豪華，較前呈現了逆方向大變化。關鍵所由的中心人物，中國歷史上最著名美人之一的楊貴妃，「長恨歌」曾着力描寫：「回眸一笑百媚生，六宮粉黛無顏色。春寒賜浴華清池，溫泉水滑洗凝脂，侍兒扶起嬌無力，正是新承恩澤時。雲鬢花顏金步搖，芙蓉帳暖度春宵，春宵苦短日高起，從此君王不早朝。承歡侍宴無閒暇，春從春遊夜專夜。後宮佳麗三千人，三千寵愛在一

身」，與正史中對楊貴妃形容之詞「資質豐豔，美歌舞，通音律，智筭過人，每倩盼承迎，動移上意」（「唐書」后妃傳上玄宗楊貴妃條）相表裏，生動浮現了其所以被寵幸的理由，也強烈襯託了身已祖父輩份的玄宗皇帝，大半生熱心政治，臨屆老境所以會深蹈溫柔鄉，塑造風流王子千古形像的性向轉變原因所在。

「長恨歌」敘事長詩，已係相隔約半個世紀，進入九世紀初的追記作品。而分別被譽詩仙、詩聖的中國文學史黃金時代兩位代表人物李白與杜甫，卻是楊貴妃韻事的目擊見證人——

李白「清平調」三章：「雲想衣裳花想容，春風拂檻露華濃；若非羣玉山頭見，會向瑤臺月下逢。一枝紅豔露凝香，雲雨巫山枉斷腸，誰問漢宮誰得似，可憐飛燕倚紅粧。名花傾國兩相歡，長得君王帶笑看；解識春風無限恨，沈香亭北倚闌干」，係玄宗偕楊貴妃幸藩邸改建的興慶宮沈香亭，觀賞木芍藥，宴酣之際，命當時著名的宮廷音樂家李龜年召李白，李白正醉眠長安街中的酒家，帶醉入宮，揮毫金花箋上的卽景卽興之作。詩就獻上，李龜年譜曲而歌，玄宗親吹玉笛以和，貴妃捧玻璃七寶之杯酌蒲桃酒，笑聆新調歌意，已是膾炙人口的美談。李白以名花與美人共咏，所以後世讚美歷史的四大美人時，以「羞花」表現楊貴妃特徵。而李白以漢朝趙飛燕與楊貴妃相互比擬，也是「環肥燕瘦」的典型美人形容詞由來。

杜甫古詩體例的「麗人行」，係貶諷世風名作，而八世紀中唐朝已奢靡成風，從其成羣貴婦人盛裝濃妝，春遊曲江時體貌服飾、飲食車馬的豪華寫眞文句，一目瞭然，特別關於楊貴妃姊妹韓、虢、秦三國夫人聲勢與驕縱氣燄的生動描繪：「三月三日天氣新，長安水邊多麗人。態濃意遠淑且眞，肌理細膩骨肉勻；繡羅衣裳照暮春，蹙金孔雀銀麒麟。頭上何所有？翠微匐葉垂鬢唇，背後何所見？珠壓腰被穩稱身。就中雲幕

椒房親，賜名大國號與秦。紫駝之峯出翠釜，水精之盤行素麟；犀筋厭飫久未下，鸞刀縷切空紛綸。黃門飛鞚不動塵，御厨絡繹送八珍；簫鼓哀吟感鬼神，賓從雜遝實要津……」。

　　豪華場面見諸正史，楊貴妃的傳記有如下記錄：「宮中供貴妃院織錦刺繡之工凡七百人，其雕刻鎔造又數百人。楊、益、嶺表刺史，必求良工造作奇器異服，以奉貴妃獻賀，因致擢居顯位」（「唐書」后妃傳上玄宗楊貴妃條）；「凡充錦繡官及治琢金玉者，大抵千人，奉須索奇服秘玩，變化若神。四方爭爲怪珍入貢，動駭耳目，天下風靡。妃嗜荔支，必欲生致之，乃置騎傳送，走數千里，味未變已至京師」（「新唐書」后妃傳上玄宗楊貴妃條）；「自是寵遇愈隆，韓、虢、秦三（國）夫人，皆給錢千貫，爲脂粉之資，銛（楊國忠）授三品上柱國，私第立戟。姊妹昆仲五家，甲第洞開，僭擬宮掖，車馬僕御，照耀京邑，遞相夸尚。每構一堂，費踰千萬計，見制度宏壯於己者，卽徹而復造，土木之工，不捨晝夜。……玄宗每年十月幸華清宮，國忠姊妹五家扈從，每家爲一隊，著一色衣。五家合隊，照映如百花之煥發。而遺鈿墜舄瑟瑟，珠翠璨瓓，芳馥於路」（「唐書」后妃傳上玄宗楊貴妃條）。

　　此一景況，以視距楊貴妃入宮（天寶三載，紀元七四四年）之前三十年，開元二年（紀元七一四年）出宮內珠玉錦繡等服玩於正殿前焚燬，廢長安織錦坊，又下制：「自古帝王，皆以厚葬爲誡，以其無益亡者，有損生業故也。近代以來，共行奢靡，遞相倣傚，浸成風俗。既竭家產，多至凋弊。然則鬼魂歸天，明精誠之已遠；卜宅於地，蓋思慕之所存。古者不封，未爲非遠，且墓爲貞宅，自便有房，今乃別造田園，名爲下帳，又冥器等物，皆競驕侈。失禮違令，殊非所宜；戮屍暴骸，實由於此。承前雖有約束，所司曾不申明，喪葬之家，無所依准。宜令所司，據品令高下，明爲節制冥器等物，仍定色數及長短大小，田園下

帳，應宜禁絕，墳墓塋域，務遵簡儉。凡諸送終之具，並不得以金銀爲飾」（「唐書」玄宗紀開元二年條），兩相對照，精神如何懸隔可見。而上引薄葬令的頒布，特堪注視，已是社會背景「共行奢靡」正「浸成風俗」之際。

則唐朝中朝或盛世到達頂峯以來，產業發達，流通圓滑，消費力隨社會富力的提高而增強，奢侈的流行爲社會現象注定不可避免表面化以前，潛在的奢侈因子擴張固可用政治力量一時壓制，卻難以設想終局便是禁令發布者自身倒反的倡導，由宮中與貴戚之門首先決提，豪奢奔流乃覆蓋了全社會，如「新唐書」楊貴妃傳記的用語「天下風靡」。

聞名中外的楊貴妃，其事迹也引起唐朝男女倫理觀念的討論興趣。此一女性，少女時代名楊玉環，十七歲時以一州級官吏之女被納爲玄宗第十八子壽王瑁之妃，開元二八年（紀元七四〇年）二二歲時，以阿公玄宗的驚豔而這位兒媳轉變一生命運，出壽王邸爲女道士，道號太眞，四年後的天寶三載（紀元七四四年）入宮侍玄宗，翌年二七歲時封貴妃，玄宗時年六〇歲。如上經過，與武則天初係太宗才人，經由入寺院爲女尼的過程再度入宮，以高宗之妃正位皇后，極爲相似，祇是祖父皇帝與孫皇帝屬意對象輩份的上下順序倒易，因而授後人感覺都是亂倫。亂倫於唐律乃犯十惡之條，但以出家過渡已可謂雖貴爲天子，也不得不尊重法律的補救之道意味，然則問題還是在於男女關係的社會意識。於此，可以發現，對武后或楊貴妃都無鄙視的輿情資料遺留後世，女帝時代武后的宮闈醜聞乃係古今同所熟悉，卻於當時聲名無損，「麗人行」指摘的也是楊貴妃姊妹兄弟權勢凌人，而非其放蕩私行。唐朝女性「性」的地位全與男子平等，頗被指係北朝胡族傳統的殘留，實則胡人習俗固如此，漢人自身爲相同，漢朝——魏晉如此，南北朝也如此，南朝帝王純出漢系，而趙翼「廿二史劄記」便輯有「宋世閨門無禮」洋洋大觀的專

篇。所以，係後世漢族男性本位意識強化，男女關係神秘化，以女性從
一而終倫理成立而社會道德律改變，女性才被剝奪固有權利，唐朝與其
以前的時代都不是。女性政治地位，便與社會地位的昇降相配當，在於
唐朝，非祇產生武后與韋后所謂閨闈不修而又政治慾望強烈的人物，與
之同一類型，具有絕大政治發言權與實力的女性，高宗與武后之女太平
公主三嫁，中宗與韋后之女安樂公主再嫁。中宗另一女定安公主與玄宗
之女興信公主，也都是三嫁。

　　惟其婚姻與兩性關係的待遇上不存在歧視感，唐朝女性的性格如同
男子似開朗，自男女相同的流行騎馬風習，如唐詩名句「虢國夫人承主
恩，平明騎馬入宮門」（張祜句），與「唐書」楊貴妃傳記大書伊人
「乘馬則高力士執轡授鞭」，以及唐朝遺物的唐三彩騎馬婦人・騎馬官
人像偕出，與婦人成羣乘馬奏樂游春繪卷等所見，唐朝女性颯爽英邁的
印象，至為鮮明。

　　也便由唐朝眾多造形與繪畫藝術遺品，以及敦煌石窟珍貴壁畫等現
實資料，可認識唐朝美人的典型。美人的標準，係隨時代而異為堪理
解，六朝人係愛好瘦型面長，相對，唐朝特色則在豐豔，風尚膚色雪似
白潤而豐滿臉脥的肉體美人。髮結高髻或大圓髻，高髻變化又特多，而
施以黃金、翡翠、玉等細工製造花形、雀形各式各樣髮飾。穿着寬袖或
筒袖上衣，裙特長，束部非在腰而移上至胸，肩附綾絹質地的大幅披
巾。化粧術唐朝偏重濃妝，顏面敷粉而加紅脂的「紅妝」為當時所流
行。岑參「朱唇一點桃花殷」詩句說明如今日唇塗口紅之外，最注意
部門係青黛描眉，由閨中旖旎風光「妝罷低聲問夫婿：『畫眉深淺入時
無』」（朱慶餘詩句）可知，也因而「淡掃蛾眉」形容了素面美麗特
例，蛾眉便是形似飛蛾觸角的唐朝喜愛風尚。額上繪貼黃、紅等色澤的
美姿花形，為惟唐朝女性獨特的化粧法，一九六〇年於乾陵（高宗墓）

東南三華里處所發見八世紀初唐朝豪華墓葬，由墓誌而知乃高宗與武后孫女，中宗第六女，享年僅十七歲的永泰公主（其妹卽安樂公主）之墓，出土大量遺物唐三彩鳴馬、騎馬女俑等均彌足珍貴，其盛裝濃抹貴婦人羣像壁畫爲特有名，歷一千二百年至今日仍保持原形，額花化妝特色便至鮮明❷。其與太原郊外銘年武后萬歲登封元年（紀元六九六年）古墓壁畫❸等相印證，又係同時期繪畫與風俗史研究的重要憑證。

楊貴妃以三十八歲盛年，悲劇下場。「長恨歌」記述天寶十四——五載（紀元七五五——六年）「漁陽鼙鼓動地來，驚破霓裳羽衣曲。九重城闕烟塵生，千乘萬騎西南行。翠華搖搖行復止，西出都門百餘里，六軍不發無奈何，宛轉蛾眉馬前死」。安祿山叛變，京師失陷，天子幸蜀途中遇扈從親衞軍譁變，屈從彼等意願，楊貴妃終於「君王掩面救不得」、「君臣相顧盡霑衣」的悲痛境況下被縊死馬嵬坡前。「長恨歌」的後半段，便是皇太子受禪爲肅宗（天寶十五載因是而改至德元載）後收復京師，已係太上皇的玄宗歸來時，池苑依舊，與楊貴妃卻生死相隔，以迄寶應元年（紀元七六二年）七十八歲崩逝的數年間，惆悵、相思、遐想之情傾吐，而以全篇長詩結尾「天長地久有時盡，此恨綿綿無絕期」之句題名「長恨歌」。然而，楊貴妃時代以來，唐朝政治固已弛倦，唐人奢侈風尙，卻已在生活中生根，安祿山父子與接續的史思明父子之亂平定前後，「唐書」出現的便盡是如下權勢之家豪侈的記錄（各見本傳）：

——裴冕：「性本侈靡，好尙車服及營珍饌。名馬在櫪，直數百金者常十數。每會賓友，滋味品數，坐客有昧於名者。自創巾子，其狀新奇，市肆因而效之，呼爲僕射樣」。

❷ 人物往來版「東洋の歷史」⑤隋唐世界帝國，第二一八頁。
❸ 同上，第一九一頁附圖並說明。

——元載：「（長安）城中開南北二甲第，室宇宏麗，冠絕當時，又於近郊起亭樹。所至之處，帷帳什器，盛於宿設，儲不改供。城南膏腴別墅，連疆接畛，凡數十所，婢僕曳羅綺一百餘人。恣爲不法，侈僭無度」。

——郭子儀：「歲入官俸二十四萬貫，私利不在焉。其宅在親仁里，居其里四分之一，中通永巷，家人三千，相出入者不知其居。前後賜良田、美器、名園、甲館、聲色珍玩，堆積羨溢，不可勝紀」。

特別關於肅宗次代代宗大曆二年（紀元七六七年），郭子儀入朝時代宗詔辦歡迎宴，「廿二史劄記」特筆篇名「豪宴」：「宰臣元載、王縉、僕射裴冕、第五琦、黎幹等各出錢三十萬，宴於子儀之第。時田神功亦朝覲在京，並請置宴，於是魚朝恩、子儀、神功等，更迭治具。公卿大臣列於席者，百人一宴，費至十萬貫（原註：子儀傳，似誤，應係代宗紀大曆二年條），亦可見是時將相之侈也」，直是令人咋舌的交際大手筆。

代宗大曆六年（紀元七七一年）與約半個世紀後的文宗太和元年（八二七年），都曾下達奢侈禁止令，太和六年且據元年令詳訂遵行準則頒布，其要約：「車馬無飾金銀，衣曳地不過二寸，袖不過一尺三寸；婦人裙不過五幅，曳地不過三寸，袖不過一尺五寸」（婦人衣袖闊四尺，裙曳地四、五寸爲時髦，見開成四年＜紀元八三九年＞淮南觀察使李德裕奏）；「婦人本合乘車，近來率用檐子，事已成俗，外命婦一品、二品、中書門下三品母妻金銅飾犢車，檐子舁不得過八人……，六品以下畫奚車，檐子舁不得過四人，胥吏商賈之妻老者乘葦輦車，篼籠舁以二人，庶人准此」；「禁婦人高髻險妝、去眉開額，及吳越高頭草履」。禁令發布堪注意處：

其一：自所設規定範圍之廣不難察知，九世紀的時代風尚，奢侈已

非限權勢大臣的富貴之家，而係社會一般現象。「新唐書」所謂「四方車服僭奢」。

其二：「新唐書」車服志記載上引標準的下文，卻赫然是：「詔下，人多怨者。京兆尹杜悰條易行者爲寬限，而事遂不行」，禁令竟成一紙空文。

「唐書」與服志的唐朝中期以來一般社會現象記事，尤其簡明而印象深刻：「風俗奢靡，不依格令。綺羅錦繡，隨所好尚，上自宮掖，下至匹庶，遞相做效，貴賤無別」。所以，如杜甫「朱門酒肉臭，路有凍死骨」（「自京赴奉先」）著名詩句，與其他甚多描述戰亂中人民苦難的詩篇，誠然都是現實社會的眞確反映，卻也須判明，係動亂災禍期的一時現象。以一概全，授人唐朝全時朝均以貧富懸殊而際遇如天隔，被壓迫的人民生活痛苦艱難的感覺，乃是唯物史觀學者模式的誇大，唐朝社會平時與多數時間非是。此從前錄唐朝物價表可以明示，纍纍明令限制副葬明器數量而終無效也是明示，考古學的墓葬發掘成果，尤可以明示。

漢朝乃墓葬黃金時代，地上墳丘自戰國之末發生，到達秦——漢時代全盛極限以後，雖已向衰微的方向下落，唐朝不能例外，但墓前設施與墓內副葬明器的豐碩考古成果所說明厚葬風習，則與文獻記錄全行符合。關於墳墓內部構造，後漢以來主要形式係以長方磚築槨，唐朝亦相同，但無槨之墓的土坑墓（直式）與土洞墓（橫式，或稱洞室墓）兩類形式中，唐朝與漢朝正是倒反現象，土洞墓爲多，黃河與渭水流域地帶，特別於今日洛陽與西安市附近有集中發見。棺則自殷朝通過唐朝直至今日，木棺係主流的傳統不變，雖然使用木質以外材料之例，各時代都非不存在，西安市東郊唐朝明威將軍高元珪之墓，便是大石而四周均彫刻紋樣的石棺，陝西省醴泉縣也發見同類型卻使用小石塊的石棺。

帝王陵墓，南北朝以前的石闕，唐朝完成了參道入口豎立成對石柱

式華表的替代，也自此經宋、元以至明、清時代均行存續，雖然也發生若干變形。參道兩側布列石人、石獸的風習，唐朝十八陵中，自現存狀態所見，特爲典型的是高宗乾陵（七世紀後半）與德宗崇陵（九世紀初）。位於今日陝西省乾縣的乾陵側，遺有石質飛龍馬一對、朱雀一對、石馬五對、石人一〇對、石獅子一對，以外殘存唐朝世界大帝國支配圈中服屬外國首長石像五三座。所有墓前石人的區分文官與武官（所謂文石、武石），其服色各部份的寫實，與明器的陶俑、壁畫中人物，共同對唐朝風俗的了解提供了直接資料。浮彫則太宗昭陵六駿，唐朝建國期與太宗共同出生入死於戰場，六匹太宗所親乘特爲愛好的名馬，各各加以石刻紀念。可惜六駿中現僅其四遺留國內（保存於西安市的博物館）。餘兩浮彫已流入美國❹。

　　隋─　唐明器，長安與洛陽出土品，原已以製作的秀麗卓越著譽，近以汴洛鐵路建設工事進行時發掘，以及學術界於各地的組織化調查，而明器出土品大量向世間介紹，分佈地自河南省、陝西省北至山西省、河北省與北平市，南及湖北省、湖南省、江蘇省，西向甘肅省敦煌縣、新疆省吐魯番縣，均有發見。唐初副葬多用金、銀、玉器，最堪代表唐朝絢爛文化與唐朝陶器的象徵，具體表現白、黃、綠三彩釉色調聞名世界藝術史的唐三彩，也因之被認識係八世紀唐朝中期以降急激增加，西安市近郊多銘有紀年的墓誌，可知其發達過程的推移。發掘成績的歸納，以長安爲中心，由隋而唐的明器種類可分：

　　①人物──文官、武官、男女侍者、武人（天王、神將）、騎馬人物、奏樂等歌舞女、胡人、牽馬或駱駝人。

　　②鎮墓獸、十二生肖。

---

❹　棺槨與墓前石造物解說，取材自關野雄「墳墓の構造」（平凡社版「世界考古學大系」⑦東アジアⅢ，第三一一──四五頁）。

③牛車、鞍馬、車。

④駱駝、馬、羊、狗、猪、鷄與獅子等動物。

⑤灶、井、倉、厨具等器物。

其中，器物明器乃漢朝所流行，唐朝已顯著減少，樓閣類建物且絕無，人物與駱駝、馬佔主要題材。一墓中且往往納入三、四十件，甚或一〇〇——二〇〇件的豪誇之數。

考古編年，隋——唐時代分隋、唐前期、唐中期、唐後期等四期。隋式樣上承北魏，風格乃厚重而呈生硬，唐前期又與隋相通，咸陽縣底張灣獨孤開遠墓（貞觀一六年，紀元六四二年）、西安市郭家灣李政墓（顯慶四年，紀元六五九年）、西安市韓森寨段伯陽妻高氏墓（乾封二年，紀元六六七年）、西安市羊頭鎮李爽墓（總章元年，紀元六六八年），同地許崇芸妻弓美墓（儀鳳三年，紀元六七八年）等出土文人、武人與騎馬俑、女侍俑、鎮墓俑、動物俑等，與西安市郭家灘田府君墓（隋大業七年，紀元六一一年）同類明器形態與手法相似，尤其獨孤開遠墓的有髯武人像，着裲襠鎧，持楯，純然隋式。材質也均褐釉陶、黃白釉陶、白陶加彩、灰陶加彩等，尚非三彩技法。

唐中期，明器的表現漸起變化，白釉、黃釉以外增加綠釉的陶俑三彩敷設才出現。同係西安市郊，雖然郭家灘嚴君夫人任氏墓（神龍三年，紀元七〇七年）出土人、馬、鎮墓獸等俑仍係唐前期面影，洪庄村獨孤思敬與其夫人元氏、楊氏墓（元氏與楊氏乃長安三年，紀元七〇三年合葬，獨孤思敬於景龍三年，紀元七〇九年合葬），種類如同任氏墓的眾多明器，風格上彼此已見差異。到西安市西郊南何村鮮于庭誨墓（開元一一年，紀元七二三年）調查，多彩色所謂「三彩」的明器也昂然登場，其發掘數，紅陶俑一〇三、三彩陶俑二一。後一系統包括執圭文官、綠色長衣而戴帽着長靴的男侍、高髻豐頰穿綠色白花衣着的女侍、

牽馬胡人、馬、駱駝、鎮墓獸等均備，特別又是披巨大毛氈的駱駝背
上，演奏琵琶等胡人五人樂隊同乘，三彩效果發揮至極緻。開元以後，
西安市東郊郭家灘史思禮墓（天寶三年，紀元七四四年）、西安市高樓
村吳守忠墓（天寶七年，紀元七四八年）、咸陽縣底張灣張去逸墓（天
寶七年，紀元七四八年），以及無墓主、年代可考的西安市王家坟村第
九〇號墓、西安市東郊十里舖第三三七號墓、洛陽北郊邙山等，都以發
現唐中期豐富陶俑聞名。

　　唐後期，明器製作的種類與形式均踏襲唐中期，西安市小土門村朱
庭玘墓（元和三年，紀元八〇八年）高髻而面部豐滿的女俑與十二生肖
立像（寬衣大袖人像而各別的鼠、牛……狗、猪十二生肖頭部），使與
中期史思禮墓同類出土品，幾乎一模一樣。由此而理解——

　　一、唐朝風習變化的明顯標誌在中期，表現於明器製作，係因受流
行的塑像風格影響，而其寫實味傾向柔軟形態，迥非前期的追隨隋式，
所以女像且出現懷抱愛犬或小兒之狀。豪華的三彩也開始普遍化。

　　二、奢侈之風的曲線上昇之後，迄唐後期不能回落。西安市郭家灘
張漸墓（會昌五年，紀元八四五年）特為眾多明器出土的事實，與懿宗
之女同昌公主死（咸通一一年，紀元八一〇年），名香裊繞，音樂悠揚
聲中送葬明器行列全長二十餘里的記事，堪相對照❺。

　　唐人厚葬，明器之豐所反映，一方面是當時人的生活水準，一方面
又是當時生活式樣，墓內壁畫與同時副葬的實物，意義相同。武器類於
隋——唐已無墳墓副葬習慣，雖也存在如武昌市一唐墓中出土四神七星
蓮華銅劍之例，似非實用之物而係儀仗之用。生活用具則出土品豐富，
了解炊爨具中，鍑仍普遍，甑幾乎全被淘汰，相對的，鍋已大量使用，

❺　明器解說，取材自關崎敬「明器の發達」（平凡社版「世界考古學大系」⑦東アジアⅢ，第五二——五七頁）。

這是對應粒食習慣向粉食變化而然，溫酒器的鐎壺與鐎斗保持舊傳統。飲食具的材質，基本上也仍是陶瓷器與漆器，若干銀器，以及少量青銅器，主要的器種，固體食物用盤，液體用杯，壺同樣應用廣泛。低火度釉自唐中期而發達，唐後期青瓷、白瓷之窯急激一般化，所以唐朝後半，一般民眾日常所用小盂意味的盌（椀）也已向青瓷白瓷普及，上流社會便於其時加大流行白、黃、褐、綠、藍等多色斑紋。富麗華美的三彩器上，花卉、樹木、鳥獸、人物、故事傳說等均見。構圖自由，描寫手法多寫實，紋樣自南北朝採用忍冬、唐草、蓮華、飛天等西方意匠以來，隋——唐愈受歡迎而複雜，特別是唐草的多樣化。各類器種的形式也多變，銀器式樣受薩珊波斯甚大影響，高足杯的足部、八曲杯的口部（大口）等，尤富變化。獸環由漢朝傳統的鼻下移置口部，乃是唐式代表性特徵。鏡係重要的實用化妝道具，漢鏡發達高潮過去，魏——晉以來都屬神獸鏡範疇，南北朝末期佛像意識注入，係脫出沉滯之道的光明指引。投入了清新之感與西方意匠的隋鏡已是唐鏡前奏，從而轉向鏡的製作再一高潮唐鏡時代，海獸葡萄紋、鳳鸞紋、花卉紋、騎馬狩獵紋等裝飾紋鏡，以及伯牙彈琴紋、月桂搗藥紋等故事畫鏡，蓬勃興起。鏡式又除圓形以外，方形、六花、八花、八稜等均備，鑄造技法則鍍金、貼金、螺鈿、七寶、金銀平脫等，都是豪華拔萃的工藝極品❻。

　　唐朝都市中人的生活繁華與其強力消費力，由如上文獻與地下資料，可以充分明瞭。都市文明特色因而也便表現在聲色犬馬的官能享受，宴飲、音樂、舞蹈、山川園林之遊、養鳥、賞花、競技、博戲等場面，唐人詩文、筆記、小說中都留有豐富資料（劉肅分類排比，記武德

❻　生活用具解說，取材自水野清一「生活用具と武器の消長」、小野勝年「風俗と流行」（平凡社版「世界考古學大系」⑦東アジアⅢ，第五八——六四頁，七四——七五頁、八三頁）。

至大曆間事的「大唐新語」，體例亦係筆記而非史書）。記述開元至長慶（元和之後穆宗年號，紀元八二一——二四年）約一個世紀間雜事的李肇「唐國史補」（三卷），玄宗時代之事，固聞聽而得，八世紀後半以來則已是長安生活的親身體驗，其「長安風俗：自貞元侈於遊宴，其後或侈於書法、圖畫，或侈於博弈，或侈於卜祝，或侈於服食」（卷下）的記載，且說明社會愛好如同今日存在流行趨向的變遷。這些心身之娛因素構築的都市繁榮面，長安、洛陽、揚州等都相同。每年節日，又已係城市與鄉村的普天同慶共樂。有關唐朝歲時節令的記錄甚多，特具豐富資料，非官撰而以一般庶民行事為對象的兩部著作，一是隋朝杜台卿的「玉燭寶典」，此書後已散佚，幸由宋朝「太平御覽」時序部引錄保存部份輯文迄今；另一著述，乃六朝梁朝宗懍記南方之事，而經「玉燭寶典」著者之甥，隋朝杜公瞻補注北方之事的「荊楚歲時記」。兩書雖均前代之作，對唐期仍然適用，也以集前代重要典籍中有關四季記述大成，通前代歲俗得為今日人所知。

　　唐初詩人盧照鄰「元日述懷」有「人歌小歲酒，花舞大唐春」之句。長安之春，堪引為唐朝都市人生活範例。元日，長幼衣冠依次拜賀，飲屠蘇酒互祝長壽健康，畫雞貼戶上，旁插桃符以攘百鬼，自此開端，全社會活潑轉動。「玉燭寶典」解釋：「正月為端，其一日為元日，亦云上日，亦云正朝，亦云三元（原注：歲之元，時之元，日之元）。自元日至晦日（月末），士女泛舟或臨水宴飲，或乘車跨馬出郊外，設帳作探春之宴」。其間的正月七日乃「人」日，煮七種菜之羹，剪綵作人形貼屏風以祥吉利。

　　正月十五日乃道教上元祭日（中元七月十五日，下元十月十五日），但祭典嚴肅意義，已被以其夜「元宵」之名而稱元宵觀燈的歡娛情調所掩蓋。張燈之俗，早期中國歷史所無，其非中國固有傳統為堪估測，通

行受佛教影響，本源乃印度燃燈供奉風俗的起源說❼，雖非有力，但中國元宵張燈習俗自南北朝之末發端❽ 的一般考定，則可以成立，所以隋初尚有柳彧請加禁止的上奏文，「隋書」本傳記其事與文：「或見近代以來，京邑百姓，每至正月十五日作角抵之戲，遞相誇競，至於糜費財力，上奏請禁絕之。曰：竊見京邑，爰見外州，每以正月望夜，充街塞陌，齊戲朋遊，鳴鼓聒天，燎炬照地。人戴獸面，男爲女服，倡優雜技，詭狀異形，以穢嫚爲歡娛，用鄙褻爲笑樂，內外共觀，曾不相避。高棚跨路，廣幕凌雲，袨服靚粧，車馬塡噎，肴醑肆陳，絲竹繁會，竭資破產，競此一時。盡室并孥，無間貴賤，男女混雜，緇素不分」。雖然隋文帝詔可其奏，而次代煬帝有「正月十五日，通衢建燈，夜升南樓」爲題的御製「燈樹千光照，花焰七枝開」的詩句，元宵觀燈之風顯然已流行，順隨其勢而唐朝愈盛。以元宵爲中心前後連續三日或五日，寺觀、街巷，家家戶戶懸燈籠，立燈樹、置火輪、火棚，月光與燈火雙重光明，全城照亮如白晝，夜行禁令於此數日期間開放，官民同樂，仕女歡呼遊樂，高歌曼舞，或備美酒佳肴，一如柳彧所言，且向高層發展，狂歡達旦。唐詩「十萬人家火焰光」（張蕭遠「觀燈」）、「歌舞達明晨」（崔知遠「上元夜作」）之詠，以及「大唐新詩」：「金吾弛禁，特許夜行。貴游戚屬及下俚工賈無不夜游，車馬駢闐，人不得顧。王主之家，馬上作樂以相誇競，文士皆賦詩一章以記其事，作者數百人」，盛況全可領略。元宵觀燈因之已是唐朝特爲重要的節日，燈節數日間形成的行樂最高潮，等於今日的耶誕節意味。

　　二月仲春，三月季春的兩大嘉節，一是唐朝八世紀後半始創的二月一日中和節，「唐書」德宗紀下：「貞元五年（紀元七八九年）正月壬

---

❼　文藝春秋版「大世界史」④大唐の春，第二八二——二八三頁。

❽　同上，第二七七頁。

辰朔乙卯詔：四序嘉辰，歷代增置。漢宗上巳，晉紀重陽，或說禊除，雖因舊俗，與眾共樂，咸合當時。朕以春方發生，候及仲月，勾萌畢達，天地和同，俾其昭蘇，宜助暢茂。自今宜以二月一日爲中和節，以代正月晦日，備三令節，數內外官司，休假一日。……村社作中和酒，祭勾芒以祈年穀」，是祈年祭之意。二卽杜甫「三月三日天氣新」所詠春之行樂的另一高潮上巳節。上巳踏青修禊，乃六朝江南上流社會人士最愛好的雅集，「流觴曲水」，清流之上吟詩品酒，惟「上巳」原以晚春三月份第一個「巳」日爲節日，便自晉朝已固定在三月三日。食草糕，鬥百草，宮中賜侍臣細柳圈，意義也是祈豐年、袪不祥。

　　「寒食」與「清明」，係前後連接的兩項古來傳統。依於節氣，自多至起算第一百零五日爲中心的前後三天，乃寒食，禁火食與使用火。風俗的流傳，附着了一則春秋時代的故事，謂晉文公懇請山居舊臣介之推出世被拒，無計可施時，放火焚山以逼，介之推竟抱木而死，守志不屈，哀痛的晉文公，禁火以資紀念，於是後世成俗。「寒食東風御柳斜」（韓翃「寒食」），是個傷感的節日。清明節又直接附隨了每年四月五日或六日的清明節氣，家家涉足野外掃墓，祭弔祖先，杜牧「清明」詩句：「清明時節雨紛紛，路上行人欲斷魂」，自亦哀思之情重於歡娛。

　　五月五日「端午」（午＝五），南方起源的競渡，食粽、繫五綵絲於臂的習俗，緣於弔祭屈原，乃流傳最廣的久遠傳說。王建「宮詞」：「競渡船頭掉綵旗，兩邊泥水濕羅衣」，唐朝宮廷便列以爲熱門運動項目之一。同自南方最早加附的繫艾草成人形，懸門上，以及飲菖蒲酒辟邪之風，唐朝也已全國盛行。五月的節氣已屆夏至，與梅雨季節相當，瘟疫與傳染病最易發生，特別便在東亞濕潤地帶的中國南方潮濕環境。則抗疫性強的藥草如艾草、菖蒲的普遍利用，所謂攘毒氣，退惡魔，莫

非預防疫病的合理解釋，五綵絲又名「長命縷」而繫之「不病溫」，意識相同，由來可能都是道教前身方士興起時所提倡。

七月七日「七夕」，是最富羅曼蒂克情調的節日，由天上牽牛、織女二星座衍生的牛郎、織女，每年一度，於七夕得鵲羣搭橋渡天河相會的故事，民間津津樂道。其起源，係西王母七月七日來會漢武帝傳說，以及漢朝流行七月七日曝衣之俗，但六朝詩人作品已多七夕連結牽牛、織女的題材，可了解接續漢朝的時代便轉變定型。「天階夜色涼如水，臥看牽牛織女星」（王維「秋夕」），此際心境何等平靜？「七月七日長生殿，夜半無人私語時：『 在天願作比翼鳥， 在地願爲連理枝 』」（白居易「長恨歌」），風光又何等旖旎？「荊楚歲時記」：「七夕，婦人結綵縷，穿七孔針，或以金銀鍮石爲針。陳瓜果於中庭，以乞巧有喜子網於瓜上，以爲符應」（「太平御覽」時序部十六「七月七日」項），人間有關機織與裁縫（針），企望聰明（巧果＝七巧＝乞巧）的祈願，都已成立。

九月九日「重九」或「重陽」，由王維「九月九日憶山東兄弟」：「獨在異鄉爲異客，每逢佳節倍思親。遙知兄弟登高處，遍插茱萸少一人」思親名詩，以及孟浩然「待到重陽日， 還來就菊花」（「過故人莊」）之句，可指示此節日以登高與飲菊酒爲特徵。重九已是一年中最後一個月、日數字相同的重日節令。

入夏以來非重日的重要節日，四月八日是祝賀釋迦誕生的浴佛節，諸寺盛會設齋，香水灌佛頂；七月十五日也是宗教節日 ，且「僧尼道俗，悉營盆供諸寺」（「 荊楚歲時記 」）。佛敎盂蘭盆（由梵語 Ullamban 而來，解倒懸之義）會，隨附了目蓮救母故事，此故事也以盂蘭盆經與敦煌石窟所發見「目蓮變文」而聞名；道教便是「中元」。都於是日舉行盛大祭典 ，祈亡者冥福，施佈餓鬼。下移一個月， 八月十五

「中秋」節，又與「七夕」同等浪漫化，「秋高氣爽」修辭之句愈適用於其時，夜間仰望清空，明月高懸，月光照射下，世界一片銀白色，因而也愈堪以「清澈」、「盈滿」如月的形容詞，以及易與人間遐想而喜愛。月圓花好代表了人生美滿，中秋之月象徵了團圓。白兔、蟾蜍、桂樹，仙人吳剛等月宮世界設定，「嫦娥應悔偷靈藥，碧海青天夜夜心」的「嫦娥」篇，便是李商隱膾炙人口的詩句。

多至，是一年中壓軸的大節日，天子祭天的國家大典之日，迎接陽春，祈願作物豐穰與國泰民安。然後，便是嚴肅的正月元日天子接受百官朝賀。

如上節日，已都是今日面貌。換言之，今日民間所有節日與其習俗，唐朝都已相同。今日依於農曆季節性行事的國定假日，係春節（包括除夕與元旦的農曆新年）、端午與中秋三「人」節，以及愃終追遠意味的清明節。在於唐朝，此等節日同係國家給予官吏的例假日，計：多至與元旦前後七天、寒食與清明合四日、八月十五日（中秋）、夏至、臘日（十二月八日祭竈）各三天、正月七日（人日）、同月十五日（元宵）、二月一日（中和節）、三月三日（上巳）、四月八日（佛誕）、五月五日（端午）、七月七日（七夕）、八月十五日（中秋）、九月九日（重陽）、立春、社日（春分前後戊日，祭土地神）、伏日（三伏，夏至後第三「庚」爲初伏，第四「庚」爲中伏，立秋後初「庚」爲後伏，辟惡）各一天❾。另外，日期非固定的天子降誕日（天長節）休假。

杜甫「麗人行」寫作背景的曲江池，係唐朝長安最負盛名的園遊勝地，位於城內東南隅，其南紫雲樓、芙蓉苑，其西杏園，西北又是歷史上名僧玄奘印度歸來，展開譯經事業所在的慈恩寺與大雁塔。玄宗時代曲

---

❾　唐朝假日，依小野勝年「唐の年中行事」統計，而加解釋，但原列「二月八日」似係三月一日中和節之誤，因作更改（世界文化版「世界歷史シリーズ❼大唐の繁榮」，第一三〇——一三一頁）。

江盛觀尤達空前，楊貴妃與其姊妹、貴戚時時遊幸。宮廷賜宴百官也多
會於此間山亭，宰相、大臣、後宮女官、宦官、備供天子顧問應對的才
學藝能人士翰林供奉等，陪伴皇帝登池中綵舟，太常、敎坊演出樂舞，
萬人佇足，長安傾動。每次國家考試的科舉放榜，所謂「登第」的登榜
新進士大宴曲江，饌、酒、茶、樂、妓俱是要件，高歌低吟，遊賞賦
詩，又是吸引市民往觀的大好時光。平時，曲江周圍廣域內宮殿巍峩，
細柳垂池，花卉周環，煙水明媚，已是都市人春遊佳境，中和、上巳節
更是人潮如湧。同時盛行的近郊野外之遊，貴戚、富家非祇携僮僕，且
以結綵樓車載出邸宅私有女子樂團同行，又是生活豪奢面的一例。

春夏之際花季，木本的桃、杏、李等，草本的芍藥、木蘭、海棠
等，百花怒放，目不暇接，也芬香處處。唐朝都市人特別愛好是譽爲富
貴表徵的牡丹，豔稱花王。牡丹盛開期以三月十五日左右爲中心，前後
延續約二十天，「唐國史補」記：「京城貴遊，尙牡丹三十餘年矣。每
春暮，車馬若狂，不以躭玩爲恥。執金吾舖官圍外寺觀，種以求利，一
本有直數萬者」（卷中）與白居易「牡丹芳」詩句：「遂使王公與卿
士，游花冠蓋日相望；花開花落二十日，一城之人皆若狂」；「秦中
吟」買花章：「一叢深色花，十戶中人賦」，風靡之情與各品種價値之
昂，正相呼應。其時，裴士淹（長興坊）、韓愈（靖安坊）、寶易直（
新昌坊）、元稹（靖安坊）等私宅都以牡丹聞名❿。供公眾觀賞的場所多
在寺觀，著大名的是朱雀大街以東，近曲江池的進昌坊慈恩寺，白居
易、元稹等名家題詠特多的，又有與慈恩寺同在街東的靖安坊崇敬寺，
其北永樂坊永壽寺，以及街西長壽坊永泰寺（萬壽寺）與延康坊西明
寺。也便適應人山人海盛況，寺院廣場上，此際歌舞、魔術等藝人組合

❿　石田幹之助「長安の春）長安の春篇文末附註⑦（平凡社版「世界敎養全
集」⑱，第三九四頁）。

的流動劇場與日用雜貨攤販屬集，蔚然形成庶民大眾娛樂場所。

　　鳥語花香，鸚鵡是宮中寵物，朱實餘「宮詞」所言「含情欲說宮中事，鸚鵡前頭不敢言」，活現其情。另一形態的禽鳥癖好乃鬥鷄，從宮廷到市井，無不如醉如癡，張籍詩「日日鬥鷄都市裏」（「少年行」句）是現實寫照。而且，鬥鷄還附着了賭博行為。

　　賭博，所謂「博戲」，也視之為遊戲，唐朝熾熱流行於仕女界，種類包括九勝局、雙六（雙陸）、長行、樗蒲等，形形色色，甚或唐朝盛行的娛樂比賽圍碁（圍棋），也下賭注。日本正倉院今尚保存唐朝傳入日本的圍碁華麗帶座碁盤（附碁石抽屜）與其水晶製碁石。

　　戶外遊戲，唐人對繩技，漢朝所謂的走索，興味頗濃，女子踩蹻式在懸空拉直的繩索上緩行疾走，或單人，或雙人相向，婀娜多姿，全然輕身術的表演。同樣利用繩索為道具的遊戲拔河，乃是最初的運動競技，原始的農業儀禮之一，用以預測今年豐凶，最能發揮團體力量，男女老少咸宜，規模也可大可小。唐朝社會上下風行，多於正月望或上巳節舉行，舉行時觀眾震鼓吵噪，場內、場外同等的情緒熱烈。

　　漢朝已流行的幻術與魔法，所謂百戲，通魏晉南北朝至隋——唐而發達到頂點，「通典」樂六散樂項大書：「隋文帝開皇初，周、齊百戲並放遣之。煬帝大業二年（紀元六〇六年），突厥染干來朝，帝欲夸之，總追四方散樂，大集東都，於華林苑積翠池側，帝令宮女觀之，有舍利、繩柱等，如漢故事。又為夏育扛鼎，取車輪、石臼、大盆器等，各於掌上而跳弄之，並二人戴竿其上舞，忽然騰之而換易，千變萬化，曠古莫儔，染干大駭之。自是皆於太常敎習，每歲正月，萬國來朝，留至十五日，於端門外、建國門內，綿亘八里，列為戲場，百官赴棚夾路，從昏達曙，以縱觀之，至晦而罷。伎人皆衣綿繡繒綵，其歌者多為婦人服，鳴環佩飾以花髦者，殆三萬人。六年（紀元六一〇年），諸夷大獻

方物，突厥啟人以下，皆國主親來朝賀。乃於天津衞盛陳百戲，自海內凡有伎藝，無不總萃，崇侈器翫，盛飾衣服，皆用珠翠金銀、錦罽絺繡，其營費鉅億萬。關西以安德王雄總之，東都以齊王暕總之。金石匏革之聲，聞數十里外，彈絃撥管以上萬八千人，大列炬火，光燭天地，百戲之盛，振古無比，自是每年爲常焉」。唐朝雖無類似的炫耀記錄，熱愛程度庶乎近焉。抑且，已由上層社會向大眾化普及。吞刀、吐火、跳丸、飛劍等特技，種瓜、種棗等魔術，緣竿、險竿等立於與繩技同一原理的輕身術等，都是市場與寺院劇場中盛博喝采的受歡迎節目。

球類運動，除對蹴鞠（近似今日足球，射門爲主體）的喜愛外，上流社會盛行打毬，打毬便是今日馬球（polo）原型，兩隊在馬上持球杖擊球競技，以場地構築設備與受訓練的良馬，非一般庶民能力所具備，而限爲王侯貴顯的運動。出土打毬女俑群所見，英姿煥發，勒跨雄壯大馬，這些宮中女子選手，嬌聲叱呼，馳騁追逐的現場實況，可以想像。

原野活動鷹狩也是唐朝人特感興味的娛樂，盧照鄰「長安古意」詩「挾彈飛鷹杜陵北」句是寫眞。女性同係馳馬獵人與遊獵家，杜甫「哀江頭」語：「輦前才人帶弓箭，白馬嚼齧黃金勒，翻身向天仰射雲，一箭正墜雙飛翼」，又可參照。

娛樂與運動競技，遇節日或國家慶典時，宮廷所主辦大型演出的與民同樂，紀錄中累有述及。公私宴會中，大臣貴顯酒酣起舞，是禮節也是習慣，公餘場合的王侯大臣甚或皇帝，興之所趣，且往往自身便是節目的演出者，初非道貌岸然欣賞而已。片斷的資料：玄宗年靑時（臨淄王時代）係打毬好手，一次對吐蕃的國際打毬競技，唐方連戰連敗，吐蕃隊顯然優勢下，玄宗兄弟四人連手出場，終於壓倒吐蕃選手，挽回頹勢而得勝利⓫；七世紀末中宗時代，宮中拔河比賽，宰相七人與駙馬

⓫ 文藝春秋版「大世界史」④大唐の春，第二〇〇頁。

二人為東組，另兩宰相與將軍五人為西組，決勝負的結果，西組以韋巨源、唐休璟均已年老而落敗⑫。

　富與享樂向都市集中的唐朝實況，可透過敦煌石窟眾多樂團演奏、舞樂情景、伎樂人、胡旋舞、馳騁騎士等壁畫⑬（一部份則農民生活的雙牛犁田脫穀圖、兵士受訓圖、烈日耕作圖、雨中耕作圖、縴夫圖、搾牛乳圖等⑭），復原在今日人眼前。前述考古發掘陶俑，馬上打毬女子、舞女、鷹匠、崑崙奴等⑮，意義相同。特堪注視，情況通唐朝中期與後期一般無二。於文獻中。李白「昔在長安醉花柳，五侯七貴同杯酒；氣岸遙臨豪士前，風流肯落他人家？夫子紅顏我少年，章臺走馬着先鞭；文章獻納麒麟殿，歌舞淹留玳瑁筵」（「流夜郎贈辛判官」詩句所浮現，時間係在盛唐，而以後百年間的名詩人筆底，情景都無不同，諸如：

　——李賀「將進酒」：「琉璃鍾，琥珀濃，小槽酒滴真珠紅，烹龍炮玉脂泣，羅屏繡幕圍春風。吹龍笛，擊鼉鼓，皓齒歌，細腰舞，況是青春日將暮，桃花亂落如紅雨。勸君終日酩酊醉，酒不到劉伶墳上土」。

　——韋莊「延興門外作」：「芳草王陵道，主人金犢車，綠奔穿內水，紅落過牆花。馬足倦遊客，鳥聲歡酒家，王孫歸去晚，宮樹欲棲鴉」。

　空間方面，豪奢非限帝都長安，王維「洛陽女兒行」的描述：「畫

⑫　同上，第一九〇頁。
⑬　同上，第一八〇、一八一、一八三、一八五、一九一各頁附圖並說明。
⑭　誠文堂新光社版「世界史大系」⑧東アジアⅠ，第二一〇、二一八、二三〇、二三一、二四一各頁附圖並說明。
⑮　文藝春秋版「大世界史」④大唐の春，第一九九、二〇一、二六一、三二〇各頁附圖並說明。

閣朱樓盡相望，紅桃綠柳垂簷向，羅帳送上七香車，寶扇迎歸九華帳」
以及「良人玉勒乘驄馬，侍女金盤膾鯉魚」、「城中相識盡繁華，日夜
經過趙李家」，東都洛陽固以同係帝都，而襯景與長安初無二致。其餘
大都市都與帝都相埒，王維另一詩篇「隴頭吟」：「洛陽才子姑蘇客，
桂苑殊非故鄉陌，九江楓樹幾回青，一片揚州五湖白……曲几書留小
史家，草堂碁賭山珍墅。衣冠昔話外臺臣，先數夫君席上珍，更聞臺閣
求三語，遙想風流第一人」，可以概括。

　　豪奢都市生活，從所有詩篇，也得以反映其享受係以聲、色、酒為
基調──

　　唐朝乃包括了歌、舞的中國音樂全盛時代，太常寺國家樂團規模
的龐大，原已至於專設太樂、鼓吹兩署，以及譜曲專家協律郎，而自玄
宗時代再推向極峯。開元二年（紀元七一四年）成立宮中樂團左、右教
坊，又特選高級歌舞藝能人才訓練演出，號謂皇帝弟子，或依宮城北側
禁苑中居住所名，而稱梨園弟子。記錄中「廩食者千人」的數字，可指
示其時宮廷音樂盛觀。玄宗自身且便是音樂天才，樂曲的歌詞、樂譜製
作均於當時為第一等，「三百人為絲竹之戲，音樂齊發，有一聲誤，玄
宗必覺而正之」，又足證其聽覺的敏銳與音樂修養。樂器中玄宗得意的
技法是羯鼓（遊牧民族間傳入，使用雙手棒擊），琵琶、笛也是專長。
「梨園」、「教坊」的名詞，自此延續至清朝，代表了伶人與藝人的行
業。

　　「通典」樂一──七與「唐書」音樂志一──四，對唐朝音樂的發
達記載甚詳，志一的一段：「玄宗在位多年，善樂音，若讌設餔會，即
御勤政樓。先一日，金吾引駕仗，北衙四軍甲士未明陳仗，衞尉張設，
光祿造食。候明，百僚朝侍中進中嚴外辨，中官素扇，天子開簾，受朝
禮畢，又素扇垂簾。百寮常參供奉官、二王後，諸蕃酋長謝食就坐，太

常大鼓，藻繪如飾，樂工齊擊，聲震城闕。太常卿引雅樂，每至數十人，自南魚貫而進，列於樓下，鼓笙鷄婁，充庭考擊；太常樂立部伎、坐部伎，依點歌舞，間以胡夷之伎。日旰，卽內閑廐引蹀馬三十匹，傾杯樂曲，奮首鼓尾，縱橫應節。又施三層板牀，乘馬而上，抃轉如飛。又令宮女數百人，自帷出擊，雷鼓爲『破陣樂』、『太平樂』、『上元樂』，雖太常積習，皆不如其妙也。若『聖壽樂』，則迴身換衣，作字如畫。又五方使引大象入場，或拜或舞，動容鼓振，中於音律。竟日而退」，便是唐末段安節「樂府雜錄」（一卷）舞工條所述，舞「有健舞、軟舞、字舞、花舞、馬舞」的內涵介紹，且補充了象舞。字舞卽「聖壽樂」之舞，「唐書」音樂志二說明：「舞者百四十人，全銅冠，五色畫衣。舞之行列，必成字十六變而畢，有『聖、超、千、古、道、泰、百、王、皇、帝、萬、年、寶、祚、彌、昌』字」，與太平樂（百四十人舞）、破陣樂（百二十人舞）、大定樂（百四十人舞）等，都已係置之今日也非多見的豪華大型舞。則參與天子宴饗，龐大的音樂團體伴奏下，盛衣盛妝的美女舞者，眉清目秀的梨園少年，載歌載舞，旋律諧融，絢爛炫目，聲色的官能享受之情，彷彿如在眼前。

　　類此的享樂人生，不必僅在宮廷，富貴之家均然，邸宅往往擁有規模大小不等的私有樂隊，以及歌舞藝能者的女伎（妓）與俳優。觀賞權利且已非限上流社會，一般平民或所謂庶民，平時也多官能滿足機緣，便是本國人、西域僑寓、或自外國專程淘金而來，所組織歌舞團、特技團的在市內廣場或寺院劇場演出的場合。特別是各種外國舞蹈，以其新鮮、刺激，而在大都市中普受全社會上下所歡迎。

　　唐朝也是自漢朝開端，傳入外國音樂、舞蹈後的大流行時代，史書中都列有「四方樂」或「四夷樂」。於玄宗親定的「十部伎」中，疏勒伎、高昌伎、龜茲伎、康國伎、安國伎、天竺伎、西涼伎等，多屬外國

情調與配用外國音樂。「樂府雜錄」於與軟舞對稱的健舞分析，是「有
稜大、阿連、拓枝、劍器、胡旋、胡騰」，胡旋舞於「唐書」音樂志二
特賦「急轉如風」的形容。「新唐書」西域傳下又有康國、米國、史
國、俱密國等都曾貢獻「胡旋女」、「胡旋舞女」的記事，可兩人對
舞，也可單獨一人孤舞，或三、四人合舞，名詞由來，無妨解釋之為中
亞細亞「胡地由來的旋舞」❶，胡騰舞則跳躍之舞。以文獻中多胡旋舞
記載，白居易、元稹各別的「胡旋女」詩篇強調「左旋右轉」、「逐飛
星、擊流電」舞姿，可證於唐朝如何引起廣大興趣。

都市大眾通常涉足的交際與個人消閒場所，兼有今日咖啡店──酒
館──酒家性質的，是酒肆。俗語「茶餘酒後」，茶與酒相提並論，而
均日常生活不可缺的飲料，唐朝已釐定此項現象，陸羽「茶經」三篇的
講求精緻飲茶藝術，便於此背景下成立。酒亦然，唐末長安酒價每斗約
酤三百文，美酒且有酤至十千的，酒的名產地與著名酒類都曾載入「唐
國史補」（卷下），續記：「又有三勒漿類酒，法出波斯。三勒者，謂菴
摩勒、毗梨勒、訶梨勒」，均係伊朗名產的膠酒；高昌被征服後高昌式
葡萄酒製法也已熟練運用。另一類上流社會人士愛飲的外國酒，又是其
時名為龍膏酒，地中海方面所輸入的黑酒❷。酒肆風光，正是醇酒加美
人，紅顏勸飲注酒，巧笑倩兮，清歌一曲，憑添紅粉知己的風流佳話，
也生動畫出唐朝都市人生活實態的另一面。酒肆中常見外籍佳人周旋於
席間，隨一般歌姬之名而賦予的名詞「胡姬」，後漢辛延年詩已云「胡
姬年十五，春日獨當爐」，唐朝尤其盛行。「葡萄美酒夜光杯」係人人
愛誦的詩句，瑪瑙、琥珀之盞而盛外國名酒，以及唐詩中纍纍出現「卷
髮綠眼」、「碧眼金髮」的白種人歌姬、舞女，全然異國情調。「胡」

❶　石田幹之助「長安の春」胡旋舞小考篇（平凡社版「世界教養全集」⑱，第
　　三九六頁）。
❷　中央公論版「世界の歴史」④唐とインド，第四一四頁。

人，漢朝尚通稱異種族，唐朝已專以西域方面白膚色人爲對象，猶之今日所稱「洋」人，習慣上專指西洋人而不涉及東洋。胡姬便自盛唐通中唐、晚唐，均爲文人墨客所親，詩篇作品的熱門題材。

酒間助興的遊戲，如「猜枚」、「猜拳」等，以及比較複雜化、高級化，須有詩文修養，表現文字、文句趣味的酒令，都已形成唐朝宴席上行酒的習慣。酒籌、牙籤，由博弈轉用的骰子等道具，一概陪伴登場。唐人洒落、逸脫的性格，此等場合最容易發現，慧俊的侍酒之女，也便在此等場合展露其應對與文字上的才華。

酒女係「酒」主「色」從，妓女則倒易「色」主「藝」從。唐朝包括了歌、舞（妓＝姬＝伎）在內的妓女，於社會的層面分佈極廣。依其性質，可分：

——宮妓，便是開元年間以後，長安與洛陽的敎坊所隸，屬於右敎坊的多善歌，屬於左敎坊的多工舞。以備儀典時與天子宴饗時聲樂、器樂、舞蹈、雜藝的助興，「娼」（倡）的色彩爲淡薄。

——官妓，置於州郡與藩鎭官衙內，意義與宮廷妓女相彷彿，以備地方長官如刺史、節度使公、私宴會時伺娛。

——家妓，富貴人家私邸或別墅內所蓄，主人燕飲席上接待賓客，周旋應對，須擅絲竹管絃、詩書翰墨，供爲賓客女伴，即興詩文唱和。所以，家妓身份，非婢非妾，而係介乎中間位置，又帶伶人意味，爲可想定[18]。每家儲有人數，自數人至數十人不等，白居易愛妓樊素、小蠻係有名之例；李愿洛陽邸第女妓百數人，皆絕藝殊色；郭子儀家妓滿十院，一院以十人計，蓄養歌妓也達百人[19]，堪謂享盡人間福。

——第四類，以一般士庶爲對象，都市中公開的私營妓院，所謂

---

[18] 石田幹之助「長安の春」長安の歌妓篇（平凡社版「世界教養全集」[18]，第四一五頁。
[19] 同上，同頁引孟棨「本事詩」、段成式「劍俠傳」，「崑崙奴傳」篇。

「書館」的妓女。唐朝長安以妓女多數聚居而形成的花街，在平康坊東北角（「平康」因之後代用以爲「娼妓」的代名詞），內分三曲，北曲（前曲）流品較卑下，錚錚尤物均居中曲與南曲（後曲）。高級妓院中，花卉、怪石、盆池、垂簾、茵榻、幃幌，富麗堂皇，女妓個個姿質穠艷，高情逸態。且通解音樂詩書，陪酒、賦詩，如今日的擅唱流行歌，事事過人，王公、鉅貴、文士都是常客。平康坊妓女生活與妓院風光，唐末翰林學士孫棨「北里志」有詳細記載，所述雖均九世紀中宣宗大中年間事，仍是盛唐以後全時代的縮影（同等彌足珍貴的另一著作崔令欽「教坊記」，則專記天寶年間的宮廷專屬妓女）。唐人小說「楊娟傳」、「李娃傳」、「霍小玉傳」等主角選擇娼妓，又足供幫助了解唐朝的社會風習。

唐朝空前的國力強盛，文化燦然繁榮，由當代都市人士的衣、食、住、行，以至化粧娛樂，都可反映得見。而概觀社會史・風俗史的三百年唐朝，如下兩首盛唐名詩，尤能總括其形象：

其一，杜甫「飲中八仙歌」：「知節騎馬似乘船，眼花落井水底眠；汝陽三斗始朝天，道逢麯車口流涎，恨不移封向酒泉；左相日興黃萬錢，飲如長鯨吸百川，衘杯樂聖稱避賢；宗之瀟灑美少年，舉觴白眼望青天，皎如玉樹臨風前；蘇晉長齋繡佛前，醉中往往愛逃禪；李白斗酒詩百篇，長安市上酒家眠，天子呼來不上船，自稱臣是酒中仙；張旭三杯草聖傳，脫帽露頂王公前，揮毫落紙如雲煙；焦遂五斗方卓然，高談雄辯驚四筵」。

其二，李白「少年遊」：「五陵少年金市東，銀鞍白馬度春風，落花踏盡遊何處？笑入胡姬酒肆中」。

便是說——

這是個富而達觀的社會，無論權貴、文人、釋道，同一的豪放與爽

朗性格，不吝嗇，不拘謹，人際關係是平等的。

　　這也是個大開放的時代，卓立的標準漢族青年，滿懷熱情，而昂首濶步於國際化興趣的坦曠大道。

條條大道通長安

　　唐朝國家，達官貴人以及民間，所積蓄財富以都市為消費主要場所。諸都市中，最繁華又推兩京的長安與洛陽，祇是唐朝的後者資料不足，介紹都市盛況惟以長安舉證而其他都市類推比照。

　　大唐的象徵長安城，東西十八里十五步（一步＝五尺・三六〇步＝一里）、南北十五里七十五步的記錄中說明，換算公制，乃東西約九・七公里，南北八・二公里，周圍高五公尺半的城壁，東、南、西、北四面各開城門三處，惟北面三城門均行偏向西邊，以北面城壁的內側中央已連接宮城，北邊城壁外側又係大明宮所在（另開五城門直通）。包含在長安城內北端的宮城，城壁高十公尺以上，東、西兩面均無城門，北面以中央（亦即全體長安城正北面）著名的玄武門外通禁苑，南面毗連皇城，皇城或稱子城，北面無城壁存在，僅於宮城南面三城門間隔寬四五〇公尺的廣場式超大橫街，供為每日早朝參內文武百官的集合處所。皇城東、西兩面各開兩城門，南面三城門。宮城意義甚明，乃天子所居住的宮廷，太子東宮，係以位在宮城內東側而名，皇城則六省、九寺、五監、十六衞等中央政府各官衙的總滙（惟內侍省在宮城內，國子監與左右金吾衞在外城），規劃東西五街、南北七街，左宗廟而右社稷，宮城與皇城通計，所謂內城的範圍東西二八一四公尺，南北三二四八公尺。但第三代高宗以來，實際的政治中樞已改在宮城東北方的長安

城壁外側，太宗爲父太上皇（高祖）所營造的大明宮。宮址當龍首原三〇──四〇公尺的高地，氣候高爽，所以自高宗移此療養，歷代皇帝相沿選擇爲常居宮廷❶，大明宮因而被稱「東內」，與宮城「西內」（宮城也依正殿太極殿之名而稱太極宮）相對稱。玄宗時再新增「南內」，則指外城東面中央部春明門內，原玄宗藩邸擴充的興慶宮，玄宗所愛行幸之所。

東、南、西三面包圍宮──皇城的長安外城，南北平行的二一條大街，標準寬度一四七公尺，東西向的一四條七〇公尺。路的兩側鑿挖小河狀水溝，其旁遍植檜、柳、楡樹，一片葱綠色的廣闊視野中，人道與車道區別，路旁一處處石柱的豎立，猜測又係供繫馬之需。如此整齊平坦的廣場式筆直大道，一條條自城壁此端貫通城壁另一端，亘長幾近十公里，想像中已係通古今世界最整備的市區計劃道路❷。由街道棋盤狀區劃的一一〇個坊，便是寺觀，以及上自親王私邸，下及一般庶民住宅所在的共通生活場所。各坊面積，自一平方公里至二〇〇平方公尺，有其差異，集中商店的東、西兩市，各佔東、西城中央部大坊兩坊面積的範圍。以皇城南壁三門中央朱雀門通過長安外城南壁三門正中明德門的朱雀大街爲中心線（宮城南正門承天門與北面玄武門也在一直線上），而區別長安城爲東街（或稱左街）與西街（或稱右街），分屬萬年、長安兩縣。萬年縣廨在東街宣陽坊（東面鄰接東市），長安縣廨在西街長壽坊，兩縣上級京兆府廨同在西街，西面鄰接西市的光德坊❸。

豪壯的唐朝大長安城，已係同時期鑄定中國──東亞文化圈內各國

---

❶ 唐朝長安城解說，取材自文藝春秋版「大世界史」④大唐の書，第一四一──一四五頁，世界文化版「世界歷史シリーズ」⑦大唐の繁榮，第一四八──一五〇頁。

❷ 中央公論版「世界の歷史」④唐とインド，第三七七頁。

❸ 參閱石田幹之助「長安の春」長安の春篇「唐長安城坊圖」（平凡社版「世界教養全集」⑱，第三八七頁）。

國都建設共通倣效的藍圖，日本平城京、平安京便都是不及當時長安城四分之一的模製縮本❹。不幸唐末連續的兵燹，三百年極度繁華的都城化爲灰燼，今日所見西安市，位置雖同，城壁已祇與隋——唐時代長安城北部的皇城約略相當，未逮昔日原形六分之一面積❺，無復得見舊時雄大形貌。

　　長安的平面圖，自唐、宋以迄清朝，頗多學者加以研究而提供精密記述（宋朝宋敏求「長安志」與清朝徐松「兩京城坊考」尤係研究上基本資料）。日本學界曾依憑文獻，從現地調查測量方面盡其努力，但成果未豐。對於最後的解答，學術界寄望繼續展開周密發掘，北門外大明宮址遺跡，現已出土大量華美的敷瓦、軒瓦等，大明宮正殿含元殿遺構也已完成基址調查，實測東西六十餘公尺，南北四十餘公尺，後方太掖池西的大宴會場麟德殿，又是東西一三〇公尺餘，南北七十七公尺餘巨型建築物。玄宗皇帝所建興寧宮址也有南半表面調查報告發表，證明紀元一〇八〇年北宋呂大防「長安城圖」刻石碎片的興寧宮圖（以及另外的刻石宮殿圖太極宮圖與大明宮圖），足資信賴。西安市郊外太宗昭陵蓮華紋瓦當，以楊貴妃而著名的驪山下華清池唐中期紋樣繁多的方磚等，都是考古學上重大收穫❻。

　　史書與筆記、小說中長安城中熟知的地名——
　　長安士庶家人愛好外出遊樂乃社會生活一般現象，四季行事與定期

---

❹　中央公論版「世界の歷史」④唐とインド，第三七六頁；世界文化版「世界歷史シリーズ」⑦大唐の繁榮，第一四八頁長安城の平面圖。

❺　世界文化版同書，第一四七頁。

❻　長安城考古發掘，取材自駒井和愛「中國文化の開花」隋唐時代の城郭章、村田治郎「建築技術の進步」隋唐時代の建築章（平凡社版「世界考古學大系」⑦東アジアⅢ，第一一頁、二八頁）；世界文化版「世界歷史シリーズ」⑦大唐の繁榮，第一四九頁；平凡社版「世界考古學大系」⑦東アジアⅢ圖版第二二二、二二三、二二七幅並說明。

的佛事，多成羣結隊參加。城東南隅曲江池（其源係東南城外的黃渠），包括西面杏園，東面芙蓉園，受社會上下共同喜愛，係長安城最大的市民公園意味，春、夏、秋、多無時不相宜的賞心悅目之地。玄宗與楊貴妃所時常遊賞，一是驪山華清地溫泉，一卽曲江，也因而自大明宮至興慶宮往返的閣道，又向南延長直通曲江。閣道也名複道或夾城，沿長安城東城壁複造，備皇帝行列專用的特別通道。

寺觀又是市民薈萃的遊樂地，大寺觀所占有遼闊的廣場，百貨、遊藝雜陳，人頭攢動的熱鬧鏡頭，尙遺留於戰前北平天橋、南京夫子廟、上海城隍廟等多數場所，都可複見。唐朝長安城內著名的寺觀所在地，寺院：大慈恩寺與大雁塔在進昌坊，青龍寺在新昌坊，大興善寺在靖善坊，大薦福寺在開化坊（小雁塔在對街安仁坊），永善寺在永樂坊，興唐寺在大寧坊等（以上均在東街），化度寺在義寧坊，永壽寺在永樂坊，崇聖寺在崇德坊，興福寺在修德坊，西明寺在延康坊，萬壽寺在長壽坊等（以上均在西街），（「唐會要」卷四八錄佛寺名與所在坊址三十六處）；道觀則玄都觀在崇業坊，唐昌觀在安業坊，咸宣觀在親仁坊、太眞觀在道德坊等（「唐會」卷五〇錄道觀名與所在坊址三十二處）。

東市與西市的東、西街兩大市場，滙集了中國與亞洲全域物資。市場中商店的櫛比鱗次，從武宗會昌三年（紀元八四三年）東市僅一部份火災，而已製造十二行四千餘家被燒燬❼的數字記錄，可以印證。唐朝的商業原則，固凡大宗物資批發或消費零售都須限在「市」內交易，但飲食店、酒肆之類也被准許散在諸坊營業。

長安東城壁三城門居中的春明門，大道連結東市，城外龍首渠支流又橫斷春明門內道政坊直貫東市。此門乃通往東都洛陽的交通要衝，附

---

❼ 世界文化版「世界歷史シリース」⑦大唐の繁榮（日比野丈夫「長安と洛陽」第一五一頁引其時日本留學僧慈覺大師「入唐求法巡禮行記」記述。

近客棧（旅館）特多，旅館業往往兼倉庫業而合稱「邸店」。親友東行送別宴，也多於此範圍內的酒肆、旗亭舉行，依依離情，歡顏背後有何口君再來的惆恨。

東市西隣，是香艷氣氛最濃郁的藝妓院館大本營平康坊，無數身受古典詩文教養的歌姬、舞姬，盛裝盛妝，組成花街，是「風流藪澤」，也如天上閃閃繁星，大長安繁榮面與市民太平逸樂生活不可缺的點綴，臨其境而一番溫柔滋味在心頭。然而，平康坊係長安最大的花街而非惟一，其餘坊間也散見獨立的妓院分佈，已為今日學界所了解。考證發現。霍小玉傳主角出身便非平康坊，而係東市北鄰（平康坊東北）的勝業坊古寺曲，「酉陽雜俎」也有淸恭坊（東市東南）妓的記載，盧照鄰「長安古意」詩又指示城南同有花街存在❽。

宮妓養成，「敎坊記」特別介紹「右多善歌，左多工舞」的右敎坊在光宅坊，左敎坊在延政坊（又名長樂坊），均在大明宮正前方，宮城之右。與敎坊性質呈現極端相反，孔廟與國家最高學府的國子監在務本坊，皇城的右前方，太學、四門學以下六學並立相望。而務本坊右邊緊隣，卻便是平康坊。

「長安志」標示東市四周諸坊的位置——

平康坊南、北都是殷盛雜沓，車馬輻湊的繁華地區，北隣崇仁坊，「長安志」說明晝夜喧呼，燈火不絕，京中諸坊，無與倫比；南隣宣陽坊，又是美侖美奐之極的楊貴妃姊妹虢、韓、秦三國夫人與族兄楊國忠大邸宅所在，萬年縣衙門亦位於此。玄宗時代安祿山寵幸頂峯期，自原居道政坊獲賜新築的豪壯第宅，則在宣陽坊南面親仁坊。唐朝中期以後，崇仁、宣陽二坊集中全國三十餘藩鎮京邸，隆盛堪資想像。

---

❽　石田幹之助「長安の春」長安の歌妓篇（平凡社版「世界敎養全集」⑱），第四二五頁。

　　崇仁坊與平康坊之間橫街，東連興寧宮、東市而至春明門，向西越過皇城前遠通西市與金光門，乃京城內東西通衢，交通流量至繁，又是春明門延長的旅館業發達之區。來京參加科舉考試，士子愛好寄宿地區，便是崇仁坊。

　　長安城東半部的所謂東街，特別是東市周圍與其北方，以近大明宮，百官為便利早朝而多卜居於此，也多庭園圍繞而饒園藝之趣的顯貴、富人邸宅。西半部西街相與對照之下，庶民色彩濃厚得多，「兩京城坊考」言：「長安縣（西街）所領四萬餘戶，比萬年（東街）為多，浮寄流寓，不可勝記」，可供參照。另一徵象，長安的異國情調與外國趣味，固係不分東、西街，卻也以西街為尤強烈。

　　「新唐書」地理志一，載有包括長安城與其郊外諸縣通算的京兆府天寶元年（紀元七四二年）戶口數，戶三十六萬二千九百二十一，口百九十六萬一百八十八。單獨的長安城範圍內（萬年、長安兩縣或東、西街）調查數字，「長安志」說明約八萬戶，與「兩京城坊考」所列相當，但人口數則不明。依京兆府戶、口比例，每戶平均在五——六人之間，然而，長安城內殷富大戶密集度為高，每戶人口的平均數也須提升到至少十人以上，則京兆府近兩百萬人口中，可以推定其半數均長安城

中的居民。抑且，上引各種數字，都係具有戶籍登錄者的統計，「浮寄
流庽」的無籍人口與往來京師流動人口，又「不可勝記」，此其一；其
二，散在寺院、道觀的大量僧、尼、道士、女冠與接受庇護的關係者，
法律都承認戶籍脫落，卻又是實際存在於長安者；其三，亞洲各國來長
安求學的留學生、求法的留學僧、未取得唐朝國籍而滯在長安的外國商
賈、流寓者、藝人等，以及所有外國常住長安的人質（所謂侍子，諸酋
長或王之子弟仕唐爲天子侍官）與其隨員團，外交使節團體等，全非列
入戶口統計的對象。所以，長安在住人口須在一百萬人以上，已由歷史
界共通認定。

　　惟其唐朝國都長安的外國人蝟集，所以此時期西洋文獻賦長安以
Tamghoj 之都 Khumdan 的名詞，今日歷史界通說，便是源於長安外
僑的直指其意，前一字發音爲「唐家子」，流行於認識中國的外國人間
對唐朝中國的通稱，後一字又是「京都」的音訛❾。證以「唐書」、「新
唐書」西域傳、西戎傳、北狄傳等記錄，漢族周圍諸異民族慣以「唐
家」稱唐朝帝室以代表中國的習俗，如上之說應可採信。唐朝三百年
歷史，長安榮華富貴到極致，天下珍貨財寶滙萃於此，嚮慕高文明生活
水準的亞洲，抑且世界各民族、各階層人士四方薈萃於此，太宗平定突
厥，降服的突厥人集體來住長安者，便近萬家（「資治通鑑」唐紀九貞
觀四年條）。所以長安非祇外形巍然屹立爲世界性大都市，實質也是，
性質已爲世界所共有。世界條條大道通長安，今日外國的歷史著作多加
驚嘆而特筆大書：

　　──「世界最大的國際都市，亞洲全民族憧憬之都」❿；

　　──「世界第一大都市，亞洲各國盟主之都」⓫；

---

❾　人物往來版「東洋の歷史」⑤隋唐世界帝國，第二七八頁附注。
❿　誠文堂新光社版「世界歷史大系」③東アジアⅠ，第二二五頁。
⓫　中央公論版「世界の歷史」④唐とインド，第三七六頁。

——「長安人口一百萬以上，此於同時期的歐洲與西亞細亞，擁有如此壓倒性數字人口的其他之例已堪謂絕無。性格上的融合世界各國文化，也僅東羅馬帝國國都君士坦丁堡與『一千○一夜』之都巴格達才可勉強與之匹敵的世界之都」⑫（以上日本）。

——「帝國首都長安，八世紀前半人口已一百萬人，乃東亞、東南亞、中亞細亞最大的商業中心地，各種族人均有居住」⑬（蘇聯）。

長安的發達為國際關係中心，形相非自唐朝塑定，隋朝已然，除非中國國內動盪過劇而一時形成對外閉塞的期間，否則，長安（或洛陽）都維持相同的性格。東則通古斯系諸種族、新羅、日本等東北亞國家，北則突厥系諸種族，西則中西細亞、伊朗、阿拉伯等民族，南則印度與南洋人，均以漢族於狹隘的民族感情傳統便現淡薄，以及唐朝政府對外國人來朝，無偏見一視同仁的態度，受到鼓勵，而鑄定長安如同戰前上海十里洋場，或今日紐約的地位。居留長安的外國僑民數字，各個時代有其浮沉，自與漢族自身異動相同，通常情況下，維持在一萬人左右的程度，則係日本學界一般的估定。

到達世界之都長安的外國人，自東而來的東方各國外僑，以及由南方水道循運河北上的印度人、阿拉伯人等，都取道洛陽，經由東街的春明門入城。日本之例，眾所週知的遣唐使，求習學問的留學生與入華朝聖的留學僧，都通過此門而接觸長安的偉容。自北方與西方而來，特別是西方商人所組商隊，以多數從事商業而總稱胡人的伊朗系人種，則多由長安城西面三城門位置最北的開遠門（金光門則中央之門，與春明門遙遙相對）為入口。入城後以西市為中心，住居附近各坊而活躍。

漢朝與唐朝，國家發展相同的呈現世界人姿態。唐朝勢力的世界

---

⑫　文藝春秋版「大世界史」④大唐の春，第一四九頁。
⑬　蘇聯科學院「世界史」；東京圖書版日譯本「中世」①，第四六頁。

性，自天子非祇是漢族或中國人的皇帝，抑且被尊北方諸種族與西域各國共同的天可汗，而色調愈益鮮明。長安以世界帝國國都成立爲國際政治、外交、學問、商業中心，參與世界帝國關係各國侍子與使節團的駐在，例獲中國官職，與隨員無限期接受鴻臚寺、禮賓院（憲宗元和九年，紀元八一四年置）支給衣食宿處的接待。惟其如此，兩項現象爲常發生：

其一：便以使者所代表國家單位之多，遇吉凶慶弔等宮中儀禮時，序列的席位前後問題，往往視爲自國與唐朝間關係親密與地位重要的表徵，而相互起紛爭，玄宗天寶十二載（紀元七五三年）正月元日天子朝賀式，日本大伴古麻呂與新羅使節間序次之爭（「續日本紀」卷一九）是其例。大食與回紇間，突厥與突騎族間，也都曾爲謁見順次爭議⓮。

其二，安史亂後三十年的德宗貞元三年（紀元七八七年），李泌爲相所揭發滯在長安諸國使節併同其從者人數之眾，居留期之久，堪授人莫大驚駭：「（宰相）李泌知胡客（指「西域使」）留長安久者，或四十餘年，皆有妻子，置田宅，舉質取利，安居不欲歸。命撿括胡客有田宅者，停其給，凡得四千人。……胡客皆詣政府請之，泌曰：『此皆從來宰相之過，豈有外國朝貢使者，留京師數十年，不聽歸乎？今當假道於回紇，或自海道，各遣歸國。有不願歸，當於鴻臚自陳，授以職位，給俸祿，爲唐臣』。……於是胡客無一人願歸者，泌皆分隸神策兩軍，王子、使者爲散兵馬使或押牙，餘皆爲卒」。鴻臚寺因此每歲省度支錢五十萬緡（「資治通鑑」唐紀四八貞元三年條）。如上記事，堪說明外國官方使節團體，如何樂居中國與生活上的漢化，與德宗上一代，代宗大曆十四年（紀元七七九年）「詔回紇諸蕃住京師者，各服其國之

⓮　舉例依人物往來版「東洋の歴史」⑤隋唐世界帝國，第二八〇頁所整理。

服，不得與漢相參」（「唐會要」卷一百雜錄），可相參證。其結局，四千人的集體歸化，自係順乎自然的事理。

突厥系諸種族首領率部歸化以來，不同國家的多數外族人士，一波一波歸化與出仕唐朝朝廷，「新唐書」曾撰諸夷蕃將傳述其佼佼者，除馮盎乃五胡十六國中北燕之後而仍爲漢裔（但唐初歸附已改依嶺南蠻酋身份，玄宗時代特爲聞名的宦官高力士即其曾孫，以係高姓宦官養子而冒姓高），以及李多祚、尙可孤係先世移居中國事蹟無可考的歸化人後裔之外，餘十人多唐初人物：史大奈，以西突厥特勤朝隋留任，唐朝開國功臣獲圖像凌煙閣榮譽者之一，封竇國公，（唐朝開國功臣中的外籍歸化人，涼國公安興貴，申國公安脩仁兄弟均中亞細亞安國人，又係一例）；執失思力，突厥酋長，貞觀時歸朝，尙太宗妹九江公主，封安國公；契苾何力，鐵勒大俟利發，貞觀時歸朝，尙臨洮縣主，封涼國公；阿史那社爾，突厥都布可汗，貞觀時歸朝，尙太宗妹衡陽公主，封畢國公，陪葬昭陵，與何力同係唐朝世界帝國建設中最具彪彪戰功的優秀將領，也同於太宗崩時請以身殉而被高宗阻止，（社爾爲統帥俘至京師的龜茲國王訂利布失畢則授官左武衞中郎將）；黑齒常之，百濟人，高宗平百濟降，封燕國公；泉男生，高句麗獨裁者泉蓋蘇文之子，繼父爲國家權力人物，高宗時降唐，封卞國公；李謹行，高宗時封燕國公，陪葬乾陵（父突地，靺鞨酋長，隋末歸附後貞觀時賜姓李）；論弓仁，吐蕃國相論欽陵之子，與叔論贊婆同於則天武后時投唐，封酒泉郡公；尉遲勝，于闐國王，玄宗時尙宗室女，安祿山亂起，肅宗至德初率兵勤王，請留宿衞，封武都郡王（類似類型，又有玄宗天寶時護密國王羅眞檀朝唐，請留宿衞，授左武衞將軍等）；裴玢，歸化人第五世後裔，憲宗元和時山南西道節度使（五世祖裴絆，疏勒國王，武德中來朝封天山郡公，留不去，遂籍長安）。此等歸化人後裔，立功事蹟非祇效命疆場而

已，李多祚且是武后末張柬之發動政變的參與核心，天竺羅好心又係德宗貞元時獲賜「奉天定難功臣」名號者之一，封新平郡王。

第一代歸化人在漢族中國土地上，生活習俗加速其漢化轉變，「新唐書」尉遲勝傳的記載是好例：「勝請授國於（弟）曜，詔可。勝既留（長安），乃穿築池觀，厚賓客，士大夫多從之游，……貞元初，曜上言，國中以嫡承嗣，今勝讓國，請立其子銳。帝欲遣銳，勝固辭，以曜久行國事，人安之，銳生京華，不習其俗，不可遣。當是時，兄弟讓國，人莫不賢之」。今日洛陽北邙山附近出土額題「大唐故特追泉君墓誌」（全銜題名爲大唐故特進，行右衞大將軍兼檢校羽林軍仗、內供奉、上柱國、卞國公、贈幷州大都督泉君墓誌銘），而誌文出自唐朝名書法家歐陽通手筆的泉男生墓誌⑮（與泉男生同時期的百濟，亡國時太子扶餘隆墓誌，亦洛陽北邙發見），又是標準漢族墓葬的習俗。相同的西方系之例，也見諸高宗顯慶年間（紀元六五六 —六六〇年）來華歸化的波斯酋長阿羅喊（封金城郡公），睿宗景雲元年（紀元七一〇年）卒時所立墓誌，其文：「君諱阿羅喊，族望波斯國人也。顯慶年中，高宗天皇大帝以功績有稱，名聞□□，出使君來至此，即授將軍北門□領使，侍衞馳驅，又差充拂林國諸蕃招慰大使，並於拂林西界立碑，峨峨尙在。宣傳聖敎，實稱蕃心，諸國肅清，於今無事，豈不由軍將善導者，爲功之大矣。又爲則天大聖皇后召諸蕃王，建造天樞，及諸軍立功，非其一也。此則永題麟閣，其於識終；方畫雲臺，沒而須錄。以景雲元年四月一日暴憎過隟，春秋九十有五，終於東都之私第也。風悲蕙首，日慘雲端，聲哀鳥集，涙□松乾，恨泉扃之寂寂，嗟去路之長嘆。嗚呼哀哉！以其年□月□日，有子俱羅等號天罔極，叩地無從，驚雷繞

⑮ 及川儀右衞門「滿洲通史」，第五四頁、六二頁，文藝春秋如「大世界史」④大唐の春，第二四三頁附圖與說明。

墳，銜淚石。四序增慕，無綴於春秋；二禮剋修，不忘於生死。卜君宅屯，葬於建春門外，造丘安之，禮也」❶（波斯系歸化人的另一著名人物，便是稍後呼羅喊之年，高宗咸亨＜紀元六七〇──六七三年＞間歸朝的流亡波斯王卑路斯與其家屬）。

第二代以下歸化人生長均在漢族環境中，其全然同化，視前引尉遲勝之言可見，也惟其如此而如「新唐書」西域傳下波斯國條所記，遣返復國未果的卑路斯之子泥涅師，最後仍須離別久已寄居與波斯自國同一「胡」系人種文化的唐朝庇護下吐火羅之地，而返歸長安。這些已向漢族認同的歸化人後裔，服務唐朝朝廷的人數可以想像爲愈多（原鮮卑系長孫氏、竇氏、元氏等，則唐朝已昂然是標準漢族身份，歸化色調早被滌盡）。安史之亂堪供爲唐朝前、後時期分別的標誌，大變局中，無論反叛或撥亂反正，雙方多「著將」爲人盡皆知之事。安祿山謂哥舒翰曰：「吾父是胡，母是突厥；公父是突厥，母是胡，與公族類同，何不相親乎」（「唐書」哥舒翰傳），又是如何血統混雜，所謂「新種胡」的說明，「胡」此一名詞，唐朝係泛指白膚色人種。大漩渦中的關係人物，安祿山、史思明、哥舒翰、高仙芝、僕固懷恩等之外，李抱玉、李抱眞從兄弟是安國系，亦卽唐初安興貴兄弟曾孫輩而於玄宗時代賜姓李，荔非元禮是西羌系，論惟眞（論弓仁之孫）是吐蕃系，白孝德是龜茲系，李懷光是渤海靺鞨系。敉平叛亂最爲後世熟悉的統帥部領導人物郭子儀固係漢裔，與之同等聞名的李光弼，卻也是第二代歸化人，其父係契丹酋長，武后時代歸化，入籍營州柳城，與安祿山同里。而收復兩京，動用的外籍部隊，回紇爲所習知，阿拉伯人大食兵團也是助力。

安史亂後，藩鎮大勢力形成，藩鎮間的著系要素繼續強烈。「新唐

❶ 劉伯驥「中西文化交通小史」第七二頁，引 N. Y. Saeki "The Nestorian Monument in China" p. 271。

書」藩鎮傳列舉二十三人中，明言出身歸化人後裔的居其七：史憲城
「其先奚也」，李寶臣「本范陽內屬奚也」，王武俊「本出契丹怒皆
部」，王廷湊「本回紇阿布思之族」，李懷仙「柳城胡也」，李茂勳「
本回紇阿布思之裔」，李正己「高麗人」。非祇藩鎮，中樞亦然，唐末
五代的著作孫光憲「北夢瑣言」（卷五）之言：「唐自大中至咸通（紀
元八四七——八七三年），白中令入拜相，次畢相諴、曹相確、羅相劭
權，使相也，繼升岩廊。崔相愼猷（愼由）曰：『可以歸矣！近日中書
盡是蕃人』。蓋以畢、白、曹、羅爲蕃姓也」❶（白敏中龜茲系，畢
諴中亞細亞畢國系，曹確中亞細亞曹國系，羅劭權中亞細亞吐火羅系
❶）。此雖係一時的特殊現象，「歸化」意義，至九世紀後半也已不宜
強調，但事實畢竟存在。

　　政治・軍事部門歸化人的形相爲最敏銳，卻非其行迹所寄的全部。
大背景世界帝國自隋朝初建期至唐朝而加大加速展開，隋——唐外國人
源源歸化漢族中國時表現的身份層面，廣築到建築家、科學技術家、醫
師、畫工、樂人、舞士、歌者諸藝術家等各方面，以及此等人從各個不
同的來源流入宮廷。繪畫史上被稱「大尉遲」、「小尉遲」的于闐系尉
遲跋質那與尉遲乙僧父子，便各各馳名於隋朝與唐朝。隋朝建築、技術
家閻毗與其仕唐特於繪畫史享盛名之子閻立德、立本兄弟，久也被推測
出自歸化西域人後裔。唐朝琵琶名手曹保、曹善才、曹剛等多曹姓，判
定均北魏以善彈龜茲琵琶聞名而世傳其技，如「唐書」音樂志所記的曹
國人曹婆羅門，並其孫北齊時代因琵琶而受宗室優遇的曹妙達後裔，或
者，同係曹國人。康國出身的音樂家則有康崑崙、康克胡雛等。漢朝
「安」姓指安息人後裔，隋唐已改稱原中亞細亞康國鄰國的安國出身者，

❶　轉引自方豪「中西交通史」第二冊，第一八三頁。
❶　劉伯驥「中西文化交通小史」，第七六頁。

唐初安興貴兄弟是其例，隋朝方士安伽陀，唐朝舞師安叱利等也是。
「米」、「史」、「何」諸姓中，多此地區胡人血統。龜茲系歸化人慣
以「白」爲姓，如果前述白敏中的龜茲系譜考訂確切，則與之爲從兄弟
的唐朝大詩人白居易也相同；家喻戶曉的李白情況彷彿，李白的生地、
家世均不明，向來諸多猜測，五歲時隨父自西方移住四川之說頗爲有名
❶。謂歸化人後裔不可能到達如李白的驚人文學造詣，不足以否定疑問
的成立，隋朝國子祭酒何妥便是正史明言的第二代歸化人，「隋書」中
傳記所刊入且是堂堂的儒林傳，大書：「西域（何國）人也，父細胡，
通商入蜀，遂家郫縣」，這是反證之一。反證之二，玄宗時代日本留學
生晁衡（朝衡）在長安科舉考試進士合格❷，從事官吏生涯時，已具與
當時一流文學家王維、李白等以詩會友的才學基礎。國子監六學乃世界
學術中心，高麗、新羅、百濟、日本、渤海、高昌等，諸國遊學者因嚮
往而來，其習得漢式學問自可解釋爲效率較高，則參加科舉考試循另一
途徑的地方推薦，與試者又非漢族中國周圍國籍而係白種胡人，仍同存
在其例，漢名李彥昇的阿拉伯大食人，由汴州推介，於宣宗大中二年
（紀元八四八年）進士及第❸。

　　以上所舉世系出自異域的歸化人與其後裔，多數屬所謂上流社會。
寓居長安，更多的是無歸化關係的一般胡人，今日所謂外僑或僑民，當
時記錄中稱之商胡、買胡、胡姬、胡雛、蕃客、蕃使、蕃兒等的商
人、藝人、使節團與其家屬，以及胡奴、奚奴、高麗奴、崑崙奴等奴
婢，流品複雜，身份高低也懸殊。蕃客主流西域商賈的活躍代表人，唐
朝已由中亞細亞——粟特——康國人向波斯人與阿拉伯人轉移，其中，

❶　人物往來版「東洋の歴史」⑤隋唐世界帝國，第二六九頁附註。
❷　同上，第二八一頁引阿倍仲麻呂研究家杉本直治郎的資料。
❸　轉引劉伯驥「中西文化交通小史」第五九頁與第八一頁附註㉘引「登科記
　　考」卷二二陳黯「華心」篇。

以所携來寶石、珠玉等眾多珍貴財貨眩惑世人或挾其財富放高利貸博暴
利的大資本擁有者固多，且可從「商而優則仕」之途變換其身份，如
「新唐書」逆臣安祿山傳附孫孝哲傳的記載：「有商胡康謙者，天寶中
爲安南都護，附楊國忠，官將軍。上元中（紀元七六〇——七六一年）
出家貲，佐山南驛稟，蕭宗喜其濟，許之，累試鴻臚卿」，長安波斯商
人尤以豪商著稱。然而，貧窮胡人從事卑賤職業者也多，於長安寺院廣
場或坊門口設攤賣胡餅、賣藥，或充馬丁、馬喚，或在街頭賣藝，或淪
爲胡奴，少女便出賣青春而出現爲詩、文中習見的胡姬。異國奴隸使用
風習之盛，又是唐朝宮廷與富貴人家生活一大特徵，深目高鼻的白種人
胡奴之外，崑崙奴於文獻中多被提及，便是原居南洋，髮鬈膚黑的當地
土人。「崑崙」名詞由何而得爲無可解，但如同「胡」總指雅利安人的
流行用以通稱南洋所產黑人，意義則一。崑崙奴頗多販賣而來，同時期
南洋諸國纍纍入貢的僧祇奴，似是其同義字。歸化人生活已不能反映胡
人（或其他原籍）歷史，未取得中國國籍的長安在住外僑亦無異，此就
「太平廣記」（與「太平御覽」同係宋朝李昉主編的大叢書）所收小說類
與「長安志」、「酉陽雜俎」等各各所見胡人狀態的片段，爲可窺知。

　　條條大道通長安，長 安 是匯集到中國的世界各地人士漢化天地縮
影。而相對方面，長安卻也呈現了世界不同人種、不同文化展覽場所的
性格。特堪注目，又係這些異種族與異質文化，於漢化過程中對中國傳
統巨大激起的反影響。唐初繼承隋朝風俗，長安上流社會的突厥趣味已
甚流行，「資治通鑑」唐紀十二貞觀十七年條的太宗廢太子承乾生活記事
是其寫照：「好效突厥語與其服飾，選左右貌似突厥者五人爲一落，辮
髮羊裘而牧羊。作五狼頭纛及幡旗，設穹廬，太子自處其中，斂羊而烹
之，抽佩刀割肉相啗。又嘗謂左右曰：我試作可汗死，汝曹效其喪儀，
因僵臥於地，眾悉號哭，跨馬環走臨其身，犛面。良久，太子欻起，

曰：一朝有天下，當帥數萬騎獵於金城西，然後解髮為突厥，委身思摩，若當一設，不居人後矣」。接續便是滔滔西方胡風高漲，白色人種系統文化的繪畫、彫刻、舞樂、服裝、文學、遊戲，以至食料品均被士庶熾烈愛好，文獻收錄有豐富資料。「唐書」輿服志也對八世紀玄宗以來，胡服、胡帽、胡履、胡食、胡樂等一概於長安人男女間大流行，有其概括說明：「開元初，從駕宮人騎馬者，皆著胡帽、胡粧，露面無復障蔽，士庶之家，又相倣效。帷帽之制（指禮制規定），絕不行用。俄又露髻馳騁，或有著丈夫衣服鞾衫，而尊卑內外，斯一貫矣。奚車，契丹塞外用之，開元天寶中，漸至京師；兜籠，巴蜀婦人所用，今乾元以來，蕃將多著勳於朝，兜籠易於擔負，京城兜籠、奚車，代於車輿矣。武德來婦人著履，規制亦重，又有線鞾，開元來婦人例著線鞋，取輕妙便於事，侍兒乃著履。臧獲賤伍者皆服襴衫，太常樂尚胡曲，貴人御饌盡供胡食，士女皆競衣胡服」。

陪伴胡俗喜愛，伊朗系藝術意匠也形成風靡。同時，漢族中國從未接觸的西方諸宗教信仰傳入，伊朗人固有信仰的祆教最早於南北朝已領先在中國建立寺院，於唐朝的長安發展也最大，長安的地圖上，祆祠非祇西街的醴泉、布政、晉寧、崇化、長壽諸坊均有分佈（醴泉坊且建兩處，流亡中的波斯王卑路斯於高宗儀鳳二年＜紀元六七七年＞奏准興建的祆寺即在此坊，見「長安志」），東街靖恭坊也有設置㉒。基督教一派的景教，也以經由伊朗人傳來，而長安西街義寧坊的大秦寺，原名波斯寺，天寶四載（紀元七四五年）始改名（東都洛陽同）。又加伊朗人宗教而回紇人傳來的摩尼教，謂之三夷教，此等寺院也總稱三夷寺。回教勢力興起，也經中亞細亞向中國滲透，祇是回教寺院的發展尚須稍後。

㉒　據石田幹之助「長安の春」長安の春篇「唐長安城坊圖」（平凡社版「世界教養全集」⑱，第三八七頁）。

　　有容乃大，中國優秀文化便以如此外來文化的受入，而刺激其再創造、再昇進與愈豐富中國文化明亮的世界之光。胡人漢化，也正如同歷史上所有異民族的投入漢族大熔爐熊熊之火，對鍛鍊不斷創新世界文明的更強健漢族，同博歷史讚美。

　　長安是世界文物吞吐中心，唐朝時代中國領土，也因而被今日歷史界認定乃「世界人領土」近代意識成立的先驅母體㉓。

外來宗教與佛教思想的百花齊放

　　唐朝對外交涉與外國貿易之盛，到達從來未曾有的境地，以一波又一波西方的外國人渡來，西方文化流入中國也於唐朝登上洪峯頂點，非僅物質的，也及於精神‧思想方面，後者的有形導體，便是宗教。唐朝宗教因而特以世界色調的濃厚著稱，當時世界的世界性宗教大抵都已向唐朝中國傳播。祆教、景教、摩尼教的三夷教，且均由伊朗系人種所傳入。

　　人類最早宗教之一的古代伊朗人信仰二神教祆教，以創始人 Zoroatres而名，北魏後期已確知在中國傳播（見「隋書」禮儀志），推定最早由中亞細亞原住民伊朗系種族代表者粟特（唐朝康國系諸國）人携來。粟特人素以商業民族著名，自南北朝至隋——唐東西貿易大活躍時代展現，祆教隨通商而導入後傳播力益益增強。但初期稱之「胡天」、「天神」，或「火」，「祆」字使用，須至所謂「西域」的西方人益益增大渡來潮流的隋——唐時代，政府且專設官司管理僑居中國的此等信

㉓　平凡社版「世界歷史大系」⑤東洋中世史第二篇，第四五五頁。

者，隋稱「薩甫」（或「薩保」），唐稱「薩寶」❶，「通典」職官二
二秩品五「大唐官品」項視流內條：「視正五品薩寶，視從七品薩寶府
祆正」（同項視流外條：「勳品薩寶府祓祝，四品薩寶率府、五品薩寶
府史」。原注：「武德四年置祆祠及官常，有羣胡奉事」，又兼述祆
敎、大秦寺、摩尼法之事。由是可以推測，薩寶管理對象非限祆敎徒，
而係「三夷敎」外國宗敎的所有信徒，也以三夷敎信徒自意義上已概括
全體西方人或伊朗系「胡人」，薩寶又有官屬，則職司的由宗敎事務實
質擴大爲「胡人管理局」性質，以及此系統官吏任用的便都是胡人，同
樣可以想定。祆敎本身，祆祠除兩京的長安與洛陽之外，記錄中涼州、
敦煌、伊州等都市均有設定，惟以其經典的漢譯本從無發見，所以學界
懷疑，此敎在唐朝中國的敎徒絕大多數是胡人，亦卽伊朗系統的西域
人❷。然而，漢族信者也非絕無，唐人小說（如杜子春傳、柳毅傳）曾
述及道士祭火，講火經，武宗會昌五年（紀元八四三年）因排佛而連帶
彈壓外國宗敎，強制漢族還俗時「顯明外國之敎，勒大秦、穆護（祆
僧）、祆三千餘人還俗，不雜中華之風」（「唐會要」卷四七議釋敎
上）的勅令，爲可明示。

　　景敎意謂光輝之敎，意義上係稱基督敎（非專指新敎而乃廣義的
Christianism），但在基督敎最初傳入中國期間的唐朝，則其名詞所代
表，是對耶穌基督與聖母瑪利亞神性說正統提出異議，紀元四三一年
Ephesus 宗敎會議上被宣告爲異端（中國北魏太武帝時），因而脫離羅
馬敎會，自立敍利亞東方敎會，獨自向西亞細亞以東活動傳敎的分歧派

---

❶ 劉伯驥「中西文化交通小史」第六〇頁與八二頁註三七，引 D.C. Phillott
　與 Berthold Laufer 的解釋，謂「薩寶」一詞，波斯語爲 Sar-pa，譯首長
　或首領之義。又：「穆護」(Magi, Moghs) 則純係祆敎的宗敎職務，見同
　書一六二頁解釋。
❷ 有高巖「槪觀東洋史」，第二三六頁。

Nestorianism。此教派六世紀時建立中亞細亞諸大都市教區，七世紀前半續來中國，在中國傳教的完結報告，便是聞名學術‧宗教界的「大秦景教流行中國碑」，德宗建中二年（紀元七八一年）建立於長安，明末天啟五年（紀元一六二五年）出土，現存西安市碑林。碑文標明景教最早傳入中國的年代是貞觀九年（紀元六三五年），波斯籍 Nestorianism 僧侶（教士）阿羅本（Olopen）率領的傳道團到達長安，受太宗優渥待遇，入宮命譯此教派經典，三年後的貞觀十二年建寺，度僧二十一人。次代高宗治世，信仰的傳播愈因受朝廷獎勵而快速發展，寺院已分佈到諸州，阿羅本獲授鎮國大法王尊號。玄宗天寶四載（紀元七四五年），又以明瞭景教源自大秦（敍利亞），而原依最初傳道者國籍的波斯寺寺名，認可正名大秦寺。以後諸代天子同加厚待庇護，僧侶中的兩人且賦有唐朝官稱：伊斯（I-Ssu）為金紫光祿大夫同朔方節度副使試殿中監（助郭子儀），業利（同碑敍利亞名 Gabriel）試太常卿，信徒不斷遞增之餘，乃有紀念碑意味的景教碑建立。阿羅本東來，係接續宗教史另一大事玄奘西行之後第九年，一百四十六年後而景教碑成立。石碑篆額，刻一千八百七十餘漢字，另附七十餘語敍利亞（Syria）文的建碑時景教僧侶題名與教職（即七十餘人），文末具名大秦寺僧景淨（即同碑敍利亞名的 Adam）述，朝議郎呂秀巖書，由篤信者薩巴本（Lord Yesbnzid）出資❸。唐朝景教畫像與漢譯經典寫本，敦煌石窟文書中發見非少，而從考定七世紀前半最早譯出的「序聽迷詩所經」（一名「移鼠迷詩訶經」）、「一神論」等，可覺察教義、儀禮、用語，都已部份伊朗化。中期以後移用佛教與老莊之語（包括景教碑文），漢譯較後出的「大秦景教三威蒙度讚」、「志玄安樂經」、「大秦景教宣元至本經」等所示教義的激發忠孝思想，勉勵信徒尊崇皇帝，重視孝道，自謂

---

❸ 碑文見王昶「金石萃編」卷一〇二。

鎮護國家之敎，又堪證明都已向中國化變形，圖像也與佛畫相似❹。所以，景敎傳播期間，敎義上獲得漢人協力，漢族間頗有相當人數信仰，景敎碑的敍述似未過份誇張。然而，九世紀中佛敎「會昌法難」的株連，景敎仍與祆敎同樣受到嚴重打擊。

摩尼敎（Manichaeism）如同祆敎的波斯人起源，敎義也以改良二神敎祆敎爲基調，融入東西方諸宗敎・哲學思想而形成折衷宗敎，卻因之三世紀發源後難容於祆敎信仰爲主流的伊朗本國，轉移國外佈敎時，倒反以妥協性格容易搏得親近感的方便，而世界性流行。其西起歐洲、埃及，東迄粟特（中亞細亞）廣域傳敎的活躍一般，自東、西各地域語言的摩尼敎經典都有發見可測知。待受回敎徒壓迫，傳敎重心才偏重東方，從中亞細亞續向新疆、蒙古方面弘布，武后延載元年（紀元六九四年）左右延長其傳播力至中國。但摩尼敎戒律的禁慾主義，斷飲酒、殺生、姦淫，頗與佛敎雷同，可能也以此混淆而便利於傳敎，所以傳入未滿半世紀，「開元二十年（紀元七三二年）七月敕，末摩尼法，本是邪見，妄稱佛敎，誑惑黎元，宜嚴加禁斷。以其西胡等既是鄉法，當身自行，不須科罪者」（「通典」卷四十職官二十二大唐官品項視流內薩寶原註），外人自由信仰固未受影響，漢族自身的摩尼敎信奉緣份以社會公害理由被扼殺，則於三夷敎中餘兩先已傳播的外敎爲獨異。今日敦煌石窟發見「摩尼光佛敎法儀略」漢文摩尼敎經典，翻譯年代依記年乃敎禁令發布前一年的開元十九年（另亦發見摩尼經殘卷而未詳翻譯年代）。須摩尼敎輸入回紇，發展爲國敎而僧侶被尊無上智者，擔當可汗政治顧問，回紇又助唐朝平定安祿山之亂的八世紀後半以後，才以唐朝與回紇間密結政治關係，而中國有紀錄的第一所摩尼敎寺院，代宗大曆三年（紀元七六八年）准在長安建立，以後續因回紇要求於各地陸續增

❹　文藝春秋版「大世界史」④大唐の春，第二二三頁。

設。惟其唐朝中期以後摩尼教的存在與發展關係全恃回紇中介，因而九世紀回紇破亡，摩尼教先會昌法難於會昌三年（紀元八四三年），繼一百十年前的遭禁而第二度被禁斷。簡言之，於時間上，摩尼教於三夷教中最後傳入，也最早被排斥。

回教 (Islam) 係遲至中國唐朝初年始自阿拉伯創始，回曆元年＝紀元六二二年或唐高祖武德五年，傳來中國年代則不明，「唐書」西域傳大食國條雖載高宗永徽二年（紀元六五○年，回曆二八年）大食國初次遣使朝貢，究非傳教意味。雖然其後大食或阿拉伯人對唐朝中國頻繁貿易興起，留居中國者多，回教信仰的陪伴攜入爲可肯定，但此已係唐朝後半之事。而且迄於唐朝覆亡，文獻未見朝廷批准建立回教寺院的記錄。所以中國的回教傳播史首頁是破損的，現有任何回教徒的報告或傳說（包括中國與西方雙方），以及關係唐朝的紀念物，一概難以採信，祇是附會。也惟其如此，通唐朝全期，祇是「三夷教」、「三夷寺」而非「四」。

佛教同係外來宗教而非列「夷」教之列，可證意識上已由漢族接受爲「中國」自有的宗教，然而，與漢族自身所發生道教對立時，其外來根源的矛盾又被揭露。唐朝的佛、道兩宗教，便如此在相替受國家保護下競爭發展，也因而各別登上發達史的隆盛頂峯。

六世紀後半中國回復南北統一，係南北同一文化基礎與同一民族因素的順乎自然，水到渠成之事，佛教弘通南北，也在加大單一文化的統一力量方面，盡其歷史責任。雖然南北朝之末，佛教在南方一度遭遇梁末侯景兵災的大摧殘，於北方受到的更是毀滅性迫害，中國佛教史上「三武之難」的第二次，北周武帝基於富國強兵意願，對佛、道兩教同時施加彈壓，全廢宗教的出家人還俗令強行，但隨其崩而宗教復活，解禁人便是北周當時宰相，立卽又取代北周建新朝代的隋文帝楊堅。「隋書」高祖紀（上）記其母誕之於佛寺，幼時又由女尼養育，可知家庭原

具佛教信仰的淵源。隋文帝新都長安立大興善寺，全國以州爲單位一體建統一名稱的官寺大興國寺，又頒佛舍利至各地的中心都市造塔逾百數，其如何以政治力提携佛教的一般可見。文帝建寺一〇，皇后建寺四，晉王廣（煬帝）與諸王、公主建寺九❺，文帝家族如何熱心於新都長安佛教的興隆又可知。隋朝短促的壽命不足四十年，隋末長安佛寺數發展至一一〇所，而道觀僅一〇所❻，隋朝佛教壓倒性的發展，視此比例更易瞭然。

　統一中國的佛教再興，非祇民間在朝廷鼓勵下，教團寺院數與僧侶數的恢復繁榮而已，尤其重要的，係佛教界自身，把握沉痛悲劇已成過去的契機，對宗教本質與其使命深自反省，警惕南北朝佛教過份流入形式化，以畸形隆盛而放棄繼續追求眞理之弊，重湧原已枯竭了的生命之泉。高教養的博學僧侶嚴謹予教義以體系化整理與發揚，特別關於根據經論研究展開的多方面解釋闡揚爲特色。也放棄忘卻實踐修行的已壞滅傳統佛教形骸，反省與自覺，導向發掘現實社會中自己與人間的本質，由此出發而重建實踐體驗爲目的的學問佛教與實踐宗教。新佛教運動勃興，隋文帝、煬帝父子仍是最大檀越，長安、洛陽成立天下佛教中心的宏願實現，優禮廣邀碩德高僧，奉爲沙門師表而成立各個佛學教團，以指導佛教界凝結思想信仰。高僧中特受尊敬的，是煬帝於晉王時代，以擔當平陳軍統帥而自南朝陳朝親迎赴長安的智者大師智顗與嘉祥大師吉藏，前者乃佛教天臺宗（以原居臺州天臺山而名）之祖，後者又開創三論宗（闡龍樹系教學）。兩者均係立於堪資比擬近代黑格爾哲學辯證理論與思索❼的基礎上，實踐性的高哲學宗教與南朝文化結晶，也於新佛教運動潮流中，由教義研究而中國佛教領先發生其宗派。中國佛教新展

❺　中央公論版「世界の歷史」④唐とインド，第三三一頁。
❻　同上，同頁。
❼　同上，三一五頁。

開，隋朝此項新作風以唐朝受繼而登入全盛期，佛教思潮愈形澎湃，宗派分立愈細，空前絕後出現教理上百花齊放，十彩眩目的黃金時代。外國起源的中國佛教，也於此時期十足轉移完成其係中國與漢族自身的、新的宗教學❸。

煬帝對佛教已非似其父國教式虔信，態度上是未踰度的尊敬，唐初亦然。高祖武德九年（紀元六二六年）且曾一度限制寺、觀發展數字，太宗、高宗回復煬帝基準，「唐會要」卷四八「寺」項唐興寺條記錄：「貞觀三年（紀元六二九年）十二月一日詔：有隋失道，九服沸騰，朕親總元戎，致茲明伐，誓牧登師，曾無寧歲，思所以樹立福田，濟其營魂。可於建義以來，交兵之處，為義士凶徒，隕身戎陣者，各建寺刹，招延勝侶。法鼓所振，變炎火於青蓮；清梵所聞，易苦海於甘露。所司宜量定處所，並定寺名，支配僧徒，及修院宇，具為條以聞。仍命虞世南、李百藥、褚遂良、顏師古、岑本文、許敬宗、朱子奢等為碑記，銘功業。破劉武周於汾州，立宏濟寺，宗正卿李百藥為碑銘；破宋老生於呂州，立普濟寺，著作郎許敬宗為碑銘；破宋金剛於晉州，立慈雲寺，起居郎褚遂良為碑銘；破王世充於邙山，立昭覺寺，著作郎虞世南為碑銘；破竇建德於汜水，立等慈寺，秘書監顏師古為碑銘；破劉黑闥於洺州，立昭福寺，中書侍郎岑本文為碑銘，已上並貞觀四年五月建造畢」。其係着眼於人民福祉而尊重佛教信仰，與無理想的宗教盲信，判然有別。

太宗時代的佛教史特殊重大事件，與凡是中國人都熟悉的唐僧取經民間故事相結，主人翁三藏大師玄奘，俗姓陳，自幼出家，長而立志赴印度留學。貞觀三年（紀元六二九年）二六歲時出發，憑無比勇氣與毅力，克服旅程險阻危難，經中亞細亞抵印度，進入佛教最大規模與最高

---

❸　隋朝以前佛教發展與其教理，參閱拙著「南方的奮起」宗教與宗教思想史展開一章。

權威學府那爛陀(Nalanda)寺（玄奘以後的佛教名人義淨與善無畏、金剛智等，也均留學與求學於此）受學修行五年，然後遍訪印度全域，在外前後十七年，貞觀一九年（紀元六四五年）返歸長安時受到凱旋英雄式歡迎。中國佛教巨人玄奘的不朽偉業，以自印度齎返數達六百二十七部的厖大經典，選擇重譯，澄清教學基礎。

今日學界對中國佛教譯經史三期區分，極峯期的第三期或後期，隋煬帝延迎外國僧侶在洛陽盛大進行佛經翻譯事業已是起點，玄奘大慈恩寺，協力俊秀雲集，包括其高弟窺基、神秀等參與的翻譯道場展開，尤代表了劃期意義。近二〇年間，於攜來梵文佛經中譯出共七十五部，一千三百三十五卷，數量之鉅，較今日基督教舊約聖經已等於廿五倍⑨。也於唐朝中期佛典總目錄，智昇「開元釋教錄」（漢朝以來迄開元十八年為斷）所收集二千二百七十八部、七千〇四十六卷中，獨佔將近三分之一的份量。中國譯經史第一期胡本（西域文）節譯，第二期五胡十六國時代鳩摩羅什所代表梵本全譯，乃一大躍進，但譯場仍係外國僧侶為主，傳譯間留存文義不明甚或誤譯處因而尚多，玄奘西行求經的緣由為此，發願重譯也為此。所以玄奘憑高深學識修養又精通梵、漢雙方文字，領導第三期轉移以漢族自身為主體的譯事，其所重譯，特色便是正確批判第二期譯文，漢文修辭流暢且忠實於梵文原文，後世佛教界區分兩者謂之「舊譯」與「新譯」。新譯諸佛典中，大部如「大般若經」六〇〇卷的偉觀，單卷如「般若心經」的簡扼，都確立其定本權威，後一書的簡潔，自是流行為佛學初階的必讀書迄今，玄奘於佛教史上地位可據以衡量。唐太宗親為玄奘新譯御製「大唐三藏聖教之序」，由當時第一書法名家褚遂良書碑，時為皇太子的高宗又為撰「述聖記」，新譯大業的文化史上價值又可據以衡量。龍樹系中觀學派與無着、世親系唯

---

⑨　上野菊爾「東洋史概觀」，第一一四頁。

識學派，乃大乘佛教教學兩巨流，早期傳入中國均前一系統，後一系統學說在印度成立已係四、五世紀，玄奘譯經着力介紹此系統的瑜珈・唯識關係，教學思維以論理學（因明學）爲必要的唯識論研究因而確立，新的盛大的佛教宗派法相宗（唯識宗）興起，佛教哲學界形勢一變。

　　玄奘非祇是佛教與中國史上偉人而已，其旅行新疆、中亞細亞與印度東、西、南、北各地，親蒞百十國，傳聞二十八國，總記一百三十八國宗教、風俗、靈跡等的著作「大唐西域記」（玄奘口述而弟子辯機記錄），已世界性接納爲學術界所共有。特別關於印度部份，印度現地從未遺留自國的歷史・地理之書，研究上四之「大唐西域記」被珍視具有絕大價值，誇謂「今日一切印度學家之博學的嚮導」❿，英、法諸國均有翻譯並加注釋，正確的詳析玄奘旅行路線。進入印度與中亞細亞的考古學者，其輔助資料中，此書也已係必備與必讀。在於中國，則「大唐西域記」巡禮記聞至十三世紀末而演化爲「大唐三藏取經詩話」的取經故事，延及十六世紀，取經故事腳色三藏法師再以唐三藏或唐僧之名，加入孫行者、猪八戒、沙和尙與龍馬四從者，發展成民間津津樂道，旅途歷八十一難而遂西天求經宏願，無人不曉的長篇小說「西遊記」。

　　自隋而唐，佛教地位特隆係則天武后時代。「隋書」經藉志雖有「高祖雅信佛法，於道士，蔑如也」之語，同書高祖紀下開皇二十年（紀元六〇〇年）詔：「佛法深妙，道教虛融，咸降大慈，濟度羣品，凡在含識，皆蒙覆護……。故建廟立祀，以時恭敬。敢有毀壞偸盜佛及天尊像、岳鎮海瀆神形者，以不道論。沙門壞佛像，道士壞天尊者，以惡逆論」，佛道在形式上乃同等保護。前述唐初武德九年令又是佛、道同受淘汰。以後的演變，則「唐會要」卷四九僧道立位條「貞觀十一年（紀元六三七年）正月十五日，詔道士女冠，宜在僧尼之前。至上元元年

❿　沙畹原著，馮承鈞譯本「中國之旅行家」，第二三頁。

（紀元六七四年）八月二十四日辛丑，詔公私齋會，及參集之處，道士女冠在東，僧尼在西，不須更爲先後。至天授二年（紀元六九一年）四月二日，勅釋敎宜在道敎之上，僧尼處道士之前。至景雲二年（紀元七一一年）四月八日詔，自今已後，僧尼道士女冠，並宜齊行並集」，由佛道平等（高祖），到道先佛後（太宗），到佛道回復平等（高宗），到佛先道後（武后），再恢復佛道平等地位的記事已十分明白。

則天武后以出家感業寺爲尼的間隔，從太宗宮過渡到再入高宗宮而飛黃騰達，所以從高宗後期天后時代以迄武周革命的半個世紀間，造寺、造像之風及於頂點，天下各州普遍興建同一名稱的大雲寺，洛陽南郊龍門奉先寺石窟大佛造像推展到最盛期，洛陽新建周圍與高度各達百公尺的豪華超大型建物明堂，號「萬象神宮」，後方起五級「天堂」安置乾漆夾紵佛巨像。此寺工事均由武后內寵薛懷義監督，此人原係洛陽藥材行商，傳說天生奇稟，又因時常供應貴婦人特製的強壯劑春藥，而得緣出入宮中，服侍攝政期的老婦人武后，度爲僧並主持白馬寺。也便由薛懷義利用隋朝以來盛行的彌勒佛下生信仰風尚，與同寺僧侶法明、宣政等共同僞作「大雲經」，阿諛武后乃彌勒佛化身，以度眾生的下世福祉而降生凡間，爲天下主，載初元年（紀元六九〇年）奏上後制頒天下，而同年正式演出武周革命。翌年（天授二年）以「釋敎開革命之階，升於道敎之上」（「資治通鑑」唐紀二十則天皇后上之下天授二年條）。

高宗時代，又一名僧義淨，接續玄奘圓寂而西行求法。此一律學之秀，咸亨二年（紀元六七一年）自廣州首途赴印度時已三十七歲，長達二十五年在外，歷三十餘國，留學那爛陀寺且十年。武后證聖（同年改天冊萬歲）元年（紀元六九五年）歸朝時攜返四百部經典，玄宗開元初去世前十餘年間，譯出五十六部二百三十卷，包括新譯華嚴經八〇卷，

以及特別着力的戒律方面翻譯。義淨舊跡長安大薦福寺小雁塔，與玄奘於大慈恩寺的建造大雁塔兩相對稱，赴印度時玄奘往返均陸路而義淨均海道，所著旅行記「南海寄歸內法傳」，又堪媲美「大唐西域記」，乃是研究七世紀印度、南洋風土民俗的貴重文獻。其另一著作「大唐西域求法高僧傳」，錄唐朝立國以來半個多世紀間，前往印度朝聖留學僧侶的可資查考者六十人事蹟，其餘義淨未知者自屬無法統計，則七世紀（以及接續的八世紀）間，中國僧人求法之旅的熱潮如何高漲，可見一般。玄奘與義淨自身乃其中成功者之例，客死異域抑或喪身於恐怖沙漠或怒濤大海中的更多，為追求眞理、佛法，甘願冒險犯難以生命相搏，其獻身殉道的無畏精神，令後代人敬仰無已。

已非求法傳巡禮報告取材範圍，八世紀時訪印名僧慧日受教於義淨，受師影響而展開十八年、七十餘國的旅程。歸化新羅人慧超遲義淨約三十年，以本世紀初敦煌石室古寫本發見，散佚已千年的慧超旅行記「往五天竺國傳」殘卷於其中重現而聞名，歸朝年代便由書中記有開元十五年（紀元七二七年）返還安西年月而推知。印度朝聖運動隨印度佛教衰退漸漸平息期的代表人物悟空，留學印度四十年之久，德宗貞元六年（紀元七九〇年）始行返歸京師。

中國佛教史的教學諸宗派，便於唐朝如上的朝聖運動同時，相續完成其開創，而鑄定佛學思想的百家爭鳴相貌。中國佛教的新展開，由是大業底定。新佛教大乘八宗是⓫——

①三論宗，八宗中發達最早，五胡十六國之末後秦鳩摩羅什譯「中

⓫　隋——唐佛教宗派的展開與其理論說明，主要取材自平凡社版「世界歷史大系」⑤東洋中世史第二篇，第六二——六八頁，第三六三——三七五頁，中央公論社「世界の歷史」④唐とインド，第四一七——四二三頁，平凡社版「思想の歷史」④佛教の東漸と道教，第三〇七——三一一頁，上野菊爾「東洋史概觀」，第一二一——一二二頁。

論」、「十二門論」、「百論」等三「論」，盛弘「空」義，習者風靡。南北朝末歸化安息人後裔吉藏（已係操華語、書漢文的標準漢人）集三論教學大成，作三論疏光大教義，予羅什「空」的思想以組織化，歷陳——隋——唐三朝代，宣揚愈廣，而三論宗開創。同以鳩摩羅什名譯小乘系「成實論」為基礎的成實宗教學，也以「我、法二空」理論相近而被包攝。

②天臺宗，係佛教傳入中國開花結果，純中國化宗派成立的發端。開宗大師（天臺大師）智顗，與吉藏同時而生卒年均稍早，已不及見唐朝開國，成書立說極多，所謂天臺三大部「法華玄義」、「法華文句」、「摩訶止觀」，均其弟子所記大師講釋的精要。天臺宗理論體系以「法華經」為根本經典，與三論宗同時於新佛教運動中率先開宗，又似同三論宗以基本典籍為名而稱法華宗。教義以「三諦圓融，一念三千」代表，也與「中觀」思想相組合，而「智度論」、「涅槃經」、「般若經」，同係天臺法門發揮的重要經典。

智者大師——天臺宗與嘉祥大師——三論宗，相互交輝，乃中國佛教史一大劃期，隋朝佛教教理方面，幾乎可以此二大巨匠代表全局。但天臺、三論，均龍樹系佛教學或第一期大乘佛教經典所孕育，與之相對立，南北朝時代「十地論」研究者的地論宗、「攝大乘論」研究者的攝論宗，以及唐朝因玄奘而推廣的法相宗、與地論宗具淵源的華嚴宗，都是世親系學說或第二期大乘佛典思想的代表。後一系統，理論固亦互有所異，而各別成宗。如同天臺宗之於三論宗，但認定現象世界一切全由心的活動而浮現，則係共同的思想基礎：

⑧法相宗，宗派名因其「明法以體相」的教義中核而起，也依根本典籍「成唯識論」而名唯識宗，觀念論的代表宗派。著書均深度反省與注重推論下的產物，由玄奘最傑出傳人慈恩大師窺基開宗。影響力比較

單薄的攝論宗，自唯識論巨流之興被吸收。相對，以玄奘門下唯識論教義研究之外，小乘思想的俱舍論同係世親系而研究也盛，高弟普光由而另成立俱舍宗，祇是獨立的興盛未能持久，仍然向法相宗歸併。

　　④華嚴宗，則天武后時代，歸化康居人後裔法藏立於原所傳承舊六十卷本華嚴經研究成果，參與義淨八十卷本新譯，又予地論宗所傳實踐階梯十地論之說以組織化的集大成而立（地論宗因之併入華嚴宗）。教團廣大，弟子眾多，著書以華嚴經疏爲最知名，教義中心乃「十玄緣起，無礙圓融」，絕對的與澈底的唯心論。綜合前所成立中國佛教諸宗如智顗天臺、吉藏三論、玄奘法相等教學批判而儼然研究上的佛教學大系，也是中國佛教諸宗中教理最玄妙，所說最深奧的一宗。

　　同係高宗——武后時代，又有兩支弘通大、小乘的獨特性格佛教宗派發生：

　　⑤律宗，僧侶生活規範的戒律，原與教團組織不可分，在於中國，南北朝時代對此研究風氣已發端，但明白的律學專門研究教團出現，則自唐朝。道宣以四分律爲中心開創律宗，樹立救濟之道惟恃道德訓練的信念。道宣曾在玄奘譯場之列，德高又學問廣博，尤富歷史著述，「續高僧傳」、「廣弘明集」、「集古今僧道論衡」等均出其手，加以義淨譯律的助力，所以律宗學風，一時瀰漫。

　　⑥禪宗，循修行以達精神統一的「禪」（禪定），與教團法式的「律」同係佛教展開的根本，及七世紀晚年禪宗六祖慧能，追溯中國初振禪風的初祖南北朝時代達摩，乃開創禪宗。其專念於解脫的實踐，以及直指本心，不立文字的「見性成佛」高深哲學傳承，非祇與教義研究爲特徵的所有天臺、華嚴等宗均相對立，對律宗的發展方向尤爲全然相背，且以惟中國佛教獨有，純粹中國化爲特色。興起後發達爲佛教極大勢力，出現人才濟濟，競入禪門之狀。唐朝譯經文字多優美，禪宗教外

別傳，別開參悟禪機的「語錄」文體，用似於今日白話文的通俗文字記錄問答，以及梵銘、偈等流傳。此等佛教文學於唐朝新發生，又對後代儒家的哲學研究產生莫大刺激作用。

與禪宗同樣的純粹中國化，也與禪同樣立於人間尊嚴平等的信念，悟澈佛性在自己，卻非禪的純恃慧力自覺與內省，流行也早過禪宗的是：

⑦淨土宗，如天臺、三論等具有教義組織的特質，卻非便以追求佛教哲學為目的而立宗，立宗係依其獨特的阿彌陀佛信仰。阿彌陀佛於印度佛教非獨立的信仰對象，中國才以淨土宗發揚而大流行，持念佛法門，發願往生極樂世界清淨佛土，所謂「淨土」，宗名由是而得，也因而憑他力（不斷唸阿彌陀佛）實踐形成特色。「無量壽經」、「觀無量壽經」、「阿彌陀經」為淨土三經，四世紀末東晉慧遠已倡行，唐朝太宗——高宗時代，善導上承其師隋朝道綽之說，豐富的著述，整理淨土他力法門加以組織大成，而稱為唸佛三昧的淨土宗樹立，提供了庶民大眾為對象的實踐之學，佛教也由是發達為民間通俗信仰。待禪宗繼起與廣受知識人歡迎，禪、淨於是在唐朝平分佛學均勢，信仰階層則存有區別。

隋——唐新佛教運動展開下，中國佛教繼五胡亂華時代佛教偉人道安業績而再確立，佛教學以爭妍鬥艷似盛況百花齊放，而六世紀末以來約兩個世紀間，宗派林立，開宗者已均係漢人自身或歸化系漢人。但八世紀黃金時代漸漸褪色前，最後一波巨潮，却由外僧渡來開宗而興起：

⑧眞言宗（密教）。玄奘時代以後八世紀的印度現地，政治上極度分裂與混亂，六世紀以來自古代信仰婆羅門教變形的印度教強大勢力，已弘布全印度，與印度教相對比，佛教決定性衰頹，最後階段前迴光反照的大乘佛典教學再展開，乃有意謂傳佛陀秘密眞言的宗派發生，也以

其成立係與佛教所有宗派均爲「顯」相對，而以「密敎」爲名。密敎學
說傳來，玄奘以前已緩緩行進，玄奘所譯廣泛流布的「般若心經」，已
是典型的密敎經典之一。但在中國組織化的傳道實行，則自玄宗時代，
八〇歲的印度高僧善無畏（戍婆揭羅僧訶、Subhakarasimha）與另一高
齡印度高僧金剛智（跋日羅菩薩、Vajrabodhi），先後於開元四年（紀
元七一六年）、開元八年（紀元七二〇年），分自陸路與海道渡來，從事
本格化的密敎經典翻譯，兩人同被奉爲中國眞言宗之祖。較晚入滅的金
剛智在華所授弟子南印度第二代歸化人不空（不空金剛，Amagavajira）
奉師遺命，於開元二九年（紀元七四一年）率漢人弟子團，由海道赴南
印度與錫蘭進修，天寶五年（紀元七四六年）携帶密敎根本經典「大日
經」、（Mahavairocana）「金剛頂經」、（Vajra-Sekara）與其他重
要典籍五百餘部返歸長安，於士庶間廣泛指授，以蒸蒸日上之勢成長。
所以，中國密敎或眞言宗的流傳，推動至高峰，其力乃出自不空。不空
也是玄奘、義淨以來最偉大的翻譯家，譯出經、論凡一百十部、一百
四十三卷。此一唐朝壓軸開創的佛敎宗派，因所傳承已係印度的後期
佛敎，印度正在大發展的印度敎神秘主義與呪術要素也被吸收，宗派性
格因之向祈禱宗變形，知識的形體也傾向於多神化的象徵主義，一精神
而分化出現多數形體，大日（毗盧遮那 Vairocana）如來（Tathagata）
係尊信主體，諸佛、諸菩薩、天王、金剛、力士均係嚴肅儀式的供奉對
象。密敎理論，也便以如何對佛虔誠景仰爲主旨，必須長時期嚴峻經歷
實習後始傳授眞言，經、律、論三藏之外，別有儀軌藏，乃是祈禱佛敎
密敎的一大特色。

　　佛敎全盛期的大乘八宗派，八世紀中全部登場。總括此等宗派由
來：

　　──自南北朝之末或再以前的宗派基礎上予以再成立的，是天臺、

三論、淨土、禪。

──此時代中成立的，是華嚴、律。

──此時代新移植的，是法相、密教。

黃金時代終須過去，唐朝中期以來的佛教彷彿立於花朵盛開期以後，諸宗派間，繼續發展的消長之勢已形分明，三論、法相等以三藏「論」爲基礎的論宗，與據於三藏「律」的律宗，勢力都下墮，存續的惟有基於三藏「經」爲主的密、華嚴、天臺、淨土與禪的經宗五宗。原佔佛教史上特殊地位，隋朝──唐初與天臺同是大勢力的三論宗，以法相宗興起而被壓倒，最早盛極而衰，且以天臺宗佛典的價值系列同尊「中論」，對此專門研究者不斷減少，由式微而與天臺宗相匯。同樣，玄奘時代與窺基時代聲勢浩大的法相宗，也以理論上與之具密接關係的華嚴宗跟踪勃興，學風不振被替代。律宗則仍以「律」乃全體佛教的根本要素，所有宗派均不可欠缺，且未具備如禪宗的獨特性格，所以獨立發達不能持久，沒落爲無可避免。

佛教宗派怒濤復歸平靜，以及起伏間大變化發生。基本原因，仍與印度現地佛教退潮的大形勢相關聯，申言之，減弱了受自印度佛教的刺激，諸宗派見界強烈的競爭性因而鬆弛，相互間原所顯示各自主張的對立性也漸漸歸向緩和。所以，接續諸論宗、律宗的不能保持命脈，次一時代，教義中心的天臺、華嚴，發展曲線也都徐徐下降，相反，密教以佛教最盛期爲起點而後來居上，中唐以後，一時隆盛之極，淨土宗也能繼承從來的勢力。但無論華嚴、天臺或密、淨土，於唐朝後期，尤其會昌法難前後，一時概已步上凋零之道，始終屹立，獨能通過此時代繼續昌隆的，惟有禪宗。禪宗也於其時代表了中國佛教，通唐、宋均係全盛期，以迄明朝末年仍然。

也惟其如此，唐朝後期再一大變化現象發生，諸宗派間分立的形

象，反而已不如綜合接觸的傾向顯著，禪爲中心的宗派融合之勢正在醞釀。特別是民間廣泛信仰的淨土宗融向禪宗，禪、淨雙修與禪、淨一致的思想漸漸成熟而自唐朝以後大發展。另一方面，密教強調祈禱，重視葬儀與奉慰死者靈魂，自血池、地獄求取解救，均與漢族的祖先祭祀與關心身後福祉習俗相適合，因之雖遭會昌廢佛打擊，其後仍能迅速復興，發達及於後代。

　　陪伴隋——唐佛教盛行，也是佛教美術的發達，大乘佛教以造像、造塔爲大功德，寺、塔、佛像等建築彫刻以至佛畫、裝飾畫、刺繡、佛具製造等風行。佛教造形藝術自南北朝時健陀羅藝術餘緒，入唐以求法運動的結果，已大量參加印度式要素，而從南北朝的莊嚴美，向調和與豐滿爲特色的極度寫實與自然手法轉換，乃是非空想的，也非樸素的。洛陽龍門奉先寺窟盧舍那大佛（毘盧舍那佛的略稱，華嚴哲學中宇宙全體完全調和、融合之美，透過佛陀姿相而表現的理想態象徵，密教「大日如來」卽其譯名），大佛連同兩脇侍菩薩、兩羅漢、兩神王、兩力士的巨大九尊像係佛教藝術發揮到絕頂的代表作品，由佛龕記知自咸亨三年（紀元六七二年）起工，上元二年（紀元六七五年）十二月三十日畢，名義上高宗勅願而實際由武后造作。大佛堂堂圓熟、端麗的相貌，衣着褶紋全出乎自然手法。此外，山西天龍山與敦煌千佛洞石窟、山東歷城縣附近與四川廣元縣等地千佛崖與摩崖，以及近年廣西省新發見摩崖彫刻等，都表現了唐朝新風格。唐朝佛教繪畫的特徵，與造形藝術同係自然的寫實技法，表現以個性的鮮明對照與畫面調和爲重要，變化也走順乎自然的方向，色調華麗，敦煌出土絹畫與石窟寺院壁畫等都存在其範例。但以蒙受禪宗的影響，用薄墨的渲淡之法，其時也已流行⑫。

――――――――――――
　⑫　唐朝佛教藝術說明，主要教材自平凡社版「世界歷史大系」⑤東洋中世史第
　　　二篇，第七一――七二頁，第四三四――四三五頁。

古傳承的石窟寺院以外，山林佛教或都市中佛寺建材，一般都係木造，所以隋——唐佛寺興築儘管興盛，也如所有宮殿、邸宅或民居，以木材易被焚燬或隨年代而腐朽，不耐遺留久遠。戰後發見山西省五臺縣東冶鎮之北六公里李家莊的南禪寺佛殿（八世紀）與同縣豆村鎮之北五公里的佛光寺佛殿（九世紀），乃係幸運流傳迄今的唐朝寺院遺構，也是碩果僅存今日被發見唐朝木造建築的兩例，而彌足珍貴⑬。前一遺跡依碑文德宗建中三年（紀元七八二年）建寺而推定其建築年代，已須被列現存中國史上最古的木造建築遺構，正面三間（一一六公尺），側面三間（九七公尺）；後者也依碑文知會昌法難時原已全毀其寺，由顧誠和尚女弟子寧公遠發願重建，而於唐末宣宗大中十一年（紀元八五七年）復活的建築，正面七間（四〇公尺），側面四間（約一七公尺）。兩殿棟梁與屋頂內部構造，均係了解唐朝建築式樣與技法，以及關於此部份細部架構為如何複雜而精美的重要資料。

隆盛到頂點的唐朝佛教，結局卻難逃會昌法難刼數，而刼數的招致，主要係其日益加大的內在自壞因子崩裂，簡言之，南北朝時際遇再一次翻版，佛教史上也因之「三武之難」並列。唐朝中期以來，五光十色絢爛佛教教學之光漸漸暗淡。質的進步減弱而量的繁昌急激發展，僧口不斷增加的反面，僧侶中潛心向學修行者從比例上落向少數，而大多數形成名利的奴隸，耽湎於逸樂與驕奢。國家賦予出家人免除課役，以及寺廟准許置產與募佃、蓄奴的權利，又自南北朝通隋——唐不變，姦猾之徒紛紛以出家為逃避租稅徭役手段，貴戚富家又往往借喜捨之名藉寺院與寺莊之名達同一目的，僥倖冀求自私自利慾望之門大開。此項情況的發展，非祇風俗敗壞，迷信熾盛，大土地所有傾向加大而國家財政

---

⑬　唐朝佛寺遺跡說明，取材自村田治郎「建築技術の進步」（平凡社版「世界考古學大系」⑦東アジアⅢ，第二八——二九頁）。

收入劇減,社會蒙受影響更鉅。唐朝佛教政策,原係踏襲隋朝,保護與限制兩面俱顧,出家實行公度,禁止私度以控制僧口,約束數字膨脹,則天武后時代(包括高宗後半天后時代)乃朝廷育成佛教勢力最力、最明顯的時期,也仍有名相狄仁傑、名儒李嶠等抗顏力諫制衡(其文均見「唐會要」卷四九像項)。玄宗治世展開唐朝社會最繁榮期,佛教學也到達最盛境地,而對佛教勢力的擴張仍然立法嚴加限制。「唐會要」卷四七議釋教上記開元二年(紀元七一四年)正月名相姚崇上奏:「自神龍以來,公主及外戚,皆奏請度人,亦出私財造寺者,每一出勅,則因為姦濫,富戶強丁,皆經營避役,遠近充溢,損汚積濫。且佛不在外,近求於心,但發心慈悲,行事利益,使蒼生安樂,即是佛身,何用歲度姦人,令壞正法」。「因而僧尼僞濫還俗者三萬餘人」開端,連續的禁令發布,二月,禁新創立寺院;七月,禁百官容僧尼至家,設齋須報准州縣移牒聽去;同月,禁民間鑄佛、寫經爲業。十九年,又禁山林蘭若(小庵)與俗家往來(均見「唐會要」卷四九雜錄項);同年,詔僧籍每三年一改造,全國定期性整頓❹。天寶六載(紀元七四七年),公度基礎上更嚴格的度牒制斷行,無度牒者無僧尼資格,死亡或還俗時繳還陳牒(即舊牒),以加強淘汰私度僧與滅絕僧尼素質低下之弊❺。不幸,便自緊隨的八世紀後半以來,唐朝政治力已漸衰退,姚崇奏言已出現的弊象,原全恃強力統制力加以壓抑,而至國家制度鬆弛期間,所有限制全成具文,寺院反動勢力猛昇,社會秩序與經濟‧財政惡化加劇,結局乃爆發武宗會昌五年(紀元八四五年)的毀滅性廢佛大悲劇。

　　——這一幕的演出,「唐書」武宗紀會昌五年條記錄:「八月制:朕聞三代以前,未嘗言佛,漢魏之後,像教寖興,是由季時,傳此異

❹ 平凡社版「世界歷史大系」④東洋中世史第二篇,第三四三頁引「佛祖統紀」卷四二。
❺ 同上,同頁。

俗。因緣染習，蔓衍滋多，以至於蠹耗國風而漸不覺，誘惑人意而眾益迷。洎於九州山原、兩京城闕，僧徒日廣，佛寺日崇。勞人力於土木之功，奪人利於金寶之飾；遺君親於師資之際，違配偶於戒律之間，壞法害人，無逾此道。且一夫不田，有受其飢者；一婦不蠶，有受其寒者，今天下僧尼，不可勝數，皆待農而食，待蠶而衣。寺宇招提，莫知紀極，皆雲構藻飾，僭擬宮居。晉宋齊梁，物力凋瘵，風俗澆詐，莫不由是而致也。況我高祖、太宗，以武定禍亂，以文理華夏，執此二柄，足以經邦，豈可以區區西方之教，與我抗衡哉？貞觀、開元，亦嘗釐革，剗除不盡，流衍轉滋。朕博覽前言，嘗求輿議，弊之可革，斷在不疑。而中外誠臣，協予至意，條疏至當，宜在必行，懲千古之蠹源，成百王之典法，濟人利眾，予何讓焉。其天下所拆寺四千六百餘所，還俗僧尼二十六萬五百人，收充兩稅戶，拆招提、蘭若四萬餘所，收膏腴上田數千萬頃，收奴婢為兩稅戶十五萬人」。所毀大小寺庵與淘汰僧尼，正是同年四月預為檢括（調查）的全數，僅兩京各留寺四所，每寺留僧三十人。大彈壓令強行前僧尼數字的驚人發展傾向，對照一個世紀前開元時代的統計「僧七萬五千五百二十四，尼五萬五百七十六」（「唐會要」卷四九僧籍項）可見。僧尼合寺院奴婢共四十餘萬人脫逃國家租稅勞役者的數字，佔「會昌戶四百九十五萬五千一百五十一」（「唐會要」卷八四戶口數項），每戶折算十人約五千萬人的比例，已近百分之一，終於招致水滿則溢的大禍。而佛教「法難」，外國宗教為齊蒙池魚之殃，唐朝立國以來信教自由的宗教方針下，新渡來異宗教在中國源源傳播已獲致的成果，連帶一筆勾銷。武宗崩後雖一切解禁，佛教已一蹶不振。

法難禍因，唐武宗廢佛令冠冕堂皇的理由背面，佛、道兩教長期對立鬥爭的總決裂，係其導火線。

南北朝之末「三武之禍」第二次乃全廢宗教形態下的佛、道俱毀，

由隋而唐，道教以老子之姓與唐朝帝室同係「李」，被道士利用渲染，
附會「國姓」，而快速復興。高宗且曾親蒞亳州（河南省）謁老子廟，
追尊老子為太上玄元皇帝，道德經與儒家經典同列「明經」舉人策試教
本。玄宗信仰道教尤其誠篤，對老子皇帝尊號前加尊「聖祖」，五岳、
兩京、諸州各設崇玄廟（老子廟），又尊兩京所置各為太清宮與太微
宮，莊子、文子、列子、庚桑子各號真人，著書自子書類改列經書類，
「道德經」為羣經之首，孔子（封文宣王）以傳說曾問禮於老子，解釋
之為便是老子弟子，而「于太清、太微宮聖祖前，更立文宣王造像，與
四真侍列左右」（「唐會要」卷五〇「雜記」項，天寶八載條）。又令
「道德經」為天下每家每戶所必收藏習讀，全國普立崇玄學，京師且依
國子學例，置博士教授學生，應鄉貢參加科舉考試，直截付道教以特別
有利的發展條件。但堪注意，道教固得朝廷獎掖，朝廷的宗教政策，卻
是即使玄宗時代也仍與佛教平等，佛教乃保護又加限制，道教為相同，
佛教所受約束同樣適用於道教，寺、觀與僧、道，法律上相提並論而一
視同仁，唐朝政治的值得嘆佩，此即一例。抑且，玄宗特崇道教，佛教
密教的興盛便賴玄宗扶植；則天武后專信佛教，卻也修築緱山王子晉祠
（王子晉為周靈王太子，傳說乘白鶴昇天），並親書「昇天太子碑」。

　　唐朝道教，學者與實行家雖非謂無，經典也大加整備，但無論教
理或祭儀，都祇是模倣佛教，追隨佛教，甚或便是剽竊佛經，依大小
乘法門修改增飾原已隱沒的道書。道經真偽難辨，因之於唐朝思想界，
所謂道教哲學，並無地位，呈現的是落寞狀態。唐朝的道教時流，皮相
的現世不死長生追求與功利的富貴希冀，乃其信仰根基，圖讖、煉丹等
成立為宗教最重要環節。雖然丹藥之事，唐朝非全出自道士，佛教僧侶
為相同，唐朝天子獎勵道教、佛教的副作用，便是愛好服食此類金石靈
草提煉的丹藥。不幸，原以希求長生不老而服藥，結局反折斷生命暴崩

的，「廿二史劄記」唐諸帝多餌丹藥篇統計有六代君主。英明之主如太宗也自蹈不測，其間關係人：太宗→胡僧那羅邇婆婆，憲宗→山人柳泌、僧大通，穆宗→僧惟賢、道士趙歸眞，敬宗→道士劉從政，武宗→趙歸眞等八十一人，宣宗→太醫李元伯。免於此癖的，倒反便是尊奉道教的高宗、玄宗，以及大力提倡佛教的則天武后。

佛、道二教同等流行，同等勢力強大，又受朝廷平等待遇，對立抗爭乃不可避免。兩教間排擠互爭之勢，南北朝時代已形成，隋朝尚無有關此等情事傳聞，而至唐朝初建，高祖僧尼、道士限制令發佈，實際已是起源於道教信者太史令傅奕「減省寺塔僧尼益國利民事十一條」的上奏，佛教界與佛教擁護者認係誹謗，紛紛抗議反駁，雙方爭議的結果。以後，兩教互鬥與衝突不斷昇高，但爭執卻從來非是理論的，而係現實的，淺陋的辭、文辯論末端「優劣」論。道教徒最後所恃攻擊武器，厥惟佛教乃異邦邪教的夷夏論，西晉王符僞作「老子化胡經」，流傳三百數十年間成爲道、佛兩教論斷傾軋的中心課題，南北朝時代對其眞僞問題已掀軒然大波，唐朝再度形成焦點而燃鬥爭之火。佛教徒也活用「化胡經」方式，論斷孔、老均菩薩化身以反擊，雙方作成的僞書、僞經較前代猶烈。高宗因之搜索所流布「化胡經」焚燬以期息爭，中宗又詔除道觀畫化胡成佛之相與諸寺所繪老子形像，以及禁止兩教相互毀辱對方尊像。卻是，和緩一時後，唐朝中期以後，雙方鬥爭的激化愈形嚴重，代宗、德宗、敬宗年間屢次辯論，終不能決定兩教優劣。至武宗卽位，以寵信道士趙歸眞等受慫恿，又值僧尼嫌惡者李德裕爲相，而佛教致命的大打擊已必須承受，彈壓令也定必斷行了。

佛教雖於武宗次代宣宗時復活，等於已被宣告衰微，當初的煽火者道教也空餘惘然之感，彼此敵對的意識才以兩相疲弊而減退，以及逆方向儒釋道三家匯合的因緣反已接近。早自隋朝，儒者李士謙、王通等兼

述儒、佛、道治世之道，係三教調和論的初現。則天武后控鶴府（奉宸府）文化大事業之一，動員天下英彥編集「三教珠英」，目的又便在予儒、佛、道之說以集大成，而統一其精神。會昌破佛後，迎向三教思想融會合習之途，終於漸漸成熟。

就儒家關係而言，與佛教思想連結，唐朝中期以來原已明顯，學者、文學家如柳宗元、白居易等頗多便與學問僧侶論交。嚴守儒家立場，以猛烈排佛論「原道」與憲宗元和十四年（紀元八一九年）言詞更大膽的「論佛骨表」上奏，而直犯天顏的碩學韓愈，因是貶官潮州時，也與大顛和尚交往（「與孟尚書書」），「送高閑上人序」且推崇「今閑師淨屆氏，一生死，解外膠」，可知同樣了解佛義。韓愈高弟與相同以激烈反佛著名的李翱，於朗州刺史任內，且曾問道於藥山禪師（「居士分燈錄」）。由此機緣，儒家取入禪為中心的佛教思想之門乃緩緩開啟，鑄定以後新儒學或宋學的設定，特別關於宋學組織的中樞「性」論，所受禪家高深理論「指心見性」影響，已係學術界定論。另一方面，道教經歷唐末以屆五代的時代，也喜見新思想展開，道士陳希夷「太極圖」，又重大影響儒家而構成宋學發生的另一要素。

——中國思想史，至此已準備翻過新的一頁。

學問、科學與文學平民化

雄大優美的唐朝文化，其水準之高著譽世界史。

漢朝獨尊儒術，統一思想，漢末混亂期展開而儒學權威失墜，通四百年大分裂的時間均行萎退，道家與新興的佛教風潮蔚為思想界主流。長期不振的儒學，也於此過程中，陪伴南、北分裂的局面，分立為南學

與北學，南學乃以三國魏國王肅以來已受道家影響爲主的哲學解釋（義理），北學仍係踏襲後漢鄭玄傳統的文法解釋（訓詁）。

　　隋朝再統一中國，國家大事業之一，「隋書」經籍志序大書：「隋開皇三年（紀元五八三年），秘書監牛弘表請分遣使人，搜訪異本。每書一卷，賞絹一匹，校寫旣定，本卽歸主。於是民間異書，往往間出。及平陳以後，經籍漸備，檢其所得，多太建時書，紙墨不精，書亦拙惡。於是總集編次，存爲古本，召天下工書之士，京兆韋霈、南陽杜頵等，於秘書內補續殘缺，爲正副二本，藏於宮中，其餘以實秘書，內外之閣，凡三萬餘卷。煬帝卽位，秘閣之書，限寫五十副本，分爲三品，上品紅瑠璃軸，中品紺瑠璃軸，下品漆軸，於東都觀文殿東西，構廟屋以貯之，東屋藏甲乙，西屋藏丙丁（「唐書」經籍志一亦有「煬皇好學，喜聚逸書」語）。大唐武德五年（紀元六二二年），克平僞鄭，盡收其圖書及古跡焉。命司農少卿宋遵貴載之以船，泝河而上，將致京師，行經底柱，多被漂浸，其所存者，十不一二。其目錄亦爲所漸濡，時有殘缺。今考見存，分爲四部，合條爲一萬四千四百六十六部，有八萬九千六百六十六卷」。媲美「漢書」藝文志，洋洋四卷的「隋書」經籍志，便於唐初，以上述幸得逃脫戰亂破壞厄運的書籍爲對象而編定。三世紀三國魏國荀勗始創甲、乙、丙、丁四部圖書目錄分類法，隋朝確定已以經、史、子、集的性質相對應，而爲後世所踏襲。隋朝兩帝努力搜求遺書與加推廣，具有的已是於儒學統一基準，復興文化，完成其準備期的意義，此其一。

　　「隋書」經籍志一的另一段記載也堪重視：「至宋大明中始禁圖讖，梁天監已後又重其制。及高祖受禪，禁之踰切。煬帝卽位，乃發使四出，搜天下書籍與讖緯相涉者皆焚之，爲吏所糾者至死。自是無復其學，秘府之內亦多散亡」。漢朝以來風靡的讖緯之學，弊風於隋朝一掃

而盡，儒學中的迷信成份被廓清，此其二。

　　儒學的正統學問表徵，在於惟一以五經爲國定教科書的學校教育系統建立。隋文帝晚年的仁壽元年（紀元六〇一年），雖以狂信佛教影響，反常的於頒佛舍利至諸州同一天，下詔廢州縣學，與京師太學、四門學，惟留國子學（改名太學）與學生七十人，但煬帝繼位，立即復舊。「隋書」儒林傳序對此說明：「高祖（文帝）膺期纂歷，平一寰宇，頓天網以掩之，貢旌帛以禮之，設好爵以縻之，於是四海九州，好學強問之士，靡不畢集焉。……超擢奇雋，厚賞諸儒，京邑達於四方，皆啟黌校齊，講誦之戶，道路不絕。中州儒雅之盛，漢魏以來，一時而已。及高祖暮年，精華稍竭，不悅儒術，專尚刑名，遂廢天下之學，唯存國子一所，弟子七十二人。煬帝即位，復開庠序，國子、州縣之學，盛於開皇之初。徵辟儒生，遠近畢至」，王通、何妥、劉焯、劉炫（非兄弟）等大儒都名重一時。儒者被尊重，儒學受獎勵，恢宏孔子之教，重振儒風的契機又已把握，此其三。

　　南朝滋長的浮靡駢麗文風，影響北朝而至隋朝繼續大流行。名儒李諤上書文帝痛論其弊：「文章日繁，其政日亂，良以棄大聖之軌模，構無用以爲用也。捨本逐末，流徧華壤，遞相師祖，久而愈扇。大隋受命，聖道聿興，屏出輕浮，遏止華僞，自非懷經抱質，志道依仁不得」（「隋書」本傳），而有開皇四年（紀元五八四年）詔令天下，公私文論一概踏實之舉。一名刺史高官，且便因「文表華豔」而被治罪，又是揚棄舊傳統，迎接新文運的先兆，此其四。

　　唐朝替代隋朝，便立於此等基礎上大步推進，儒學新機運自貞觀年間明朗展現。太宗獎勵儒學，弘文館藏書二十餘萬卷，禮聘飽學之士，由褚遂良領銜，虞世南、褚亮、姚思廉、歐陽詢等均爲學士，究學問，議政事。貞觀二年（紀元六二八年），釋奠禮周公爲先聖，孔子爲先師

的傳統地位，勅命加以變更，停祭周公，孔子正式上昇先聖，顏回爲先師（玄宗開元二七年，紀元七三九年，又追謚孔子爲文宣王）。貞觀四——一六年（紀元六三〇——六四二年）間，經學史的劃期性大事追隨出現，經書定本「五經正義」制定，南北朝以來對五經繁雜的各家解釋，以教育上、選舉上都有樹立標準的理由，而加以統一。五經經本由南北朝著名學者顏之推之孫原任中書侍郎顏師古，選定「周易」、「毛詩」、「尙書」、「禮記」、「春秋左氏傳」；仕隋已引退，復仕唐爲秦王十八學士之一的國子祭酒孔穎達注釋，共一八〇卷。從來的南學、北學之分，自此以國家事業的經義統一解釋遂行，而告一總結。「隋書」儒林傳序說明南、北學分歧重點：「江左周易則王輔嗣（弼）、尙書則孔安國、左傳則杜元凱（預）；河洛左傳則服子愼（虔），尙書、周易則鄭康成（玄），詩則並主於毛公，禮則同遵於鄭氏」，「五經正義」注釋，便全然採納了王弼等的南學系統，而北學被排斥。經學的南、北學統一，乃出諸北學被統一於南學形式，爲堪注目，唐朝政治實體上承隋朝係北方系，儒學復興時的政治指導原則卻是南方系，又值得玩味。政治→北方、文化→南方，正可解釋爲中國再統一偉大時代的南北調和。

之後，繼「五經正義」而賈公彥作「周禮義疏」與「儀禮義疏」，又有楊士勛作春秋「穀梁義疏」、徐彥作春秋「公羊傳疏」，此四經雖非奉勅完成的國家事業，也與「正義」同用爲國定教科書，學校的統一教材。文宗開成二年（紀元八三七年）國子監講論堂兩廊，所謂五經文字，九經字樣的石壁刻經完成，九經之外，加「孝經」、「論語」、「爾雅」同鐫，五經、九經外的「十二經」名詞也由是而得。（石經現存西安碑林，合計一一四石，兩面刻字，總字數六五〇、二五二字❶），

---

❶ 誠文堂新光社版「世界史大系」③東アジアⅠ，第二五九頁附圖說明引「西安勝蹟誌略」。

經籍文字的統一性再度加強。

　　學問尊重的另一面，循儒家五經準繩以達陶冶人格、養成人物目的的學校教育，由國家積極發展，並與科舉制度密接連繫，學校畢業的應試資格立於另一形態的鄉貢之前。唐高祖踏襲煬帝時代隋制，國子監三學收容學生總數尚僅三百名，別置小學，以教宗室子孫與功臣子弟。太宗於此基礎上大事擴張，統轄於國子監的國子學（教三品以上高官子孫）、太學（教五品以上官員子孫）、四門學（教七品以上官員之子與庶民俊秀）「三舘」均施一般教育；同一教育行政系統增立施以專門教育的技術學校律學、算學、書學與三館總稱「六學」與「國學」（另外的醫學則隸太醫署）。「唐會要」卷三五學校項的說明是：貞觀五年以後，增築學舍一千二百間，生員凡三千二百六十員，「已而高麗、百濟、新羅、高昌、吐蕃諸國酋長，亦遣子弟請入國學，於是國學之內八千餘人。國學之盛，近古未有」。特殊教育學校除隸秘書省的皇族學校「小學」外，又增加文學顧問官廳附設的弘文舘學與崇文舘學，前者監督機關乃門下省，後者則東宮系統，共同教育貴冑子弟。八世紀玄宗時代，別設崇玄舘學，以及國子監專立應進士科考試的養成學校廣文舘學。

　　然而，上距貞觀之末不滿四十年，「唐會要」卷三五學校項已記有光宅元年（紀元六八五年，則天武后攝政時代，同年以廢中宗易立睿宗而改元垂拱元年）陳子昂上疏之言：「陛下方欲興崇大化，而不知國家太學之廢，積以歲月久矣。學堂蕪穢，略無人蹤，詩書禮樂，罕聞習者」；同項又載武周時代的聖曆二年（紀元六九九年）韋嗣立疏言：「國家自永淳（高宗末）以來，二十餘載，禮樂廢散，冑子棄缺，時輕儒學之官，莫有章句之選」，隆盛的儒學急速走向下坡，形勢已成。中宗復位以來再度振作，乃有神龍元年（紀元七〇五年）學生數國子學三百人、太學五百人、四門學一千三百人（內庶民身份者八百名）、律學五

十人、書學、算學各三十人，六學合共二千二百十人（「通典」職官九諸卿下國子監項）的定額編定。但相隔僅半個世紀，「自天寶後，學校益廢，生徒流散。（憲宗）元和二年（紀元八〇七年）定生員，西京國子舘生八十人、太學七十人、四門三百人、廣文六十人、律舘二人、書、算舘各十人；東都國子舘十人、太學十五人、四門五十人、廣文十人、律舘三人、書館三人、算舘二人而已」（「新唐書」選舉志上）。所以然的原因，「新唐書」選舉志的分析是「世祿者以京兆同華爲榮，而不入學」，今日高等文官資格考試意味的「科舉」，謂之「舉人」的應試之途，因之敝視「生徒」（學校畢業），而偏倚到懷牒自列於州縣的「鄉貢」方面。而且，科目中唐初以「秀才」科爲最高，試驗主旨在政治見解，課以時事問題的對策爲重心，卻以秀才落第時原鄉貢推薦者州的長官須連帶受罰，而貢舉日少，最早廢絕。追隨凋零的，便是以儒家經典試驗成績爲依憑的「明經」科。熱門已惟隋煬帝成立的「進士」科，以武后開始加試詩賦的鼓勵而愈興旺，從玄宗時代於國子監加立廣文舘的事實，以及元和重訂國子監學生名額中廣文舘數字所佔比重可以反映。

　　唐初獎勵儒學，到達隆盛頂點又歸向消沈，與於漢朝一尊儒學的基礎上續再統一儒家學說，存有決定性的關係。「五經正義」經書解釋統一，漢朝以來發達的訓詁學固因而生命被扼殺，所謂義理之學的思想停滯，也不可否認存在了必然性。經學史上的南學、北學由是統一，卻同時關閉了學說繼續進展的發明之門，學風由固定而僵化。這股進步與倒退性格兩面俱在的巨大力量，阻止了唐朝儒家思想，不能與如同萬馬奔騰的佛教思想等量齊觀，較之令人目迷五色，眼光撩亂的唐朝文學，色澤更形黯淡。儒學非祇自唐朝而結束漢朝以來十個世紀左右的經學時代，也在中國文化最成熟、內涵最豐富、光輝最燦爛耀目的唐朝，獨自形成素質粗糙而內容貧乏的跛腳一面。

　　與發達的唐朝文化整體不調和，走向不平衡的儒學低潮，幸得於第
八——九世紀之交（德宗、順宗、憲宗時代），陰霾中透出一道強烈陽
光，韓愈「原道」、「原性」（與生俱生爲「性」，接物而生爲「情」），
與弟子李翱據於其師學說續加光大的「復性論」（滅情復性），乃是三
百年隋——唐思想界儒家思想莊嚴不墮的象徵，卻也是僅能列數的唐朝
兩位思想家。雖然隋朝王通也曾被興起討論浪潮，但今日定評，已知其
「文中子」著作係後世僞作，學說主幹所繫的「中說」王道論，也不過
孔子哲學的複述與模倣。韓愈、李翱師弟之說，則已係漢朝以來再一次
儒學新境界的開拓，宋學的直接導源。

　　宋朝歐陽修等撰「新唐書」，於韓愈傳本文稱：「其原道、原性、
師說等數十篇，皆奧衍閎深，與孟軻、揚雄相表裏，而佐佑六經」；贊
曰又稱：「自晉訖隋，老、佛顯行，聖道不斷如帶，諸儒倚天下正義，
助爲怪神。愈獨喟然引聖，爭四海之惑，雖蒙訓笑，跲而復奮，始者未
之信，卒大顯於時。昔孟軻距揚、墨，去孔子才二百年；愈排二家，乃
去千餘歲，撥亂反正，功與齊而力倍之，所以過（荀）況、（揚）雄爲
不少矣。自愈沒，其言大行，學者仰之如泰山北斗」。蘇軾論韓愈：「
文起八代（六朝、隋、唐）之衰，而道濟天下之溺；犯人主之怒（指直
諫憲宗迎佛骨），而勇奪三軍之帥」（「潮州韓文公廟碑」）。宋朝儒
家對韓愈如此肅然起敬，比擬其輔翼孔子學說之功如同孟子，原因便以
韓愈乃直截的宋學啟蒙大師，視「原道」立論爲可瞭然。「原道」乃韓
愈思想的出發點，一則說：「博愛之謂仁，行而宜之之謂義，由是而之
焉之謂道，足乎已無待於外之謂德」；二則說：「傳（『大學』）曰：
『古之欲明明德於天下者，先治其國，欲治其國者，先齊其家，欲齊其
家者，先修其身，欲修其身者，先正其心，欲正其心者，先誠其意』。
然則古之所謂正心而誠意者，將以有爲也。今也，欲治其心，而外天下

國家，滅其天常」；三則說：「斯道也，何道也？曰：斯吾所謂道也，
非向所謂老與佛之道也。堯以是傳之舜，舜以是傳之禹，禹以是傳之
湯，湯以是傳之文武周公，文武周公傳之孔子，孔子傳之孟軻，軻之死
不得其傳焉。荀與揚也，擇也而不精，語焉而不詳」。「道統」之說與
孟子的儒學地位抬高，都由此最早明白標示，而成立確定以孟子學說繼
承孔子為正統的宋學骨幹。

　　韓愈由「原道」演衍的「原性」說，經李翱光大為「復性書」上、
中、下三篇，是思想領域的一大昇進。復性論立腳於「中庸」：「天命
之謂性，率性之謂道」與至誠盡性理論，以及孟子的「性善」說。說
明：「人之所以為聖人者，性也；人之所以惑其性者，情也。喜、怒、
哀、懼、愛、惡、欲七者，皆情之所為也」。惟以存在「情不自情，因
性而情，性不自性，由情以明」的關係，所以雖然人性皆善，卻被情所
掩而真性昏冥，「妄情滅息，本性清明，周流六虛，所以謂之能復其性
也」，「忘嗜欲而歸性命之道」，李翱復性論中心思想明晰建立於此。
復性之道惟恃不動心，所謂「寂然不動，是至誠也」，以「誠」道辨證
復性論，歸納到「中庸」「唯天下之至誠，為能盡其性；能盡其性，則
能盡人之性；能盡人之性，則能盡物之性；能盡物之性，則可以贊天地
之化育；可以贊天地之化育，則可以與天地參矣」的子思「誠者，天之
道也」理論。性命之學的宋學，胚胎於是成形，祇待瓜熟蒂落而至宋朝
呱呱墮地了。「大學」、「中庸」、「孟子」，也由是至宋朝而合「論
語」共稱「四書」，於宋學中被推崇與「五經」同等立於儒家根本經典
的地位。

　　與儒學的停滯對比，史學方面，唐朝是個大有可觀的時代。中國「
正史」，今日總稱二十五史中的八種；「晉書」百三十五卷（房玄齡等
撰）、「梁書」五十八卷、「陳書」三十六卷（均姚思廉撰）、「北齊

書」五十卷（李百藥撰）、「周書」五十卷（令狐德棻等撰）、「隋書」八十五卷（魏徵等撰）、「南史」八十卷、「北史」百卷（均李延壽撰），均完成於七世紀太宗、高宗時代。關於唐朝國史，溫大雅「創業起居注」（三卷）與敬播、許敬宗「高祖、太宗實錄」（四十卷）以來歷代實錄的輯定，也加開國家事業的歷史記錄一新方向，爲以後朝代所踏襲。對前史注釋，顏師古的注「漢書」特爲有名，也流行爲同類書籍的後世標準本。以唐朝學者努力而於史學方面獲致突破性的其他方面成就：

　　——紀元七〇〇年前後，自武后時代仕至玄宗初的劉知幾著作史學理論書「史通」（內、外四十九篇），乃史「學」的專門研究與獨立學問發軔。

　　——八世紀後牛代宗時代杜佑編集行政百科辭典意味的「通典」（八門二百卷），又是制度學的創始。

　　唐朝留存迄今的偉大文化遺產，地理學知識的重要貢獻又是其一。玄奘、義淨、悟空等僧人旅行家有關中亞細亞、印度、南洋等史‧地記錄的學術價值爲無論，同係國外部份，官方人員基於外交與貿易記錄，或親身經歷而撰見聞錄、地理誌、地圖更多。「隋書」與「唐書」同列傳記的裴矩「西域圖記」、高宗顯慶三年（紀元六五八年）勅撰「西域圖志」、德宗貞元十七年（紀元八〇一年）買耽「古今郡國縣道四夷述」等，都是特具科學性的著作。雖然以上諸書原本都已散失，但多少尚被摘錄保存於其他出版物中，隋朝通西域三大道，便以「隋書」裴矩傳引錄其「西域圖記」序文而得，「新唐書」地理志七下篇末附見入四夷七道交通線，也明言轉載自買耽所考定。國內地理書的鉅著，貞觀十五年（紀元六四一年）太宗皇子魏王泰邀集學者所合撰「括地志」，達五百五十卷（另序略五卷），可惜原書散佚（現存輯本乃清朝學者孫

星衍整理）。八世紀初憲宗元和年間李吉甫的「元和郡縣圖志」（四十卷），係唐朝著名地志中幸得遺留今日者，但圖的部份也已亡失。

科學的地理學基礎在地圖，中國地圖製作法的飛躍時代，以三世紀晉朝裴秀應用百里一寸（換算即一八○萬分之一）縮尺，平面圖上又加劃似於今日地圖經線與緯線的縱橫區分如網目而展開，後世謂之「方寸圖」或「方眼圖」。裴秀所親製的最古方眼圖「禹貢地域圖」雖已不可復見，但由其開始而出自同一方法所製，僞齊阜昌七年（紀元一一三七年）據以刻石的華夷圖與禹跡圖方眼圖，今日尙保存於西安碑林❷，藍本便是唐朝宰相賈耽，貞元十七年與其地理名著同時奏上的「海內華夷圖」。從此一石刻地圖，一眼而見輪廓已與今日地圖全無變歧，中國地理學如何踏實，地圖學具有何等優秀性、進步性，均可證明。用同樣技術製作的方眼圖地圖，出現於歐洲，須待接續賈耽時代的第十世紀，或者便是中國的繪製法傳播歐洲，也未可知❸。

地圖製作的正確性立於測地技術，唐朝於此又爲領先世界。開元十二年（紀元七二四年），天文學者南宮說選定河南平原進行大規模測地事業的結果，最早測定子午線一度之長。雖然學者間依唐朝一里＝四四○公尺推算，曾有意見，認南宮說的測定值須使子午線一度推展至一五七公里程度，與今日大體一一○公里的數值比較，未免爲不正確或粗糙。但卽使如此，國際學術界也已認定，僅以最早測定而論，便是中國地理學史值得注目的成績❹。

唐朝文化的世界級地位是權威的，特別第七世紀，乃是人類文明的大活動時期，阿拉伯（大食）、西藏（吐蕃）、日本文明都在興起，唐朝則正立於時代的最前端與最高峯。唐朝文化傲視世界史的特色，非

❷ 藪內淸「中國古代的科學」，第一一二頁。
❸ 同上，第一一四頁。
❹ 參閱上書第一一○──一一一頁。

似漢朝的特多科學上發明與發見，而係國際文化有容乃大的廣與博，是世界國際的。無論哲學（佛教）、數學、天文學、醫學、地理學、歷史編纂、博物學、語言學等諸分野，無不佔有同時代世界的主要位置，而為今日學術界驚嘆世界科學、文化史上罕見的盛況❺，與中國史黃金時代的形勢正相對應，此其一。其二，唐朝文化的實用性，似於西洋史上羅馬而非希臘，又正與漢朝相異。此時代的科學上卓越貢獻是：

——數學：高祖、太宗時代的王孝通著「緝古算經」，出現中國最古的三次方程式例題。

高宗時李淳風注解「周髀算經」，說明不定方程式的解法。

——天文學：高祖初，傅仁均以造曆而予古代人天文觀測以集成❻。

——醫學：隋大業六年（紀元六一〇年）巢元方編集病理與診斷的醫學完全文獻「諸病源候論」，廣記六七門、一七二〇論的病名與症候。唐朝天寶十一年（紀元七五二年），王燾續準上書，加處方而著「外方秘要」，內容擴充至一一〇四門。

高宗、武后時代，孫思邈龐大的醫學全書「千金要方」（「孫眞人千金方」）、「千金髓方」、「千金翼方」、「隨身備急方」陸續完成（編入道教文獻總滙「道藏」時總稱「備急千金方」）。眼科處方❼與外科手術用藥物、綳布之外，熱鐵燙燒傷口止血法❽出現。

——語文學：繼紀元六〇一年隋朝陸法言編纂漢語最古音韻辭典「切韻」（予文字以二〇四個同韻語為分類），貞觀二三年（紀元六四九年）僧人玄應編定佛教語彙「一切經音義」，集梵語發音的術語大觀，

---

❺　參閱 G. Sarton「科學文化史」，岩波版平田寬日譯本古代、中世 I，第二二四頁。且其第二五章（第七世紀前半）、第二六章（第七世紀後半）分別便以「玄奘的時代」與「義淨的時代」為章名。

❻　上書，第二二七頁。

❼　同上，第二三六頁。

❽　藪內清「中國古代の科學」，第一三六頁。

對漢語音韻學研究乃無比重要的工具書。

唐朝（以及隋朝）文化的高水準，自「唐書」經籍志收錄書名與數量統計可以瞭然。雖然登錄情況，以唐末如同隋末，戰亂中再遭書籍浩劫而非全貌，僅轉載八世紀玄宗時所編定現成的圖書目錄，卻也因而愈可明白，唐朝如何於隋朝政府書籍「是所存者，十不一二」（見前引「隋書」經籍志）的破殘基礎上，努力訪錄補充遺書，以及新著作蓬勃產生的一般（「新唐書」藝文志序：迄於開元時代，「而唐之學者自爲之書者，又二萬八千四百六十九卷」）。如下是「隋書」、「唐書」兩志的書類調查狀況：

	圖書總數	甲（經）部（含語文、音韻學）	乙（史）部（含地理學）	丙（子）部（含軍事學、博物學、天文學、數學、醫學等）	丁（集）部
「隋書」經籍志	四部經傳三、一二七部，三六、七○八卷（通計亡書合四、一九一部，四九、四六七卷）道經三七七部，一、二一六卷佛經一、九五○部，六、一九八卷大凡經傳存亡及道佛六、五二○部，五六、八八一卷	六二七部，五、三七一卷（通計亡書，合九五○部，七、二九○卷）	八一七部，一三、二六四卷（通計亡書，合八七四部，一六、五五八卷）	八五三部，六、四三七卷	五五四部，六、六二二卷（通計亡書，合一、一四六部，一三、三九○卷）
「唐書」經籍志	開元時三、○六六家，五一、八五二卷「其外有釋氏經律論疏、道家經戒符錄凡二千五百餘部，九千五百餘卷」。（依「開元內外經籍」）	五七五部，六二四一卷	八四○部，一七、九四六卷	七五三部，一五、六三七卷	八九二部，一二、○二八卷

　　從上項對比，可知玄宗時代的八世紀唐朝，大分類圖書數量超過隋朝所遺留特多的，一是科學、技術類「子」部，二則文學類的「集」部，後一範疇的唐朝新著作增加數恰係一倍。清朝編集的「全唐詩」，詩篇收錄近四萬九千首；「全唐文」一千卷，收集散文作品二萬三千篇，作者列名數總共達四千人。另一統計，唐朝詩文集數字至八二○○卷之譜❾，文學發展之盛可以概見。

　　文學站立到圓熟的大唐文化第一線，便以作品數量如此的驚人豐富所代表普及性，而鑄定其地位。通過短暫隋朝，唐朝所上承南北朝文化的性格，主線係在南朝，唐朝文化精華的「詩」，特別是代表性的律詩，便以南朝文學中聲韻要素為基盤。所以，唐朝文化層面築成，儒學已循南朝研究方向或所謂南學，文學尤其全係南朝文學意境的增高與擴大。而且，儒學僅於唐初一度回復活力後又衰頹，文學的發達則與日俱昇，簡言之，儒學不振，文學特隆，正是唐朝文化的特色。

　　藝術，與文學相關聯，也在唐朝與文學相得益彰。

　　中國傳統畫法，乃對人物與風俗生活寫實的線描，形容如春蠶吐絲，而以精神的表現定作品優劣。立於東晉顧愷之繪畫極品的準則下，此一風氣貫通南朝均然。但明暗陰影畫法與山水畫，也已在南朝時代發端。尉遲乙僧係唐朝立體感陰影法畫家中特為聞名的前鋒，與之同係初唐一流畫家的閻立德、立本兄弟則踏襲傳統的線描技法再加光大。位至宰相的閻立本畫史評價，謂六朝以來的肖像、人物畫，以其出現而注入了新生命，也以其所製「帝王圖卷」（現藏美國波士頓美術館，北宋模本）等，而同類作品的藝術性昇高到頂點，以後時代祇在徐徐下降。博得唐朝第一偉大畫家聲譽的吳道子已係盛唐玄宗時代人，肥瘦筆描表現凹凸的技法發揮至極緻，作品氣魄宏大，以熟練的一氣速描寫實為特

---

❾　誠文堂新光社版「世界史大系」③東アジアⅠ，第二六三頁。

徵，中國的人物畫、山水畫的逼眞性，同自吳道子筆下推向最高造詣之境。多彩華麗的唐朝繪畫，也以盛唐立體陰影描寫與色彩配合所構成的多樣化，而蔚爲富麗堂皇的大觀。

山水畫發達，盛唐又是里程碑，畫風的分岐自此時期判明。較吳道子時代稍早，畫界巨匠皇族之一李思訓所代表濃彩的金碧山水（**青綠山水**），代表了唐朝傳統山水畫主流，謹細綿密的筆法，多彩華麗的**配色**，象徵的便是唐朝大帝國的世界圖縮影。李思訓、吳道子均宮廷畫家，較吳道子稍後而背景迥異，文人畫家王維的破墨山水，詩情與**畫意**合一，所描繪自然界，具有自我個性的親近感，用單色的墨色濃淡表現立體感。此類以六朝陰影法應用到墨繪方面的山水畫，與傳統線描**畫法**的青綠山水，正相對立，因之繪畫史出現北宗（李思訓系）、南宗（王維系）的區分。接續，自南宗基礎上再一躍進，一種全行擺脫線條輪廓，自由精神更深一層發揮，山、岩、雲、水用濃淡一氣呵成的「潑墨」方法繪出的山水畫誕生，畫面灑脫而飄逸，中國傳統客觀的「寫實」畫法一變，已係表現作者氣氛爲主要的「寫意」。由寫實到寫意的大轉換，中唐王墨（或王默、王洽）爲代表人，中國獨有著名的水墨畫由是創始，祇是水墨畫的流行爲中國畫主要技法，時間尚須展延至宋朝以後。

從大方向而言，唐朝繪畫乃是華麗世界，也愈至晚唐而畫題的領域愈形廣濶，畫馬名家韓幹、畫牛名家戴嵩，均出於此時期。周昉又以描寫上層社會生活特爲有名，後世流行的花鳥圖，萌芽也便在唐朝。

中國獨特的藝術書法，四世紀東晉時代王羲之流麗典雅的楷、行、草三體，通南朝至隋——唐益益風靡。自隋仕唐的歐陽詢、虞世南，以及稍後的褚遂良，係代表初唐書法的三大名家，都屬王羲之傳統，**尤其**自身也是書法能手的唐太宗酷愛，費盡心機收集王羲之書蹟爲後世所共

知，臨崩且遺命以「蘭亭序」眞蹟陪葬昭陵。所以，今日所傳「蘭亭序」墨蹟種類極多，卻均係一再複製之品，臨摹的模本。王羲之書體的在初唐確立爲書法典型，從而可以認知。此一風氣，八世紀唐朝文化最盛期的玄宗時代才受到衝擊，南北朝著名文士顏之推後裔與唐初大儒顏師古的從曾孫顏眞卿，與起書體新風氣，沈着、剛直、雄渾而力強，代表了旺盛精神力，對王體形成革新意味的挑戰。新開創的此類書體，續以柳公權增大其影響力。而北宋以後，王體雖仍被尊重，社會間書法的喜愛性向與所流行，終已轉移爲顏體。

　　詩，通中國文學史到達唐朝而登入黃金時代，也已係唐朝文學的代表。唐詩於文學史上普通區分四期或三期：

　　〔元朝楊士弘〕——初唐，高祖武德元年迄睿宗末（紀元六一八——七一二年）約百年，乃未脫六朝影響的時代。

　　——盛唐，玄宗開元元年迄代宗永泰元年（紀元七一三——七六五年）約五十年，詩的最盛期。

　　——中唐，代宗大曆元年迄敬宗寶曆二年（紀元七六六——八二六年）約六十年，次於盛唐的詩的旺盛期。

　　——晚唐，文宗太和元年迄唐亡（紀元八二七——九〇七年）約八十年間，已係詩的衰微期。

　　〔清朝王士禎〕以中唐分屬盛唐與晚唐，改分初唐（紀元六一八——七一二年），盛唐（紀元七一三——八〇五年），晚唐（紀元八〇六——九〇七年），每期各約百年。

　　上項詩的編年區分，同樣適用於唐朝文學的一般，以及與文學相關的藝術。

　　自六朝（南朝）文學光大爲唐朝文學，機運把握在風氣的振頹起衰，技術的成熟，意境與格調的拓寬又提昇，一系列的自由化高層次發

展成功。六朝文學四字、六字一句，不求實質內容，講究外形對稱與聲調之美的四六駢儷文體，以及綺麗、香艷、纖巧、輕佻、浮蕩、儘唱靡靡之音腐蝕人心的詩句，隋文帝統一中國南、北後，深感厭惡而如前引「隋書」所記，已詔令抑禁。但次代煬帝卻個人便是詩人，從見於「隋書」文學傳的「飲馬長城窟行」等詩文篇名，固可想見其詩想宏大，愛好南朝文學同樣是其性格的一面，結局靡麗之風仍然瀰漫，以至唐朝嬗代。所以，初唐詩、文，繼承的是一貫以外形優美爲特色的南朝文學遺風，所謂初唐四傑王勃、楊烱、盧照鄰、駱賓王的佼佼作品，不脫詞藻炫誇彫琢形態。

　　唐朝創業，意義等於隋朝統一事業的加固，武德回復開皇文化基準，而啣接的立卽便是意氣高昂的貞觀之治，得以保證革新效果的穩定，免蹈隋朝覆轍。文學不能僅以意識集中於文字修飾的功夫，如同漠視臉部保養而專注重塗紅抹白似本末顚倒的再覺醒，便自初唐六朝餘風中強烈興起。魏徵名句「中原還逐鹿」雄邁之氣溢於文字的「述懷」詩，首舉大纛，最早代表了唐朝文學的新人物與新時代，李嶠、杜審言等都是初唐詩人振頹起衰的實踐者。改革人物中，陳子昂的努力最是積極，激烈反抗固定化、形式化與明白唱出復古論，以及後繼者續響警鐘，而六朝舊詩風排除成功，清新、質實、高格調的新風吹徹詩界，唐詩自身風格的表徵確立。不單是詩，散文亦然，盛唐以來，蘇頲、張九齡、元結等復古說擁護者相繼。中唐貞元（德宗）——元和（憲宗）之際，韓愈最有力的復興古文運動提倡與追隨者柳宗元奮起，一掃駢儷餘韻，回復漢朝以前文章自由化，言之有物的新的散文文學實踐，已係文學史眾所週知的大事。

　　唐詩主體的律詩自初唐已成立，律詩如其名所示，句數、字數、平仄、對句、押韻等嚴密的法則，都是要素。這些要素自南朝具備，唐朝

而本格化發揮，初唐的沈佺期、宋之問，是對格律、聲調集大成的代表詩人。於成熟的格律基調上打破南朝靡麗詩想局限，拓大意境領域與注入自由思想，唐詩新風格的內容乃得成形，詩乃得發達爲唐朝文學的代表，而佔有非僅空前，也已絕後，古今獨步的絕頂位置。

詩的世界，唐朝區分古體詩與今體詩。今體詩便是注重音韻、聲調、對句，自南朝齊、梁以來排律發展的八句律詩，又分五言與七言，此其一；其二，由樂府發展，截取四句而得的絕句，也分五言與七言。同係五言或七言的今體詩形式，卻無句數限制而長短自由伸縮，則仍以樂府或古詩爲名。如上詩的廣大領域展開至極盛期，正當玄宗時代，唐朝盛世，也正是文學史上最高級文人輩出的時代，孟浩然、王維、高適、岑參、王昌齡、王之渙，特別是李白，以及較李白年少十一歲的杜甫，爲世界文學界所熟知的熠熠巨星。

中唐，原盛唐期宮廷中心，唐詩耀目的高華光澤，漸漸向流暢與平實移行，傾向於口語化與平民化爲最大特徵，較杜甫晚出生四十年的白居易與其好友元稹，兩大家聯手推動是此項運動的主力。玄宗以後之詩，曾被中唐之末的著作李肇「唐國史補」（卷下）批判：「元和以後，爲文筆則奇詭於韓愈，學苦澀於樊宗師，歌行則流放蕩於張籍，詩章則學矯激於孟郊，學淺切於白居易，學淫靡於元稹，俱名爲元和體。大抵天寶之風尚實，大曆之風尚浮，貞元之風尚蕩，元和之風尚怪也」，元輕白俗之譏因是而得。然而，從另一觀點，詩便因白居易所倡導能「俗」願「俗」，乃得向民間普遍化，以其濃郁的人間味、人情味而與廣大民眾相結合，激發社會共鳴與博得反響呼聲，擴大詩的效能。所以，詩的社會化，不能不對元、白這兩位自身乃是高官（元稹且是宰相），卻都能站立到平民立場，各各以多產作家姿態，尤其「白氏長慶集」白居易詩文數至七十一卷，錄詩三千五百九十四首所表現特大熱忱，以及代表

民間發言的精神，由衷寄以敬意。白居易「長恨歌」、「琵琶行」、「秦中吟」等所有詩篇，傳誦之廣，「白氏長慶集」（卷一）元稹「長慶集序」大書：「二十年間，禁、省、觀、寺、郵候牆壁之上無不書，王公、妾婦、牛童、馬走之口無不道。至於繕寫模勒，衒賣於市井，或持之以交酒茗者，處處皆是」；同書（卷二八）「與元九書」，白居易也自言：「自長安抵江西三、四千里，凡鄉校、佛寺、逆旅、行舟之中，往往有題僕詩者，士庶、僧徒、孀婦、處女之口，每每有詠僕詩者」，都堪反映其作品的被社會上下層共同熱愛程度。詩句影響力如此之鉅與廣，具有世界第一流的文學價值，便必須被肯定。

「元和之風尙怪」之語所指代表者是李賀，相同的詩型也持續至晚唐，如「新唐書」文藝傳序所謂「譎怪則李賀、杜牧、李商隱」，而流傳文學史上晚唐已係唐詩衰微期的評估。然而，「怪」究竟非能與「衰」全作同義字觀，李賀「天若有情天已老」（「金銅仙人辭漢歌」）的想像力，李商隱眾多「無題」詩的象徵、抽象意境，毋寧都爲壓軸唐詩大放異彩。「怪」的實質意義，也應解釋之爲唐詩前所未曾接觸領域的再發現或再開拓，唐詩的本質向來是寫實，自此又昇高入精神面的另一境界。晚唐誠然於唐朝存在的時間已近黃昏，黃昏的前一刻，卻正是「夕陽無限好」，放眼一片金色世界的美好時光。

詩的平民化，必然以詩的口語化爲條件，白居易「俗」的評語由來卽自此。但平民化與口語化非自元、白倡導的「元和體」始，元和體的貢獻乃在擴大其影響力。樂府的漢朝發源便自民間，至六朝而「子夜四時歌」、「三洲歌」、「懊儂歌」、「讀曲歌」、「華山畿」、「腹中歌」、「折揚柳歌」等所見，郞、儂、唐突、覓、那、許等民間俗用詞的口語，都已直截用入句中❿。唐詩中初唐、盛唐的口語成份又續續遞

---

❿　平凡社版「世界歷史大系」⑤東洋中世史第二篇，第四一〇頁。

增，李白詩句更然，及於中唐，經由元和體而終於口語化大盛。口語或俗語的流行，一方面固因提倡，一方面也存有其時代與社會環境的需要，抑且，前者便以適應後者為前提。唐朝商業與都市繁榮，民間遊興、娛樂的消費生活旺盛，印刷術又自唐朝開始發達，加廣與加速了文字的傳播，讀書風氣普遍到市井各色人等，如前引「白氏長慶集」之文所示，迴非從來文學限為上層知識份子專有物現象。所以詩人作品必須傾向平易，才符合此需要，也為符合此需要，而須大量取入民間歌謠要素與俗用口語、俚語。又堪注意，同時期佛教與道教宣揚教義，吸收信徒，所使用文字便已澈底的通俗化與口語化，也刺激文學於唐朝的明顯平民化。抑且，順隨此潮流，獨立的口語文學也已成立與發達，便是著名的唐人「傳奇」，以及今日研究蔚然成風的「變文」與「曲子詞」。

以「傳奇」之名相稱而本質已合乎今日基準的小說（短篇小說），仍是文人的具名作品，後世傳誦也廣。「變文」與「曲子詞」作者都是姓名無從查考的市巷中人，也都以敦煌石窟藏書的發見，才為學術界所知，而震驚於唐朝文學存在如此廣闊的一分野。題材、內容與發想法迴異傳統「文學」的變文，以最早被發見而最早受到注意，且便以係使用民間日常說話用的口語寫成，與本格的文學異質又異範疇，所以學術界初發見時直截名之為俗文學。製作目的推定發源於佛教傳教，自最初「阿彌陀經變文」、「地獄變文」等中的佛典關係用語可以見出，通過「目蓮變文」之類佛教故事，乃向「舜子至孝變文」、「王昭君變文」等一般性民間故事發展與成長。曲子詞的長短不等句式與「菩薩蠻」、「望江南」、「南歌子」等詞牌名，已同於唐朝發生，五代、宋朝大盛的「詞」，而今日認識乃係「詞」的直接母胎，其用語俚俗，又可推測便以民間廣大流行而吸引文人愛好、模倣、改良的過程。曲子詞發生，佛教所擔負使命，自「菩薩」、「神將」、「經顏」等詞彙殘存都可說

明，雖然今日發見的曲子詞內容，所反映也多已是都市男女間的喜、
怒、哀、樂。敦煌石窟發見同一系譜的口語文學，也包括「思婦五更
轉」、「禪門十二時」等若干俚曲小調，仍然多數與宗教宣傳有關。此
類已入民間歌謠範疇的作品，「新唐書」五行志以里歌、民歌、民謠、
童謠、詩、謠等名稱，也頗多錄入，所見「嵩山凡幾層」，「楊柳楊柳
漫頭駝」等文字的通俗化也相同。唐朝口語文學，於舊日白居易詩句尚
被鄙視的標準下，固以尤「俗」而不被承認爲珍貴，排除於文學之門以
外，所以保存遺留後世殊少，必待敦煌石窟重開始見其形，但從今日人
的文學價值觀點衡量，對這些已發見的資料，卻是喜獲至寶。

敦煌石窟遺書，絕大多數仍是寫本，但印刷術在石窟藏書積存期的
近六個世紀間，已昂然通過其發達的全過程。紙的盛用，注定續由其動
力推向印刷術發明的大道，世界人類文明史這兩項最大發明，因之具有
連帶關係而均把握於古代中國人之手。中國圖書完成通用印刷本，固須
十世紀中，五代馮道大規模監印爲轉捩，但五代所上承的唐朝則是關鍵
時代。印刷術如何起源，現尚不能充分明瞭，推測與具悠久歷史的印章
使用習慣有關，或者，係石刻而以紙敷其上，用墨拓印的技術延長❶，
便是說，適用拓印相同的手法，於木板上彫刻文字或繪畫，塗墨敷紙的
木版（彫板）印刷原始形，乃告移行成功。中國最早印刷技術的木版印
刷發明時代，曾被猜測在隋朝❷，而敦煌石窟遺書的木版印刷本中，向
來學術界公認世界最古之物，則是唐懿宗咸通九年（紀元八六八年）五
月十一日，佛教信徒王通發行免費贈閱的繪圖本「金剛般若波羅蜜經」
，七頁相貼成卷。但接續了解，確知年代的中國最古印刷物，非保存於

❶ 藪內清「中國古代の科學」，第一六一頁。
❷ 孫毓修「中國雕板源流考」，第一頁引「敦煌石室書錄」語：「大隋『永陀
羅尼本經』上面，左有施主李和順一行，右有王文沼雕板一行，宋太平興國
五年翻雕隋本」。

中國現地而流往日本，代宗大曆五年（紀元七七〇年）印刷的「百萬塔
陀羅尼」，早過咸通約百年已携入日本⑬。今日再進一步的考古調查，
又發見新疆省吐魯番地方出土的「妙法蓮華經」斷片，才是現存中國最
古的木版印刷本，而時代續須上推至日本收藏品的再前一世紀，考定係
則天武后時代之物⑭。所以迄於現時，對中國（以及世界）印刷術最早
展開時代的推斷，至遲七世紀末爲已具確證。卻也頗有興味，正與口語
文學勃興之於佛教有關相似，印刷物於中國發生，既知的資料都指向以
佛教宣傳品爲濫觴。自此向社會各階層普遍，收入「全唐文」的馮宿（
貞元進士而卒於開成初年）「禁版印時禁書」奏文，謂劍南兩川及淮南
道皆以版印曆日鬻於市⑮，正說明八——九世紀之交，木版印刷已如何
流行於民間的一般。續自木版印刷的技術基礎邁進，中國自中世移向近
代社會的轉換期宋朝，適應庶民階層抬頭，愈益廣泛的需要，十一世紀
末，乃有民間技術家畢昇的發明活字印刷術。然後，印刷術繼造紙法的
先已於唐朝傳向西方（見下節），與羅盤、火藥的原理與技術先後輸出
西方，中國四大發明完成對世界文明的不朽貢獻。

有容乃大・東—西吞吐㈠　天竺、大食、新羅

　　唐朝太平盛世，乃是對當時亞洲以及世界文明大融合的時代，所謂
唐朝文化或其時中國文化，係已加味了印度、伊朗、阿拉伯與其他四面
八方各國文化特性的世界化文化。燦然的唐朝文化豪華豐富至極點，固
以國力偉大強盛爲背景，同時便由於含有多種多樣外來要素，予各方面

⑬　平凡社版「世界歷史大系」⑤東洋中世史第二篇，第四一四頁。
⑭　藪內清「中國古代の科學」，第一六一頁。
⑮　劉伯驥「中西文化交通小史」，第一八一頁。

特長以綜合發揮的原因。所以，大唐文化是世界國際的，科學諸分野所代表的自由、廣博、均衡發展最堪見出，「有容乃大」的形容詞也最是適切，惟其如此而建立更充實的中國文化再發展。從另一意義說，唐朝的弘大世界文明之光，吞吐東——西文化，在於亞洲史的份量又是絕對的，東洋全民族共通仰於漢族舵手，以及大唐文化強光度明燈的導航，而同登文明之岸。

西亞細亞薩珊朝波斯愈到後期愈形發達的伊朗文化，於唐朝曾閃爍其奪目異彩。伊朗風格的建築、繪畫、金屬細工、象牙細工、織物、傢俱、什器等工藝品的技法與式樣，中國所蒙受廣泛影響，龍門石像彫刻與其忍冬、唐草等裝飾紋樣、陵墓前有翼石獅等考古學上遺物的發掘，都是明證。特別以八世紀阿拉伯人征服薩珊波斯的結果，大量伊朗人挾帶其固有文化，包括宗教信仰流亡國外，也以薩珊波斯敗滅期王室歸屬唐朝而其地一度由唐朝成立波斯都督府，中國因之便是伊朗人轉住目的地之一，伊朗系西方文化乃在中國大流行。祇是，也便以伊朗國家係被回教徒的阿拉伯人滅亡而現地回教化，波斯都督府也未能維持長久，受容於中國的伊朗文化已係無根文化，以及寓居中國歸化系伊朗人職業多在都市經商，無根文化的流行又存在其社會局限，所以，伊朗文化風潮的中國結局，還是歸向平息。

唐朝受入西方文化的主流，毋寧仍是佛教為代表的印度文化。印度繁榮的笈多朝五世紀中以嚈噠侵入而瓦解後，四分五裂至七世紀初中國的隋朝末年，五天竺的中天竺勢力之一雄飛，唐朝玄奘三藏「大唐西域記」中名君戒日王 (Harsa-Vardhana，「唐書」、「新唐書」中的尸羅逸多 Siladitya) 再統一印度的大部份，都曲女城 (Kanyakubja, 今 Kanauj)，中、東、西、北四印度所有國家全受支配 (南印度仍係諸小國分立狀態)，佛教大盛，文字發達，治世四十年間，熱心推動印度文

化至再一隆盛頂點。玄奘巡錫印度值此時代，「大唐西域記」見聞，亦即戒日王治下的和平繁華之國盛況。

　　玄奘於中國史，非祇是佛教偉人與大旅行家而已，也是位傑出的外交家，其巡禮全印度而聲譽鵲起之際，戒日王慕名迎晤被說動的結果，乃有貞觀十五年（紀元六四一年）戒日王遣使入朝長安，同年唐太宗派出使節答訪，開啟唐朝中——印官方交涉之門，以及接續的今日國際漢學家研究興趣頗濃的課題之一，王玄策三使印度盛舉展開（第一次貞觀十七年爲衞尉寺丞李義表副使，第二次貞觀二十一年以右衞率府長史爲正使，第三次出使則已係高宗顯慶二年）。王玄策自述「三度至彼」的「中天竺行記」旅行記雖久已散佚，但以同時期稍後佛教書籍道世「法苑珠林」曾加引錄，尚存若干殘文，爲今日歷史界所熟悉。

　　王玄策貞觀二十一年（紀元六四七年）第二次奉使，所引發也是中國有史以來第一次對印度腹地用兵的大事。「唐書」西域傳天竺國條記錄：「先是，遣右衞率府長史王玄策使天竺，其四天竺國王咸遣使朝貢。會中天竺王尸羅逸多死，國中大亂，其臣那伏帝阿羅那順（Arjuna）篡立，乃盡發胡兵以拒玄策。玄策從騎三十人與胡禦戰，不敵，矢盡，悉被擒；胡並掠諸國貢獻之物。玄策乃挺身宵遁，走至吐蕃，發精銳一千二百人，並泥婆羅（尼泊爾）七千餘騎以從玄策。玄策與副使蔣歸仁率二國兵，追至中天竺國城，連戰三日，大破之，斬首三千餘級，赴水溺死者且萬人。阿羅那順棄城而遁，歸仁追擒獲之，虜男女萬二千人，牛馬三萬餘頭匹，於是天竺震懼。俘阿羅那順以歸，二十二年（紀元六四八年）至京師，太宗大悅」。但軍事行動僅是懲罰意味，當時以及其後，都未見唐朝加以政治干預的舉措，唐初成立天可汗制度中也未包括印度。

　　印度自戒日王之死回復分裂狀態，以迄十世紀回教徒侵入而再劃印度政治史一韝期以前，都是多數小國割據分立的時代，「唐書」西域傳

天竺國條所謂「五天竺所屬之國數十」是也。印度僧人、學問家、醫家、商人的前來中國，卻於此期間不絕於文獻，王玄策兵威後，錄入「唐書」西戎傳天竺國條的印度對中國官方交涉年表：

——武后天授二年（紀元六九一年）東天竺王摩羅技摩、西天竺王尸羅逸多、南天竺王遮婁其拔羅婆、北天竺王婁其那那、中天竺王地婆西那，並來朝獻。

——中宗景龍四年（紀元七一〇年）南天竺國復遣使來朝。

——睿宗景雲元年（紀元七一〇年）南天竺復遣使貢方物（似與上條因同年改元而重複）。

——玄宗開元二年（紀元七一四年）西天竺復遣使貢方物。

——八年（紀元七二〇年）南天竺國遣使獻五色能言鸚鵡。其年，南天竺國王尸利那羅僧伽請以戰象及兵馬討大食及吐蕃等，仍求有及名其軍，玄宗甚嘉之，名軍為懷德軍。九月，南天竺王尸利那羅僧伽寶多枝摩為國造寺，上表乞寺額，勅以歸化為名賜之。十一月，遣使冊封利那羅迦寶多為南天竺國王，遣使來朝。

——十七年（紀元七二九年）北天竺國藏沙門僧密多獻藥。

——十九年（紀元七三一年）中天竺國王伊沙佛摩遣其大德僧來朝貢。

——二十九年（紀元七四一年）中天竺王子李承恩來朝，授遊擊將軍，放還朝。

——天寶中，累遣使來。

於此期間，印度文化巨大影響中國傳統的，至少有——

其一，甘蔗製糖法的傳入，「新唐書」西域傳（上）摩揭它（Magadha，中天竺）條記其事：「貞觀二十一年（紀元六四七年，王玄策第二次出使）始遣使者自通於天子，獻波羅樹（鳳梨），樹類白楊。

太宗遣使取熬糖法，卽詔揚州，上諸蔗拃瀋如其劑，色味愈西域遠甚」。

其二，唐朝政府天文觀測與造曆事業的參用印度學者，早自七世紀高宗時代以來便成傳統，玄宗時輯定的「唐六典」載太史局長官設「令」二人，其一漢籍而另一以印度天文學家擔任，且知已制度化。用印度方法計算日月食與其他天文現象的視中國固有方法同等成功，也獲中國認識，爲可想像，因而制度上確立兩系統的相互參證。也惟其如此，開元六年（紀元七一八年）左右集撰的「開元占經」中，有印度系七執（九曜，梵語 Nava-graha 意譯）曆的由太史監（令、監時常易稱）瞿曇悉達（Gautama-Siddharta）譯出。僧人一行（漢人）奉勑於開元十五年（紀元七二七年）撰定以準確知名的大衍曆，也以精通印度天文曆學，曾參考九執曆（參閱「唐會要」卷四二「曆」項開元十六年條附註、「新唐書」歷志三上與「唐書」方伎傳一行條）。

其三，數學上「零」字的使用法與筆算法，也都於唐朝由印度傳入，而開始使用。「新唐書」歷志四（下）九執曆條說明：「其算皆以字書，不用籌策」；「開元占經」卷一○四論印度數碼又解說：「九數至十，進入前位，每空位處，恆安一點，有間感記，無由輒錯」。「點」（「‧」）便是印度原有的零字記號，以「○」代「‧」，始見紀元八七六年印度石刻，所以傳入唐朝尙在用「‧」代零號的時代[1]。

八世紀玄宗時代係唐朝的中——印關係最後頻密期，印度也曾於此時期超越唐初關係，短時間不穩定的收入唐朝世界帝國支配網。卻是自此以後，有關印度官方使節的記錄便從中國史書中斷。相對方面，八世紀唐朝中期以來，中國也已完成佛教中國化的偉業，佛教發揚與傳播中心確定自印度移至中國，漢族對於正被印度教大發展壓倒而沒落的印度

[1]　劉伯驥「中西文化交通小史」，第一一九頁附註㉓後段。

本源地佛教，關心漸漸淡薄。然而，佛教文化原非限哲學思想，乃是包容了學問、文學、美術工藝、音樂，抑且習俗等要素的綜合文化，所以佛教由印度移植中國，以其信仰的社會普遍性，印度文化的根源影響，遙遙傳向後世仍然無可磨滅。特別是諸學問中關於語言學的喉、舌、齒等部位發音分辨，以及醫學與藥方爲明顯。印度眼科自古有名，唐朝當時，高宗眼疾頭痛的治療，所用便是印度的出血療法（記事參閱「新唐書」后妃傳上高宗武皇后條）。

玄宗時代，西方使者來朝，記錄中「大食」特形繁密。中國史書記載大食遣使朝貢的最早年代係高宗永徽二年（紀元六五一年），依次則永隆二年（紀元六八一年）、永淳元年（紀元六八二年）。以後八世紀一個世紀間，據「唐書」、「新唐書」、「册府元龜」、「唐會要」的記錄統計，共二十八次，內集中於玄宗時代的便多達十七次，至貞元十四年（紀元七九八年）結束全部大食對唐朝的官方接觸歷史。

唐朝文獻稱阿拉伯爲「大食」（Taji-Tazi），正如同漢朝文獻的稱羅馬爲「大秦」，由來都無可考定。阿拉伯人信仰伊斯蘭教的被中國人稱爲回教，而且沿習迄今，理由也不易明瞭，但猜測之一尙不失爲可以接受的假定答案，即：乃以突厥系民族於之一，古代稱之「回紇」或「回鶻」的今日新疆省主要住民維吾爾族，於歷史推移過程中改宗伊斯蘭教，漢族中國依回紇的民族名詞稱此宗教的緣故。此說果爾成立，則「回教」之名的出現不能早過第十世紀，其前回紇尙係伊朗系摩尼教信仰的時代，唐朝當時對回教的稱謂也直截是大食教。

回教「伊斯蘭」（Islam），絕對皈依或身心誠獻於神的「獻身」意味，回教徒「穆士林」（Muslim），則「獻身者」意味，信奉惟一之神阿拉（Allah），聖典「可蘭」經（Quran），今日仍是世界的、國際的大宗教之一。教徒雖無確切統計而估定全世界總數約略三——四億人的

回教，非單一的宗教思想與宗教運動，乃是回教共同體的政治體制，以及科學、藝術等文化的綜合。同時，回教的歷史且非限於一民族、一國家，而係亞洲內陸酷熱乾燥之地阿拉伯爲核心，向如今日所見亞洲、非洲（原且包括歐洲）廣域的回教世界發展所形成。所以，一方面，回教乃政教合一的世界性宗教共同體，宗教非單純的信仰體系，也是一括規定制度、法律與政治、社會組織相與一致的共同體；另一方面，阿拉伯人便是古代創造美索不達米亞文明的閃族一支，回教教義起源已容受猶太教與基督教教徒的信仰與習俗，回教世界建設過程中又繼承與結合希臘、伊朗、印度的古典文化遺產而發展，乃形成阿拉伯獨自的光輝文化，肩負了對中世歐洲啟蒙的歷史重任。對於其他宗教的態度，回教於佛教等均視爲異端而加敵現，對猶太教與基督教徒則以同係閃族宗教體系的一環，也予以與回教徒自身相同的待遇。却是，回教創教者穆罕默德（Mahomet）非如基督教的自稱爲神之子，身份祇是預言者，而且回教中偉大的預言者之名，猶太教、基督教所崇拜的亞伯拉罕、摩西、耶穌等都與穆罕默德並列，僅穆罕默德乃最後與最大的預言者而已，這是回教與基督教判然區別之處。

　　回教研究者對回教發祥地阿拉伯的歷史，係依六——七世紀過渡期穆罕默德的出現而區分兩期，前期被稱信仰上的黑暗時代，後期便是回教光明之燈照耀的大時代。出身於麥加（Mecca）有力遊牧部族之一，從事商隊貿易的富商穆罕默德，創教後在麥加傳教受迫害，於紀元六二二年（中國當唐朝初建的武德五年），約四十歲時移往麥地那（Medina），乃一大關鍵年代，回曆紀元卽以是年開始而稱元年，回教大發展時代來臨。自此而阿拉伯古代部族組織完全變貌，新的宗教共同體替代成立，回教信仰非只維繫民心，也憑以成立爲政治進步與統一的原理，一個政治與宗教渾然一體的教團國家模型鑄定。迨穆罕默德於紀元六三

〇年回復麥加兩年後去世，阿拉伯幾已全域收入其支配之下，也以之為出發點而決定了此後的回教歷史。

　　回教政教一體的共同體中，僧侶乃介在神與人之間，傳達神的意志的聖職者與媒介者，僧侶與俗人，聖與俗人，因之存有區別。穆罕默德死後的繼任者，便自長老中選出而稱卡里發（Caliph，後繼者之義），卡里發是回教教團的最高指導者與聖職者，也是俗世的支配者與權力者。歷四代通稱正統卡里發時代（紀元六三二──六六一年），卡里發均由選舉產生，建都麥地那。此時代也是阿拉伯人的大征服時代，先是敍利亞、伊拉克、埃及的併合，紀元六四二年再滅亡已具四百年歷史的薩珊波斯，薩拉遜（Saracen）回教大帝國基礎築定。「唐書」西戎傳大食國條「永徽二年始遣使朝貢，其姓大食氏，名噉密莫末膩，自云有國已三十四年，歷三王矣」、「一云隋開皇中……，有摩訶末者，勇健多智，立之為主，東西征伐，開地三千地」，前段即正統卡里發時代之事，後段追敍穆罕默德發達史，大體都符合史實。

　　「唐書」大食國條續記：「龍朔初，擊破波斯，又破拂菻（東羅馬），始有米麵之屬，又將兵南侵婆羅門（印度），吞併諸胡國，勝兵四十餘萬。長安中遣使獻良馬，景雲二年又獻方物（均唐高宗時代）。開元初遣使來朝，進馬及寶鈿帶等方物……。其時西域康國、石國之類，皆臣屬之，其境東西萬里，東與突厥施相接焉」。所指已係教團分裂的結果，Sunni 派推翻正統卡里發統治而 Umayya 朝（紀元六六一──七五〇年）建立，都大馬士革（Damascus），卡里發變換入世襲制而地位已君主化的時代。回教勢力征服圈於此時代愈益擴大，領土西沿北非地中海伸入西南歐洲而領有西班牙之地，東自中亞細亞以達北印度，薩拉遜帝國最大版圖形成。

　　征服限界已臨大西洋岸時，大帝國內部不滿阿拉伯至上主義，被征

服者民族自覺的傾向，日漸強烈，回教有力分派 Shiite 派反主流運動的
對抗激化，終於在其領導下，得伊朗系回教徒支持，打倒維持了十四代
八九年的前朝，另建Abbas 朝。見諸「唐書」大食國條的説明是：「摩
訶末後十四代至末換，末換殺其兄伊疾而自立，復殘忍，其下怨之。有
呼羅珊，木鹿人，並波悉林舉義兵，應者悉令著黑衣。旬月間眾盈數
萬，鼓行而西，生擒末換殺之，遂求得奚深種阿蒲羅拔立之。末換已前
謂之白衣大食，自阿蒲羅拔後改爲黑衣大食。阿蒲羅拔卒，立其弟阿蒲
恭拂，至德初遣使朝貢，代宗時爲元帥，亦用其國兵以收兩都」。黑衣
大食便以謂 Abbas 朝，紀元七六二年定都巴格達(Baghdad)而全盛期展
現。冒險、戀愛、夢幻似魅惑意境的世界奇書「一千○一夜」，記述的
時代背景即此期間，當時巴格達也較今日所見的市區大過十多倍，面積
約五四平方公里，乃八世紀的世界著名大都市，與唐朝長安、東羅馬帝
國首都君士坦丁堡相比肩。然而，「唐書」中指 Umayya 朝的白衣大
食，紀元七五六年於西班牙南部 Cordova 地方再興，獨立建國而薩拉
遜帝國東西分裂，則已非「唐書」或「新唐書」所知。

　　阿拉伯人於七世紀中對伊朗東北部花剌子模 (Khwarism) 征服成
功，八世紀初名將異迷屈底波 (Emil Kutayba) 就任花剌子模總督，
於是中亞細亞乃蒙受亞歷山大大帝時代希臘人以來，第二次來自西方民
族的侵入。「唐書」、「新唐書」西域諸國傳記與「册府元龜」所載康
國、石國等連連向唐朝告急救助的表文，都在此唐朝玄宗治世，也因全
盛期阿拉伯人的攻擊，而與接替突厥支配後的唐朝中亞細亞勢力發生衝
突，而終爆發東西交涉史上著名的紀元七五一年(唐朝天寶十載)怛羅斯
(Taraz) 唐——阿拉伯大會戰。怛羅斯之役的原因與結果，「唐書」、
「新唐書」高仙芝傳，李嗣業（其時高仙芝部將）傳、西域傳石國條等
都有記載，「資治通鑑」唐紀三二天寶十載條記事尤爲明晰：「安西四

鎮節度使高仙芝僞與石國約和，引兵襲之，虜其王及部眾以歸，悉殺其老弱。仙芝性貪，掠得瑟瑟（碧珠）十餘斛，黃金五、六橐駝，其餘口馬雜貨稱是，皆入其家」。「高仙芝之虜石國王也，石國王子逃詣諸胡，具告仙芝欺誘貪暴之狀。諸胡皆恐，潛引大食，欲共攻四鎮。仙芝聞之，將蕃漢三萬眾擊大食，深入七百餘里，至怛羅斯城，與大食遇，相持五日，葛羅祿（Karlouk）部叛，與大食夾攻唐軍。仙芝大敗，士卒死亡略盡，所部纔數千人」。其結果，便是中國的製紙技術，以此而最早流傳西方。

　　人類意志的傳達與記錄材料，石、金屬、粘土板、草紙（Papyus）、羊皮紙、竹、木等，都曾被利用。如今日「紙」的發明，乃文化史上劃期性大事，而此對人類文明演進與發達具有絕對意義的「紙」，發明者與原產地中國已係眾所週知，歐洲得受其惠，位於中國與西方中間地帶阿拉伯人的活躍，以及上述今日蘇聯吉爾吉斯共和國（Kirgizskaya SSR）怛羅斯河畔的怛羅斯決戰乃是契機。中國官方文書僅記錄此役唐軍多數戰死，實則部份乃被俘，當時俘虜之一杜環（「通典」作者杜佑之姪）獲釋返回中國後，撰有阿拉伯見聞錄「經行記」，「通典」邊防九大食條引錄其文爲注的一則，說明唐軍兵士出身各業製造工人者於此戰役被俘而留居阿拉伯的，有「綾絹機杼、金銀匠、畫匠、漢匠、起作畫者京兆人樊淑、劉泚，織絡者河東人樂隈、呂禮」，還有，便是製紙工人。中國獨佔以植物纖維爲原料的製紙技術，便由此等阿拉伯俘虜的中國紙漉工介紹與指導，於撒馬爾罕成立中國以西最初的製紙工場❷。自八世紀入九世紀，諸回教都市巴格達、大馬士革、埃及 Fustat（古開羅）等地製紙工場也相續建設，十世紀以後，Orient 向來書寫材料羊皮紙與草紙的傳統，乃全被博得書寫便利又造價經濟的中國系統「紙」

---

❷　藪內淸「中國古代の科學」，第一六〇頁引十世紀阿拉伯人 Ta-Alibi 著述。

所取代。再經阿拉伯人之手，製紙技術自北非摩洛哥導入回教支配下的西班牙，十二世紀後半開始，續由西班牙傳播西歐❸，以迄紀元一五〇〇年，紙在全歐洲漸已普及，自此以紙的大量生產，對促成文藝復興，以及其後文化流布，都擔負了決定性使命。

　　但阿拉伯人的世界性發展，西方以紀元七三二年 Tours 之役的敗績被阻遏，中亞細亞怛羅斯之戰雖獲勝利，東方發展也以八世紀爲斷限而停頓。以後東、西方記錄所見，都已是大食——中國間隆盛的貿易行動，以及大食商人一波波和平移住中國。而且，歷史上西亞與東亞從陸上通過中亞細亞接觸的傳統，也由此時期大食人或阿拉伯人而一變，從來陸上之外加開的東——西交涉副線海上之道功能倒易，進出印度洋——南海方面的比重加大，已係八世紀以來注目的東——西貿易新傾向。阿拉伯人自到達廣州、泉州，再北上往來沿海諸港口，以及長江——運河十字路通衢的揚州。貿易大宗物品，自西方販賣至中國市場的是藥材、香料、寶石、象牙、犀角等，自唐朝携歸則金、銀、銅諸器物，絲絹、陶瓷器等，輸出入雙方均選擇珍貴品。歷史性的絲貿易，以製造技術也已由中國傳入西方而熱潮衰退，此時期自中國輸出的最重要商品係陶瓷器❹，今日西亞細亞不少年代屬於唐朝的中國陶瓷器遺物被發掘出土，是爲明證。唐朝高度發達而以精巧聞名的此等特產品，以其重量與容易破碎的特性，不適宜由中亞細亞商隊運輸，商船運送則無困難，海上貿易的自唐朝突破性興盛，這也是原因之一。阿拉伯與唐朝間和平親善的另一面，又便是「唐書」大食國傳記所述「亦用其國（大食）兵以收兩都」，同書肅宗紀至德二年（紀元七五七年）記「廣平王（繼位爲代宗）統朔方、安西、回紇、南蠻、大食之眾二十萬，東向討

---

❸　文藝春秋版「大世界史」⑥ガンジスと三日月，第二〇〇頁。
❹　中央公論版「世界の歷史」⑤西域とイスラム，第二六三頁。

賊」，此於西方著作中的說明，是回教主 Caliph al Mansurs，遣援軍四千人（一說三千人）入中國，助唐肅宗剿平叛亂，且謂戰爭結束後阿拉伯士兵不願歸去，所以唐朝准與中國婦女結婚，歸化中國，而構成中國回教人口的核心❺。

　　唐朝文化振幅四方強烈波及，與影響西方文明的發展並行，對指引東方諸民族文化躍進與導發其政治自覺，尤見巨力。戰國——秦——漢之際，農耕與銅、鐵加工技術輸出，已提携中國周圍後進民族第一次產業革命意味的大變革，培育了東亞諸民族的民族意識與團結。四世紀樂浪、帶方兩郡崩壞，朝鮮半島諸國與日本乃出現最初的民族國家，東亞——中國文化圈也由是成立。大唐帝國的中國文化隆盛巔峯期展開，中國文化圈內諸國於此時期，以唐式文化爲母體而加速推動自國政治‧文化向上，又立於同一軌跡，於唐朝的磁性吸力下，如諸行星運轉於太陽周圍。經營遊牧生活的北、西諸異民族，也以立於天可汗制度，不能例外的受入唐朝文物，雖然衝擊程度深淺存有差別。如上泛東亞民族、國家中，北方契丹、奚、突厥、回紇，西方高昌、党項、吐谷渾、吐蕃，南方南詔，以及東方渤海，唐朝當時或今日，都已係中國領土範圍（相反，唐朝與其以前固有的中國領土，而今日的獨立國家，是南方越南），將另外成篇敍述，以下所說明，係非今日中國領域，卻於唐朝攝取中國文化特具成就的代表性國家：新羅與日本。

　　七世紀朝鮮半島局勢大變，百濟、高句麗相繼滅亡而結束三國分立時代。紀元六七七年（唐高宗儀鳳二年，新羅文武王十七年）唐朝設立於平壤的安東都護府北移遼東，朝鮮或韓國史的解說，設定之爲半島新羅一統，一個新時期到臨的分割年代。而且，此一歷史大轉捩，並推前

❺　劉伯驥「中西文化交通小史」，第一七〇頁注㊻引 T.W. Arnold "The Preaching of Islam" 之說，第一六一頁引 Chai Lien Liu "The Arabian Prophet" 之說。

至武烈王（金春秋，紀元六五二年卽位）時代已是統一事業準備期，次代文武王時代而統一完成，所以韓國記載中的新羅歷史，自武烈王已列為中代（武烈王因而廟號太宗），與其前的上代相區別。

此一韓國史大事件見諸中國文獻，乃是「唐書」東夷傳新羅國條所載：「自是新羅漸有高麗、百濟之地，其界益大，西到於海」；「唐會要」卷九五新羅條：「上元元年（紀元六七四年）二月，新羅王金法敏（武烈王金春秋之子，次代的文武王，紀元六六一年繼位）既納高句麗叛亡之眾，又封百濟故地，遣兵守之。帝（高宗）大怒，詔削法敏官爵，遣宰臣劉仁軌討之，仍以法敏弟右驍衞員外大將軍臨海郡公金仁問為新羅王，時仁問在京師，詔令歸國以代其兄，仁問行至中途，聞新羅降，乃還。二年二月，雞林道行軍大總管劉仁軌大破新羅之眾於七重城而還，新羅於是遣使入朝伏罪，並獻方物，前後相屬，帝復金法敏官爵。既盡有百濟之地，及高句麗南境，東西約九百里，南北約一千八百里，於界內置上（尙）、良、康、熊、金（全）、武、漢、朔、溟等州」（「新唐書」東夷傳新羅國條記錄同）。記錄的後段，所說明便是安東都護府北移，新羅勢力趁機北進，非祇隨領有百濟故地之勢又併合了高句麗故地南部，且已於玄宗開元二三年（紀元七三五年，新羅文武王之孫與第四代聖德王三四年）獲唐朝「勅賜浿江（今大同江）以南地」（朝鮮「三國史記」），正式承認新羅完成歸有大同江為界的其南全領域以後之事，因而金法敏或文武王曾孫與其後第六代王景德王時代的紀元七五七年，乃有尙、良等九州漢字州名的成立。

新羅以巧妙的外交操作，連結唐朝強大的統一勢力而消滅其半島對手高句麗與百濟，又狡猾與機智的對國際關係加以有利運用，而北方國境推進到大同江流域與今日全羅道北端的一線。統一之後，對加入新支配下驟形增大兩倍有餘的土地與人口，立於固有骨品制為支柱的條件

上，急進發展貴族統一體制，王爲中心的中央權力強烈浸透新附屬地方成功，又是從屬大國唐朝，牢固締結宗主——屬國關係不渝而勤奮學習唐朝文物制度的結果。留學生更來更往肄業長安太學，唐末開成五年（紀元八四〇年）的統計，尙一次歸去「其質子及年滿合歸國學生等共一百五人」（「唐會要」新羅）。國內唐制體系的國家制度整備，中央政務統一機關爲執事省，下設兵、會、禮等六部的行政機關，監察機關則司正部，學校教育設立國學，地方便是按中國古意「九州」而區劃的九州，其下轄郡、縣，又設五小京，合首都金城（今日慶州）爲六京。支持國家組織的基盤制度也是自唐朝所移植均田制，由國家授予人民丁田，取租庸調以應財政收支，卻是骨品制持續爲社會構造骨幹而貴族層特權爲雄大。

新羅王爲中心形成的貴族體制，而且通過唐朝册封關係與唐朝政治相結，金春秋（武烈王，「唐書」指爲其前代眞德女王弟國相伊贊之子，韓國史料記其世系則係眞德同曾祖的族弟，於眞德時已執國政）、法敏（文武王）父子，均曾於眞德女王時代（唐朝已分別爲太宗、高宗之世）入朝，各受特進與太府卿官位，高宗永徽三年（紀元六五二年）、龍朔元年（紀元六六一年）先後受册封爲新羅國王。紀元六六〇年（唐高宗顯慶五年）討滅百濟之役，已登位的金春秋奉命任新羅方面指揮官，配合唐朝統帥蘇定方作戰，接受的又是唐朝嵎夷道行軍總管軍職。國王册封基底，且便以唐朝官位爲依憑，官文書所謂「詔以春秋嗣立爲新羅王，加授開府儀同三司，封帶方郡王」、「春秋卒，詔其子太府卿法敏嗣位」，此其例一。龍朔三年（紀元六六三年）詔以新羅國置雞林州大都督府，授國王爲大都督，以及玄宗開元二一年（紀元七三三年）又名其軍爲寧海軍，加國王寧海軍使軍銜以來，此兩官位的給付固定化，所以如紀錄中唐末最後一次受册封的金景徽，太和五年（紀元八

三一年）全銜之例便是：開府儀同三句、檢校太尉、使持節大都督、雞林州諸軍事兼充寧海軍使、上柱國、新羅國王，此其例二。在位國王的唐朝官位又如同在朝官員積資累進，開元時始加軍使職的金興光，長壽年間初嗣位，襲兄前任國王輔國大將軍、左豹韜大將軍、雞林州都督，神龍年間進授驃騎大將軍，此其例三。自新羅頻繁派出的使節，也例受唐朝授官而返，自檢校禮部尚書、試秘書監以至諸寺少卿不等，且往往受官後「留宿衞」，甚或便轉變身份受命充唐朝報聘新羅的使節，開元二一年的唐朝使者便是留宿衞新羅人太僕卿員外置同正員金思蘭，元和七年的副使是質子金士信，此其例四。留在唐朝非僅備宿衞或王子入質意味，受任實職官的權利也無異漢族自身，記錄中任官令之一：「會昌元年七月勅歸國新羅官，前入新羅宣慰副使，前充袞州都督府司馬，賜緋魚袋金雲卿，可淄州長史」，此其例五。

　　新羅政治系統上的渾然與唐朝一體化，唐朝文化源源流入新羅，自是順乎自然之事。以漢字為自國文字的統一新羅，八世紀時對應盛唐文化最絢爛期，到達吸收、融合中國文化的飽和境地，國都金城為中心的貴族文化之花盛開，崔致遠等大學者輩出，唐風漢文學的詩文創作極度發達。漢字音訓的「吏讀」成立於此期間，今日韓國有名的「花郎」社會意識傳承，又是統一新羅攝取唐朝先進文化後，已能加以消化的明證，雖然流行祇在上層社會。新羅花郎風氣，便如今日的青少年組織，貴族子弟間所營團體生活，而以儒、佛、仙的教養為基調❻。

　　佛教自六世紀法興王在位成立為國家信仰，統一新羅時代，文化的佛教色彩愈濃。唐風強勁吹襲下，寺院建築的興盛與佛教藝術之美，現存慶州東南的佛國寺與石窟庵，紀元七五一年同時動工而費數十年歲月之功始完成，其大石佛並殿堂，作品的雄大均世所知名。慶州郊外或南

❻　金達壽「朝鮮」，第五九頁。

山方面多數寺院、石彫，皇龍寺九重塔重九十萬斤的梵鐘，芬皇寺重五十萬斤的藥師佛銅像等，也都自其時流傳。陵墓前石人、龜趺、石獅等傑出藝術造形，又都指示了新羅習俗深受唐朝文化浸潤的一般❼。

所以，以八世紀爲基線的前後推移時代，新羅、日本，以及開國稍遲於新羅一統，又稍早於新羅滅亡而滅亡，存立於今日中國東北領域內二百多年的渤海國，共通乃是模倣中國文化最成熟的東北亞三個國家。或者說，唐朝文化延長的範式。

新羅的統一與全盛都未能太久，骨品制的存續，與益益發達的社會・經濟間的矛盾加大，骨品制分解而內爭頻起，王族間鬪爭又必然的導引王權失墜。至紀元七八〇年惠恭王死，武烈王以來的王系斷絕，中代史陪伴終結，接續，王位歸奈勿王三十世孫而展開以王位爭奪激烈，王多死於非命，中央權威愈益削弱，以國勢急速衰退，社會不安，文化減色爲徵象的新羅下代歷史（反映入中國史書，便是自「建中四年＜紀元七八三年＞，乾運卒，無子，國人立其上相金良相爲王」開始，纍纍所見「立其相爲王」的報導，雖然繼立者表請唐朝册命與朝貢、納質等一切如常）。也以中央支配的動搖，大小地方勢力抬頭，下代之末，地方實質已與中央分離，紀元九〇〇年以來，西南部百濟故地獨立，後百濟國復興；江原道方面的北境也宣告分裂另建泰封國，新羅本國僅能保有東南部一帶，半島重現三國分立狀態，幾與中國唐朝覆亡爲同時。須中國五代之初，泰封系部將王建崛起，先後倂滅三國，紀元九三六年而王氏高麗朝的半島再統一事業成功。

---

❼　文藝春秋版「大世界史」④大唐の春，第二四九頁。

有容乃大・東—西吞吐㈡ 日本

以壹岐、對馬爲跳板，與朝鮮半島隔海相連的日本列島，於地理關係上，源源浸潤中國文明之道同係通過朝鮮半島。五世紀中國南北朝時代，雖因與南朝諸朝代密結宗主——藩國隸屬關係，而開始對大陸的直接交通，但中國文化輸送管大幹線仍依歷史路線，繼續設定在半島。抑且，便以日本最早國土統一與大和朝廷建設者源自大陸東北，係四世紀後半以大王家（天皇族）爲中核領導的北方系民族，假道半島對日本列島的侵入與征服，所以頗多半島三國（高句麗、百濟、新羅）居民集團，以及原先自大陸流入半島的漢人集團，也追隨一波一波渡來，通五世紀不絕，總稱之爲渡來人或歸化人。以半島爲渡口的歸化人，於進入日本的征服浪潮中，人數比例上非爲特多，性屬也祇係附隨，卻是日本最早國家形成的原動力。先進的灌漑、築堤、土地開發、土木事業、手工業技術面、武器、馬具、騎馬戰術等大陸文化新知識、新技術與漢字使用，經由歸化人之手導入，才有大和朝廷支配體制的整備與強化，以及軍事力、統制力、生產力發展的普遍向上。「歸化人」實力，特別關於秦人、漢人豪族的直結大和朝廷王權秩序，對日本古代政治、經濟、文化的進展不可分，已以戰後本格化的研究，而係今日的日本古代史解說不可欠缺部份。

戰後新的日本古代史了解，氏族制社會基盤的大和國家五世紀政治形態，乃是最初試驗意味。支配組織的氏姓制度，「氏」爲多數血緣之家構成的同族團體，強豪氏族中的最大者，便是大王家或依其後大王尊稱「天皇」而名的天皇族，也由大王結合畿內諸有力豪族同握政治主導

權，而組成中央體制或大和朝廷。另一方面，朝廷（中央）對地方豪族
與所設定各各分立的國，則承認其從來的地位與獨立性格，以交換接受
統一領導而達成國土統合。這些中央・地方諸豪族於其土地、人民均保
有私的支配權，地位也均是固定的、世襲的，其所示「氏」的尊卑與政
治秩序中位置的標誌，係政治秩序化運行過程中朝廷統一賜與世襲的「
姓」，依王室血緣關係遠近（其後整備期的準則謂：以歷史上天皇爲祖
的氏爲皇別，以神代史上之神爲祖的氏爲神別，歸化人爲祖的氏爲諸
蕃）與公的職務・地位而異其稱。中央與大王家共同結集政治力的大氏
族，以臣、連爲姓，尙無官僚制度的當時，其固定盤踞執政者集團的最
高位代表人物，便以「大臣」或「大連」爲稱，其外豪族以造、首、史等
爲姓，係分掌祭祀、軍事、財政等的「伴造」羣，地方首長的國造則多
君、直等姓。氏姓制度的土地、人民支配方式，乃半島移殖而來「部」
的制度，隸屬農民概係私有而編爲部曲簡稱的部。屯倉（以後擴大設立
時稱田部）與品部則朝廷所獨有而立於大王名下，前者大規模動員勞動
力，利用大陸式土木技術，引進大陸新農具與新農法而從事新的土地經
營；後者又異於農民之部，而爲種類繁多如錦部、鞍部、金作部、陶
部、鏡作部、吳羽部、秦部（養蠶、機織）等代表大陸移入高級文化生
活的專門化特技之部，朝廷對地方優勢的建立，依憑便在於此。

　　然而，此等大和朝廷實力之源，生產、技術、組織與物質文化淵
藪的屯倉與品部諸部，便全由歸化人集團統制，主流又便是漢裔。尤其
精神文化方面的漢字使用，有關記錄、徵稅、諸「國」貢調、財政、出
納、外交等行政技術向上的文筆之事，純由東、西文氏與史姓歸化系諸
氏獨佔。所以漢人系歸化人氏族的秦造、東漢直、西文首等，無不發達
爲中央機能方面有力化，以及組織化定着畿內的豪族，執政「大臣」、
「大連」結託的奧援與携手者。五世紀日本的國情如此，對此時代的稱

謂，日本史學界往往適用中國南朝史書「倭之五王」的名詞，以及信憑其記事為解明日本古代史的年代基準❶。

中國文獻「倭之五王」記錄，至最後一王「武」（「日本書紀」的雄略天皇）六世紀初記事而終止，為何日本忽然中斷對中國南朝維繫已一個世紀朝貢——冊封、屬國——宗主國的交通關係？原因於今日判明，係關聯日本現地的大變局——

從上述倭國時代日本的最初國體構造剖析，可以發見，地方豪族僅以擁戴大王(以後天皇的父祖)為條件而保持其對朝廷的獨立性，中央大豪族也祇承認大王世襲制，而實行的是合夥人意味聯合政權。所以，大和朝廷與大王，集中的政治力有其限界，達成統一的根底，甚為脆弱，待從五世紀進入六世紀時，矛盾由潛在而表面化，衝突乃不可避免。

戰後日本史學界，重視五世紀末尙係雄略（倭王武）的時期，不安定局勢已現，瀕臨瀬戶內海，足與大和朝廷匹敵的國造大勢力吉備臣反抗雖被壓制，但緊隨雄略之死，又引發王位繼承大紛亂。「宋書」倭國最後記事的年代為紀元五〇二年，以迄推定的繼體大王（天皇）卽位之年紀元五〇七年（丁亥），短短數年，依「日本書紀」皇統譜載繼體已係雄略之後第五代，中間經歷另外四度的王位變易，鬥爭的激烈可以反映，此其一。其二，「日本書紀」說明繼體乃外迎的應神（今日所認定四世紀後半大和朝廷與日本最早國家的建設者）第五世孫，背面的事實眞相，繼體為與原王統全無關係的地方豪族，趁大和朝廷內爭奪取王位，才是「外迎」合理解釋，書紀明載繼體自原屬越前國三度遷都而入大和，正堪印證。便是說，「繼體」諡號已表明朝代交替意味，前此的應神——仁德王朝已絕，六世紀的大王家非與五世紀大王家同一血統，

---

❶　參閱拙著「南方的奮起」樂浪時代結束前後遠東新態勢章：魏志倭人傳、宋書倭國傳節；大和國家的形成與歸化人節。

係新的朝代成立❷。其三，繼體在位時，書紀曾記爆發國造筑紫君磐井領導的北九州諸勢力大規模叛亂，次年才平定，又是受繼體自身事件鼓勵，而導發的地方勢力向中央挑戰意味。其四，繼體於入大和前原已立妃生子，入大和後另以前朝代王系之女爲后，所以繼體死後，王位繼承再起大規模內訌，一派豪族支持繼體入和前元妃所生子安閑（死後又立其弟宣化），另一派豪族又支持繼體入大和後立前朝代王系之女爲后所生子欽明，數年間出現兩朝廷對立局面，後以宣化續死而統一於欽明朝廷。此段經過，書紀中錯簡（或有意製造）爲繼體（傳說的第二六代天皇）──安閑（第二七代）──宣化（第二八代）──欽明（第二九代）相與嬗代，又係今日被學界發現記錄的矛盾，而加指正❸。動亂，因之已係六世紀日本史注目現象，抑且，非祇王位波動，大和朝廷大王──畿內諸豪族聯合體的形勢中，執政大豪族也相對應，正於此一個世紀間一再轉移。應神朝大王家外戚與聯合政權最早的豪族權勢中心臣姓葛城氏，過渡到繼體朝初建期連姓的大伴大連家（繼體入大和時的內應者）與同係連姓的物部大連家（磐井之變的平定者），再變換爲繼體歿後，兩朝廷對立形勢製造者與欽明擁立者的臣姓蘇我大臣家抬頭，大伴氏以係安閑、宣化支持者而失腳，物部氏又於欽明四子女敏達──用明──崇峻──推古相續登位過程中，用明死後王位繼承爭執與蘇我氏的武力鬥爭下被滅，以欽明結託而成大王家新外戚的蘇我氏，出現爲總結動亂六世紀的大和朝廷最高執政部代表者。

六世紀日本史，大和朝廷大王家與諸豪族間，以及彼此自身相互間，矛盾的頻頻衝突與再調和，以如下方式宣告世紀末的暫時落幕──

❷　井上光貞「日本國家の起源」，第二〇七──二〇八頁。
❸　喜田貞吉首提此說。林屋辰三郎續加敷衍，參閱文藝春秋版「大世界史」⑤日本の登場，第一〇四頁、一〇五頁附表；誠文堂新光社版「世界史大系」③東アジア I，第三八四頁附表並說明。

繼續用明的傳說中第三二代天皇崇峻，由蘇我氏擁立成功而又在蘇我氏指使下被暗殺，次代乃開女帝（推古）登位之例，而又立皇太子（聖德太子）攝政。推古係欽明與蘇我氏之女所生女，同時又是異母兄（欽明與其異母兄宣化之女所生子）先帝敏達的皇后，聖德太子則推古、崇峻同母兄用明與皇族女所生子，推古父、夫方面乃天皇（大王）家，母方又是蘇我家，可以兩家同係族母的身份，於代表天皇家的聖德太子與蘇我氏共同政治間，發生協調作用，最可行也最恰當的妥協方式。日本皇室，傳統於自族間近親相互婚配，且毋須依輩份，以妹、姑、姪女爲后，非爲異例，卻也同時與有力豪族世代通婚，納其女爲妃，以結奧援（同樣不必按輩份與名份，所以繼體的強力支持者蘇我大臣稻目之女，二人嫁繼體之子欽明，一卽用明與推古之母，一則崇峻之母，稻目另一女又以姨母而嫁用明；稻目之子馬子，其女一嫁欽明與馬子之妹所生的崇峻，一嫁崇峻之姪聖德太子，　嫁聖德太子族姪與敏達之孫舒明，關係甚爲紊亂。而欽明、用明等另外又都以皇女爲后），蘇我氏權勢便以加附了世代外戚的色彩而長久強固化。

　　推古登位，中國已係統一南——北後的隋朝，中斷近一個世紀的日本——中國間交通也於推古朝重開。自此以迄唐朝晚期的九世紀終，日本史上的大事是❹：

紀元五九三年	（推古卽位）聖德太子攝政
五九六年	法興寺竣工
六〇二年	冠位十二階制定
六〇四年	十七條憲法發布
六〇七年	小野妹子使隋、法隆寺創建
六四六年	（大化2）中大兄皇子（天智天皇）大化改新

❹　依曉教育圖書版「現代教養百科事典」⑦歷史：四——六、七——八、九——十世紀年表；第一〇七、一二九、一五八頁。

（紀元五六二年新羅滅任那後，日本的半島殘餘勢力清除完成，六六三年，日本水軍救援百濟，戰唐朝水軍於白村江口潰沒，恢復朝鮮事業企圖從而幻滅）

紀元六七二年　壬申之亂大海人皇子登位爲天武天皇

六八二年　淨御原令發布

七〇一年（大寶1）　大寶律令制定

七一〇年（和銅3）　平城京（奈良）遷都

七一八年（養老2）　養老律令制定

七四一年（天平13）　國分寺營造發願（七五二年，天平勝寶4，東大寺大佛開眼）

七七〇年（神護景雲4・神龜1）　道鏡下野

七九四年（延曆13）　平安京（京都）遷都

七九七年（延曆16）　坂上田村麻呂授征夷大將軍

八九四年（寬平6）　遣唐使廢

　　這段幾乎與中國隋——唐全時代相當的七——九世紀時間，是日本吸收中國文化最快速，受惠中國文化最大的政治・文化空前躍進時代，日本史上的飛鳥時代、奈良時代，以至平安時代中期。自第一次遣隋使後，約二百五十年間遣隋使、遣唐使連連派出又歸國的結果，指引了刷新政治方向且強力加以促成，而全盤唐化的律令國家實現❺。時間表上

---

❺　以下日本史解明，教材自曉教育圖書版「現代教養百科事典」⑦歷史：四——六世紀ころの世界と日本篇「大和朝廷の成立」、「五——六世紀の政治」、「大和國家の組織」、「大陸文化の攝取」（第一二〇——一二五頁）；七——八世紀ころの世界と日本篇「聖德太子の新政」、「飛鳥文化」、「大化改新と律令制の確立」、「律令國家の組織」、「奈良時代の政治と經濟」、「天平文化」、「平安遷都」（第一四〇——一五〇頁），九——十世紀ころの世界と日本篇「平安初期の政治と經濟」、「攝關期の政治と經濟」、「平安前・中期の文化」（第一七二——一七八頁）；平凡社版「思想の歷史」④佛教の東漸と道教「日本佛教のさまざまな流行」章；文藝春秋版「大世界史」⑤日本の登場；市村其三郎「現代人の日本歷史」；家永三郎「日本文化史」律令社會の文化、貴族社會の文化等兩章；北山茂夫「大化の改新」；上田正昭「歸化人」；人文書院版「世界歷史」④東アジア世界，第二部「東アジアにおける日本」篇。

所舉事件，便代表了每一次突破的階段標誌。高峯點位置係在紀元六四五年中大兄皇子與中臣連鎌足的革命成功，以此為轉機而「大化改新」的國制改革急激進行，推動日本迎向古代的新時代，現代人生活與精神的開化由此直接起源。然而，大化改新通過政治改革前驅意味的推古朝事業所上承，仍與六世紀國勢動向相關聯，以及便以歸化人業績為基礎。如下都是研究上的已了解部份：

——雄略之歿，遺言託付後事的兩人，其一是大伴室屋大連，另一即東漢直掬，白髮皇子幸以依賴兩人將兵焚殺星川皇子，而得登位為清寧天皇。

——五世紀以來，大和朝廷與部民制基盤上氏姓身份秩序相結合的雛型官制，執政者大臣、大連，大臣以宮廷職務家僚意味的臣姓集團葛城、平羣（均武內氏所出）等氏就任，大連則職業集團品部伴造層的代表氏族連姓人伴氏，物部氏就任。所以大伴大連、物部大連執政，固直接是包括歸化人勢力的伴造系首領，大連家失勢，大臣家的武內氏新興一族蘇我氏崛起，吸收與掌握伴造機能的勢力發展基點，又便以其管理財政的氏族傳承，與傳統對朝廷財政具有密接關係的漢系集團相結託。朝廷財政機構齋藏自雄略朝增加內藏、大藏為三藏。三藏的出納記錄分別控制於秦、漢二氏，而蘇我氏即其總負責者。

——蘇我氏與歸化人雄族間特為親密的携手者，仍係政治力雄厚的東漢直，暗殺崇峻一幕上演，前臺的出場人物便是東漢直駒。東漢氏諸氏族於大和朝廷，東文氏的文筆固與西文氏齊名，也向以軍事方面活躍為傳承，鞍部、鍛冶部等武器製作集團統制者的面貌又鑄定其軍事力強大，持續至「歸化人」色調已褪脫的七、八世紀，具宗家地位的坂上直仍保持此特質。與之相彷彿，以史為主流的西文氏，同以軍事、交通方面機能聞名，此一系譜中的馬首、馬史等於八世紀時改氏姓為武生

連。

——由半島展開的歸化人渡來浪潮，屆至六世紀時未斷，此時期的後來者漢人集團，稱「新來漢人」，王辰爾船氏系，船史、船首或七世紀改姓後的船連，即其中一波。蘇我氏與新來漢人關係尤爲接近，下述朝廷屯倉設置地點擴大至國造領內的事例又可明示。

——安閑、宣化時代，大伴氏指導下，大和朝廷直轄領屯倉已全國性滲透，設置至四十所的數字。此舉被日本史學界解釋爲由於磐井叛亂平定的契機，王權強化，國造的政治獨自性非祇受到拘束，也直截破壞國造體制，大和朝廷勢力介入建立據點成功，壓迫地方向中央屈服的最早政治成果象徵。向誇強大的吉備國造領內五處地域創設屯倉，則係蘇我氏初興期的欽明、敏達時代，而蘇我氏直接派遣代表中央往吉備的屯倉管理者，便是新來漢人爲主流的歸化人。

——也便自新來漢人渡來，於居住地以「戶籍」編貫，傳入編成戶別的新方式。船史系白猪史監督管理吉備屯倉，對定着農民集團同樣登錄丁籍、名籍，作「戶」的設定而爲課稅單位。七世紀後半以後「戶」的支配普遍化，源流由此，古來部民制支配於新方式下變貌，關鍵便繫於新來漢人的移住關係。

——日本的中國學問本格化攝取開始時期，所有的證據，同樣指向了繼體、欽明朝。新來漢人導入進步的大陸新知識之外，百濟居間轉輸更係受客所自。傳說中五世紀最早傳入文字者王仁來自百濟，六世紀的繼體朝，百濟兩度向大和政府派出漢人系五經博士，講說儒家經典。欽明朝時，百濟又應日本要求，交替派遣五經博士、易博士、曆博士、醫博士，傳授大和朝廷支配者層諸般學識，儒學，甚且陰陽五行思想等，日本精神文明的根苗乃得滋潤初植。也以南朝宋朝元嘉曆的傳入，日本最早樹立公的生活規律（謹愼的考定，元嘉曆於日本開始採行的年代，

須延後至推古十年與紀元六〇二年，百濟僧人觀勒的携來曆本）。但對宮廷外的影響，此階段尚不顯著。

——八世紀日本最早史書「古事記」、「日本書紀」成立，其編纂依憑的原史料「帝紀」（皇室系圖）、「舊辭」（宮廷的歷史神話——神武傳說卽於此初見）述作，也始自繼體、欽明的時代。文明基礎的文字使用，不否定陪伴學問的傳來而於日本人間漸漸普及，但六世紀時文筆仍然全掌握在文氏與史姓漢人之手，以及此等歸化人便是「帝紀」、「舊辭」記錄者，則可推測。證明之一，紀元五七二年（敏達元年）高句麗外交文書到達，仍有待船史之祖王辰爾解讀，而日本宮廷人自身無此能力；之二，七世紀中蘇我氏政權被推翻，向政變主角中大兄皇子（以後的天智天皇）獻上已編纂史書資料的，又便是船史後裔。

——日本史學界原依「日本書紀」的記載，以紀元五五二年（壬申）百濟聖明王遣來佛像、幡蓋、經論，爲日本「佛教公傳」基準年，今日則多數已改採同係欽明朝，年代卻推前至紀元五三八年（戊午）之說（依據爲「上宮聖德法王帝說」與「法興寺緣起」）。佛教初自百濟傳入後，崇佛曾引起莫大論爭，排佛派物部大連家堅持對佛禮拜必將觸神之怒，而強烈反對，崇佛派蘇我氏私的禮拜也被彈壓，但紀元五八七年用明死後對立兩派軍事行動的結果，物部氏終被打倒，蘇我大臣勝利而積極的崇佛主張實行。戰後研究者對此一大事件，又重視蘇我氏背後結合的漢氏勢力，以及便以漢氏的佛教信仰爲前提，乃有蘇我大臣家強烈崇佛志願的興起。學者們又注意到，紀元五二二年（繼體時代）漢人司馬達等等人來朝，在大和國高市郡建立佛堂（「扶桑略記」引「法華驗記」），乃日本有關佛教信仰的最古記錄，日本佛教史上最初出家爲僧尼之例，也始自司馬達等之女等三漢人女子，由蘇我氏供養。高市郡係傳統與漢系歸化人關係特深的地域之一，東漢氏的本據地，蘇我氏崇

佛論被壓制期私禮拜的佛像安置地與所立佛堂，也都在高市郡。熱心的佛教信徒與日本最早的佛法保護者蘇我大臣家成為最有力權勢之門時，佛教興隆政策急激的全面展開，其紀念碑意味，係由蘇我氏發願而以國家事業形態出現，創建性的大寺院法興寺（飛鳥寺）於紀元五九六年竣工，僧侶與寺工、瓦師、畫工等均自百濟招聘而來，總司其事的指導者則是山東漢大費直（元興寺露盤銘）。紀元六〇五年（推古十三年）完成著名的法興寺丈六本尊製作者司馬達等之孫鞍作止利，推古朝獲授冠位十二階中僅次大德、小德的第三高位大仁，也與法隆寺釋迦三尊背光銘所示製作者「司馬鞍首止利佛師」為同一人。法隆寺全堂廣目天像背光銘「山口大口費」，又是另一佛像雕塑名家漢山口直大口。

——氏姓秩序下，與漢直——漢人——漢部（漢部謂漢氏私民，所隸屬的部民）同等份量的漢系歸化人代表性氏族集團秦造——秦人——秦部，較漢氏特具政治的權力機構內部位置，以政治力而活躍有異，秦氏所呈現係貴族化地方豪族的性格，分散四方定住，攝津國的豐嶋郡、近江國的愛智郡與京都盆地山背國深草地方均其勢力圈，葛野郡尤其是有力據點，以雄大的土地開發力與富力而握有組織化權力。挾其財富進出中央政界時，秦伴造便以大藏官僚背景的國家財政管理者面貌出現，與養蠶、機織的關係也特聞名。抑且，對照漢氏與蘇我氏間的結合，秦氏集團與聖德太子間關係深厚，太子側近多秦人系參加，秦河勝因是得授冠位十二階中次高冠位的小德，今日京都有名的廣隆寺（當時稱秦寺），也便是秦河勝為安置聖德太子所贈佛像而創建。

所以，六世紀日本，浮面的動亂底裏，仍具有積極精神，且是個意義全新的文化時代開創。與考古學上古墳時代後期的文化內容與其年代均相並行。自紀元五三八年佛教公傳以至紀元六四五年大化改新的約一個世紀間，文化史上謂之飛鳥文化的時代（依朝廷所在地大和的飛鳥地

方而名），呈現佛教文化軸心的姿態，時代區分的基準也便是佛教藝術。而飛鳥佛教以傳導體百濟的百濟文化延長意味，所站立是同時期東亞諸國同一的中國南北朝文化背景。佛教受容，無論其意願與行動，最初又都與漢人集團存在密接關係，接觸漢氏實力特深的蘇我氏最早蒙受影響，結果才是佛教興隆政策下佛教文物的大規模進行移植與育成，飛鳥文化因而展開。

六世紀末，大陸已係隋朝強力的集權統一大帝國樹立，聖德太子出場即於其時，七世紀日本直接連繫大陸期的律令國家形成運動，登入準備期。而政治新氣象繼續明朗的背面，六世紀政爭餘波未息，進入七世紀仍然波濤洶湧，但每一次政變成功，已代表對建設律令國家目標愈接近一步的意味——

聖德太子於日本歷史上向被崇敬爲典型明君型的人物，其攝政政治被讚譽於日本歷史具有劃期性，而今日的理解，則認爲後世對太子的記事多少已加以渲染誇大而理想化，太子「攝政」的本質也異於後代藤原氏攝政或明治以後所定攝政制的完全代行天皇職權，乃大王家與蘇我大臣家共同政治或兩頭政治的實現。推古朝所以被譽爲日本歷史的光輝時代，也係因六世紀的動亂於推古朝到達頂點而又以大和朝廷實現兩頭政治爲結束，步入七世紀時，政治上一時出現安定性轉機的緣由。也以大王家開明派太子結合與文化先進歸化人氏族携手而代表當時進步勢力的蘇我氏，共同立於大陸思想的組織化理解，乃有協力最初構想國制改革爲標的的推古朝事業發端。傳承自中國西魏二十四條新制（紀元五三五年）、北周六條詔書（紀元五四四年）系統的傳說中日本最古成文法，文內頗多引用儒家、法家、道家的中國古典成句的聖德太子憲法十七條，其係眞品抑僞作，於今日已存有疑問，模做半島三國制度的冠位十二階（高句麗十二階、百濟十六階、新羅十七階），大德、小德、大

仁、小仁、大禮、小禮、大信、小信、大義、小義的名稱全依儒家德目，實際所予限於畿內臣、連、直、造等姓（如遣隋使小野臣妹子，任命當時爲大禮，以後歷大仁昇至最高冠位之階的大德）而不及地方豪族，蘇我氏又以視於天皇家爲例外，所以實行效果也堪疑。然而，推古朝改革的性質與方向都已可以明瞭，指示朝廷二大巨頭廢止氏族制的**傾向**，氏族爲基礎的伴造系勢力從根本動搖的兆頭初現，冠位與憲法含義在打破門閥，依個人功業、才能，且限本身一代的新的身份制與新的**權**力組織，正已嘗試建立。「大王」尊稱改「天皇」，推定也在紀元六○○年左右的推古朝，紀元六○七年與建的法隆寺金堂藥師如來像背光銘「**池邊大宮治天下天皇**」，乃天皇名詞初見，已係日本古代史學者通說。

佛教與政治密切結合也始於其時，聖德太子佛教信仰與蘇我氏同等虔誠，熱心宏揚，博得文化史上日本佛教之父的崇高敬譽，法隆寺以太子發願而創建。現尚殘存實物，傳係聖德太子親撰的三（佛）經義疏，今雖盛行僞作之說，認與十七條憲法同樣與聖德太子無關係，但內容出自白鳳期或奈良期初太子崇拜者之手的「上宮聖德法王帝說」中，所收錄「天壽國繡帳」百龜四百字文章謂：「我大王所告，世間虛假，唯佛是眞。玩味其法，謂我大王應生於天壽國之中。而彼國之形，眼所回看，悕因圖像，欲觀大王往生之狀」，則是太子佛教關係的最古確實史料。

不幸，推古朝嘗試性政治改革係以不澈底終局。紀元六二二年聖德太子去世，兩頭政治變質爲蘇我大臣家獨裁政治。相隔短時間，推古女帝與繼位的舒明天皇又先後逝去，皇位紛爭再起，母方係皇室女的繼位人選舒明皇后（與夫爲姪女與叔伯的關係）之弟（輕皇子），舒明與后所生之子（中大兄皇子），對蘇我氏所擬擁立的舒明與蘇我氏女所生皇子，壁壘分明，三方僵持下由舒明皇后踏襲推古前例登位爲皇極女帝，

卻未立攝政皇太子，而蘇我氏勢力自稻目、馬子父子開始抬頭，非祇經歷兩頭政治階段過渡到蘇我大臣家獨裁政治，其時的第四代尤其全行變質爲專橫「驕慢兒」執政。大和朝廷陰霾密佈，馬子歿後，蘇我氏原已分裂自殘，反蘇我大臣家氏族勢力終於爭取得蘇我氏反宗家派協力，以中大兄皇子爲中心，中臣連鎌足爲謀主而結集。紀元六四五年，大風暴發生，一次宮廷集會中，蘇我大臣被暗殺，蘇我氏本宗獨裁政治被推翻。中大兄皇子之母皇極退位，勝利集團擁輕皇子爲孝德天皇，其父方族弟，母方外甥的中大兄皇子爲皇太子執政，始倣中國立年號爲「大化」（以後大化六年改白雉元年，又是中國皇室習慣，讖緯思想下以祥瑞改元的嚆矢）。翌年（大化二年），大化改新詔發布，七世紀日本的國制改革運動與聖德太子理想，至其時才眞正踏出其實現的第一步。所以，政變的另一意義，也是最早的改革勢力，於政治改革發願期便已腐化，倒反變質爲反動的改新阻力時，所激發代表新的進步勢力一派，矯正航道的革命成功。

紀元六四六年（大化二年）大化改新詔，其四條改新政治的第一條，皇族與諸豪族田莊，以及部曲，概行歸公；公地、公民制理念發端；第二條定京・畿內之制，地方制度分國、郡、里三級；第三條廢止舊時部民制，立戶籍、計帳、班田新制；第四條定租稅制度，已是國家制度全面性的澈底調整。祇是，今日日本史學界也已發覺，「日本書紀」上項改新詔的原文記載，係依其後天武朝飛鳥淨御原令與文武朝大寶令內容，予以修飾而追加，因此，懷疑改新詔根本不存在，於研究者之間形成有力學說之一，從而也出現否定大化改新史實的大膽設定（記錄中日本最古法典，以後天智朝紀元六六八年近江令，也以原文不傳，內容不明，而其存在成疑問）。一般立場，則「大化改新」與其年代，仍是日本政治史肯定的新時代躍進表徵，認與六世紀中以來約一個世紀

間，以歸化人構成的品部增加，屯倉設置地域擴大，直屬部民加多為基礎，中央最早的官署萌芽而各地國造漸漸傾向地方官僚化，土地、人民再編成與國家權力集中存有需要的客觀條件符合。

卻是，大化改新的推進效率最後還是遭遇阻力，其原因，史學界引以與對外朝鮮半島政策失敗相結合。早自紀元五六二年，新羅併合日本侵略半島的成果任那，日本勢力撤出半島，一個世紀後的紀元六六〇年，日本親密的半島携手者百濟又被唐——新羅聯軍攻滅，日本大規模動員救援百濟，皇極繼孝德而重祚（復辟）改號的齊明女帝與中大兄皇子親征，先是齊明薨於北九州行在，繼便是紀元六六二年日本軍白村江（中國方面記錄稱「白江口」）全軍覆沒，援百濟軍四百艘戰船一舉被唐朝殲滅，國內情緒普遍不穩。改新派領導人皇太子中大兄雖自行登位為天智天皇（近江令發布即其登位後），原尚執着舊制末線的豪族中保守勢力已趁機抬頭，改新靈魂人物中臣鎌足又繼即去世，大化改新設定的基本線不得不因而後退，部份回復大化前代的舊制度，向豪族舊勢力讓步以獲妥協，公民化實現前的諸氏部民復活，公地制也告破壞。天智之死第二年紀元六七二年，壬申之亂皇族內訌，繼續代表改新派的天智親弟大海人皇子（皇太弟）與被保守派豪族勢力包圍的天智之子大友皇子（皇太子）間，皇位繼承戰爭的結果，前者自立為天武天皇而後者兵敗自殺，舊豪族才確定沒落，大化改新的理想，也至此時與在此等勝利集團之手，堅實而穩定的現實化。天武朝制定的飛鳥淨御原律令（也稱天武律令），於繼位的持統女帝（天智皇女與天武皇后）時施行，日本以律令為基礎的國家體制創締，但律令條文今已不傳，推測其內容，大體近似續於紀元七〇一年（大寶一年，文武朝）所制定，次年施行的大寶律令。大寶律令被稱係日本最初的完備法典，但條文現亦不存，僅以其後養老令的注釋書引用而知其部份內容。紀元七一六年（養老二年，

元正朝）完成，紀元七五七年（天平寶字一年，孝謙朝）施行的養老律令，乃對大寶律令的修正本，律（十卷）現存一部份殘本，令（十卷）則依平安時代製作的注釋書「令義解」、「令集解」而得知。日本古代國家由是從氏族制秩序完成官僚制秩序的轉換，姓爲世襲政治地位標誌的氏姓制度被否定，名副其實的律令國家實現。「日本」國號確定，也始自大寶律令制定時，其後養老令的規定與「令義解」說明，對外文書用此名詞，對內用「大八州」自稱，歷史上「倭」的國名與倭國時代被揚棄。見於「唐書」東夷傳日本國條的記錄，則天武后長安三年（紀元七〇三年），因使者來朝得知「倭」國改國名爲「日本」，而以是年爲斷，與倭國條區別，可資印證（「新唐書」東夷傳則通入日本國條）。而養老令制定時代，於日本古代史的區分，已係以紀元七一〇年（元明朝）不城京遷都劃期的奈良時代。

　　自打倒蘇我大臣——人化改新以至奈良時代，朝廷的一股政治勢力正由新興而壯大。原追隨大伴、物部大連家而仕朝廷掌祭祀事的伴造系氏族出身者中臣鎌足，以助中大兄皇子（天智天皇）打倒專政的蘇我大臣家，推動大化改新，死前由天智天皇賜姓藤原。又以鎌足生前已與大海人皇子締結婚姻，壬申之亂大海人皇子登位爲天武天皇後，以皇族近親擔當政府要位爲特徵的皇親政治展開同時，藤原氏勢力也踏襲原蘇我氏舊軌跡，以大財閥與世代外戚的姿態抬頭，與皇親政治間對抗局面，推移至八世紀前半光明立后爲標誌，而藤原氏建立壓倒優勢。皇室婚姻，立后必爲皇族自身之女原係不成文法，外戚之女祇是妃，原因係皇后存在繼位爲女帝的可能性（所以天武以兄天智之女爲后而繼位爲持統女帝，天智另一女嫁天武——持統之子草壁皇子又繼位爲元明女帝），雖然外戚之女所生子的繼位天皇權利相同。但便自生母爲鎌足子不比等之女的聖武天皇（父乃草壁皇子——元明之子文武天皇），而出現革命

性大變化，不比等另一女（卽聖武姨母）光明子被立爲聖武皇后，皇后必出皇族的傳統由是打破，藤原四家（不比等四子分家）權勢炙手可熱。惟奈良時代已是佛教普及期，日本全土發達爲佛教國家，聖武朝僧侶進出政界，佛教主義的政治實力非祇接替皇親政治，一時且浸浸乎駕凌藤原氏。政治實權歸入僧侶之手變制的形成，至孝謙女帝重祚爲稱德女帝的時代到達頂點。天武天皇後裔以稱德之薨而斷絕，授予藤原氏雄風復活的絕好機會，擁立繼位的天皇光仁回復天智天皇系譜，並以脫卻佛教政治與過份龐大的寺院勢力爲目的，斷然放棄政治佛教化之都平城京（奈良），移向北方另行營造新都平安京（京都），此時已係光仁之子傳說中第五〇代天皇桓武在位。日本史的奈良時代，也以紀元七九四年平安京遷都，而轉換爲平安時代。

天智天皇家再興與平安京遷建實現乃藤原氏絕大功勳，世代外戚與天皇后、母所出的優越條件上，終已決定性的步步排除一切反對勢力，於紀、阿倍、石上（物部分家）、石川（蘇我分家）、大伴、佐伯等諸有力氏間，藤原北家（四分家中第二房藤原房前的後裔）政權獨佔之勢成立。九世紀後半，藤原北家自最初分家起算的第四代攝政（幼小天皇卽位時）、第五代關白（成年天皇在位時）地位的連續創例取得，十世紀後半而攝政・關白發展爲常置，藤原北家代代世襲獨佔其位，政治史上北家攝關家代行天皇職權，掌握完全政權，包括以不德口實廢立天皇的攝關政治確立。此一時代・已係天皇徒然成藤原攝關家傀儡的平安時代中期。

對照如上政治推展，七世紀中以來，文化史上已超越飛鳥時代，受容大陸指導文化的主軸，也以遣隋使（以及接續的遣唐使）嘗試派出成功，歷史的轉手朝鮮半島傳播通道遂被斷然揚棄，改變向唐朝長期性的直輸入。大化改新所攝取已是直接的大唐制度・文物，但藝術的樣相仍

不能相與對應，仍殘留中國南北朝末期式樣痕跡，卻也已見出緩和飛鳥時代古典性格的傾向，因而自天武——持統前後至八世紀初這一段時間內所完成式樣，另行設定「白鳳」時代以示過渡期區別（一般意見，偉人聖德太子，便自白鳳期佛教文化時代開始奉爲偶像，十七條憲法與三經義疏都是此時代產物）。奈良時代，盛唐文物於短時間內如大洪水流入，才有作品華麗又滿蘊健康與充實之力，文化・藝術全面完成唐朝式樣轉換，而以文化最盛期聖武朝天平年號爲名的天平文化成立。飛鳥——白鳳——天平三文化期均以佛教藝術爲基調，也以佛教與政治深結爲一貫的時代特色。自平安奠都，濃烈的佛教文化色彩退卻，天平文化延長發展爲平安初期，而唐化、大陸化風潮到達極致。迄於遷都平安恰屆百年的紀元八九四年遣唐使運動終止，以及相隔十多年後唐朝覆亡以總結日本與隋——唐關係之頁，前後近三百年間，日本努力攝取唐朝文化至貪婪無饜境地，熱心模倣中國制度文物也嘆佩爲空前。日本與中國間交通，此時期係明治以前最繁密的時代，日本歷史上受惠於中國文化的影響，也以此時代爲最澈底。

　　日本與隋——唐關係的展開，日本史學界幾乎一致引用「隋書」東夷傳倭國條資料，以紀元六〇七年（隋煬帝大業三年，日本推古十五年）倭王國書「日出處天子，致書日沒處天子，無恙」之言，證明這是日本與中國間平等外交的開始，歷史的中國屬國時代已成過去。卻也已注意到，國書「致書……無恙」之句不合文法，抄襲「史記」匈奴列傳單于致漢文帝書「天所立匈奴大單于敬問漢皇帝無恙」格式走了樣，致招無禮、粗魯、幼稚之譏（受此教訓，所以其後對新羅、渤海等所謂「蕃國」國書也未忽視使用「敬問」的敬語＜對唐朝則稱「鄰國」＞。十世紀延喜式外交文書，規定對大蕃國用「天皇敬問」，對小蕃國用「天皇問」的文式，又是模倣套用大業四年，隋煬帝遣文林郎裴世淸隨日使

小野妹子赴日時，所具答書的「皇帝問」格式），可以了解，屆至七世紀初，儘管歸化人獨佔文筆的局面可能已經結束，日本人自身間文字使用的能力尚非圓熟，熟練的時代續須延後。

重開對中國交通，「日本書記」推古十五年秋七月戊申朔庚戌（三日）條，使小野妹子入隋的記錄，與「隋書」東夷傳倭國條，倭王多利思北孤遣使朝貢的記事一致。次年，隋遣斐世清使倭，再次年（推古十七年）斐世清返歸時小野妹子再度奉使伴隨，以及推古二二年（紀元六一四年）續有再一次遣隋使犬上御田鍬派出而翌年歸國的說明，都與「隋書」倭國傳倭王「復令使者隨清來貢方物，此後遂絕」的記載，前段仍相符合，後段已互歧。相對方面，上距推古十五年七年，「隋書」倭國傳「（隋文帝）開皇二十年（紀元六〇〇年·推古八年），倭王姓阿每，字多利思北孤，號阿輩鷄彌，遣使詣闕」的記載，則爲日本史料所缺。所以，今日日本史著作對第一次遣隋使派出年代的設定，係置之於紀元六〇〇年抑六〇七年？以及遣隋使派出乃四次抑三次？基準未齊一。

下大決心，以直接的、澈底的態度擷取大陸高文明，契機自推古十七年與紀元六〇九年，第三次遣隋使派出而把握，小野妹子再度使隋，已有首批留學生、留學僧八人偕行，均漢裔系歸化人係堪注意處之一，每人滯留唐朝年數多特長又係其一，其中高向漢人玄理，留學期間三二年、南淵漢人請安相同三二年、志賀漢人惠隱三一年、新漢人旻二四年、倭漢直福因十五年、新漢人廣齊也是十五年。尤其值得重視，他們歸朝對指導日本政治向上都具有莫大影響，以及便是大化改新的原動力。高向玄理（留學生）與南淵請安（留學僧）返日已係舒明十二年（紀元六四〇年，唐太宗貞觀十四年），宮廷內外正彌漫渴望諸制革新的氣氛，「日本書紀」明載中大兄皇子與中臣鎌足兩人，就南淵請安之

住所學「周、孔之敎」，請安宅已係改新派密議政變場所，以及國制改革知識與方向直接求自吸收大唐新學問而歸的當代知識人代表，今日學界都已充分了解。大化改新實現，基本立場的廢止從來帶有族制性格的大連、大臣制，創置非世襲的執政上最高官職左、右大臣，鎌足的地位是另一新設官職內臣，而策劃政治措置的最高顧問國博士（以後律令制中無此職）兩人，起用的便是僧旻與高向玄理。壬申之亂大海人皇子（天武天皇）王權簒奪戰爭中，漢氏一族大量參加軍事行動，「日本書紀」（以及「續日本紀」）記錄有天武嘉獎特具勇名的坂上直詔書。大寶律令的制定，「續日本紀」也明記參加修撰人士中，歸化系氏族的漢人佔了大半。所以，古代日本由天皇・豪族的領地・部民制，向全新的律令國家構想移行，從創意到建立基礎，漢裔系歸化人協力的貢獻至爲分明。特別便是這些歸化人爲中核，返回大陸母國留學又學成歸朝，携回中國集權統一大帝國諸文物資料，與在大陸所吸收實務的經驗，愈與起改革自國的強烈願望與渴求，乃有進步一派組成，以擁護中大兄皇子打倒守舊派而大化改新發端爲轉機，一系列政治改革遂行。

　　中國朝代隋──唐交代，早自推古次代的舒明二年（紀元六三〇年，唐太宗貞觀四年），已以稍早（推古三一年，紀元六二三年）歸朝的學問僧藥師惠日（入隋年次不明）與福因等建言，而有以犬上君御田鍬爲人使，惠日爲副使的第一次遣唐使派出，第三年歸朝。大化改新後第七年（紀元六五三年，孝德朝白雉七年，唐高宗永徽四年）第二次遣唐使出發，大規模留學生隨行的浪潮開始興起，同一年兩團分別出發，第一外交團一二一人，第二外交團一二〇人，每團一船，不幸第二團（第二船）於入唐途中遭海難，僅第一團（第一船）平安抵達，次年歸朝。緊隨又是高向玄理爲押使、河邊麻呂爲大使、藥師惠日爲副使的第三次遣唐使，於紀元六五四年（白雉五年，唐永徽五年）兩船同行，次

年歸朝。自此以迄仁明朝的承和五年（紀元八三八年，唐文宗開成三年），兩百多年間遣唐使連續派出，每次人員，起初約一百二十人，最多時飛躍增至五百五十至六百人之數（內包括船員、技術者等，實際留學人數約佔其中一成左右）。

歷次的遣唐使——

回次	年代（西紀）	人　數船　數	歸朝年代	雜　　　　　　　　　　載	「唐書」「新唐書」東夷傳朝貢年份
1	630		632		貞觀五年
2	653	121人一條	654		永徽初
	同	120人一條		入唐途中遭難。	
3	654	二條	655		
4	659	二條	661		
5	665		667		
6	669				咸亨元年
7	702		704		長安三年
8	717	557人四條	718		開元初
9	733	594人四條	735	第三、四船歸朝途中遭難，漂至崑崙。	
10	752	120餘人四條	753 754	歸途第一船漂向安南，大使藤原清河仕唐不歸。	天寶十二年
11	759	99人一條	761	僅大使高元度等十一人抵長安，餘在海上遇難獲救。	
12（中止）	761	四條		因船破壞中止。	
13（中止）	762	二條		因未得便風中止。	
14	777	四條	778	歸途第一船遇難破壞。	
15	779	二條	781		建中元年
16	804	四條	806	第三船入唐途中遭難。	貞元二十年
17	838	600餘人四條	839 840	第三船出帆即遭難，140人未入唐。	開成四年
18（中止）	894			以大使菅原道眞建議而停。	

　　爛熟的大唐文化，由是如洪流似輸入日本。激起迴響，便是完備法典的立於大化改新諸原則上編定，而古代日本律令制度完成。養老律令性質，便是以唐朝迄於永徽年間律令爲範式的縮小版，祇部份修正以適合日本實情。律令國家的組織，中央政府官制分二官（神祇官、太政官）、八省、一臺、五衞府。行政上權力在相當於今日內閣的太政官，長官太政大臣爲燮理陰陽，天皇師範，「無其人則闕」的非常置最高榮譽職位，於官‧位相當制已到達正（從）一位（以後攝關政治的基礎卽建立於此，「關白」一詞由詔書所命政事槪行關白太政大臣之語而得）。平時政務由正（從）二位的左、右大臣統括。地方分畿內（大和、山城、攝津、河內、和泉等五國）、七道（東海、東山、北陸、山陽、山陰、南海、西海）而編成國、郡、里三級制。律令支配體制下，天皇以統制畿內地方的中央豪族羣與掌握全體國家權力，通過官僚制政治機構，直接支配全國的土地與人民，高度集中權力的中央豪族，則以官僚制的與蔭位制結合，以及有位者賦有種種特權而貴族化。與蔭位制並行的官人進身之門，係大學（太學）卒業通過秀才、明經、進士、明法等四科國家試驗。地方上級官國司由中央付以一定任期赴任，郡司多由地方豪族的舊國造家世襲（改變譜代郡司任用，試行創設官僚化郡司而由朝廷直接把握郡守層，須平安初期）。土地公有，於班田收授法下，以口分田爲基礎的不同田地名目班給人民，人民設戶籍、計帳，負擔租、庸、調與其他雜徭、雜稅。全人民又依身份別區分良、賤，絕大部份均良民，賤民的奴隸集中歸寺院、貴族、地方豪族所有。律分笞、杖、徒、流、死五刑，謀叛以下爲八虐不赦之罪。八世紀日本律令制度整然形成活潑的國家活動，可以瞭然，全與唐朝制度對應而以之爲藍本的模倣與移植。包括紀元七〇八年（和銅元年）最初的貨幣鑄造（圓形中間方孔）。

平城京建設，其市街縱橫的條坊區劃，宮城（大內裏）在城內北端中央，正門朱雀門，自此南走的大街名朱雀大街，依此而區別城東、西，分別稱左京、右京，也分設東市與西市，所以都制營造，又係完全的唐都長安小型移建，宮殿、佛寺等建築均唐制模寫（今日奈良位於原平城京東北隅而面積僅及十分之一）。其後平安京，又是對平城京同一規制的複製，小型的長安城日本版（紀元七九二年開始在山背國葛野地方營造，兩年後遷都新京時，命名為平安京，山背國也改稱山城國。但平安京工事未完成，興築逾十年後於桓武天皇去世前的紀元八〇五年中止），今日京都市約略相當其朱雀大路東側的一半或左京之地。

八世紀前半聖武朝係日本律令政治最顯在的時期，正值中國唐朝玄宗在位，其後期，壓倒藤原氏勢力的光明皇后異父兄橘諸兄政權建立，政界主導僧玄昉與吉備眞備（位至右大臣），便同係紀元七一七——七三五年間長期留學唐朝，親身見聞玄宗盛世初歸朝的人物，媒介大陸風習以唐朝文化爲師的努力再推進一層。武則天特創的四字年號便自此時傳入日本，自聖武末期歷孝謙、淳仁以迄孝謙重祚的稱德朝（中國玄宗——肅宗——代宗相續在位期），四字年號於是都被引爲模範而做用，「天平勝寶」且是玄宗「天寶」年號的直抄襲。玄宗天寶三年（紀元七四四年）以後改「年」爲「載」，天平勝寶七年（紀元七五五年）也追隨詔命改「年」爲「歲」。玄宗改中書省爲紫薇省，孝謙女帝便新設「紫薇中臺」（「中臺」則高宗——武后時代尙書省的更名）。藤原氏權勢恢復而獨裁者姿態確立，起點正是藤原仲麻呂由紫薇內相於淳仁朝，以太保（右大臣）進位太師（太政大臣）。

日本史學界闓說中——日關係史時喜愛引述的阿倍仲麻呂、藤原清河故事，也發生於此時代。阿倍仲麻呂與玄昉、吉備眞備，同係隨第八使遣唐使（紀元七一七年，唐玄宗開元五年，日本元正天皇養老元年）

渡唐的留學生，仲麻呂時年二十歲，在唐初名朝臣仲滿，後改朝衡（晁衡）。太學畢業後應科舉進士及第，任左春坊司經局校書。紀元七五二年（唐玄宗天寶十一載，日本孝謙天皇天平勝寶四年），藤原清河（藤原北家之祖房前第四子，光明皇太后之姪）為大使的第十次遣唐使派出，翌年返航，係遣唐使運動中特具意義的盛舉，德望隆高的名僧鑑眞一行東渡卽此次。滯唐已三六年，官吏生活歷左補闕，儀王友累進至秘書監的仲麻呂，也動思鄉之情辭歸偕行，詩文知交王維、趙驊、包佶、儲光義等紛紛賦詩惜別，傳為佳話。而四船俱發的海上歸途中，憾事獨發生於清河、仲麻呂所乘的第一船，遇風向南漂流至交州（越南），仲麻呂海難消息傳出，因之又有李白悼惜知友之詩流誦。清河與仲麻呂終得獲救輾轉返回長安，紀元七五九年（唐肅宗乾元二年，日本淳仁天皇天平寶字三年）日本以迎迓清河為主任務，歸化漢人高元度為大使的第十一次遣唐使抵長安，但清河、仲麻呂均已不願再回國。仕唐的這兩位歸化日人，清河（在唐改名河清）位至特進，肅宗時卒；仲麻呂位至散騎常侍、鎮南都護，代宗大曆五年（紀元七七〇年）以七三歲高齡卒於任內，前後在唐時間五十三年之久。

　　啣接奈良時代的平安時代再分期，九世紀末以來約一個世紀間為初期，貴族社會唐風·大陸風的高揚到達極峯期，宮門、宮殿命名既係唐化，官名稱呼也流行唐式，公的、私的用詞與慣用語唐化風習一般化，用具倣唐式，大陸傳入的舶來品普受尊重，服制也循唐朝標準。年中行事自奈良時代已完成皇室中心的元日朝賀、上元、上巳、佛生會（佛誕、浴佛）、端午、乞巧、盂盆、重陽、冬至、除夕大儺等已一概移入，而成自國習俗，平安初期續對宮廷慶賀、祭祀、宴會儀式與典禮形制，加以全盤唐化。唐風文化的憧憬，桓武朝延曆四年（紀元七八五年）祭天之文的直輸入乃有名事例，天皇對昊天上帝自稱「嗣天子」與

「臣」。貴族與文化人以熟讀中國古典，崇拜中國歷史上偉人，而往往比擬自身為此等人物，或以之推重他人。「史記」、「漢書」、「後漢書」的當時日本所謂「三史」中人與事，尤所習知，桓武自許便是漢武帝，坂上田村麻呂被同僚譬喻功同漢武帝時名將衛青，邊境守備詩句中又用「單于」（匈奴）字樣代表蝦夷，「都護」代表陸奧守（東北地方長官），「隴頭」代表陸奧地方，都堪說明。藤原氏擅行天皇廢立，模倣的前例赫然竟是漢朝霍光故事。

律令制營運以唐朝制度文物為母體・母法，官人貴族的儒家教養與漢詩文理解自屬必需。所以奈良時代，平城京為中心的貴族文化，已以漢文學的成長、熟練與發達為表徵。日本現存最古歷史書與博文學高評價的「百事記」（紀元七一二年，和銅五年），全行模倣中國編年史書形式的「日本書紀」（紀元七二〇年，養老四年），以及日本最古的漢詩集「懷風集」（紀元七五一年，太平勝寶三年），編纂均於其時。成立年代不明，以用萬葉假名記錄而日本學界稱之國文學始興的「萬葉集」歌集，推定也在奈良時代之末的紀元七九〇年左右完成。平安初期文化直承前代的天平文化，代表性文化仍是立於唐朝基盤上風靡的漢文學，唐風的詩與文章製作盛極一時，詩集紛紛編集。尤其紀元八一〇──八四二年嵯峨、淳和、仁明三朝三十餘年間，號稱太平至極的「崇文之治」（文治政治之意），努力追求中國古典與聖賢之道，文運隆盛，學藝受尊重，乃是學者、文人輩出的平安初期文化的代表性時代。總稱「六國史」的古代日本六種史書，「日本書紀」之外，「續日本紀」（紀元九九七年，延曆十六年完成，奈良時代基本史料）與「日本後紀」（紀元八四〇年）、「續日本後紀」（紀元八六九年）、「日本文德天皇實錄」（紀元八七九年）、「日本三代實錄」（紀元九〇一年），也都是平安時代的漢文編年體之作。藤原佐世輯成「日本國見在

書目錄」，登錄自唐携來漢文書籍，千五百七十九部，一萬六千七百九
十卷，內中頗見後世於中國現地已失傳的書目，此等珍本卻以當時傳入
日本而得保存。

　　奈良律令期的天平文化，佛教文化仍是基盤，日本古代國家的政治
佛教化色彩以此時期最爲濃厚，也以此時期已受唐朝佛教的直接影響而
佛教全盛。鎮護國家思想下，源流起自則天武后大雲寺運動的國分寺制
度全國展開與總國分寺意味的東大寺營造，儼然已係聖武朝最大事業（
天平文物，今日奈良歷史性諸大寺多有保存，特別便是東大寺附屬建築
正倉院的保管物，富聖武天皇御物圖書，其中大部份且屬大陸舶來品，
其餘也均日本的唐式倣製文物）。教學研究宗派的後世所謂「南都六
宗」，也於此時代由唐朝移植完成，成實宗與三論宗自白鳳期以前已爲
日本所知，法相宗與俱舍宗的輸入，紀元七三五年僧侶政治家玄昉自唐
留學歸來所傳之說爲有力，另一說的年代較前，主張係隨第三次遣唐使
（紀元六五四年）入唐歸朝的名僧道昭傳入，紀元七〇〇年圓寂時遺言
以遺體火化，又是日本最初的火葬，而道昭乃船氏出身，漢系歸化人血
統可知。華嚴宗以天平七年（紀元七三五年，唐玄宗開元二三年）唐朝
大師道璿（與玄昉、吉備眞備同來），受日留學僧敦請渡日而成立，華
嚴思想模擬龍門奉先寺盧舍那大佛創建的東大寺本尊盧舍那大佛，於紀
元七五二年（聖武天皇以出家爲僧讓位其女孝謙女帝的太平勝寶四年）
開眼供養，主持儀式的導師，又是與道璿偕行兩外國僧侶之一的婆羅門
（印度）僧菩提僊那（其他一人乃林邑僧佛哲）。最有名的日本佛教史
劃期性大事，係唐朝高僧鑑眞應日本佛教界所懇授戒要求渡日，佛教紀
律生活依戒律維繫，而日本從無授戒的師僧爲正式受戒儀禮，鑑眞於紀
元七五四年（太平勝寶六年，唐玄宗天寶十三載）到着奈良，同年於東
大寺盧舍那佛殿前建戒壇，鑑眞親爲戒師，自聖武上皇、光明皇太后、

孝謙女帝以下公卿四四〇人受戒的盛典，推動奈良期佛教到達絕頂（其後東大寺戒壇院的建築即紀念其事）。中國律宗與戒壇制度由是傳入日本，紀元七五九年鑑眞創建的唐招提寺成立爲律宗總本山。鑑眞七六歲圓寂，偕來的諸唐僧弟子繼承其師遺志，各地布教，指導學生，持戒第一的眞正佛教者念願，因而實現。這位日本佛教史偉人的事迹，同時期稍後（八世紀後半）的著名學者眞人元開（淡水三船），參照鑑眞弟子思託所記「大唐傳戒師僧名記大和上鑒眞傳」，而撰有「唐大和上東征傳」流傳後世。另一聖武朝高名望僧人道昭弟子行基，以教化庶民，普渡眾生的民間聖僧受膜拜，八二歲高齡入滅前數年的紀元七四五年（天平十七年）接受日本最初的佛教最高名位大僧正，又係出生於河內國大鳥郡漢人歸化系氏族的豪族高志氏家庭。

　　奈良時代佛教怒濤，以遷都平安京而漸漸平息。政治與宗教分離，佛教依循行基的努力方向步入人民大眾間的階段，也隨南都（便以平城京位於平安京之南而稱）六宗而平安二宗續自唐朝傳來日本。天臺宗與眞言宗（密教），各各是最澄、空海，同於紀元八〇四年（唐德宗貞元二十年，日本延曆二十三年）入唐求法，又於貞元二一年（即順宗永貞元年，最澄），憲宗元和元年（紀元八〇六年，空海）分別歸朝的結果。中國獨有的書法藝術與飲茶之風，都自平安初期自唐朝傳入日本，其間連繫關係，通說又都謂由最澄、空海的歸國攜入。之後，天臺僧圓仁續於紀元八三八年（承和五年，唐文宗開成三年）渡唐，密教修行生涯十年（親歷紀元八四五年會昌排佛，著有「入唐求法巡禮行記」）返國，由是集天臺——密教大成，而取入密教要素與密教化了的天臺宗稱臺密，眞言宗密教則別稱東密。加注了祈禱與呪術儀禮的密教，於平安初期全盛。

　　古代日本唐化‧大陸化的世紀大轉換已經成功，而此過程中，對日

本最早的文明導入，佛教傳來，抑且活潑進出政界，日本戰後史學研究界總稱之爲「古代國家實力者」的歸化氏族主流漢人，無論政治上或文化上，色彩卻正呈現反方向的漸漸脫落。 渡日漢人， 原都是四世紀以來因半島切離中國而形成的半島流寓者後裔，移住日本浪潮注定存有時間、批數的限制。待六世紀中日本侵略半島的據點任那喪失，新來既乏後繼又加半島通路斷絕，弱勢先已明顯，七世紀中日本的半島親密携手者百濟又滅亡，以救援百濟爲名野心再建任那的企圖以白村江干涉戰爭潰敗化爲泡影，半島漢人集體移住記錄從此決定性終止。相對方面，已定住日本而土着化、豪族化了的漢系民族，其所代表中國南北朝文化的背景，面對遣隋、遣唐使派出而接觸更進步的隋──唐文化時，毋寧站立的反而是與前此兩個世紀內受其扶植而成長的日本文化同一立場，以及隋──唐文化開始衝擊下，歸化系氏族於原氏族制秩序向律令的官僚制秩序推移期間，已加深其豪族層劃 的認同傾向。天智朝對臣、連、伴造、國造等階層，以簡單化爲目的的氏族制整備以來，天武朝八色姓制度設定（紀元六八四年，天武十三年），乃於天皇家爲頂點的旣已成立諸勢力關係上，以舊來氏族秩序調和律令制度爲要義，所創設新的身份序列。八色姓第一的「眞人」，以示五世以內天皇的子孫，也編入一定規範內的「君」姓準皇族，以下依序：此外的皇別之氏爲「朝臣」，神別爲「宿禰」，各各以之賜與臣、連之姓而當時的實力氏族（如奈良時代的藤原朝臣，大伴宿禰），「忌寸」賜與國造，以上是所謂「上位四姓」，其下則『道師』、「臣」、「連」、「稻置」。漢系歸化諸氏的秦造、漢直等，於八色之姓的位置，便是上位四姓中的宿禰（如奈良時代的太秦公宿禰、坂上宿禰等）與忌寸（最爲多數）。半島渡來潮已經平息之後，漢人集體移住固久已絕跡，但特殊情況下個別或少數「唐客」滯在不歸之例，也非無發生。紀元七三五年隨道璿一行渡日的袁晉

卿，在日任官人子弟教育機關首長的大學頭，又賜姓清村宿禰；紀元七
六一年遣唐使高元度歸朝，唐肅宗派遣的護送人員三十九人抵日後，以
國內安、史之亂阻隔難返，其中沈惟岳被賜姓清海宿禰，另八人均忌
寸，但例子據記錄不過如此。至此階段，後繼來源斷絕了的歷史上歸化
人，存立於日本社會中的意義已非僅「歸化」，而係澈底的「同化」了。

但「歸化人」瀕臨消滅命運前夕，仍然迴光反照式爲日本歷史寫下
繼往開來的重要一頁。奈良末──平安初的桓武朝二十餘年歷史，要約
與平安京建設與蝦夷戰爭兩大事業相始終，而此兩大事，都正與漢系歸
化人密結──

平安京遷建地山城國葛野地方，傳統便是秦氏勢力活躍中心，營建
時得其協力最大，大內裏（宮城）且卽秦河勝邸宅原址。奈良時代以來
的當權貴族藤原氏，向與秦氏成立婚姻關係，也立於秦氏雄厚的經濟背
景之下，由其財力後盾的支持而自身也發達爲大財閥。桓武朝初期權勢
中心與桓武皇后之父，藤原四家之一式家的藤原種繼，其妻卽皇室財務
首長主計頭秦朝元之女。政治領導權推移至推動平安新都遷建的藤原四
家另一分家北家，新都擇定爲秦氏勢力圈的葛野之地，原因之一，又以
決定選擇都址與新都營建負責人物藤原小黑麻爲（北家之祖房前孫兒），
其岳父係秦島麻呂，所生子以後出任第十六次遣唐大使，取名且便謂葛
野麻呂。

關於後者，八世紀係日本史所謂國土開發或版圖擴大期，其方向，
一是東北地方（北本州的蝦夷），一是西南地方（南九州的隼人）。蝦
夷的叛亂始終未平息，桓武朝與平安京事業平行，乃有蝦夷征討之役興
起。但十年內三度大征伐，前兩次一挫敗、一無功，第三次東漢氏的坂
上田村麻呂受征夷大將軍拜命，於紀元八〇一年出師，才全面平定蝦
夷，俘其魁首凱旋。桓武崩後，再以大將軍建皇位糾紛藥子之亂的鎮壓

大功。而田村麻呂家世，除自身的政府中樞重臣資望外，其女乃桓武天皇之妃，其父苅田麻呂，又是奈良末撲滅藤原氏最早獨裁者仲麻呂（南家）之亂的赫赫名將。

平安時代初期的九世紀，律令制已呈崩壞現象，土地公有原則次第有名無實，與貴族、寺院等權門勢家私有地的莊園發達相對，苦於過重負擔的公民口分田，以耕種者逃亡而流入莊園的趨向不斷擴大，租、庸、調租稅制被迫放棄。律令體制解體期的另一注目現象，令外官不斷增加，官僚政治無力化，藤原氏抑壓站於競爭地位其他貴族諸氏的獨佔勢力全盛。從九世紀到十世紀，已係日本古代國家政治‧經濟的重要轉換期，紀元九〇二年（延喜二年）莊園整理令發布，班田制最後廢絕；藤原氏以其龐大的莊園收益力爲經濟基盤，已變質的律令政治，終向攝關家的獨裁貴族政治時代完成推移，而平安時代初期也因而變換面貌爲中期。文化方面，安史亂後唐朝黃金時代褪色，九世紀後半國勢衰退跡象愈形明顯的背景之下，遣唐使以紀元八九四年（寬平六年，唐昭宗乾寧元年）第十八次中止派出爲斷限而停廢。日——唐關係自其時中絕，日本學界說明，象徵了日本的文化自主傾向得有機緣發生，擺脫漢文學拘束的國風文化漸漸促進形成。平安初期的表音文字萬葉假名（假名即與眞名的漢字對稱而言），以漢字之音爲國語，十世紀以來的平安中期，乃續發明了片假名與平假名，而假名文學興起爲代表的國風文化季節展開。雖然正式性的、公的場合，文書仍然應用純粹漢文。

「歸化人」的歷史，於此便必須告一總結。仿照唐高宗顯慶四年（紀元六五九年）「姓氏錄」，也沿用其名的律令時代諸氏系譜集「新撰姓氏錄」，自桓武朝着手編輯，嵯峨朝的紀元八一五年（弘仁六年）完成，編輯理由係以當時氏姓混亂而加考正爲目的，相對也正是氏姓時代結束意味。歷史上以「古代國家實力者」姿態登場的歸化系氏族首長

與其所部歸化人，經過時間試煉，又經唐風高潮洗滌，已係同一的日本
貴族與日本人，同一的日本文化範疇，一切的歷史貢獻都已平淡，「歸
化人」性格全行模糊。

中天之日換入斜陽期

盛唐明暗面 —— 八世紀前半

　　唐朝近三個世紀國運，前半的約一個半世紀值玄宗盛世而結束，次代肅宗已係另外一個半世紀或唐朝後半期的分割點。其世系圖——

```
 618-626            626-649          649-683
①高祖（李淵）—②太宗（世民）—③高宗（治）—④中宗（顯）
                              ‖            683-684
                              ‖            705-710
                         （周）則大武后—⑤睿宗（旦）—⑥玄宗（隆基）—
                              690-705      684-690      712-756
                                           710-712

—⑦肅宗（亨）—⑧代宗（予）—⑨德宗（适）—⑩順宗（誦）—⑪憲宗（淳、純）—
   756-762      762-779      779-805      805         805-820

                           ⑬敬宗（湛）
                           824-826
 —⑫穆宗（恒、宥）—         ⑭文宗（昂、涵）
    820-824               826-840
                           ⑮武宗（瀍、炎）
                           840-846                  ⑱僖宗（儇、儼）
 —⑯宣宗（忱、怡）—⑰懿宗（漼、溫）—         873-888
    846-859      859-873                 ⑲昭宗（傑）—⑳哀帝（祝、祚）
                                         888-904       904-907
```

　　大唐歷史劇中最是富麗堂皇的場面在前半場之末，唐朝文化極盛期玄宗時代推出。玄宗乃太宗曾孫，高宗與則天皇后之孫，紀元六八五年誕生爲睿宗第三子，母竇氏。睿宗以弟繼兄中宗卽位第三年，禪位這位

二八歲的青年天子玄宗，翌年或紀元七一三年，先天年號改元開元，開元三十年（紀元七四二年）改元天寶，天寶十五載（天寶三年改「年」為「載」）禪位肅宗，在位四十五年。玄宗登位初期，個人既精勤奮發，宰相中又名臣輩出，最早的政治中心人物姚崇，受徵召拜相之初上奏十事：①政先仁恕、②不倖邊功、③法行自近、④宦豎不預政、⑤租賦外一絕之、⑥戚屬不任臺省、⑦接大臣以禮、⑧羣臣皆得披逆鱗、犯忌諱、⑨絕道佛營造、⑩鑒戒漢之祿、莽、閻、梁（見「全唐文」卷二〇六「姚崇十事要說」），性質便是開元大半期的施政綱領。姚崇推薦的繼任宰相宋璟，又是位穩重而正直的政治家。前後兩位賢相，向被史學界比擬為貞觀時代的房玄齡與杜如晦，開元之治與貞觀之治並加禮讚，玄宗在位期太平盛世景象也媲美太宗時代的大唐金色世界。

然而，開元之治究非全是貞觀之治的回復。從正面而言，生產與負擔納稅的戶口充實，太宗時代戶三〇〇萬左右，玄宗末（天寶十四載，紀元七五五年）增加至三倍之數的戶八九一萬、口五二九一萬（「通典」食貨七歷代盛衰戶口項大唐條所謂「此國家之極盛也」）。盛唐的繁榮，鮮明徵象係經濟力充沛，工商業資本活潑，世界性貿易發達，「天下河洛，舟航所聚，旁通巴漢，前指閩越。七津十藪，三江五湖，控引河津，兼包淮海。弘舸巨艦，千軸萬艘，交貿往還，昧旦永日」（「唐書」崔融傳武后時上奏之言）的物資流通景象，堪為寫照。都市高度消費生活所反映衣、食、住、行、育、樂高水準，經濟景氣，社會富庶康泰，歌舞昇平概觀逾於貞觀治世。卻是，反面而言，玄宗時代又是唐朝政治・社會制度變貌的發端，前此唐朝制度與前朝隋朝一體化，八世紀玄宗時代以來，卻已漸漸脫離原規制而出現新的走向。從這層意義說，玄宗以後毋寧才是唐朝獨自的制度，唐朝制度影響後代與連結後代的，也以玄宗時代以後為基點。

唐朝權力集中化的統一國家完成，根柢在踏襲隋朝的均田制，由國家以一定均等規模的土地分配人民，固定人民於規制化的土地上而加支配，對土地——人民同時加以掌握，通過強制性組織的單位聚居團體，徵集稅、役。所以，均田制是土地所有制，也是支配人民的手段，環繞於此中心的軍事・兵役制度（府兵制）、租稅體系（租庸調制）、村落組織（鄉里制），一系列機能組合成一整個的有機體，唐朝中央集權統一國家強大能率，便由此有機體的靈活圓滑運轉而發揮。卻也得以明瞭，任何構成環節，不允許出現任何破綻，特別以阻止分配到土地上的農民移動與沒落為基本，否則運行定必發生故障。

破綻終於玄宗之世已分明存在，「唐書」楊炎傳的說明頗為具體：「初，租賦庸調法，自開元承平，久不為板籍，法度抏蔽。而丁口轉死，田畝換易，悉非向時，而戶部歲以空文上」。土地、戶口的登記，田土還受，稅、役徵發等，都因生活安逸的怠惰而紊亂。特別又是「丁口轉死、山畝轉易」之句含義所包括，土地兼併現象已在加大，均田農民層分解，均田組織的矛盾漸漸明顯。而且，矛盾還非玄宗太不盛世極峯期才暴露，陪伴長期承平期展開，玄宗以前的紀元七〇〇年前後，破壞因子已陸續出現與正在滙合，愈隨安逸生活的環境、條件腐蝕，而至玄宗時代明朗化。動搖均田組織根本的這些反動力量：

——均田制以田土均等分配為穩定社會基礎的磐石，但土地面積於長久太平盛世的人口滋長速率下，必然拉大距離而呈現分配不足額狀態，如「京畿地狹，民戶殷繁，計丁給田，尚猶不足，兼充百官苗子，固難周濟」（「唐會要」卷九二內外官職項，開元二十九年勅）等文字，文獻中纍纍而見，已是制度的創傷。戶籍中課戶、不課戶之分，官人、貴戚豁免課役，當庶民給田不足額現象增大，又鮮明其不公平、不合理印象，而創傷愈形深刻化。

——均田制的健全成長，製造了唐朝以繁盛交換·流通爲特色的富庶社會。相對，龐大發展的商業資本、高利貸資本，倒反也形成盤剝農村的均田制強力摧毀力之一。包括政府高利貸「公廨本錢」自身的鼓勵，以及「富商大賈多與官吏往還，遞相憑囑，求居（戶等）下等」（「唐會要」卷八五定戶等第項，開元十八年勑）所提示的弊情。

——法令許可出家免課役，所以則天武后時狄仁傑之言尙是「逃丁避罪，並集沙門」（「唐書」本傳），以出家爲逋逃藪。中宗時代李嶠之言，直截已係「巧詐百情破役，隱身規脫租賦。今道人私度者幾數十萬，其中高戶多丁、黠商大賈，詭作臺符，屢名僞度。且國計軍防，並仰丁口，今丁皆出家，兵悉入道，征行租賦，何以備之」（「新唐書」本傳），通過濫僞僧之道逃避租役，而且便以大戶、富民爲多。

——「資治通鑑」唐紀二七開元二年條：「中宗以來，貴戚爭營佛寺，奏度人爲僧，兼以僞妄。富戶強丁，多削髮以避徭役，所在充滿」，則濫僞僧流行，又與權貴勢力相結合。也因而再引起倂發症，如同係中宗時的魏元忠之言：「今度人旣多，緇衣半道，不行本業，專以重寶附權門，皆有定直。以茲入道，徒爲游食」（「新唐書」本傳）。

——課戶富者有能力、有辦法逃避租役，租役的擔當者比重向貧者偏倚，而「富戶幸免徭役，貧者破產甚眾」（「新唐書」食貨志五）現象自則天武后時代初現後，八世紀初中宗之世迭遭天災饑旱，又由「唐書」、「新唐書」諸當時人傳記均可反映，流民、逃戶非祇繼續發生，抑且增加。

——逃戶發生，籍帳陪伴混亂，前引李嶠奏言下文「又重賂貴近，補府若史，移沒籍產，以州縣甲等，更爲下戶」事態的背後，僞瞞應受田者戶籍而改易不當給田者受領等情事，已容易製造，而對背離本鄉的流民沒落，再添其刺激作用。

　　如上的均田制疲相初起，政治感觸敏銳人士已有警覺，李嶠於武后證聖元年（同年改元天册萬歲元年，紀元六九五年）上奏，力言國家、社會安定的必要條件，第一必須穩定農民土著，流民與戶籍紊亂現象應該立加遏止，以免影響國家財政，其文：「臣聞黎庶之數，戶口之眾，而條貫不失，按比可知者，在於各有管統，明其簿籍而已。今天下之人，流散非一，或違背軍鎮，或因緣逐糧，苟免歲時，偷避徭役。此等浮衣寓食，積歲流年，王役不供，簿籍不掛，或出入關防，或往來山澤，非直課調虛蠲，關於恆賦，亦自誘動愚俗，堪為禍患」。因而建議派遣御史，督察州縣逃亡人戶，以及提出「逃亡可還，浮寓可絕」的四點具體對策：①禁令（地方自治團體警戒流民，勸令自首）、②恩德（免咎既往流亡之罪，且嘉惠衣食而協助返鄉復業）、③權衡（逃亡他鄉的流浪者，如願於到達所在地定住，允許就地隸名編戶）、④制限（免咎附以百日內自首的期限，限滿不出，依法科罪）。其後任中宗宰相時，與再度建議取締濫偽僧的同時，重提遣使「訪察括舉，使姦猾不得而隱」（參閱「唐書」、「新唐書」李嶠傳），但都未實行。

　　朝廷的怠懈不介意，於玄宗登位時，已是「天下戶版刓隱，人多去本籍，浮食閭里，詭脫繇賦。豪弱相並，州縣莫能制」（「新唐書」宇文融傳）現象顯見，而不能不立即採取對策。所以開元刷新政治，濫偽僧尼首先以姚崇的建言，而淘汰還俗者一萬二千多人。李嶠「括舉」的主張，繼也以監察御史宇文融同性質「請校天下籍，收匿戶羨田」提議，於是開元十二年（紀元七二四年）受命充覆田勸農使，乃有「融遂奏置勸農判官二十九人，並攝御史，分往天下，所在檢責田疇，招攜戶口。使還，得戶八十餘萬，田亦稱是」，「通典」食貨七歷代盛衰戶口大唐條大規模括戶推行，與其效果的特筆大書（「新唐書」宇文融傳並有「歲終，羨錢數百萬緡」之句）。

「通典」接續第二年（開元十三年）的紀事：「封泰山，米斗至十三文，靑齊穀斗至五文。自後天下無貴物，兩京米斗不至二十文，麵三十二文，絹一疋二百一十文。東至宋、汴，西至岐州，夾路列店肆，待客酒饌豐溢。每店皆有驢賃客乘，倏忽數十里，謂之驛驢。南詣荆、襄，北至太原、范陽，西至蜀川、涼府，皆有店肆，以供商旅，遠適數千里不持寸刃」，熙熙攘攘的太平、富裕社會景象描述，與括戶政策並無直接關聯爲可了解，但均田制動搖之兆初現之際，括戶對均田組織基礎具有穩定作用也可想像。然而，括戶政策的適用究竟有其限界，努力維持均田制免於沒落的時間效力也非絕對，均田農民層游離、分解因子旣已開始崩裂，再大的力量也祇能緩和而無從阻止。開元改元天寶的玄宗後半期與再以後，均田制以內在矛盾擴大而劇烈動搖，仍然不可避免。敦煌與吐魯番發見八世紀唐朝的戶・田籍登錄實例，乃是憑證：

——敦煌天寶六載（紀元七五七年）籍，十六戶的統計，女多於男爲特徵，男子三十九人，女子數字至於佔全口數三分之二以上的一百二十四人，且女子中四十人均爲中女（十八歲以上的未婚女），男子則多註明死亡，死亡者又非全係老人，都是極不正常的戶籍構成❶。唐朝以丁男、中男任稅、役，令男子從戶籍中消抹，而改以女子名義僞爲登載，當係最容易也最直截逃脫租、役的方法。造成不正常戶籍現象的原因，研究者的一般研判，均作如上解釋。

——二十多年後，玄宗歷肅宗至代宗時的大曆四年（紀元七六九年）諸籍，又已發見，登載人名頗多註明「逃走」。戶主安大忠的一戶九人，二死六逃走（死者一小男＜弟＞、一中女＜妹＞，逃走者一寡母、三中女、一「募」、一小女），全戶僅留二六歲的戶主在籍❷。又

❶　堀敏一「均田制と古代帝國」（筑摩版「世界の歷史」⑥東アジアの變貌，第三七頁。
❷　平凡社版「世界歷史大系」⑤東洋中世史⑤第二篇，第一五六頁。

是此時期特徵而不正常記載的更進一步，逃亡竟已是公然之事。

——吐魯番大曆四年籍，戶主索恩禮的一戶，奴婢四人（內一人死亡），擁有土地二百四十三畝。而敦煌天寶六載籍，有同係奴三人而土地三十畝弱之戶存在❸。二十多年間，大土地所有制如何擴大，均田農民層如何分化，趨勢均可概見。

——仍以索恩禮戶爲例，此戶戶等僅係「下中戶」，索恩禮卻擁有「昭武校尉、前行右金吾衞靈州武略府別將、上柱國」衜，並注明：「官，天寶十三年十一月二十七日授，甲頭張思默；勳，開元十九年四月十八日授，甲頭王游仙」。同年另一「下下戶」籍，全戶五人（二死，餘戶主與妻、女共三人），有地二十九畝，戶主游璩也於開元二十五年獲授上柱國勳位❹。上柱國原係軍功爲要件而授予的勳官中最高位，八世紀時卻已在農村中濫授。勳官按規定須賜勳田（官人永業田，自上柱國三十頃至武騎尉六十畝），濫授的勳官有名無實固爲可了解，替代的意義，獲授上柱國勳位的農戶，歸屬私有的土地因是得放寬限額至三十頃，則堪認定，而且以係「勳田」名目而享有免除課、役特典，如索、游兩戶籍的「不課戶」記載。

——吐魯番所發見堰頭文書（「堰」卽水利設施的渠，堰頭指堰的管理者，堰頭文書謂堰頭所製作此堰所灌漑各筆田地的面積、所有者與耕作者之名、四至、作物等，以向政府報告的文書），從登錄內容可知，土地所有者已不必便是實際的耕作者，佃戶制已於此時期流行：

麴武貞貳畝半　佃人僧智達

（殘缺）□□□|　佃人康守相奴□從❺。

如上資料，正都是「通典」食貨二田制下大唐條注：「開元之季，

❸　同❶，第三五——三六頁。
❹　同❷，第一五六——一五七頁。
❺　同❶，第三九頁。

天寶以來，法令弛壞，兼幷之弊，有踰於漢成、哀之間」記事的印證。
也便是說，均田法令允許質賣貼賃規定的漏洞加大，權勢者、富豪、強
人、寺觀，以借糧、借錢爲餌質押、買賣抑或強奪田地現象加大。玄宗
（太上皇）、肅、代相繼去世，代宗嗣位的寶應元年（紀元七六二年）
勅，已明言「百姓田地，比者多被殷富之家、官吏呑幷，所以逃散，莫
不由茲」（「唐會要」卷八五逃戶項）。大土地所有制的莊園或莊田也
由是興起。而大所有土地的勞動力，堪注意仍是均田農民層分解過程
中，被招致使役的沒落或自外地逃亡而來，變更身份了的農民，所謂
「佃人」、「佃戶」。到均田制崩壞而回復私有地制，佃戶成長大方
向下，佃農與雇傭人制，後代乃發達爲普遍的土地經營方式。

　　唐朝中期以後的任何變貌，都須以此爲基點才能解說。然而，世界
史上聞名的中國均田制沒落，自是不幸，唐朝也以此強大力量泉源受
損，國勢盛極而衰，卻非可以之歸結便是唐朝傾覆的原因，玄宗次代肅
宗以後的唐朝壽命與自此以前各佔全歷史之半，乃係事實說明。已非均
田制支配的唐朝全歷史後半期，政治力固然不振，社會生活一般仍然富
裕，社會經濟力仍然強勁，十世紀以後宋朝社會秩序・經濟形態成立以
此爲前奏，又是均田制變貌私有田制與莊園經營，並非便是經濟萎退之
義的指示。任何良法美意都不可能絕無負因子內在，負因子又必產生新
生機，所以，籠統比喻玄宗時代唐朝社會係如熟透了的果實，而謂腐敗
自壞已經開始，僅僅強調其破壞，一筆抹煞建設性新因子也從破壞中萌
生，解說上是不週全的。

　　從前引「通典」食貨七歷代盛衰戶口項，開元十三年以來唐朝社
會・經濟欣欣向榮的記事，流通面的廣大與活潑，印象已至深刻。於
此，陪伴江南生產力發展，朝廷對江南的財政依存度加高傾向，以及因
之而有監督江南稅糧與其他物資向京師運輸，所謂漕運的轉運使專職設

置，爲特重要。「通典」食貨十漕運項大唐條：「（開元二一年，紀元七三三年，裴耀卿爲京兆尹，奏曰）：秦中地狹，收粟不多，儻遇水旱，便卽匱乏。往者，貞觀永徽之際，祿廩數少，每年轉運，不過一、二十萬石，所用便足。今昇平日久，國用漸廣，每年陝洛漕運，數倍於前，支猶不給，若能更廣陝運，支入京倉，廩常有二、三年糧，卽無憂水旱。今日天下輸丁約有四百萬人，每丁支出錢百文充陝洛運腳，五十文充營窖等用，貯納司農及河南府、陝州，以充其費。租米則各隨遠近，任自出腳送納。東都至陝，河路艱險，旣用陸腳，無由廣致，若能開通河漕，變陸爲水，則所支有餘，動盈萬計。且江南租船，所在候水，始能進發，吳人不便河漕，由是所在停留，日月旣淹，遂生隱盜。臣請於河口置一倉，納江南租米，便令江南船廻。其從河口卽分入河洛，官自僱船載運河運者，至三門之東置一倉，旣屬水險，卽於河岸傍山，車運十數里至三門之西，又置一倉，每運置倉，卽般下貯納。水通卽運，水細便止，漸至太原倉，泝河入渭，更無停留，所省巨萬」。建議被接納，裴耀卿任江南、淮南都轉運使主司其事的結果：「凡三年，運七百萬石，省腳三十萬貫」。天寶三年（紀元七四四年），陝州刺史韋堅兼水陸運使，續自裴耀卿減省陸運費用至僅十餘里的末段部份加以改進，自苑西開廣運潭入渭，引永豐倉及三門倉米以給京師，乃得穩定「天寶中每歲水陸運米二百五十萬石入關」之數（同書同條語）。代宗初的廣德二年（紀元七六四年），唐朝最傑出財政家，其時任京兆尹的劉晏領東都、河南、淮西、江南東西轉運、租庸、鹽鐵、常平使，又在裴耀卿以江南百姓不習河水，改制江南漕丁不必運畢全程，至開封卽行返回，由官改僱北方籍人接運的基礎上，再推進一步，明瞭江、淮、河、渭水力均有不同，也應隨宜製造運船，而創「轉般之法」。其法：「江船不入汴，汴船不入河，河船不入渭。江南之運積揚州，汴河

之運積河陰，河船之運積渭口，渭船之運入太倉，歲轉粟百一十萬石，無升斗溺者。輕貨自揚子至汴州，每馱費錢二千二百，減九百，歲省十餘萬緡」（「新唐書」食貨三）。隋朝滅亡前莫大投資，政治上、經濟上連結黃河、長江兩大河川流域為一統合體的大運河機能，便自玄宗時代與其稍後，而開始充分發揮。唐初財政基礎仍置於黃河平原，八世紀之半連續整修大運河航道與改善輸送方法，南方豐裕物資的大量運輸北方，乃得成為可能。後代經濟力與富力的全國性比重大幅向南方傾斜，而政治中心仍能穩固站定在北方，其間大運河人體血液流通的大動脈功用，唐朝中期已最初鑄定。

盛唐繁榮、高水準精神‧物質生活與物暢其流的豪華場面中，裴耀卿「國用漸廣」慨嘆的涵義包括了官員人數激增，以及所增加除員外官（「唐會要」卷六七員外官項：「員外及檢校、試官、斜封官，皆神龍＜中宗，紀元七〇五──六年＞以後有之」）外，原緣事而置，事畢則罷的使職大量登場，且多形同常置。新設諸使職玄宗之世壓軸宰相楊國忠，任度支郎中時已領十五使（「唐會要」卷七八諸使雜錄上，記其銜有九成宮使與木炭使，以及監倉司農、出納錢物、召募劍南健兒、兩京太倉含嘉倉出納、召募河西隴右健兒，催諸道租庸等使），至任宰相，領四十餘使，洪邁「容齋隨筆」第二集卷十一楊國忠諸使條說明：「其拜相制前銜云：御史大夫、判度支、權知太府卿事、兼蜀郡長史、劍南節度支度、營田等副大使、本道兼山南西道採訪處置使、兩京太府、司農出納、監倉、祠祭、木炭、宮市、長春、九成宮等使、關內道及京畿採訪處置使。拜右相兼吏部尚書、集賢殿、崇文館學士、修國史、太清、太微宮使。自餘所領，又有管當租庸、鑄錢等使。以是觀之，概可見矣」。此等使職，便以性質多適應財政‧經濟需要為特色，擔當者之中，楊國忠固以「聚斂」蒙歷史惡名，「唐書」宇文融、韋堅、楊慎

矜、王鉷傳史臣曰，也對此等人以「奸佞之輩」、「聚斂之臣」見評，謂「皆開元之倖人也，或以括戶取媚，或以漕運承恩，或以聚貨得權，或以剝下獲寵」（王鉷傳：「歲進錢百億萬，使貯於內庫，以恣主恩賜賚」）。但從另一意義而言，則莫非理財、金融、經濟專家。專門化財務行政官員層面，自唐朝中期以來，於官僚結構中新築成而且厚重，為堪注目，此其一。

其二，後代政治所熟悉的翰林學士始置。「唐會要」卷五七翰林院項：「翰林院者，開元初置，蓋天下以藝能技術見召者之所處也（「唐書」職官志二翰林院條：「翰林院……待詔之所，其待詔者有詞學經術合練僧道卜祝藝書奕」），考視前代，即無舊名。貞觀中，秘書監虞世南等十八人，或秦府故僚，或當時才彥，皆以宏文館學士會於禁中，內參謀猷，延引講習，出侍輿輦，入陪宴私，十數年間，多至公輔，當時號為十八學士。其後永徽中，故黃門侍郎顧悰，復有麗正之稱；開元初，故中書令張說等，又有集仙之比，日用討論親侍，未有典司。玄宗以四隩大同，萬樞委積，詔勅文誥，悉由中書，或慮當劇而不周，務速而時遲，宜有編掌，列於宮中，承遵邇言，以通密命。由是始選朝官有詞藝學識者，入居翰林，供奉勅旨。於是中書舍人呂向、諫議大夫尹愔元充焉，雖有密近之殊，亦未定名，制詔書勅，或分在集賢。中書舍人張九齡、中書侍郎徐安貞等，迭居其職，皆被恩遇。至二十六年（紀元七三八年），始以翰林供奉改稱學士，由是別建學士院，俾掌內制，於是太常少卿張垍、起居舍人劉光謙等首居之，而集賢所掌於是罷息。自後給事中張淑、中書舍人張漸、竇華等，相繼而入焉。其後有韓雄、閻伯璵、孟匡朝、陳兼、蔣鎮、李白等，舊在翰林中，但假其名，而無所職。至德（玄宗禪位肅宗之初的年號，紀元七五六——七年）以後，軍國務殷，其入直者，並以文詞共掌詔勅，自此翰林院始有學士之名」。

翰林學士如何自承平之世，與僧、道、書、奕等同一才藝類型，藉文詞侍奉皇帝行幸遊樂（五坊＜謂鵰、鶻、鷹、鶻、狗＞宮苑使的性質也相同），以「職」的方便親近皇帝而替代「官」的中書舍人詔誥之任，由一般翰林供奉中脫穎，以及自翰林院獨立，別稱翰林學士與學士院的演變，自上引文字得以概見。所以德宗貞元四年（紀元七八八年）翰林學士陸贄奏言：「學士私臣，玄宗初待詔內廷，止於應和詩賦文章而已。詔誥所出，本中書舍人之職，軍興之際，促迫應務，權令學士代之。今朝野乂寧，合歸職分，其命將相制詔，請付中書行遣」（「唐會要」同前）。但三公──→尚書、尚書──→中書以來，第三度以相同軌跡轉移樞機權任的趨向鑄定，挽回已不可能，而如「新唐書」百官志一的說明：「其後（翰林學士）選用益重，而禮遇益親，至號爲內相」。祇是，「充其職者無定員，自諸曹尚書下至校書郎，皆得與選」（「新唐書」同上），則翰林學士於發展初期的唐朝，旣不限員額，性質又如同使職，都是差遣而非實官，後世面貌尚未成形（「太平御覽」工藝部十圍棊項：『唐書』曰：順宗朝＜紀元八〇五年＞，罷翰林陰陽、星卜、醫相、射覆、碁奕諸待詔三十二人。初，王叔文以碁待詔，旣用事，惡其與己儕類相亂，故罷之」。明朝再改學士院爲翰林院，而如今日印象）。

盛唐謳歌繁榮，因應均田制基盤動搖的變局，制度上最早全面修正部門，係府兵制爲根幹的軍事制度。均田農民減少與游離本籍，抑且府兵制內在的自身矛盾漸漸暴露，直接出自兵役忌避目的的逃役現象加大發生（「通典」職官十一「折衝府」項注：「初置，以成丁而入，六十出役，其家不免征徭，逐漸逃散，年月漸久，逃死者不補」），兵源減縮又召集困難的雙重窒息下，府兵制的存立必然也必須加以再檢討。開元十一年（紀元七二三年）玄宗依宰相張說意見，乃有翌年的兵制改革斷行，係劃期性轉變標誌。由於京師諸衞、諸率府衞士多缺，已徒擁形

骸而改以募集方式，自京兆、河南兩府並三輔諸州管內，額取十二萬人志願壯丁（包括殘存府兵的錄用），分隸衞、率府，分番入直，稱長從宿衞，再翌年（開元十三年）募集完成時正名「彍騎」。中央禁軍由地方兵役單位徵調丁男番上宿衞勤務，自此停止，至天寶八載（紀元七四九年），正式以全國性折衝府都已無兵可交而命令「停折衝府」（「通典」職官十一「折衝府」項），府兵制名實均廢絕。十一載，「衞士」原名，也以適應禁軍募兵化新制改名「武士」。

　　召募制下的中央禁軍，體系也已見調整，「新唐書」兵志與「通典」職官武官部份，所說明的「十六衞」便已是新制。府兵制時代，與全國所有折衝府分別成立統屬關係的，祇是左右衞等十二衞，高宗時代，以特定任務而新設左右監門衞（宮門出入巡檢）、左右千牛衞（侍從天子供御用武器、武具），所隸衞士由諸衞劃撥。彍騎制成立，便通列此四衞，共十六衞分隸所募。高宗新設四衞的同時與同一方式，又以其父太宗先已以召募方式成立，卻是重質不重量，兵士命名「飛騎」的親衞隊左右屯營，擴充為左右羽林軍。玄宗發展彍騎的同時，羽林飛騎另委郡縣以身高六尺，闊壯大力為條件特募申送，獨立自成北衙禁軍（以太宗左右屯營駐屯地玄武門的方位而名）系統，與十六衞的南衙禁軍相對稱。開元二六年，左右羽林軍又析置左右龍武軍，統入北衙系統。相對，南衙十六衞不斷衰微至名存實亡，天寶七載定額一萬五千人的北衙「軍」系禁軍，已接替南衙「衞」系擔當了天子、東宮宿衞儀仗與京師警備之事。北衙禁軍自是全行代表了「禁軍」之名，兵士來源也改以衞的方式募取（安史亂起，玄宗次代肅宗至德二載，北衙於破殘的四軍外再新置左右神武軍，共六軍，但六軍總兵員數字反形減少）。

　　府兵制沒落的影響是全面的，中央禁軍變質過程中，地方與邊境方面的兵備同樣發生變化，步上的也是同一進路，同以召募要素與形式更

新兵制。從來統一機能的府兵組織，分解爲京師北衙禁軍制、地方保安，自衛團隊意味的團練兵制、邊境軍鎭健兒制等三種各別的新兵制。均田制——租庸調制——府兵制三位一體的「府兵」環節首先宣告脫落，而兵農一致精神由是喪失，又以兵農分離加重了國家負擔。

　　大變化中，原與番上並列府兵兩大機能，防人三年交替的邊戍停廢而其替代制度出現。唐朝空前的世界大帝國成立，直轄領土邊緣全線，以「鎭」、「戍」爲基點而分佈的七、八萬防人數原感不敷，所以，防人爲主力之外，高宗——武后時代已另補充若干傭兵，所謂「健兒」，課役全免，又支給家糧與春、冬二季衣服，以較三年爲長的駐屯期爲要件而成立軍鎭，同受當地都督府監督。府兵制弛廢，玄宗開元之初以來，便循此一方向，應召募的兵數漸漸從客位倒轉爲主位，且以已職業化（無期限）而「健兒」更名「長征健兒」，不但專門的軍鎭激增，鎭、戍也淘汰防人而全成募人化。所以，中央新兵制成立前後，邊境駐屯軍相與對應完成不退伍的職業傭兵組織，軍制與隸屬關係一變。以軍鎭制度爲骨幹的邊境新兵制已與都督府無涉，各具名號的「軍」團長官稱軍使（特遣的部隊長則依駐地而名守捉使），統轄數個軍的最高司令官稱節度使。固定化的節度使制度始自何時，以與前此緣事差遣，經略、鎭守、節度諸稱謂混見，「使」職原意未變時代通計，而「唐會要」、「資治通鑑」、「唐書」、「新唐書」等諸書說明未能一致。（「節度使」名詞的由來與解釋也頗有異說，如謂都督而帶「使持節」銜卽爲節度使。實則任何細密考訂都屬多餘之事，原意不過臨時差遣節制軍隊、調度軍隊的簡單意味，視「經略」、「鎭守」無特殊不同的用意，所不同惟在「節度」使被採用爲固定化設置時的名詞），陸續固定化過程中增省與節制地域也頗多變化。但開元——天寶之交的紀元七四二年左右，漢族中國直轄領土內外，除東方沿海之外，自陸上北、西兩方向折經南

方沿海，全邊境十個節度使統轄系統，先後都已定型成立（下表據「資治通鑑」唐紀三一玄宗天寶元年條）：

名　稱	治　　　所	所　　　　部	駐　防　地	兵數（人）
平　盧	營州（熱河・朝陽）	平盧、盧龍二軍榆關守捉 安東都護府	營、平二州境（河北道東北部，今熱河省、遼寧省）	三七、五〇〇
范　陽	幽州（北平）	經略、威武、清夷、寧塞、恆陽、北平、高陽、唐興、橔海九軍	幽、薊、媯、檀、易、恆、定、漠、滄九州境（河北道北部，今河北省）	九一、四〇〇
河　東	太原府（山西・陽曲）	天兵、大同、橫野、岢嵐四軍 雲中守捉	太原府、忻、代、嵐三州境（河東道北部，今山西省）	五五、〇〇〇
朔　方	靈州（甘肅・靈武）	經略、豐安、定遠三軍 三受降城 安北、單于二都護府	靈、夏、豐三州境（關內道北部，今甘肅省東北部與陝西省北部）	六四、七〇〇
河　西	涼州（甘肅・武威）	赤水、大斗、建康、寧寇、玉門、墨離、豆盧、新泉八軍 張掖、交城、白亭三守捉	涼、肅、瓜、沙、會五州境（隴右道西北部，今甘肅省西北部）	七三、〇〇〇
北　庭	北庭都護府（新疆・濟木薩）	瀚海、天山、伊吾三軍	伊、西二州境（隴右道以西，西突厥之地，今新疆省北部）	二〇、〇〇〇
安　西	安西都護府（新疆・庫車）	龜茲、焉耆、于闐、疏勒四鎮	（隴右道以西，四鎮之地，今新疆省南部）	二四、〇〇〇
隴　右	鄯州（青海・西寧）	臨洮、河源、白水、安人、振威、威戎、漠門、寧塞、積石、鎮西十軍 綏和、合川、平夷三守捉	鄯、廓、洮、河（隴右道南部，今甘肅省南部）	七五、〇〇〇

劍　　　南	益州（四川・成都）	天寶、平戎、昆明、寧遠、澄川、南江六軍	益、翼、茂、當、嶲、拓、松、繼、恭、雅、黎、姚、悉十三州境（劍南道，今四川省）	三〇、九〇〇
嶺南五府經略（肅宗至德二年，紀元七五七年改嶺南節度使）	廣州（廣東・廣州）	經略、清海二軍桂、蓉、邕、交四管	（嶺南道，今廣東省、廣西省、越南）	一五、四〇〇

　　也從而可知，玄宗時代十節度新制度成立，仍是太宗、高宗時代六都護府意義，成立的位置大抵也相同。重大轉變，便在防衞軍自內地徵召赴邊，三年一更的兵源斷絕，全兵員化爲邊境各州現地募集的職業性傭兵，而且總兵數已發展至四十九萬人之多，支應此等兵士的軍費，每歲粟百九十萬石，布、絹、綿總額千餘萬端、疋、屯、與錢若干，較之開元以前邊用每歲二百萬，國庫開支的飛躍增大，已不可同日而語。而當時歲計，每年國庫收入額凡戶稅、地稅、租、庸、調，併共五千二百餘萬端、疋、屯、貫、石（布、絹、綿、錢、粟數量的合計），邊境維持費已佔相當約四分之一的比例，顯然形成國家諸經費中的大宗，此其一。其二，適應募兵新制而變更的部隊編組，已係常設的地區最高軍團司令官節度使，以負就地自行募兵全責，權力擴大，也以統一事權需要而原設六都護接受指揮。其三，唐朝傳統的四海一家意識，全無種族歧視心理，吸引異民族愛好移住中國，周圍邊境尤其已是眾多異民族與漢族混居地區。新成立大部隊的應募對象，此等原遊牧民族一體包容，也因而大量流入，唐朝邊防軍成份終以此明顯表現爲特色。其四，也惟其兵士由長官召募補充，相互間自然的存立了主從關係。其五，承平日久，好逸惡勞乃人同此心之理，將士已係職業性而又須永久駐屯邊境，

漢人存有能免則免的心理為無可諱言。相對方面的蓄人從軍傾向，便非祇兵士、將校，甚或軍管區司令長官節度使的任命，最後也在政治因素的催生作用下，落到歸化異民族出身者之手，而有天寶十四載（紀元七五五年）安祿山的叛變。

盛世傾斜起點的安史之亂

　　政治意志熾熱的玄宗，治世後期已顯倦意。事實上，任何英明君主，傾全心全力於國政而二、三十年不懈，已為至難，也愈對國家、人民具責任感而身心愈易交瘁，迨開元改元天寶，天寶三年（紀元七四四年）玄宗六一歲，活力以漸入老境衰退之際，二六歲的楊玉環入宮（翌年晉貴妃），歷史對玄宗的評價全然轉變，社會富力支持下宮廷奢侈的享樂生活代表其以後的事蹟。

　　玄宗以疲懈而英斷褪色，自「唐書」李林甫、楊國忠傳史臣曰：「開元任姚崇、宋璟而治，幸林甫、國忠而亂」之語的後期宰相選用可知。今日慣用與「笑裏藏刀」同樣形容其人陰狠，「口蜜腹劍」典故由來所自的皇族遠支（高祖從父弟長平王李叔良曾孫）李林甫，「新唐書」傳記稱其「善刺上意」、「善希君欲」而得信任，也以「時帝春秋高，聽斷稍怠，厭繩檢重接對大臣」而貪緣攬權，自開元二二年（紀元七三四年）起，「居相位凡十九年，固寵市權（開元二四年，排擠開元之治最後的賢相張九齡成功），蔽欺天子」。傳記另一段向被歷史界重視，而載入「資治通鑑」唐紀三二天寶六載條的記事：「自唐興以來，邊帥皆用忠厚名臣，不久任，不遙領，不兼統，功名著者，往往入為宰相（胡三省注：如李靖、李勣、劉仁軌、裴師德之類是也。開元以來，

薛訥、郭元振、張嘉貞、王晙、張說、蕭嵩、杜暹、李適之等，亦皆自
邊帥入相）。其四夷之將，雖才略如阿史那社爾、契苾何力，猶不專大
將之任，皆以大臣爲使以制之。及開元中，天子有吞四夷之志，爲邊將
者十餘年不易，始久任矣；皇子則慶、忠諸王，宰相則蕭嵩、牛仙客，
始遙領矣；蓋嘉運、王忠嗣專制數道，始兼統矣。李林甫欲杜邊帥入相
之路，以胡人不知書，乃奏言，文臣爲將，怯當矢石，不若用寒畯胡
人。胡人則勇決習戰，寒族則孤立無黨，陛下誠以恩洽其心，彼必能爲
朝廷盡死。上悅其言，始用安祿山，至是諸道節度，盡用胡人（胡三省
注：安祿山、安思順、哥舒翰、高仙芝，皆胡人也）」。軍管區司令官
的方面大將出現蕃人，以及歸化蕃人紛紛被拔擢擔當此重任，現象的開
始，因之都在李林甫執政期，且便與李林甫關係親密，而接受其控制，
如「新唐書」逆臣傳安祿山條所述：「駱谷（安祿山駐京代表）每奏事
還，（祿山）先問：十郎（李林甫小名）何如？有好言輒喜，若謂大夫
好檢校，則反手撐牀曰：吾且死」，爲至明顯。

　　楊國忠的個性與發跡背景，視李林甫恰成兩種類型的對比，「新唐
書」傳記的介紹是「嗜飲、博，數匄貸於人，無行檢，不爲姻族齒，年
三十從蜀軍」，乃楊貴妃同曾祖的從兄，母爲鼎鼎大名的武則天面首張
易之之妹。楊國忠於堂妹楊貴妃得寵後進京，「以國忠善樗蒲，玄宗引
見，擢金吾兵曹參軍，閑廐判官」、「稍入供奉，常後出，專主蒲簿，
計算鉤畫，分銖不誤，帝悅」。從此一帆風順，天寶七載（紀元七四八
年）已位至給事中兼御史中丞、判度支，楊氏姊妹兄弟一門榮達，「皆
列棨戟而第舍華僭，彌跨都邑。時海內豐熾，州縣粟帛舉巨萬，國忠因
請在所出滯積，變輕齎內富京師，又悉天下義倉及丁租地課，易布帛以
充天子禁藏。明年，帝詔百官觀庫，物積如丘山」。楊國忠鋒芒畢露，
卻也自此與當權宰相李林甫間，由原相得託演化爲權力傾軋，新貴楊國

忠的反李林甫勢力集團形成。天寶十一載（紀元七五二年），李林甫死，楊國忠終於繼登相位，溯自最初接近玄宗，歷時僅短短五年左右。而便在此數年時光中，向受李林甫卵翼，對李林甫畏憚如「新唐書」所述「林甫與語，揣其意，迎剖其端，祿山大駭，以爲神。每見，雖盛寒必流汗」的安祿山，蒙玄宗寵幸也已到達頂峯。李——楊對立結束，又急激轉變爲楊國忠對安祿山不斷昇高的鬥爭，大亂爆發乃成箭在弦上之勢。

安祿山，父爲所謂「胡人」的伊朗系（康國）白膚色人種，而母則巫女爲職業的突厥人，乃混血兒「雜胡」。父早死，隨母改嫁安姓突厥人，所以冠後父之姓爲安。成長後能自由操用六國語言，在中國直幅領土東方邊境最大國際都市，各民族集居中心的營州（今熱河省朝陽縣）充國際貿易市場互市牙郎，開元二〇年（紀元七三二年，分天下爲十五道置採訪處置使前一年，李林甫拜相的前二年）以前，已以聰明與勇敢得幽州節度使（范陽、平盧節度使前身）張守珪喜愛，從用爲部下而又被收錄爲養子，不次拔擢重用，未來好運以此開啟。張守珪左遷病死後的開元二八年（紀元七四〇年），安祿山由中央任命爲平盧兵馬使，開始厚結中央關係，翌年升營州都督、平盧軍使，再翌年的天寶元年（紀元七四二年）又升初置的平盧節度使，翌年首次以節度使身份入朝，翌年的天寶三載（楊玉環入宮之年）兼范陽節度使（范陽郡，幽州改名，安祿山移治於此），七載賜鐵券，九載賜爵東平郡王，兼河北道採訪處置使，十載（紀元七五一年）又要求兼河東節度使獲准，十年間飛黃騰達至身兼三節度使，支配原長城地帶東北邊全域而兵力二〇萬人，最具政治・軍事影響力的方面軍總司令官，也於同時期同係久在邊境，擁有大軍團實力的諸歸化系異民族出身者節度使：安西（四鎮）高仙芝（高句麗人）、河西（後調朔方）安思順（安祿山後父之姪）、隴右（後兼

河西）哥舒翰（父突厥系突騎族首長後裔，母胡人＝于闐人）等人中，
特為突出。

也自覲見玄宗，授予至為良好的第一印象後，寵遇日加，「唐
書」、「新唐書」安祿山傳、「資治通鑑」唐紀三二天寶十載條等描述
其情節：「（祿山）請為貴妃養兒，入對皆先拜太眞（楊貴妃），玄宗怪
而問之，對曰：臣是蕃人，蕃人先母而後父。玄宗大悅」；「晚年益肥
壯，腹垂過膝，重三百三十斤，每行以肩膊左右抬挽其身，方能移步，
至玄宗前作胡旋舞，疾如風焉。帝視其腹曰：胡腹中有何而大，答曰：
唯赤心耳」；「上命有司為安祿山起第於親仁坊，以中人督役，臺觀沼
池，窮極壯麗，以金銀為筹筐笏籠。上御勤政樓，幄坐之左，張金鷄大
障，前置特榻，詔坐，褰其幄，以示尊寵」；「上每食一物稍美，或後
苑校獵獲鮮物，輒遣中使走馬賜之，絡繹於路」；「祿山生日，上及貴
妃賜衣服、寶器、酒饌甚厚。後三日，召祿山入禁中。貴妃以錦繡為大
襁褓裹祿山，使宮人以綵輿舁之。上聞後宮歡笑，問其故，左右以貴
妃三日洗祿兒對，上自往觀之，喜賜貴妃洗兒金銀錢，復厚賜祿山，
盡歡而罷」。安祿山如何憑其滑稽風貌與愚直言動，而內存狡黠，較楊
貴妃年長十五歲猶甘願請為養兒，以博玄宗歡心，抵京時得隨時出入宮
廷，儼然家人，遂其鞏固以及發展個人權勢的政治欲望。待惟一對之具
有權威感的李林甫死，與之同性質暴發戶姿態躍進的楊國忠當權，一以
義子，一以外戚，邀寵的路線與目的均同，衝突乃所不免，鬥爭也立即
激化。安祿山兼三鎮節度使與河北道採訪處置使後第五年，楊國忠拜相
後第四年，楊國忠屢言安祿山必反，「且曰：陛下試召之，必不來。上
使召之，祿山聞命即至。庚子，見上於華清宮，泣曰：臣本胡人，陛下
寵擢至此，為國忠所疾，臣死無日矣。上憐之，賞賜巨萬，由是帝益親
信祿山，國忠之言不能入矣」（「資治通鑑」天寶十三載條）戲劇性演

出第二年，安祿山返歸治所范陽（今日北平市），「楊國忠日夜求祿山反狀，使京兆尹圍其家，捕祿山客束超等」事件發生同年的天寶十四載（紀元七五五年）十一月，安祿山反旗，乃在「祿山詐爲勅書，悉召諸將示之曰：有密旨，令祿山將兵入朝，討楊國忠」的號召下，於范陽公開豎起，時安祿山五二歲。

　　大叛變終以天子老邁憑恩，養成朝內與邊境戰略要區兩大勢力對立又放任權勢之爭激化，而於唐朝最繁榮期導發。安祿山決心造反，所憑藉資本實際也非僅恃雄厚兵力，尚存在其掌握人心的足够條件，又財力雄厚，「新唐書」逆臣傳安祿山條幾段說明：

　　——「引張通儒、李庭堅、平冽、李史奐、獨孤問俗署幕府，以高尚典書記，嚴莊掌簿最，阿史那承慶、安太清、安守忠、李歸仁、孫孝哲、蔡希德、牛庭玠、向潤客、高邈、李欽湊、李立節、崔乾祐、尹子奇、何千年、武令珣、能元皓、田承嗣、田乾眞，皆拔自行伍署大將。潛遣買胡行諸道，歲輸財百萬」。

　　——「凡降蕃夷，皆接以恩，有不服者，假兵脅制之。所得士，釋縛給湯沐衣服，或重譯以達，故蕃夷情僞悉得之。祿山通夷語，躬自慰撫，皆釋俘囚爲戰士。故其下樂輸死，所戰無前」。

　　便以安祿山對本據地河北的漢人與東北方面諸異民族均能妥貼照顧，獲得軍民層廣泛擁載（其於幽州得人心之深，即使亂後六十年，穆宗長慶元年，紀元八二一年，朝廷派遣而蒞任被軍中凶逐的盧龍節度使張弘靖，發見當地仍「俗謂祿山、思明爲二聖」，見「新唐書」張弘靖傳）。所以，安祿山動員直轄部下，又加入其支配下突厥、奚、契丹、室韋騎兵，總兵數十五萬人，以東都洛陽爲第一目標進發，成破竹之勢越過河北平野南下，「資治通鑑」唐紀三三天寶十四載條記：「上始聞祿山反，河北郡縣皆風靡，歎曰：二十四郡曾無一人義士邪」，可謂有

感而發之語，也正是軍事行動快速背後更大支持的政治因素說明。

安祿山十一月九日舉兵，第二十四天的十二月三日已渡黃河，陷靈
昌，兩天後陷陳留西進，九日陷滎陽（鄭州），十三日的反亂第三十四
天陷東都洛陽。黃河以南的河南道已非安祿山影響力所及，而渡河十天
便完成洛陽佔領，官軍抵抗全面崩潰，「唐書」、「新唐書」安祿山傳
記的原因剖析的綜合：「天下承平日久，人不知戰鬥。時兵暴起，州縣
發官鎧仗，皆穿朽鈍折不可用，持挺鬥，弗能亢，吏皆棄城匿或自殺，
不則就擒，日不絕。朝廷震驚，禁衞皆市井、商販之人，既授甲，不能
脫弓褐劍繫。乃發左藏庫繒帛大募兵，因以高仙芝、封常清等相次為大
將，以擊之。祿山令嚴肅，得士死力，無不一當百，遇之必敗」。而倉
卒間所募兵，仍然「皆市井子弟也」、「皆白徒，未更訓練」（均「資
治通鑑」天寶十四載語），難當歷來雷霆萬鈞的暴風雨乃為當然，所以
賊軍前官軍節節潰退，城池處處失守。洛陽保衞戰展開時，指揮官封常
清統率下大而無當的烏合之眾，自外圍虎牢關而外城、皇城門，五戰皆
大敗，東都便如此失守。封常清退陝州，會合以陝州為大本營的戰場全
線司令長官高仙芝，繼續西退，放棄都畿，拒衞京畿以及京師的大門潼
關。十二月十九日（洛陽失陷後第七天），朝廷卽潼關軍中處斬高仙
芝、封常清，強迫負威名而素與安祿山敵對，現卻老衰又臥病在長安自
邸的哥舒翰起身，赴潼關接替總大將之任。

局勢已十分危急，不幸中的大幸，安祿山方面以亟圖稱帝，正面的
凌厲攻勢轉緩。抑且，安祿山的作戰方略，屆至此時從無掌握河東道全
地域的計劃，所兼河東節度使司令部所在地的太原府便仍由唐朝保有。
所以，京畿北面的威脅減輕，唐朝朝廷獲得喘息機會，結集與補充軍
隊，部署戰備，哥舒翰隸下河西、隴右漢、胡混合部隊便於此期間源源
自西北地區開拔，參加潼關防衞，此其一。其二，聲勢浩大的反亂軍，

一面倒席捲形勢中，也於其時突然迸發了抗拒力，並且力量愈益壯大而蔓延。安祿山謀反前推薦出任常山（今河北省正定）太守的顏杲卿，以一介文士，首先自屈從叛逆勢力下在常山反正，常山西隔太行山脈已係河東地區，自河東中央部太原方面進出河北平野的要衝井徑口（土門、娘子關）被顏杲卿由駐屯賊軍之手奪取成功，官軍自河東向河北出擊之道打通。同一時期，後世書法宗師的顏杲卿從弟平原（山東省德州）太守顏眞卿，堅拒投降主義而連絡平原鄰近郡縣，募集義兵大規模的反抗也已展開。平原與常山間距離幾及三百公里，卻已取得連繫，兩兄弟相互呼應，高舉義旗呼喚同志，河北諸郡紛紛響應，切斷安祿山根據地范陽與洛陽間連絡的希望實現在望，顏杲卿的間諜且已潛入范陽策反，人心振奮，賊軍氣欲一挫。賊軍佔領都畿轉向河南道東方略地時，便受此影響攻勢受阻，密佈的陰霾，似乎正在漸漸消散。

但前途仍未樂觀，而且更大的衝擊到來——

都畿淪陷的次月，天寶十五載或以七月肅宗卽位而改元的至德元載（紀元七五六年），正月元旦，安祿山在洛陽粉墨登臺，自稱大燕皇帝。唐朝集合蕃、漢二○萬大軍的都畿通往京畿門戶潼關前線，戰事竟意外沈寂，統帥哥舒翰健康狀況雖惡劣，心志衰退，但其實戰經驗與豐富戰略地理認識爲基礎的潼關宜守不宜攻主張，仍屬正確。安居長安的楊國忠卻輕信賊方陝州兵力薄弱的假情報，連連強制命令出擊收復都畿，西北諸方面大將與哥舒翰意見相同，並提出潼關固守而從山西引兵直指范陽的建議也被否決。六月，哥舒翰在戰略不能自主的窘境中，被迫犯大忌出關，中伏遭首尾夾擊，大潰於潼關——陝州間的靈寶，賊軍趁勝追擊，佔領潼關，哥舒翰於出奔途中被降賊的部將刼持，俘往洛陽遇害。潼關陷落，京畿郡縣官兵不戰而散，唐朝天子、朝廷、宮廷倉皇逃離長安。

河北道方面，常山早於安祿山稱帝同月，在賊軍洛陽與范陽南、北齊出的強力兵團合圍下失陷，苦戰六天，城破被捕送洛陽的顏杲卿，面對安祿山罵不絕口，鉤斷其舌仍罵，被縛柱而尚，壯烈捐軀，乃是中國讀書人凜然正氣，威武不能屈，成仁取義的最高情操表現，顏氏一族也盡行犧牲。於平原被河北諸郡推為盟主的顏真卿，繼續領導義勇軍奮戰，潼關易手消息的傳來是一大打擊，局勢再度逆轉，抗逆熊熊之火以據點一個個失陷而一處處被撲滅。同年十月，平原棄守，顏真卿從河南輾轉入後方，同月，最後堅守的饒陽（河北省深縣）被攻拔，太守赴火自殺，而被擒裨將張興又是個無視鋸殺的慘酷，至死罵賊的義士典範。河北全域陷賊，同樣可歌可泣事蹟續在河南演出，張巡、許遠死守雍丘（杞縣）、睢陽（商丘）乃今日家喻戶曉的悲壯成仁史劇。張巡為真源縣令，奉其降賊長官譙郡太守命往迎安祿山，因得機緣脫出至雍丘拒守，自至德元載二月至十二月，十個月間累被圍攻而終不下，將士同心協力，站於城牆指揮拒賊的雷萬春，面中六矢仍屹立不動，堅忍沉着的精神堪嘆佩。迨賊軍大壓力下不得不撤退，東守寧陵，再東退與睢陽太守許遠合力保睢陽，以兩共六千八百人的兵力與城內數萬居民，自至德二載正月以來半年間，連番擊退怒潮似湧來攻城的賊軍，一次面對十三萬賊軍的攻防戰中，且創下晝夜苦戰十六天，一日甚至交戰達二十次，殲敵二萬餘人的紀錄，奮戰的艱苦與士氣高昂均可見。七月，城中糧盡，「將士廩米日一合，雜以茶紙樹皮為食」，士兵也已消耗僅賸一千六百人。八月，戰鬥人員數字再降低殘餘六百人時，張巡部下南霽雲奉命率領三十騎，突破當面數萬賊眾遮擋的重圍，向藉睢陽掩護而得安全的南邊臨淮郡求援，竟遭拒絕，記錄載：憤極的南霽雲自行齧落一指，以示當地大將，曰：「霽雲既不能達主將之意，請留一指，以示信歸報，座中俱為泣下」，痛心的是無心肝自私者仍然無動於衷，南霽雲失

望而歸，賊軍也知城中緩絕，圍攻益急。十月，睢陽城中「茶紙既盡，遂食馬；馬盡，羅雀掘鼠；雀鼠又盡，巡出愛妾，殺以食士，遠亦殺其奴，然後括城中婦人食之，繼以男子老弱。人知必死，莫有叛者，所餘才四百人」（引文均「（資治通鑑）」），睢陽城終在如此情況下陷落，張巡等均死，總結十個月來大小四百餘戰，殺賊十二萬的熱血愛國中國人，如何誓死不屈服的可歌可泣壯烈事蹟。而雍丘、睢陽連續近兩年獨力挺拔的奮戰，非祇名垂千古，也對延長唐朝命脈具有其決定性，粉碎賊軍向唐朝穀倉江南地方進出的夢想，保障唐朝軍事反攻所賴南方財政・經濟支援的江淮運河暢通。睢陽燃燒自己，照亮全局的蠟炬精神與其所付出代價，自失守上個月（元月）官軍已收復西京，同月又收復東都，可謂得償，可謂不朽。

便於睢陽死守時潼關陷落以來，迄於兩京收復的期間，唐朝朝廷巨大政潮從洶湧到平息。玄宗以蜀為目的地西行，隨行僅楊貴妃、其姊三人、皇太子李亨以下皇子、妃、公主、皇孫、宰相楊國忠等少數政府首腦、宦官、宮女，由龍武大將軍陳恩禮率領部份禁衛軍扈從護衛。登途翌日，便演出「長恨歌」以楊貴妃為主角而流傳後世民間時，已塗上濃烈哀豔悱惻色調的馬嵬驛巨變。馬嵬驛位置，「長恨歌」說明在「西出都門百餘里」，仍係京師（京兆府）管轄下屬縣之境而過金城縣（至德二載改興平縣）城稍西。「資治通鑑」唐紀三四肅宗至德元載六月條記述事變經過：「將士飢疲，皆憤怒。陳玄禮以禍由楊國忠，欲誅之，因東宮宦者李輔國以告太子，太子未決」；「國忠走至西門內，軍士追殺之，屠割支體，以槍揭其首於驛門外，並殺其子戶部侍郎暄及韓國、秦國夫人」；「軍士圍驛，上聞諠譁，問外何事，左右以國忠反對。上杖履出驛門，慰勞軍士，令收隊，軍士不應。上使高力士問之，玄禮對曰：國忠謀反，貴妃不宜供奉，願陛下割恩正法，上曰：朕當自處之，

入門倚杖，傾首而立。久之，京兆司錄韋諤前言曰：今眾怒難犯，安危在晷刻，願陛下速決……。（高力士曰）：願陛下審思之，將士安，則陛下安矣。上乃命力士引貴妃於佛堂縊殺之，輿尸置驛庭，召玄禮等入視之。玄禮等乃免胄釋甲，頓首謝罪，上慰勞之」；「國忠妻裴柔與其幼子晞及虢國夫人、夫人子裴徽，皆……追捕殺之」。

悲劇以楊國忠爲中心，且由楊國忠與安祿山之爭的延續而演出，爲十分明白。楊國忠對安祿山突變的態度，據記錄，最初是「揚揚有德色，曰，今反者獨祿山耳，將士皆不欲也，不過旬日，必傳首詣行在」；洛陽陷落，玄宗擬親征，已制太子監國，「國忠大懼，謂韓、虢、秦三夫人曰：太子素惡吾家，若一旦得天下，吾與姊妹並命在旦暮矣。因說貴妃，請命於上，事遂寢」；潼關失守，「國忠曰：人告祿山反狀已十年，上不之信，今日之事，非宰相之過」（引文均「資治通鑑」）。安祿山造反，歷史界評估爲必然，卻也如「資治通鑑」（天寶十四載十月條）所言：「（安祿山）以上待之厚，欲俟上晏駕，然後作亂。會楊國忠與祿山不相悅，屢言祿山且反，上不聽，國忠數以事激之，欲其速反，以取信於上，祿山由是決意遽反」，而亂發後，如上引文字，楊國忠洋洋自得，夸夸其言，以及臨事懦弱、自私、不負責任又推諉責任的言行，朝臣與將領不滿情緒蓄積已達飽和，也可以明瞭。建議幸蜀也出自楊國忠，四川富饒又地形便於固守，原無不當，但其時楊國忠兼劍南節度使之職，便不免慫恿進入自身勢力範圍的自利成份，玄宗卻同意了。一項文獻記載無明示，而頗堪懷疑與馬嵬驛事變密切關聯之事：潼關敗退後，哥舒翰副手王思禮及時趕上已抵達金城縣城的隊伍，又奉玄宗命接替原哥舒翰河西、隴右兩節度使之任，當天赴鎮整編部隊。而防守潼關期間，「資治通鑑」收錄有如下一段對話：「王思禮密說哥舒翰，使抗表請誅國忠，翰不應。思禮又請以三十騎劫取以來，

至潼關殺之，翰曰：如此，乃翰反，非祿山也」。則王思禮金城縣短暫滯留期間，曾否在扈從將士間發生煽火作用，固未易猜測，乃接踵便在次日，以及才過金城縣城，將士們積鬱胸中對楊國忠的憤怒，已以飢、疲爲導火線而爆發。安祿山造反的藉口係「誅姦臣楊國忠」，官軍所喊出竟是同一口號，且眞已實現，且波及楊氏一門，且波及玄宗至尊。玄宗的痛心讓步，犧牲楊貴妃，武裝政變巨潮幸得平息。

馬嵬驛事變，皇太子李亨卽使非參與者，從記錄顯知，也是事前與聞者。李林甫圖擁立壽王瑁而譖誣前太子廢死，開元二六年出其意料，玄宗依長幼序立忠王璵（卽亨，天寶時改名）繼爲皇太子。自此李林甫（以及安祿山）至楊國忠，當權宰相與皇太子間對立形勢益益明顯，影響玄宗──太子間意見的不調和，也爲可以想像（太子登位爲肅宗，至德二載卽回復天寶時所改官名、郡名＜復爲州＞，次年乾元元年又復「載」爲「年」，也都是同一意味）。所以事變過去，行幸目的地再度提出討論，而玄宗堅持入蜀原議時，太子與其左右便俟行列登上續程，單獨行動，奔上與西南蜀地相反方向的西北邊境防衞要衝，朔方節度使治所靈武之道。途中，靈武方面已聞訊迎接，待抵達，七月中，皇太子應羣臣牋請登位爲唐朝第七代肅宗，時年四六歲，改元至德，遙尊玄宗爲太上皇（次月八月，已到著成都的玄宗承認此事實），象徵了暮氣的舊人物、舊時代被揚棄，一個以新生代人物爲核心的新紀元開創。

肅宗選擇西北方面建設復興基地，有其必然性，自開元十五年封忠王，領朔方節度大使，單于大都護以來長期間相互存在親密關係。天寶初，由隴右節度使兼鎭河西的皇甫惟明乃肅宗封忠王時期的忠王友；由朔方節度使加河東，天寶五載再以皇甫惟明左遷而接兼河、隴兩鎭的王忠嗣，「唐書」其傳記以「士樂爲用，師出必勝」、「塞外晏然，虜不敢入」博「當代名將」評語，又大書「佩四將印，控制萬里，勁兵重

鎮，皆歸掌握，自國初已來，未之有也」。如此一位唐朝空前絕後，聲
望特隆而擁有超過其後安祿山三鎮兵力的權力人物，與肅宗關係尤深，
最早以父死王事，開元二年九歲時由玄宗賜名忠嗣，領養宮中，與忠王
時代的肅宗情同兄弟（結局，皇甫惟明與王忠嗣先後都遭李林甫譖誣貶
官以終。堪注意所使用陷害手段，同一的便是利用兩人與太子間忠王時
代已建立的關係向玄宗挑撥，一石兩鳥，以達製造玄宗對太子篡位猜
慮，以及打倒大勢力的自身反對派雙重目的。天寶五載皇甫惟明事件的
罪嫌爲與太子妃兄韋堅「結謀欲共立太子」，天寶六載王忠嗣事件更直
指「欲擁兵以尊奉太子」，李林甫的邊將多用著人建議提出，「資治通
鑑」繫其事於天寶六載十二月，緊接十一月的王忠嗣入獄貶官，動機的
警惕於王忠嗣權望太重又可想定。）所以，大西北地區警備軍對肅宗
的感情，自開元十五年起算已維繫三十年，歡迎與擁戴都出自衷心，特
別是朔方（靈武郡便是節度使治所），又特別是王忠嗣節制四鎮時拔擢
的隸下諸將領，直接都是唐室回復之業憑藉的關鍵人物。兩位並稱的平
亂最大功臣於王忠嗣時代，郭子儀爲振遠軍使、安北副都護，李光弼爲
河西兵馬使、赤水軍使（哥舒翰受王忠嗣提携昇遷最速，先是大斗軍
使，再充隴右節度副使，王忠嗣事件發生，昇隴右節度使）。待天寶十
四載安祿山亂起，未來平亂功勞者名單從事實上已預爲擬定，其與忠王
——王忠嗣嫡系的朔方軍團當時負責人名單，已似複印意味：

　　朔方右廂兵馬使郭子儀（華州鄭縣人）（繼任朔方節度使，原任節
　　　　度使安思順以亂起被調入京）
　　左廂兵馬使李光弼（移住營州的契丹酋長後裔）（次年天寶十五載
　　　　卽肅宗至德元載正月，郭子儀分朔方兵，奏爲河東節度使）
　　左武鋒使僕固懷恩（鐵勒九姓僕骨部酋長後裔，世爲金微都督）
　　右武鋒使渾釋之（鐵勒九姓渾部酋長後裔，世爲皋蘭都督）

節度判官杜鴻漸（濮州濮陽人）（節度使郭子儀統兵在外，充朔方
　　留後，領導迎肅宗）

　　朔方——河東系統外的隴右——河西系統，除王忠嗣時代，與哥舒
翰對為押衙又充兵馬使兼河源軍使的前述王思禮（營州歸化高麗人第二
代）外，哥舒翰兼兩鎮時代部將於亂起獨當一面的，又有討擊使魯炅
（范陽人），於李光弼任河東節度使的同月，以南陽太守充新置的南陽
節度使。與睢陽情況相同，也是被圍攻下苦守一年，官軍收復兩京之前
才放棄南陽，對維護江、漢物資、財賦的濟運，盡其最大責任。其後發
展為天子親衛軍的神策軍，最早也是邊防軍諸部隊之一，天寶十三載哥
舒翰任隴右節度使時初置，以臨洮太守成如璆充神策軍使，亂起，神策
軍的一部份入援，乃步上其後大發展的第一步。

　　常山失陷後，賊軍勢力一時曾被遏止，原因除了平原為中心的義勇
軍反抗熱潮繼續高漲之外，李光弼受命新任河東節度使，緊急支援河北
作戰，率軍出井陘口，奪回常山，朔方節度使郭子儀又緊隨來援，都相
關聯，河北義勇軍聲勢大振。不幸潼關敗訊傳抵，郭李兩兵團的河北作
戰努力放棄，向河東退兵，包括了常山的河北諸郡此期間以孤立無援而
紛紛再度淪陷於賊軍。撤退的李光弼停留太原，固守此重要兵站，郭子
儀續再往西，返還總根據地靈武，覲見新登位的肅宗，通盤計議大反攻
軍略部署。

　　洛陽，於肅宗登位靈武半年後的至德二載（紀元七五七年）正月發
生大變局，安祿山被其生母為婢的失寵次子安慶緒弒害，僞帝位轉易。
相對的靈武方面，軍事指揮系統調整，北庭、安西兵力也已集中，官軍
以郭子儀由肅宗任命為總大將而統一的領導中心建立。且以僕固懷恩之
女嫁回紇可汗為可敬的政治姻緣關係，由僕固懷恩出面，邀得接替突厥
發展為統一蒙古高原強大勢力的回紇，發兵來援，連同拔汗那、于闐等

西域屬國徵發或自動參加的兵馬，以及大食人志願部隊，會同唐朝自身大西北地區諸兵團，動員兵數十萬人。九月，由北庭節度使李嗣業統前軍（北庭──安西系），名義上元帥的肅宗長子廣平王俶與總大將副元帥郭子儀統中軍（朔方──河東系，回紇、西域兵團便由朔方左廂兵馬僕固懷恩節制而隸此系統），原行在都知兵馬使而改任新設關內節度使使的王思禮統後軍，大舉向長安推進。以回紇特爲雄健的戰馬與騎兵協力，凌厲攻勢下，官軍收復長安。次月（十月），戰場形勢明顯落爲下風的安慶緒放棄洛陽北走，官軍續又收復洛陽。

兩京回復，已進發長安西方鳳翔行在的肅宗，十月下旬於民眾夾道歡呼聲中還都長安，相距追隨玄宗離別長安，爲時一年四個月。十二月，太上皇（玄宗）繼被迎歸京師。然而，血腥逆流一波甫平，一波又起，三年後的上元元年（紀元七六〇年）東都洛陽又陷入恐怖大騷動，登場主角則已由安祿山父子轉易爲史思明父子。

歸化突厥人史思明，與安祿山同鄉里，同年歲，又同係營州互市牙郎出身，兩人自少年便相親密，安祿山得意，天寶十一載（紀元七五二年）奏以爲平盧兵馬使。安祿山舉兵南犯，史思明受命留守范陽大本營，常山顏杲卿頑強抵抗以來才調出，自此在河北戰場充派遣軍司令官，而於官軍潼關敗後，血手指揮橫掃河北全境。兇殘的安慶緒洛陽弒父，史思明歸范陽，接收安祿山所有兵員、物資，與安慶緒對立之勢形成。

兩京收復，安慶緒自洛陽逃出，退據鄴郡（今河北省安陽），以范陽爲本據地的史思明先向唐朝輸誠歸順，繼於翌年乾元元年（紀元七五八年）又叛。又次年乾元二年三月，史思明藉救援被圍的安慶緒爲名，於鄴郡城下大敗官軍郭子儀、李光弼、王思禮、魯炅等九節度使部隊，圍解，安慶緒也被史思明所殺而盡併其部眾，史思明返范陽自稱大燕皇

帝。繼由河北進犯河南，洛陽於翌年（乾元三年，改元上元元年）再落賊軍之手，自是一年餘時間被佔有。

　　安祿山的最後命運竟相同的移至史思明之身，僭居帝位第三年的上元二年（紀元七六一年），原已被史思明憎惡的長子史朝義奉命自洛陽續向西推進，攻略陝州失敗將受處分，先發制人的襲擊其父洛陽西南方駐屯地而加捕弒，自登帝位。寶應元年（紀元七六二年），唐朝太上皇（玄宗）、肅宗先後崩逝，太子豫（俶更名）繼立為代宗，再得回紇兵團助力，收復洛陽成功。北走的史朝義退至平州（今河北省盧龍縣），內訌被殺，賊軍自滅。時為寶應二年（紀元七六三年）正月，上距天寶十四載（紀元七五五年）十一月，持續前後九年的安、史之亂，全行平定。可惜，歷史名城與唐朝東都的洛陽，卻也以短時間內連續的兩度兵燹浩刼，化為破殘的廢墟。

均田制墮壞期的變貌 —— 八世紀後半

　　安史之亂以後，唐朝已今非昔比。

　　今非昔比，並非單單如字面所意味，人類歷史上罕見的大唐世界帝國金色衰退，以及續從衰退到解體過程中，回紇、吐蕃勢力消長等現象反映的國際局勢變換。更重要的，「今」「昔」相對所代表中國社會的歷史性變化，自八世紀前半開元時代漸漸展現，也須以此劃期，而於八世紀後半急激明朗化。申言之，安史之亂大事件爆發的本身，已係均田制動搖，諸連鎖機能中府兵制領先以故障而敗壞，國家直轄領土邊緣擁有大軍團的節度使，於替代成立附着主從關係的募兵制度下久在其位，而製造強大軍閥根柢的結果。連續九年安史之亂社會大破壞，又對原已

漸漸自壞的均田制基盤與其上層架構,直接再形成強力顛巔,唐朝固有社會、經濟、政治制度,終在此衝擊力下連鎖性加速了變貌。

安史之亂的影響,民多流亡,戶籍紊亂的到達極度也可想像,帳籍上所見農民數,一舉跌落至僅餘三分之一程度。「唐會要」卷八四戶口數項自玄宗末以來三十年間的戶數記錄:

玄宗天寶一三 (754) 　　　　　九、〇六九、一五四戶

蕭宗至德元 (756) 　　　　　　八、〇一八、七一〇戶

　乾元三(上元元 760) 　　　　一、九三一、一四五戶

代宗廣德二 (764) 　　　　　　二、九三三、一二五戶

德宗建中元 (780) 　定天下兩稅戶,凡三、八〇五、〇七六戶

「通典」食貨七歷代盛衰戶口項大唐條的如下統計(玄宗天寶十四載數字見本文,蕭宗乾元三年數字見注文),尤係重要資料:

(天寶一四) 戶八、九一四、七〇九 {
應不課戶　　三、五六五、五〇一
應課戶　　　五、三四九、二八〇
}

口　五二、九一九、三〇九 {
不課口　　四四、七〇〇、九八八
課口　　　八、二〇八、三二一
}

(乾元三) 戶　一、九三三、一七四 {
不課戶　　一、一七四、五九二
課戶　　　　　七五八、五八二
}

口　一六、九九〇、三八六 {
不課口　　一四、六一九、五八七
課口　　　二、三七〇、七九九
}

注文說明之一:「自天寶十四年至乾元三年,損戶總五百九十八萬二千五百八十四,不課戶損二百三十九萬一千九百九,課戶損三百五十九萬六百七十五;損口總三千五百九十三萬八千七百三十三,不課口損三千七十二萬三百一,課口損五百二十一萬四百三十二戶」。短短五年間,課戶、課口數字劇降程度可見。

之二:「至大曆(紀元七六六——七七九年)中,唯有百二十萬

戶，建中初（兩稅法施行）命黜陟使往諸道按比戶口，約都得土戶百八十餘萬，客戶百三十餘萬」。實際戶數與戶籍登錄數字不符程度，以及實數中「客戶」逼近「土戶」（原住當地）數的程度，又均可見。均田制崩壞，尤從如此比例客戶增加之勢，得知當然無可挽回。

　　戶口（尤其是課戶、課口）減少非全由於戰爭中死亡損耗，更大原因係逃匿、流離現象（所謂「逃戶」「客戶」的形成）加大，但無論出自何等緣由，國家掌握戶口數字的減少，自亂中以迄亂後而程度愈形嚴重則一，財源因而萎縮也十分明白。亂前均田＝＝租庸調制的納稅泉源，經戰亂至亂後，已決定性的枯竭不適用。所以，自肅宗、代宗而德宗初，父、子、孫三代約三十年間，都以疏解財政難題與處理亂後財經困局着眼，稅法的整理、新稅的成立，是此時期施政重心，具有企劃之才與實行力的財政家累有出現，並被拔擢。基於當時社會商品流通異常發達，商業資本雄厚蓄積的形態，而發展鹽的專賣制度，便是此等財政家規劃所建立新財政政策的中心支柱。

　　鹽於隋文帝開皇三年（紀元五八三年）開放免稅以來，唐朝踏襲無稅制百多年，至開元時代才回復徵稅。安史亂中顏真卿守平原，於彌補軍費不足的需要下，官收民鹽運販附近諸郡，開始局部地區試驗專賣，肅宗乾元元年（紀元七五八年）第五琦任鹽鐵轉運使，鹽的專賣制度乃在自由區全面推廣實施。接續再以安史亂平前一年，代宗寶應元年（紀元七六二年）劉晏繼任其事時的改革，中國財政‧經濟史上特以完密、健全，能兼顧政府、人民利益聞名，而爲後世鹽法模倣與再改良基石的專賣制成立。

　　同以安史之亂影響，北方混亂，天下財賦偏重南方而漕運史上留下不可磨滅功績，以改良漕運法而東南富庶地帶物資通過大運河輸送長安，機能得以確實把握的大財政家劉晏，其食鹽專賣立法，迥非漢朝製

造──運輸──販賣全過程均由國家經營，完全的與直接的專賣精神，也自第五琦（以及顏真卿）產製歸民間，而由政府收買後轉賣於民的間接專賣，方法上已是再一次躍進。其法：鹽仍係純粹民間製造，也仍係全數官收，但收購後第五琦原制的官運、官銷，改歸商運、商銷。便是說，民生必需品鹽的從生產而到達消費者之手，過程係經民製──→官收──→官賣──→商運──→商銷等五步驟的形態變換，抑且，官便派員駐在製鹽場所，以所收之鹽，寓稅於價，就地轉售商人，以取中介之利，商人則繳價領鹽後，便得於全國各地自由運輸，自由販賣，不再有重複稅負，用現代語說明，此類專賣制度謂之就場專賣❶。劉晏就場專賣鹽法，較之漢朝完全專賣的政府壟斷產、運、銷全部利益，可以不奪鹽民之業，又不奪商販之利，而政府收益豐厚。配合措置，係距鹽產地僻遠地方，平時預運官鹽貯藏，遇商絕鹽貴之際拋售，名謂常平鹽，又是「官收厚利而人不知貴」的兩皆受惠之舉。所以，劉晏的制度，今日財政史專家讚揚為專賣制度中的最妥善方法❷。史書眾口交譽劉晏非凡的業績，用詞也屬罕見，「唐書」本傳：「初，（鹽利）歲入錢六十萬貫，季年（代宗大曆末，紀元七七九年）所入逾十倍，而人無厭苦。大曆末通計一歲徵賦所入，總一千二百萬貫，而鹽利且過半」；「新唐書」食貨志四：「晏之始至也，鹽利歲才四十萬緡，至大曆末六百餘萬緡。天下之賦，鹽利屬半，宮闈、服御、軍餉、百官祿俸，皆仰給焉」；「資治通鑑」唐紀四二德宗建中元年（紀元七八〇年）條更是大書：「晏始為轉運使，時天下見戶不過二百萬，其季年乃三百餘萬，在晏所統則增，非晏所統則不增也。其初財賦歲入不過四百萬緡，季年乃千餘萬緡。（時自許、汝、鄭、鄧之西，皆食河東池鹽，度支主之，汴、渭、唐、蔡之

---

❶　曾仰豐「中國鹽政史」，第九五。

❷　同上，同頁。

東，皆食江淮海鹽，晏主之）。其始江淮鹽利不過四十萬緡，季年乃六百餘萬緡，由是國用充足，而民不困弊。其河東鹽利，不過八十萬緡，而價復貴於海鹽」，堪以全知劉晏對於唐朝中期以來財政整理的貢獻。

鹽鐵使主管專賣事務亙於鹽、鐵，鐵也包括銅，如鹽的採掘後均由政府收買，但銅、鐵專賣利益對唐朝財政，非似鹽具有重大影響，茲從略。一般礦業准百姓自由經營，安史亂後礦稅課徵情況則不明。

酒於唐朝，乃都市繁榮一大要素，上層社會與庶民生活共同所習好，唐初如鹽的非課稅對象（亦隋文帝開皇三年開放，任人民自由釀造販賣）。肅宗之世一度禁斷，代宗廣德二年（紀元七六四年）起允許納稅而定量釀販，十多年後德宗建中三年（紀元七八二年）收歸官營酒店專賣（繼劃出京師為不適用專賣法地區）。以後行政方針頗有波動，課稅、專賣、放任不定。

飲茶之風，晉——南北朝僅流行於長江沿岸以南，唐朝中期已南、北共通嗜愛，都市中茶店與酒肆並盛。也隨栽培技術進步，產地遍於今日江蘇、浙江、安徽、江西、湖北、湖南、福建、廣東的廣大範圍，而四川劍南產品為特有名。茶亦原不課稅，便以需要量不斷增加，建中三年與榷酤（酒的專賣）同時，對茶商開始徵稅，其後稅率且累次加重。

新增把握工商品流通的稅收同時，存在土地關係，唐朝立國以來財政收入最重要泉源，與均田法具密接不可分關係，也惟均田組織健全時代才適用的租庸調稅法，也正醞釀大變革。均田制頹廢，租庸調法的維持已見困難，「新唐書」食貨志二說明頗為明晰：「租庸調之法以人丁為本，自開元以後，天下戶籍久不更造，丁口轉易，田畝賣易，貧富升降不實。其後國家奢費無節而大盜起，兵興財用益屈，而租庸調法弊壞」。安史亂後土地變異與人口的移動激化，希求均田制與租庸調制再編成、再組織為無望，已必須對此矛盾加以根本檢討。於此，「唐會要」

卷八三租稅上建中元年條有系統性解明：

「其年八月，宰相楊炎上疏奏曰：國家初定令式，有租庸調之法。
至開元中，玄宗修道德，以寬仁爲治本，故不爲版籍之書，人戶寖溢，
堤防不禁。丁口轉死，非舊名矣；田畝移換，非舊額矣；貧富升降，非
舊第矣，戶部徒以空文，總其故書，非得當時之實。舊制，人丁戍邊者，
蠲其租庸，六歲免歸。玄宗方事夷狄，戍者多死不返，邊將怙寵而諱敗，
不以死申，故其貫籍之名不除。至天寶中，王鉷爲戶口使，方務聚斂，
以丁籍且存，則丁身焉往？是隱課而不出耳，遂按舊籍，計除六年之外，
積徵其家三十年租庸。天下之人，苦而無告，是租庸之法，弊久矣。

「迨至德之後，天下兵起，始以兵役，因之飢癘。徵求運輸，百役
並作，人戶凋耗，版圖空虛，軍國之用，仰給於度支、轉運二使。四方
大饉，又自給於節度、團練使，賦斂之司增數而莫相統攝。於是綱目大
壞，朝廷不能覆諸使，諸使不能覆諸州，四方貢獻，悉入內庫，權臣猾
吏，緣以爲奸，或公託進獻，私爲贓盜者，動以萬計。有重兵處，皆厚
自奉養，正賦所入無幾，吏之職名，隨人署置，俸給厚薄，由其增損。
故科斂之名凡數百，廢者不削，重者不去，新舊仍積，不知其涯。百姓
受命而供之，旬輸月送，無有休息，吏因其苛，蠶食於人。凡富人多
丁，率爲官爲僧，以色役免，貧人無所入，則丁存，故課免於上，而賦
增於下。是以天下殘瘁，蕩爲浮人，鄉居地著者，百不四五，如是者迨
三十年。

「炎遂請作兩稅法，以一其名。曰：凡百役之費，一錢之斂，先度
其數，而賦於人，量出以制入。戶無土、客，以現居爲籍；人無丁、
中，以貧富爲差。不居處而行商者，在所州縣稅三十之一，度所取與居
者均，使無僥倖。居人之稅，秋、夏兩徵之，俗有不便者，正之。其租
庸雜徭悉省，而丁額不廢，申報出入如舊式。其田畝之稅，率以大曆十

四年墾田之數爲准，而均徵之，夏稅無過六月，秋稅無過十一月。逾歲之後，有戶增而稅減輕，及人散而失均者，進退長吏，而以度支總統之。德宗善而行之」。而變化了租庸調性質的新稅制，終追隨工商諸新稅的先後成立，而於唐朝第九代德宗建中元年（紀元七八〇年）登場，均田法與租庸調法的時代正式過去，兩稅法時代來臨。

兩稅法非建中元年突然發布，實質而言，也非新稅而係稍前旣已施行諸新稅的統一整理。包含的成份：

其一，靑苗錢。始自德宗前代代宗大曆元年（紀元七六六年，「資治通鑑」的記錄則繫年於其上一年的廣德二年或紀元七六五年），穀物未稔，尙係苗靑時的增稅，每畝稅錢十文，另收謂之地頭錢的附加稅每畝二十文，兩者合稱靑苗錢。大曆三年，本稅每畝增五文爲十五文，所以靑苗錢總額改定每畝三五文。

其二，畝稅。大曆四年（紀元七六九年）於上都（京兆府）試徵，農家收成時繳納現物，上等田每畝粟一斗，下等六升，荒田二升。翌年的大曆五年，畝稅如靑苗錢的全國性施行，前者稱秋稅（納穀物）而後者稱夏稅（納錢），廢地頭錢之名通入夏稅。

兩稅法便是對已成立夏稅、秋稅徵收方法再進一步的整理，「兩稅」之名亦卽基於每年分夏稅、秋稅兩期繳納而得。租庸調制度中課稅對象均上著戶的「土戶」，流寓他鄉的「客戶」不予徵稅而以遣還本籍爲原則，兩稅法規定中已無主戶與客戶之別，不問土着抑移住均爲擔稅戶，也不涉丁、中，而一括以戶的貧富爲等差（依資產三年一估定，憑以升降）。由政府編製自地方至中央的年度支出預算，依兩稅法施行前一年（大曆十四年，紀元七七九年）墾地面積爲基準課稅。商人另按營業額課稅率爲三十分之一的現金（錢）稅，行商與沒有店肆的商人相同。德宗隔順宗的憲宗時代，地方與中央間依徵起稅收數額作上供——

留使（送使）──留州三段式財政分配的比例也經製定，「新唐書」食貨志二對此所說明：自天下各州徵起的租稅，以其一部份留當地充州的費用，另一部份輸送節度使、觀察使等供爲行政費，其餘均上納於中央朝廷的財務機關中樞度支部門。

兩稅法施行之年，原所減少的戶口數字，已以登錄上不分客、土而大量回復。政府收入額數，「通典」食貨六賦稅下大唐條注尤其大書：「建中初（紀元七八〇年）……，每歲天下共斂三千餘萬貫，其二千五十餘萬貫以供外費，九百五十餘萬貫供京師；稅米、麥共千六百餘萬石，其二百餘萬石供京師，千四百萬石給充外費」（「新唐書」食貨志二謂「歲斂錢二千五十餘萬緡、米四百萬斛以供外，錢九百五十餘萬緡，米千六百餘萬斛，以供京師」，數字稍有異）大財政家楊炎繼劉晏的努力成績，又係一大突破。卻也堪注意，以兩稅法施行而政府把握的歲入錢米，較之天寶盛世歲出入概算（見67頁），固已相彷彿，納稅戶口仍跌落在半數以下，簡言之，平均負擔每戶已加重至一倍以上。

兩稅法的文獻說明，曾留有甚大缺憾，除前引楊炎疏言與所提方案，「唐會要」同卷同年並載施行勅文：「宜委黜陟使與觀察使及刺史轉運所由，計百姓及客戶，約丁產，定等第，均率作，年支兩稅，如當處土風不便，更立一限。其比來徵科色目，一切停罷」，卻無夏、秋兩稅法文的具體內容執導（「唐書」、「新唐書」食貨志、楊炎傳等均然）。所以，固可知租庸調、雜徭、比來徵科色目，自此一切停罷，但唐初便與租庸調並列重要稅目的戶稅與地稅，其與兩稅法結構的關係，解釋上成爲不明瞭。原與義倉制度相結合，供爲義倉租米而王公以下至商人均須輸納的地稅，兩稅法以前，記錄中最後所見，係代宗廣德元年（紀元七六三年）「地稅依舊，每畝稅二升」（「唐書」食貨志上）。按資產多寡與戶等徵收的戶稅，大曆四年尚發布大幅增額勅令，天下百

姓與王公以下，每年稅錢，上上戶四千文，上中戶三千五百文，上下戶三千文，中上戶二千五百文，中中戶二千文，中下戶一千五百文，下上戶一千文，下中戶七百文，下下戶五百文。官吏一品准上上戶，類推至九品准下下戶，如一戶數處任官，亦每處依品納稅。商工業者（所謂「百姓有邸店行舖及爐冶」）加二等收稅。寄莊（現住原籍以外的莊園）戶官人依七等戶稅而百姓八等，寄住（現住他鄉而當地無土地）戶官人依八等戶稅而百姓九等，浮客（居住地不定）、權時寄住（暫居當地而非永住）戶不問有官、無官，富有者均依八等戶稅，餘爲九等。如數處有莊田，亦每處納稅，將上莊田則優待減爲一切按九等輸稅。

兩稅法的一般解說傾向，認爲依資產多寡而定自上上至下下九等級，現錢繳納的戶稅，便是兩稅法一大要素。田租不拘貧富，以畝爲單位的同額負擔，乘所有田土面積而定該戶稅額，現物繳納，其萌芽又卽地稅。然而，大曆四年創意的兩稅法出租原型畝稅，固可解釋由於義倉制度衰頹，地稅因已一般稅目化而轉變；戶稅如何介入兩稅法體系，以及原夏稅青苗錢改處如何位置，則乏明晰。所以，今日論析，多依後代已修正其制時形貌作反射，臆測或含糊爲難免❸，研究上仍待再澄清。

兩稅法立法精神，兩稅乃惟一正稅，政府不再稅外加稅。然而，追隨兩稅法實施，新稅仍然發生，而且項目繁多，雖然性質均係內亂再起期間應付財政困局的臨時稅。所增稅目與年份——

建中三年（紀元七八二年）：

①借錢　如今日國債意味，對象爲京師富商。

❸　六花謙哉，岡本午一譯鞠清遠「唐代經濟史」，表明兩稅法主體卽地稅與戶稅（以及各分夏、秋兩期繳納），最是肯定。但對「冊府元龜」邦計部所收錄詔書與奏文，兩稅法施行後的九世紀時代，仍多見「地稅」、「戶稅」名詞，也感困惑。對此理論上的矛盾，便惟有解釋之爲兩稅法中的戶稅與地稅名目，於兩稅法施行後仍單獨保存（第一五五頁、第一六九頁注④）青苗錢則歸之爲田畝的附加稅（第一六三頁）。

②傲櫃納質錢・粜麥羅市　均所得稅的特別稅，對象前者係專爲商客保管財物而收取保管費的櫃坊，以及質店（當舖），後者則農民質出其農產物時所徵課，稅率均四取其一。

③閱商買錢　於諸道津會處所徵特別通行稅，計算商人通過財貨價值，每貫（一緡＝一千錢）取二十錢之稅。

④竹木茶漆稅　十稅其一。

建中四年（紀元七八三年）：

⑤稅間架　乃房屋稅，每兩架爲一間，視間架大小與貴賤良否，分三等級課稅，上價每間錢二千，中價一千，下價五百。

⑥除陌錢　交易稅的附加部份，凡公私給與、物品買賣，依估定價值或交易價格，每貫舊算二十錢者，加取至五十錢。

所以後世正統的批評家，於兩稅法多無好感，對楊炎個人毋寧還是抨擊，「文獻通考」田賦考三歷代田賦之制篇收錄的兩段代表性文章可爲範例：

其一，「沙隨程氏曰：開元中，豪弱相併，宇文融修舊法，收羨田，以招徠浮戶而分業之。今炎創以新意，而兼並者不復追正，貧弱者不復田業，姑定額取稅而已，始與孟子之論悖」。

其二：「東萊呂氏曰……兩稅之法旣立，三代之制皆不復見。然而兩稅在德宗一時之間，雖號爲整辦，然取大曆中科徭最多以爲數。雖曰自所稅之外，並不取之於民，其後如間架、如借商、如除陌，取於民者不一，楊炎所以爲千古之罪人」。

相同的兩稅法反對論，而且德宗當時便已存在，貞元名臣陸贄於立法十餘年後，貞元十年（紀元七九四年）上奏均節財賦事六條，第一卽論兩稅之弊：「兩稅之立，惟以資產爲宗，不以丁身爲本。曾不寤資產之中，有藏於襟懷囊篋，物雖貴而人莫能窺；其積於場圃囷倉，直雖輕

而眾以爲富。有流通蓄息之貸，數雖寡而計日收贏；有廬倉器用之資，價雖高而終歲無利。如此之比，其流實繁，一概估計算緡，宜其失平長僞。由是務輕賫而樂轉徙者，恒脫於徭稅，執本業而樹居產，每困於徵求，此乃誘之爲姦，驅之避役」。此外諸條：其二，請二稅以布帛爲額，不計錢數；其三，論長吏以增戶、加稅、闢田爲課績；其四，論稅限迫促；其五，請以稅茶錢置義倉，以備水旱；其六，論兼並之家，私斂重於公稅（見「資治通鑑」唐紀五一貞元十年條），也多數環繞於兩稅法問題周圍。

　　從上引具代表性的議論可以瞭然，無論當時或後代，所有對楊炎與其兩稅法的批判與攻擊，出發點都是戀舊的保守立場，拘泥於背叛聖賢所定古代課稅方法爲重心，兩稅法施行後苛稅頻繁發生，應與兩稅法本身的實施無涉，而竟也列爲兩稅法罪狀。陸贄條陳諸事多方面是實際的，均田制約制出兩稅法而解除，大土地所有發展愈益方便，小農民沒落傾向愈益增大，沒落農民轉入兼并之家支配時又負擔加重，以及租稅以錢額徵收，農民須以現物換算繳納，於物價變動，物輕錢貴，而折納率大幅傾斜時，農民定必負過重負擔的情事，都會出現。但均田制復活的可能性，於社會發展潮流中已全不存在的事實，必須正視。現錢徵稅造成貨幣價值高而物價暴跌現象，也祇對中間介在的商人與高利貸有利，又都因流通社會的貨幣供應量不足，非可歸罪於兩稅法立法。

　　相反的意義，背叛聖賢之道正是兩稅法的創造性革命精神。以均田制宣告崩壞爲前提，土地買賣的限制從法令上撤廢，承認田土自由轉易與庶民階層分化，丁中制受田——課稅原則下的租庸調制，一變而爲無分田租、人頭稅（口賦）、力役等課目的單一租稅制度，課徵基準已非「人」的丁中而係「戶」的貧富，又對應貨幣經濟社會發展而確立納稅貨幣化（錢）租稅體制，都是果斷的創新（雖然憲宗次代穆宗時代以

來，仍以銅錢不足的原因，改「兩稅上供、留州，皆易以布帛絲纊，
租庸課調不計錢而納布帛。唯鹽酒本以權率計錢，與兩稅異，不可去
錢」，見「新唐書」食貨志二）特別關於繳稅總額的決定，依據所估算
須要支出的經費，量出爲入而賦課，近代預算制度的初立，不能不誇爲
劃期的進步。也惟其如此，兩稅法稅制新方向的開拓，後代稅制已不能
不沿此線行進，而踏襲爲租稅的大系。

財政結構大變動期間，轉運使乃開元之世初置，長江中、下流域財
物，特別是米穀輸送中央，比重開始增大，安史之亂以後朝廷財政尤已
全仗南方賦稅收入。安史亂起時的肅宗至德、乾元年間，又以新財源增
闢與收支調整的需要，以及專賣事業展開，分別新置度支使與鹽鐵使，
與原總天下財用經費的戶部並立，合而有「三司」稱謂的成立，直接便是
其後宋朝政治制度中的國家財政總滙，戶部、度支、鹽鐵三司使發源。

八世紀後半，唐朝財政——稅制全面變革的同時，政治也以安史之
亂的發生與平定，而引起大變化。強力的集權國家統御力、組織力衰
退，而急速向地方傾斜，大單位地方勢力強化。

唐朝地方行政體系，繼承的是隋朝州——縣兩級制度，大單位
「道」係監察區，朝廷選派中央官員往返，使職名銜黜陟使、巡察使、
巡撫使、按察使等不定，也非定設。邊境節度使固定化設置同一期間，
「道」由十數增析爲十五而使職也轉變爲常置，「通典」職官十四州縣
刺史項大唐條：「（開元）二十二年，（按察使）改置採訪處置使，理
於所部之大郡」，注：「其有戍旅之地卽置節度使」，是其說明（「唐
書」地理志一、「新唐書」地理志一、「資治通鑑」唐紀二九，均記其
事在開元二一年，紀元七三三年，「唐書」原文：「開元二十一年，分
天下爲十五道，每道置採訪使，檢察非法，如漢刺史之職」。但「唐會
要」繫年如「通典」），監察意味不變，而權力已擴大如「唐會要」卷

七八採訪處置使項所記：「大曆十二年五月，中書門下奏：開元末，置採訪處置使，許其專停刺史務，廢置由己」。二十多年後安祿山事變勃發，肅宗乾元元年（紀元七五八年）採訪使再改觀察使，發展便全脫離了常軌，與性質迥異的節度使已相合流。

安祿山反亂，於府兵制已廢止，內地呈現幾乎無軍備狀態下，任由反亂軍輕易佔領兩京，接戰地區與內地戰略據點立於防衞需要，各各緊急募集兵士而內地開始由朝廷新任命節度使，亂發第七天玄宗才確信安祿山叛變，而應變部署。第十三天，衞尉卿張介然受命扞衞東都出任河南節度使，係最初之例。同日，「諸郡當賊衝者，始置防禦使」（「資治通鑑」唐紀三三天寶十四載條），與節度使同格，充任者資位較低，聚兵規模也較小的防禦使，以及地方自衞意味的團練使，都因之一處處設置。反亂第三個月已進入天寶十五載或七月以肅宗登位而改元的至德元載，是年中，內地節度使的新置數，潼關失陷前有南陽節度使（魯炅守南陽）、河北節度使（河東節度使李光弼改任，支援顏眞卿爲盟主的河北義軍），潼關失陷後，又至少有關內節度使（關內採訪使改置）、山南東道（襄陽）節度使、黔中節度使（由五溪經略使改置，玄宗十節度中的嶺南節度使，亦此時由五府經略使改置）、淮南節度使、淮南西道節度使、江南東道節度使，北海節度使、上黨節度使、興平節度使（以上據「資治通鑑」唐紀三三、三四、三四。「新唐書」方鎭志的統計稍有變異，列是年初置的節度使乃京畿＜同年廢＞、河南、淮南西道、青密、澤潞沁、南陽、興平、淮南諸處，襄陽＜山南東道＞、河中、虁州等均翌年由防禦使升節度使，翌年所新置的節度使又另有荊南、劍南東川＜原劍南則改劍南西川＞等）。自此演進形成的結局，從如下文獻記錄可獲致全貌：

「至德之後，中原用兵，刺史皆治軍戎，遂有防禦、團練、制置之

名，要衝大郡，皆有節度之類。寇盜稍息，則易以觀察之號」（「唐書」地理志序）。

「至德之後，中原用兵，大將爲刺史者，兼治軍旅，遂依天寶邊將故事，加節度使之號，連制數郡」（「唐書」職官志四上州刺史條注）

「至德後中原置節度使，又大郡要害之地置防禦使，以治軍事，刺史兼之。上元後改防禦使爲團練守捉使，又與團練兼置」（「唐書」職官志四防禦團練使條）。

「安祿山反，諸郡當賊衝者皆置防禦守捉使，乾元元年置團練守捉使、都團練守捉使，大者領州十餘，小者二三州。建中後，行營亦置節度使、防禦使、都團練使。大率節度、觀察、防禦、團練使，皆兼所治州刺史，都督府則領長史，都護或亦別置」（「新唐書」百官志四都督條注）。

「至德之後，改採訪使爲觀察，觀察皆并領都團練使。分天下爲四十餘道，大者十餘州，小者二三州，各因其山川區域爲制，諸道增減不恆，使名沿革不一」（「通典」職官一四州牧刺史項注）。

「唐書」地理志序列舉節度（觀察）使，爲數四十四：東都畿汝防禦觀察使、河陽三城節度使、宣武軍（汴州）節度使、義成軍（滑州）節度使、忠武軍（許州）節度使、天平軍（鄆州）節度使、兗海節度使、武寧軍（徐州）節度使、平盧軍（青州）節度使、陝州節度使、潼關防禦鎮國軍使、同州防禦長春宮使、鳳翔隴節度使、邠寧節度使、涇原節度使，朔方節度使、河中節度使、昭義軍(潞州)節度使、河東節度使、大同軍（雲州）防禦使、魏博節度使、義昌軍（滄州）節度使、成德軍（恒州）節度使、義武軍（定州）節度使、幽州節度使、山南西道節度使、山南東道節度使、荊南節度使、劍南西川節度使、劍南東川節度使、武昌軍（鄂州）節度使、淮南節度使、浙江西道節度使（或爲觀

察使）、浙江東道節度使（或爲觀察使）、福建觀察使、宣州觀察使、江南西道觀察使、湖南觀察使、黔中觀察使、嶺南東道節度使，嶺南西道桂管經略觀察使、邕管經略使、容管經略使、安南都護節度使，不易考定係以何一年代爲記錄標的。視其下文續言：「上元年後，河西、隴右州郡悉陷吐蕃。大中、咸通之間，隴右遺黎始以地圖歸國，又折置節度：秦州節度使、涼州節度使、沙瓜節度使」文意，應係七世紀後半至八世紀中的資料，但淮南西道節度使早自上元二年（紀元七六一年）已改稱淮西節度使，以後再與彰義軍節度使或申光蔡節度使混稱，憲宗元和十三年（紀元八一八年）令廢；安南管內經略使升節度使係乾元元年（紀元七五八年），肅宗次代代宗以後改大都護都防禦觀察經略使，「安南」之名並一度更易「鎮南」；邕管經略使至乾元二年升節度使，次年上元元年以後爲都防禦使；容管經略使乾元二年增領都防禦使，上元元年升觀察使等（參閱「新唐書」方鎮表沿革、增減說明），地理志所載名銜都是安史亂事尚在持續中的肅宗乾元元年至上元元年間之事，所以，這份統計表是前後變遷混淆的，或者說，於最早的基礎上修正而成。也惟其如此，節度（觀察）使布列全國的態勢，隨安史亂起而立卽鑄定，爲可認知，與「通典」注「至德之後……，分天下爲四十餘道」記事符合。卻是，原來「道」的監察區劃意味已與「鎮」合一，「使」的性質一變而係集中了軍、民、財全權的地方大單位最高長官，漢朝末年的州牧，唐朝提早自中期便已出現。天寶元年改州爲郡，也是至德二載回復原州名（翌年乾元元年又復「載」爲「年」）。

　　節度使、觀察使設置自安史亂中而中國全國性「鎮」、「道」合一態勢成形，亂後非祇不能回縮其權力與勢力，權勢相反愈益膨脹，關鍵仍與大反亂密結，而係其後遺的嚴重絕症。

　　大反亂的敉平，一方面固仗賴西北諸節度使麾下軍團與回紇爲主力

的外籍兵投入內地，另一方面，也須重視，非唐朝武力其時已足够壓倒
賊軍，而乃叛亂末期賊軍首腦部自壞崩裂，削弱了賊勢。賊軍原便在其
勢力範圍的淪陷區，包括今日河北、山東全省與河南省一部份的地域
內，任命了若干節度使，賊勢瓦解，因內訌而這些擁有強力大部隊，戰
爭經驗豐富的賊軍大將反正，倒向政府陣營，與官軍大反攻同具扭轉全
局的決定性作用，至代宗廣德元年（紀元七六三年）僞朝末代皇帝史朝
義被其留守燕京（范陽）的方面指揮官李懷仙逼死，而最後的場面落幕。
朝廷對於如此舉足輕重的賊軍著、漢將帥，因之不得不加以安撫，承認
其旣得的地位，旣有連跨數州的土地、人民、財富支配權。稍早歸順者
能元皓、令狐彰等固已改列平亂功勞者，寶應元年十月再復東京至翌年
廣德元年正月史朝義死的前後四個月賊軍土崩瓦解期，賊將搖身一變的
顯著事例（官職上段乃僞授，下段卽朝廷正式任命）：

張獻誠（前幽州節度使張守珪之子），陳留（汴州）節度使──→汴
　　州節度使。

薛嵩（唐初名將薛仁貴之孫，張守珪前任節度使薛楚玉之子），鄴
　　郡節度使──→昭義軍（相州）節度使。

張忠志（奚人，爲范陽張姓將領養子，故姓張），恒陽節度使──→
　　成德軍（恒州）節度使，賜姓名李寶臣。

田承嗣，睢陽節度使──→魏博節度使。

李懷仙（柳城胡人），范陽（幽州）節度使──→幽州盧龍節度使。

　　唐朝平息反亂戰火旣如此艱難，不幸，亂中吐蕃又趁唐朝西北之兵
盡行調入內地作戰，河隴軍備呈現眞空狀態時，輕易倂合鳳翔以西，陝
西西部、甘肅全省、四川西北部廣大至數十州的地域，廣德元年（紀元
七六三年）且一度侵入長安，演出代宗出奔陝州的事件。安史亂後幾乎
分割了黃河流域東方全域的諸節度使布列形勢，於有目共睹唐朝權威，

格段已較亂前明顯低落的氣壓下成立，家世原與朝廷存有感情淵源的投降者節度使，尚可希冀其恭順，其餘便純係利、害的結合，態度倔強在乎意料之中。而且，如下兩大事態的朝廷容忍形成，又發生了推波助瀾之勢：

其一，至德二載便已以安東都護身份領導殺僞署平盧節度使反正，受命繼任節度使的王玄志，早自亂中史思明濁濤尚未興起的肅宗乾元元年（紀元七五八年）已去世，「上遣中使往撫將士，且就察軍中所欲之者，裨將李懷玉與軍人共推立侯希逸，朝廷因授侯希逸旌節。節度使由軍士廢立自此始」（「唐書」、「資治通鑑」）。平盧軍於范陽背後作戰不利，南移山東，侯希逸任淄靑節度使而仍帶平盧軍之名，安史亂半第三年代宗永泰元年（紀元七六五年），已升平盧軍兵馬使的李懷玉逐侯希逸自代，朝廷承認其事實，且賜名正己。再三年的大曆三年（紀元七六八年），更昇高了層次的變局則在幽州發生，節度使李懷仙已非被逐而係被其兵馬使朱希彩所殺，朱希彩繼任節度使後，大曆七年，又被繼任兵馬使的朱泚殺害取代。包括了節度使父死子繼、兄終弟及的軍中勢力自主決定與轉易，惡例以朝廷十餘年間一貫的姑息主義，非僅開創，也自此習慣化。

其二，另一類型囂張之風，開例於大曆八年昭義軍節度使薛嵩死，詔以其弟崿繼任後的大曆十年，魏博節度使田承嗣誘昭義將吏作亂，逐崿而併其部份州縣，朝廷命令河東、成德、幽州、昭義、淄靑、淮西、永平、汴宋諸道發兵討伐，不了了之。翌年（大曆十一年），朝廷幸已接管的汴宋，李靈曜由軍中自立後變亂，淄靑平盧節度使李正己假借討伐之名大舉擴充地盤，都是朝廷制約力微薄，「力」的越軌行動最顯事例。

大濁流中相關聯的又一人與事：王玄志擁立者與率先統領平盧軍渡

海來中原的正統平盧系軍人董秦，乾元二年（紀元七五九年）九節度與
史思明相州（鄴郡）會戰，以平盧軍兵馬使代表第十節度使參加後，於
史思明大攻擊下被俘又脫逃。朝廷賜姓名李忠臣以示嘉勉，寶應元年
（紀元七六二年）任爲淮西十一州節度使，而切離平盧軍關係（大曆十
一年攻伐汴宋李靈曜的主角，汴州因是奪歸隸下），大曆十四年（紀元
七七九年）被少年時卽從軍平盧軍追隨李忠臣，蒙提拔並爲養子的李希
烈推翻自代。

黃河流域東半部以投機軍閥的跋扈而特殊化，安史亂平二十年間演
變，至代宗次代德宗繼位之初，所形成係如下悍鎮系統：

河南二鎮 {
淄青（治所青州・今山東省益都）——李納（李正己
死，子繼）

淮西（治所蔡州・今河南省汝南）——李希烈
}

河北三鎮 {
盧龍（治所幽州・今北平市）——朱滔（朱泚入朝，弟
繼）

成德（治所恒州・今河北省正定）——王武俊（李寶臣
死，子李惟岳繼，王武俊以部將弑代）

魏博（治所魏州・今河北省大名）——田悅（田承嗣
死，姪繼）
}

悍鎮原形固多反亂軍，但所有各道聲息相通，也容易感患傳染病，
代宗時代，最早公開抗拒朝命的，便非河南、北諸鎮而是上述大曆十一
年（紀元七七六年）汴宋（治所汴州）李靈曜，德宗建中二年（紀元
七八一年）又是山南東道（治所襄陽府）梁崇義。兩次反亂幸得迅速鎮
壓，但翌年（建中三年，紀元七八二年）勃發的，卻是河南、北五鎮各
各獨立而相互呼應的反亂同盟大騷動，最後，仍以朝廷的委曲求全終結
這一幕。

　　朝廷遷就現實，姑息跋扈驕縱的軍閥，螺旋形似愈難制止軍閥們驕橫。兩稅法稅制已允許諸道（鎮）就地保留所領州縣賦稅的「留使」部份，且自施行第二年（建中二年）又由淮南節度使開例，奏准錢一千加稅二百，諸道一概仿傚。不拒絕朝廷任命管內地方官，不截扣上供貢賦的軍閥已算恭順，僅合法的、公開的收益便佔國家賦稅三分配制的最大部份，等於保證軍閥權勢之源的兵士給與無匱乏，以及鼓勵吸收更多破產農民充傭兵，予其軍隊再強化。各地有才能的不平份子、科舉落第的不遇士人等，也集中至其幕下，而軍閥為中心的巨大地方勢力抬頭，外貌已近似古代諸侯（所謂「藩」）。「藩鎮」、「方鎮」之名因而出現，各各半獨立的藩鎮自主化形態也因而成立。

　　這段演變，「新唐書」有扼要說明：「安史亂天下，至肅宗大難略不，君臣皆幸安，故瓜分河北地付授叛將，護養孽萌，以成禍根。亂人乘之，遂擅署吏，以賦稅自私，不朝獻於廷。倣戰國肱髀相依，以土地傳子孫，脅百姓加鋸其頸，利怵逆汙，使其人自視由羌狄然。一寇死，一賊生，迄唐亡百餘年，訖不為王土」（藩鎮傳序）；以及「方鎮之患，始也，各專其地以自世，既則迫於利害之謀，故其喜則連衡以叛上，怒則以力而相幷。及其甚，則起而弱王室。唐自中世以後，收功弭亂，雖常倚鎮兵，而其亡也，亦終以此」（方鎮志序）。

藩鎮／宦官／朋黨

　　藩鎮跋扈事態，德宗建中三年（紀元七八二年）河北──河南五鎮攜手反亂到達發展頂點，也繼二十年前上代代宗幸陝後第二度，以及玄宗幸蜀以來三十年間，唐朝天子第三度以京師失陷，而演出出奔事件。

　　建中三年東方告警，一年多時間戰爭都呈膠着狀態。長安西北方涇州（今甘肅省涇川）爲治所的涇原節度使麾下部隊被調增援作戰，建中四年十月間冒隆冬寒雨出發，通過長安時犒師，受到待遇卻是粗惡的「糲食菜餤」，兵士羣情激憤，鼓噪圍攻宮城，德宗在猝不及防下，倉皇逃向咸陽西北的奉天（今陝西省乾縣）。突發的兵變事態擴大，傳位其弟朱滔而入朝留居京師的原盧龍節度使朱泚，受亂兵推立，自稱大秦皇帝。奉天在朱泚追迫下十分危急，幸東方討伐的中央禁軍與先涇原已赴東方戰線的西北諸鎮派遣軍，聞變還師解圍，才合力保全行在。更嚴重的，上年以來，爲討伐東方五鎮而調發諸道兵馬，軍費每月支出浩大至一百餘萬貫，國庫難以支應，借錢令與僦櫃納質錢等苛重惡稅都由是興起，四年，再增間架稅、除陌錢，民心叛離，怨聲載道，都被朱泚造反利用爲推翻唐朝的藉口。

　　大局惡化到如此地步，由於翰林學士陸贄進言，乃有翌年（紀元七八四年）正月元旦，文章也出自這位知無不言，風節博後世大臣典範美譽的陸贄手筆，情詞懇切，遠近人心感動的千古名文德宗罪己詔發布。罪己詔長文內容分三部份：①自我批判，至於「小子長於深宮之中，暗於經國之務，積習易溺，居安忘危，不知稼穡之艱難，不恤征戍之勞苦」的痛切自責；②順應民情，間架稅、除陌錢等近年加徵惡稅，命令一切罷廢；③頒大赦令，除朱泚一人不赦外，違抗朝命的李希烈等五鎮節度使均赦罪。一新人心的詔書轉圜，成德王武俊、魏博田悅、淄青李納分別取消獨立，上表謝罪，反亂同盟解體，惟盧龍（幽州）朱滔繼續頑抗，最強悍的淮西李希烈且自稱大楚皇帝。

　　意外的波折突又發生，奉天解圍最大功勞者與防衞行在中央軍、諸道軍聯合統帥朔方節度使李懷光，受進擊朱泚命令而駐屯咸陽不動，反而與朱泚通謀事發，德宗於中央禁軍掩護下，再度狼狽逃奔梁州（今陝

西省南鄭），時爲罪已詔頒發的次月。

　　長安乃是年（興元元年）六月官軍奮戰下收復，次月德宗返京，距涇原兵變前後已十個月。朱泚西走被部下殺害，朱滔聞京師收復才歸鎮待罪，憂死。李懷光出河中，翌年（貞元元年，紀元七八五年），兵敗自殺；再次年（貞元二年），李希烈亦爲部將所殺，持續五年的安史之亂以來最大變故，至是始全行平息。東方五鎮同盟叛亂，反抗朝命的起因，均由朝廷拒絕「世襲」或領地擴張野心，換言之，朝廷原也具有決心制裁之意。可惜，德宗理想中的回復唐朝威信，結局仍不得以妥協換取一時和平，壓制藩鎮氣燄徒成空想。

　　抑壓藩鎮跋扈的理想終於成爲事實，惟須二十年後德宗崩逝，四十五歲而已患病的皇太子繼位爲順宗，僅八個月又禪位其二八歲皇太子登位爲憲宗之世。憲宗英武整肅紀綱，用賢相杜黃裳「以法度裁判藩鎮」的強硬政策，以及後繼大臣武元衡、裴伯、李絳、裴度等堅持此原則又能彈性運用方略，元和爲年號的十五年治世中，施政中心全時間都在努力實現其祖父德宗所未實現的方針，卒底於成功。夏綏（今陝西省懷遠）、西川（今四川省成都）、鎮海（今南京市）三道，首先均在討伐下節度使被捕殺（元和元年、二年，紀元八〇六、八〇七年），鎮海且是皇族出鎮者。節度使世襲的勢力最強大諸鎮，魏博率先於元和七年（紀元八一二年）歸順，接續使是元和十年（紀元八一五年）有名的淮西用兵，俘獲節度使處斬，十三年（紀元八一八年），成德歸順，十四年（紀元八一九年），抗命而已呈孤立無援之勢的淄青節度使被部將襲殺歸順。河南、北五悍鎮中最後的盧龍，態度猶豫至再兩年的穆宗長慶元年（紀元八二一年），終也被迫自動屈服。朝廷政治的、軍事的政策結合而對藩鎮施加壓力成功時，大局爲如何好轉，自「資治通鑑」唐紀四七憲宗元和十四年條的特筆大書可見：「自廣德以來，垂六十年，藩

鎮跋扈，河南北三十餘州，自除官吏，不供貢賦，至是盡遵朝廷約束」。

　　節度使反服不安定狀態，特別是安史之亂以來國家政令所不及，獨佔賦稅，斷絕上供，自行任免地方官吏，拒絕朝命的河南、北五悍鎮半獨立支配，已以反抗瓦解而中止，中央權力一時均於此等地區內復活，所謂「盡遵朝廷約束」。朝廷對此等諸鎮節度使的自由任命與移換回復正常運行，轄境遼濶諸藩帥勢力的細分化也已得以實現，平盧、淄青與幽州盧龍分別割置三道便自其時，成德也自動請分解，此其一。其二，河南、北藩鎮所以能抗拒朝命六十年之久的原因之一，係節度使於管內州縣各置鎮將領事，侵奪刺史、縣令職權。此一大弊，也自元和末年而朝廷得有能力斷行改革，便是「資治通鑑」元和十四年的記事：「自至德以來，節度使權重，所統諸州，各置鎮兵，以大將主之，暴橫為患。夏四月丙寅，詔諸道節度、都團練、都防禦、經略等使，所統支郡兵馬，並令刺史領之」（唐紀五七）。

　　憲宗的元和中興是唐朝歷史盛事，與政治上壓制藩鎮成功，努力回復朝廷權威時期相當，經濟的穩定又是一大徵象，兩稅法實施，土地私有制已被確認而農民賦稅加重之際，元和七年仍出現「是歲，天下大稔，米斗有直二錢者」（「資治通鑑」唐紀五四），媲美均田制本格化推行期間的物價基準記錄。此時期文化，正立於依唐詩作時代區分，安史亂後自代宗以至文宗約八〇年的「中唐」時代頂峯，光輝足與盛唐華實相比擬，共同代表唐朝文化的成熟期而視盛唐又具獨特風格，詩則白居易、元稹，文則韓愈、柳宗元，都以元和之世開展其活躍期。元和之治的唐朝盛世再創造，「唐書」憲宗紀史臣曰讚美其原動力，係憲宗的知人善任與責任政治實現：「軍國樞機，盡歸之於宰相。由是中外咸理，紀律再張，果能剪削亂階，誅除羣盜。睿謀英斷，近古罕儔，唐室

中興，章武（憲宗謚號）而已」，已似貞觀之治、開元之治的評價。

可惜，政治效果於後代未能持久，暫曾俯首的河朔諸鎮便自憲宗次代穆宗，驕兵悍將殺、逐朝廷所任命節度使而自行推立的故態復萌。朝廷討伐無力，仍然祇有姑息。承認既成事實「以節授之，由是再失河朔，迄於唐亡，不能復取」（「資治通鑑」唐紀五八穆宗長慶二年條）。而且早自憲宗晚年，「唐書」本紀的結尾已是：「（元和）十五年（紀元八二〇年）春正月甲戌朔，上以餌金丹，小不豫……，戊戌，上自服藥不佳，數不視朝，人情洶懼，……。（庚子）是夕，上崩於大明宮之中和殿，享年四十三。時以暴崩，皆言內官陳弘志弒逆，史氏諱而不書」。明智的政治家又是佛教篤信者（所以宗教排斥論旗手韓愈「迎佛骨表」，激烈反對憲宗迎佛骨入宮中的聞名文章產生於其時），因信仰而浸迷服食長生不老之藥，英年便被宦官奪命，多少都出乎意料之外。更嚴重的，唐朝天子死於宦官暗殺，又開例於憲宗，宦官無君無法的面目顯露。唐朝政治史後半期，便如此以藩鎮勢力與宦官勢力為發展主線，以及宦官勢力愈到後期從朝廷內部腐蝕愈劇，枯朽的唐朝政權外殼，結局終被藩鎮外力摧毀。

「新唐書」宦者傳序：「太宗詔：內侍省不立三品官，以內侍為之長，階第四。不任以事，惟門閤守禦，廷內掃除、稟食而已。武后時稍增其人，至中宗，黃衣乃二千員，七品以上員外置千員，然衣朱（＝緋）紫者尚少（唐制：三品以上服紫，四品、五品服緋，六品、七品以綠，八品、九品以青，又通服黃）。玄宗承平，財用富足，志大事奢，不愛惜賞賜爵位，開元、天寶中，宮嬪大率至四萬（包括長安大內、大明、興慶三宮，皇子、十宅院，皇孫、百孫院，東都大內、上陽兩宮），宦官黃衣以上三千員，衣朱紫者千餘人，其稱旨者，輒拜三品將軍，列戟於門。其在殿頭供奉，委任華重，持節傳命，光熖殷殷動四

方，所至郡縣，奔走獻遺至萬計。修功德，市禽鳥，一爲之使，猶且數千緡。監軍持權，節度返出其下。於是甲舍名園，上腴之田，爲中人所名者，牛京畿矣」，可瞭然於其員額與職務範圍兩皆膨脹之勢。唐朝宦官權勢加重，也便以玄宗太平盛世極峯爲起點，或者說，同時期開始，多角度變化的形態之一。觸目所在：

之一，適應外國商船與貿易商渡來中國日益加密的管理、徵稅需要，通商港口新成立市舶司，其主官提舉市舶使或簡稱市舶使（又或押蕃舶使），開元以來由宮廷派遣宦官充當成爲習慣。以御史監軍事且非常例的原所踏襲隋朝傳統，也自開元二十年後（「通典」職官十一監軍使條）均改宦官爲之，謂之監軍使或簡稱監軍，自從來單純的奉派軍中傳達詔命再跨越一步。宦官勢力，由是開始向財政、軍事方面介入。

之二，宦官監軍固定化以前，開元十年，驃騎將軍兼內侍楊思勗請准玄宗，募兵與安南都護協力討平安南叛亂，首開宦官實質指揮軍隊之例。十二年，楊思勗再以監門衞大將軍充黔中道招討使，敉平溪州叛蠻，又係全權的作戰司令官委由宦官充當。

之三，唐制，宦官不得過三品，內侍省領導五局的最高階位內侍四人，僅止從四品上。也自天寶十三載增置正三品的內侍監二員，宦官領袖地位一躍與宰相平等。其側近天子，得天下寵信，又方便於伺知天子意志的優越條件，已壓迫宰相固位必須與之結託。

如上大變化形勢初現的玄宗時代，宦官集團最著名人物自是高力士，內侍監特設最早便是以其爲對象的因人設事。在此之前，高力士與楊思勗，一以恩寵，一以軍功，同已昇遷至從一品驃騎大將軍，但此係武勳官最高階位，內侍監才是職事官，而楊思勗非是。內侍監二人中另一被拔擢者袁思藝則無高勳官，所以，權、位俱重厥惟高力士。這位人物出現於「唐書」、「新唐書」傳中的相貌是：「是時宇文融、李林

甫、蓋嘉運、韋堅、楊愼矜、王鉷、楊國忠、安祿山、安思順、高仙芝等，雖以才寵進，然皆厚結力士，故能踵至將相」；「肅宗在春宮，呼爲二兄，諸王、公主皆呼阿翁」，炙手可熱之勢可見。然而，傳記中「力士謹愼無大過」、「得人譽」的評語，以及如下記事也堪注意（括弧中紀年據「資治通鑑」）：

——「太子瑛旣死，李林甫數勸上立壽王瑁，上以肅宗長，意未決，居忽忽不樂，寢膳爲之減。力士乘間請其故，上曰：汝我家老奴，豈不能揣我意？力士曰：嗣君未定邪？推長而立孰敢爭！上曰：汝言是也。儲位遂定」（開元二十六年）。

——「上從容謂力士曰：天下無事，朕欲高居無爲，悉以政事委（李）林甫何如？對曰：大柄不可假人，彼威勢旣成，誰敢復議之者」（天寶三載）。

——「上嘗謂高力士曰：朕今老矣，朝事付之宰相等，邊事付之諸將，夫復何憂？力士對曰：臣間至閤門，見奏事者言雲南數喪師（宰相楊國忠兼劍南節度使，征南詔大敗），又邊將擁兵太盛（安祿山兼三鎭），陛下將何以制之？臣恐一旦禍成不可禁，何得謂無憂也」（天寶十三載，翌年安祿山事變）。

——至德元載，馬嵬驛事變，「上使高力士問之，（陳）玄禮對曰：國忠謀反，貴妃不宜供奉，願陛下割恩正法。上曰：朕當自處之，入門倚杖傾首而立。久之，京兆司錄韋諤前言曰：今眾怒難犯，安危在晷刻，願陛下速決，因叩頭流血。上曰：貴妃常居深宮，安知國忠反謀？力士曰：貴妃誠無罪，然將士已殺國忠，而貴妃在陛下左右，豈敢自安？願陛下審思之，將士安，則陛下安矣。上乃命力士引貴妃於佛堂縊殺之」。

則殊爲明晰，公卿無不厚結高力士，係高力士圓滑的一面，貪聚蓄

財非可避免，卻未達弄權境地，便是所謂「謹愼」。相反，高力士且頗
識大體能持正，不以將相的奉承而呵護，對玄宗也非諛詞諂媚而克盡其
忠言。非惟高力士，「唐書」、「新唐書」對楊思勗的評語是「鷙忍敢
殺戮，將士望風懾憚」，袁思藝「驕倨甚，士大夫疏畏之」，也都無過
份非分的記錄，均可代表玄宗時代宦官的行徑。

　　宦官之盛的導源，視「新唐書」宦者傳楊思勗傳記「從玄宗討內
難，擢左監門衞將軍，帝倚爲爪牙」，高力士傳記「先天中，以誅蕭、
岑等（太平公主之黨）功，爲右監門衞將軍知內侍省事」，可知都由參
與君主創造個人事業時機密或得其助力，簡言之，天子的心腹親信。而
玄宗次代肅宗，形貌已加轉變，宦官自我約束的「謹愼」面具剝落，因
生理缺陷而注定陰毒殘惡的變態男人本性，無忌諱暴露。領先冒進者李
輔國，登場前走的還是高力士路子，露面舞臺勾劃的臉譜便全不相同。

　　李輔國於肅宗被立爲皇太子後撥入東宮，已係五十歲左右的老宦
官。安祿山反亂軍攻陷潼關，玄宗逃離京師，倉卒間僅少數宮廷與政府
人員隨行，東宮宦官尤可想像爲數無幾，此一情況，製造了幸被携出的
李輔國上竄機會。馬嵬驛前太子預知誅楊國忠密謀便以李輔國中介，太
子北上靈武開拓規復新機運與抵達靈武時斷然登位爲肅宗，也都出自李
輔國慫恿。「唐書」、「新唐書」宦官傳記中李輔國條與「資治通鑑」，
記其因而「暴貴」的一般：肅宗在靈武，「凡四方章奏、軍符、禁寶，
一委之輔國」；「輔國」之名也是此時肅宗御賜，原賜名且是「護國」
而再改。京師收復，「宰臣百司，不時奏事，皆因輔國上決，常在銀臺
門受事，置察事廳」；「事無大小，輔國口爲制勅，寫付外施行，事畢
聞奏」；「詔書下，輔國署已，乃施行，羣臣莫敢議」。肅宗崩而代宗
新繼位，李輔國驕橫、跋扈、狂妄，至於「謂帝（代宗）曰：大家（天
子）但內裏坐，外事聽老奴處置」，卻仍續「尊爲尙父，政無巨細率關

白參決，羣臣出入者，皆先詣輔國」，再加司空、兼中書令，封博陸郡王。自至德元載（紀元七五六年）至寶應元年（紀元七六二年），前後七年間快速通過輔護天子、箝制天子的階段向公開動搖帝權發展。代宗卽位第七個月「盜殺李輔國」，幸而尙能由不明不白暗殺，作此已難收場的收場。

　但天子身邊的宦官陰影終已完成籠罩，第一個從背裏浮出表面張牙舞爪的鬼蜮倒下，立卽便有塡補，而且是一化爲二姿態。安史之亂延長至代宗時代始平息，以及亂平後又幾乎傾覆朝廷，都與狼狽爲奸的宦官新貴魚朝恩、程元振兩系統的興風作浪，密接關聯。趙翼「廿二史劄記」卷二〇唐代宦官之禍篇綜合說明：「魚朝恩忌郭子儀功高，潛罷其兵柄；程元振潛來瑱賜死，李光弼遂不敢入朝，又潛裴冕罷相貶施州。來瑱名將，裴冕元勳，二人旣被誣陷，天下方鎮解體。吐蕃入寇，代宗倉皇出奔，徵諸道兵，無一至者」，吐蕃便於唐朝如此無抵抗狀態下，於廣德元年（紀元七六三年），入無人之境似一時佔領長安，仍賴郭子儀擊退。程元振因之以「人情歸咎」、「公議不與」而罷職放歸，結束其僅僅兩年，卻已是史書稱之權甚於李輔國，凶惡猶過之的生涯。魚朝恩的威福時間較程元振或李輔國都久，自肅宗李輔國時期已發跡，乾元元年（紀元七五八年）九節度相州大敗，便由於不立統一指揮官而以此人充當特設的觀軍容宣慰處置使監臨，督飭九節度各自進擊而毋須相互間配合調度的奇怪作戰方略下結果，安史亂平的代宗時代，居然還昇進一步，天子特命統制的範圍擴大而更號天下觀軍容宣慰處置使，兼領原西北軍團之一轉化的中央禁軍主力神策軍。程元振失腳，魚朝恩軍事‧政治兩方面一人專橫之勢形成，「新唐書」本傳記其放肆無忌憚：「朝廷裁決，朝恩或不預者，輒怒曰：天下事有不由我乎？」大曆五年（紀元七七〇年）以非善終結束其生命（被誘入宮中襲殺或在宮「言頗悖

慢，還第自經」的記載不一）。

　　近衛軍的中央禁軍於此時期介入神策軍，禁軍組織自玄宗改召募制
以來再起大變化，且對宦官兒餤造成如虎添翼之勢。「新唐書」兵志的
系統性報導：「（天寶）末年，禁兵（左右羽林、左右龍武＝北軍、北
衙）寢耗，及祿山反，天子西駕，禁軍從者才千人。肅宗赴靈武，士不
滿百，及即位，稍後舊補北軍。至德二載置左右神武軍，補元從扈從官
子弟，不足則取它色帶品者，同四軍，制如羽林，總曰北衙六軍。初，
哥舒翰破吐蕃臨洮西之磨環川，即其地置神策軍，以成如璆為軍使。及
安祿山反，如璆以衛伯玉將兵千人赴難，屯於陝州。上元中邊土陷蹙
（吐蕃入侵），神策故地淪沒，即詔伯玉所部兵號神策軍，以伯玉為節
度使，與陝州節度使郭英乂皆鎮陝。其後伯玉罷，以英乂兼神策軍節度
使，英乂入為僕射，軍遂統於觀軍容使（魚朝恩，當時監神策軍）。廣
德元年代宗避吐蕃幸陝，朝恩舉在陝兵與神策軍迎扈，悉號神策軍，天
子幸其營。及京師平，朝恩遂以軍歸禁中自將之，然尚未與北軍齒也。
永泰元年吐蕃復入寇，朝恩又以神策軍屯苑中，自是寢盛，分為左右
廂，勢居禁軍右，遂為天子禁軍，非它軍比，朝恩乃以觀軍容宣慰處
置使知神策軍兵馬使」。便是說，魚朝恩以監神策軍而於統軍大將缺位
期間代領部隊，正值京師告警，禁軍有名無實，（「資治通鑑」唐紀三
九廣德元年條：「官吏藏竄，六軍逃散」），又各地勤王兵不至的情況
下，天子幸得神策軍保護，以魚朝恩的特殊身份，而神策軍因時際會由
地方軍變化為中央禁軍，抑且是所有無力化禁軍中惟一具有實力的天子
親衛部隊，神策軍從實質上代表了禁軍全體。但此階段，神策軍的宦官
控制尚祇魚朝恩個人所代表的最高層次，直接統兵的部隊長仍係職業軍
人。全行變質而澈底成為宦官利用的工具，須自魚朝恩之死，回復軍人
領導而再經過波折的德宗時代——

「新唐書」兵志續言：「是時神策兵雖處內，而多以裨將將兵征伐，往往有功。及李希烈反，河北盜且起，數出禁軍征伐，神策之士多鬥死者。神策兵旣發殆盡，（白）志貞陰以市人補之，名隸籍而身居市肆（「資治通鑑」唐紀四四建中四年條：「神策軍使白志貞掌召募禁兵，東征死亡者，志貞皆隱不以聞，但受市井富兒賂而補之，名在軍籍受給賜，而身居市廛爲販鬻」）。及涇卒潰變，皆戢不出（「資治通鑑」同條：「至是上召禁兵以禦賊，竟無一人至者，賊已斬關而入」），帝遂出奔」，神策都虞侯李晟等率領東征在外的神策軍聞訊赴難，始穩住奉天行在的局面。也惟其德宗懔於涇原兵變的一幕，如「廿二史劄記」唐代宦官之禍篇論述，還京後，不欲以武臣典禁兵，神策軍左右廂擴大編制爲左右兩軍時，各立護軍中尉而由宦官統率（貞元十二年，紀元七九六年，見「新唐書」兵志），於是中央禁軍決定性落入宦官之手。兵權的掌握，宦官集團非祇取得保固權勢的最有力護符，也已隨時威脅天子與朝廷。唐朝以彍騎制爲轉捩的兵制改革，僅僅半個世紀，發展會以此作終點，堪謂非始料所及。

陪伴宦官軍事權力的加固，宦官也以樞密使之職的新設，而從政治上公然賦有了左右天子的發言權與國家決策權，第二宰相出現。「五代史」職官志內職項樞密使條注引項安世家說：「唐於政事堂後，列五房，有樞密房，以主曹務，則樞密之任，宰相主之，未始他付。其後寵任宦人，始以樞密歸之內侍」。樞密使「內職」何時開始？唐朝並無正式的年代記錄遺留，「廿二史劄記」唐代宦官之禍篇推定爲德宗之末或憲宗之初；馬端臨「文獻通考」職官考一二樞密院項則移前謂「唐代宗永泰（紀元七六五年）中，置內樞密使」。不論如何，發展的時間表正與左右神策軍護軍中尉大致並行或相啣接，爲可肯定，出現於文獻中的職名，原先「參掌樞密內」、「樞密使」、「知樞密中使」、「知樞密事」

等互見，定稱「樞密使」係憲宗以後，可供參證。職務最初也惟承受表章，進呈天子，天子有所處分，宣付中書門下施行而已，最後卻演變為「堂狀貼黃決事，與宰相等」（「廿二史劄記」語）。

憲宗中興明主，唐朝的宦官侵權史也於其治世停留在低潮期，然而，也因此對所潛伏的危險性並無警惕，元和十五個年頭的好時光乃終以宦官弒逆結局。憲宗之崩，已是九世紀二〇年代之末，便以弒君惡例之開，未來通九世紀間，宦官兇燄乃一發不可遏止。又值此期間，朝廷大臣間「朋黨」大風潮興起，加速國家政治愈益弱體化。

九世紀汹湧而興，兩派分別以牛僧孺、李德裕為代表的朋黨之爭，起源原係憲宗時代對藩鎮態度強硬或溫和？以激烈手段對付，期回復朝廷權威？抑遷就現狀，朝廷寧願犧牲政治利益，繼續姑息以換取和平的政見對立，簡言之，亦可謂理想主義與現實主義之爭。但自穆宗、敬宗之世黨爭表面化，而文宗以來激化，已脫卻主義、主張之爭的範疇，全向私人恩怨抑且上代舊嫌隙的報復變質，再複合向來的門第出身與科舉出身間敵視因素時，鬥爭漩渦便愈捲愈廣，敵對雙方不問是非的相互憑意氣傾軋排擠，也於祇求打倒反對派而不擇手段，各各爭結實力宦官作靠山，或便以巴結宦官登宰相之位的無骨氣低姿態下，交替當政。不正常政風於再以後的武宗、宣宗兩代仍持續，須兩敗俱傷，兩派彼此巨頭都已失腳或死亡，始歸平息，前後因私害公，墮壞綱紀已四十年。所以傳統歷史界痛心朋黨之爭，批判其害對唐朝政治，影響之大同於宦官與藩鎮。然而，如果注意黨爭汹汹與起終又自然退潮，鬥爭全過程又徒然增長宦官橫暴之勢，為宦官育成專權更有利的條件，則朋黨之禍的意義，毋寧仍是宦官之禍的外延。所以，與其強調大臣朋黨，不如重視朋黨各自奧援的宦官間分化之勢。

元和十五年穆宗繼位之初的內侍省報告：高品宦官共四千六百一十

八人（「唐會要」卷六五內侍省項），尤超過天寶末三千餘人之數的事
實存在，於其權勢益益高漲之際，不可能長久維繫此龐大集團的統一意
志，爲必然之事。於朝廷已全失約束宦官能力，聽任繼弒憲宗之後，間
隔在位四年，三十歲便以餌丹藥而死的穆宗，十六歲皇太子登位爲敬宗
僅二年，立即演出前後七年間第二度宦官弒帝事件的猖狂趨勢下，已惟
賴宦官自身間傾軋，或者有意製造此等人間的磨擦，以緩和兇燄滋長。
寶曆二年（紀元八二六年）敬宗被弒後一幕便是：「（劉光明等弒帝）
矯詔召翰林學士路隋作詔書，命絳王（敬宗之叔）領軍國事，明日下遺
詔，絳王即位。光明等恃功，將易置左右，自引支黨，專兵柄。於時，
樞密使王守澄、楊承和、中尉梁守謙、魏從簡與宰相裴度，共迎立江王
（敬宗弟，登位爲文宗），發左右神策及六軍飛龍兵討之，光明投井
死，殺其黨數十人」（「新唐書」宦者傳劉光明條），而王守澄卻便是
前此陳弘志弒憲宗的幫兇，以及擁立敬宗、文宗之父穆宗功勞者的兩
面人（「新唐書」宦者傳王守澄條：「是夜，守澄與內常侍陳弘志弒帝
＜憲宗＞於中和殿，緣所餌以暴崩告天下。乃與梁守謙、韋元素等定策
立穆宗」）。以後，原由王守澄引進得登大臣高位的鄭注、李訓，太和九
年（紀元八三五年）反噬時任右神策中尉、行右衛上將軍（「唐會要」
卷七一、十二衛項：德宗興元元年，六軍各加置統軍，兩年後的貞元二
年，十六衛也各加置上將軍，秩均從二品，原大將軍秩正三品）、知內
侍省事的王守澄，方略是：一方面拔擢被王守澄抑壓的宦官中另一實力
派頭子仇士良爲左神策中尉，以分王守澄之權，另一方面，又故示安撫
王守澄，原「居中用事，與王守澄爭權不協」的左神策中尉韋元素，樞
密使楊承和、王踐言，一概外放監軍（實際也是一石兩鳥之意，所以
接續再加此數人與已貶黜朋黨諸領袖交通受賄的罪名，賜死）。部署妥
當，九月，乃先自文宗最所忿恨殺其祖父憲宗的陳弘志，自當時山南東

道監軍任上召還，於途中杖殺，王守澄升充爲之特設而徒擁虛名的左右
神策觀軍容使，從實質上削其兵權，十月，於其自宅賜酖令自殺。但次
月（十一月），已係宰相的李訓，圖對宦官展開澈底大整肅時，激起的
卻是怵目驚心的「甘露之變」流血大慘案——

李訓與其同謀大臣假借左金吾衙門石榴樹夜降甘露的祥瑞名義，藉
邀文宗觀看而引誘宦官首腦部全體至衙內，由預伏的甲兵一舉加以殲滅
的計劃，臨場被狡猾又機警的宦官集團識破，新任右神策中尉仇士良、
左神策中尉魚弘志發動禁軍反包圍，宰相四人：李訓與知情的舒元輿，
不知情的王涯、賈餗以下，朝廷官員與金吾兵一千六百餘人都在兵鋒下
被屠殺，「新唐書」宦者傳仇士良條的記錄是：「士良因縱兵捕，無輕
重悉斃，兩省公卿半空」。又大搜索長安全城，京師騷動，頤指氣使的
仇士良一時已係事實上獨裁者，天子等於俘虜，繼任宰相唯唯諾諾奉行
公事而已，最後係藩鎮憤怒不成體統，出面干涉才結束此變態的行政局
面（「資治通鑑」唐紀六一收錄開成元年＜政變翌年＞昭義節度使劉從
諫兩次表文，一則謂：「設若宰相實有異圖，當委之有司，正其刑典，
豈有內臣擅領甲兵，恣行剽劫，殃及士庶，僵尸萬計」，再則謂：「安
有死冤不申，而生者荷祿」，因之強硬威脅：「謹當修飾封疆，訓繕士
卒，內爲陛下心腹，外爲陛下藩垣，如奸臣難制，誓以死清君側」。乃
得以「表至，士良等憚之，由是鄭覃、李石粗能秉政」）。

大風暴已過去，文宗鬱鬱去世而其弟武宗嗣位，已加觀軍容使而位
至開府儀同三司、左衞上將軍、知內侍監事的仇士良年老致仕時，對擁
其歸自宅的宦官羣臨別教誨，可謂標準的宦官作惡教科書，「新唐書」
宦者傳仇士良條與「資治通鑑」唐紀六三會昌三年條均記其言：「士良
曰：天子不可令閑暇，暇則觀書，見儒臣則又納諫，智深慮遠，減玩
好，省游幸，吾屬恩且薄而權輕矣。爲諸君計，莫若殖財貨，盛鷹馬，

日以毯獵聲色蠱其心，極侈靡使悅不知息，則必斥經術，闇外事，萬機在我，恩澤、權力，欲為往哉。眾再拜」。可以全顯宦官可惡、可鄙又可恨的嘴臉，與其蛇蠍心臟，也正是唐朝宦官如何如「新唐書」宦者傳序所記：「天子狎則無威，習則不疑。故昏君蔽於所昵，英主禍生所忽」，玩弄天子於股掌之上的自白。

但宦官盜竊權力，最重要的憑藉還是自恃擁立之功，從而挾制被擁立天子得以隨心所欲。不幸，唐朝後期，自穆宗因陳弘志、王守澄之力登位以來，「新唐書」僖宗傳贊赫然指明：「唐自穆宗以來八世，而為宦官所立者七君」，惟一例外僅穆宗次代敬宗循正常儲位程序的皇太子繼承。事態的嚴重性，其一，明白表現了國家權力本源，帝位傳受已喪失有秩序運轉機能；其二，導演者宦官多數便是具有軍事實力後盾的宦官頭子：

文宗←──樞密使王守澄		懿宗←──中尉王宗實
武宗←──中尉仇士良		僖宗←──中尉劉行深
宣宗←──中尉馬元贄		昭宗←──中尉楊復恭

宦官張牙舞爪的舞臺自中樞向四方展開，隨藩鎮布列全國之勢成立，而宦官監軍又由戰時延長至平時成為慣性，流毒也遍布所有諸道，所以「唐書」宦官傳序以「內則參秉戎權，外則監臨藩嶽」並稱。「廿二史劄記」中官出使及監軍之弊篇引「唐書」、「新唐書」諸傳記的例證內容，都可供為注腳，其言宦官出使軍中，徒縱其納賄而無益於國事，且反以釀禍，監軍方面，謂「臨戰時用以監察，尚有說也，其尋常無事時，各藩鎮亦必有中使監軍，在河朔諸鎮者，既不能制其叛亂，徒為之請封請襲，而在中州各鎮者，則肆暴作威，或侵撓事權，或誣構罪戾」。文內「劉承偕監澤潞（即昭義）軍，侮節度使劉悟（即前引劉從諫之父，亦父死子繼），三軍憤噪，欲殺承偕，悟救而免。穆宗問裴度何

以處之，度奏惟有斬承偕耳，**此激變軍士之弊也**」所示事例爲特聳人聽
聞。避免激起藩鎮不必要的叛變，究竟當權宦官顧忌也相同，惟此才是
平衡監軍宦官權勢，不致超過洪峯警戒線的力量。

關於藩鎮，元和中興馴服的河北諸鎮，穆宗以後回復桀驁，續呈國
中之國的半獨立狀態。然而，藩鎮統御權威卻正向大幅削弱的方向逆
轉，藩帥個人地位，卽使傳統權力最強固，對朝廷而言態度最跋扈的河
北諸鎮，也自穆宗長慶年間恢復囂張以來便不安定。如記錄所載：「魏
牙軍起田承嗣，募軍中子弟爲之，父子世襲，姻黨盤牙，悍驕不顧法
令。（長慶二年逼死朝廷所派節度使田弘正後）史憲誠等皆所立，有不
慊，輒害之無噍類，厚給廩，姑息不能制。時語曰：長安天子，魏府牙
軍，言其勢強也」（「新唐書」羅紹威傳）。情勢轉變的關鍵，主要便
在所謂「牙軍」——

藩鎮軍閥體制的從事實上出現，係以其據地自雄，擁兵自重，勢力
根本在於所挾大兵團出於召募而私兵化。此等私兵化的藩鎮治所之州所
駐屯正規兵力，謂之「官健」，又於節度使府署所在成立「牙軍」（其
名因節度使開府謂「建牙」而得，府門謂之「牙門」，漸漸文職官廳也
倣效此名詞，再轉化如後代所習知的「衙門」），分佈此外管內地域的
則爲「外鎮軍」，其中牙軍係藩鎮兵力的樞幹，節度使親衛軍意味。惟
其如此，牙軍與節度使個人間，關係特爲親密，且往往以連結強烈的家
族意識而支配，便是說，從唐朝中期以來流行養子關係延伸而以擬制親
子關係的假子集團爲特徵。安祿山「曳落河」集團已是，藩鎮布列期，
淮西節度使李希烈假子千餘人，昭義節度使盧從史假子三千人，都屬有
名，浙西李錡的「挽硬隨身」、「蕃落健兒」同係假子集團類型。但牙
軍又以父子世襲，節度使的集團型假子時潮仍須退回個人型原型，而「
牙軍」單位體轉化爲黨徒意識所團結的特權集團，以及凝固足以對抗節

度使，抑且箝制節度使的力量。此一現象，傳染病似蔓延普遍化後，印象便愈以違抗朝命的悍鎮爲愈強烈，如前引魏博之例。

　　藩帥父子世襲，將領互推，以及逐殺主帥之事，自安史亂中便已發生而非此時始，但演出主角均係「將」。待牙軍將領培植個人勢力以謀奪帥，獲得兵士擁護係最大資本，決定性力量因而下移至兵士。將帥爭結兵士，姑息兵士，「驕兵悍將」名詞由是並立，「新唐書」兵志所謂「姑息起於兵驕，兵驕由於方鎮，姑息愈甚，兵將俱愈驕」。而且「驕兵」接替「悍將」的主軸態勢，於安史亂平的代宗次代德宗之世已經屢現，「汴之卒，始於李忠臣，訖於劉玄佐而口益驕恣，多逐殺主帥，以利剽刧」（「唐書」劉玄佐傳）已係明言，劉玄佐自德宗建中二年以宋州刺史任節度使，同年，汴宋賜宣武軍號。自此，德宗一代二十餘年間，「唐書」德宗紀與「資治通鑑」記載宣武軍亂至六次：①貞元八年劉玄佐卒，朝廷遣使卽軍中問以陝虢觀察使吳湊爲代可乎？監軍孟介、行軍司馬盧瑗皆以爲便，然後除之。將士怒，擁玄佐之子汴州長史劉士寧爲留後，冏請吳湊者二人，瑗逃免，士寧以財賞將士，刧孟介以請於朝，乃以士寧爲節度使，吳湊行至氾水聞變而還。②九年，軍又亂，都知兵馬使李萬榮逐劉士寧，朝廷任萬榮爲節度使。③十年，親兵三百人作亂，攻萬榮，萬榮擊破之，親兵掠而潰。④十二年，李萬榮病篤，掌神策禁軍宦官薦宣武押牙劉沐爲行軍司馬，上遣中使第五守進至汴宣慰始畢，軍士十餘人呼曰：劉沐何人，爲行軍司馬！沐懼，陽中風舁出，軍士又呼曰：倉官劉叔何給納有姦，殺而食之，再欲斫守進，萬榮子兵馬使李迺止之，而李迺續又被都盧侯鄧惟恭所逐。⑤李萬榮卒，東都留守董晉繼任節度使，鄧惟恭潛結將士二百餘人謀作亂，事發，董晉悉捕斬其黨。⑥十五年董晉卒，原與宣武軍素無關係，由汝州刺史調任宣武行軍司馬的陸長源爲留後。或勸之發財以勞軍，長源曰：吾豈河北賊，

以錢買健兒求節鉞邪？且揚言：將士弛慢日久，將以峻法繩驕兵。兵士大怒，當日軍亂，殺而臠食之，放火大掠。監軍俱文珍急召久為宣武士將的宋州刺史劉全諒入汴州，亂乃定，以全諒為節度使。同年，全諒卒，軍中推劉玄佐甥都知兵馬使韓弘為留後，邀朝命為節度使。也以韓弘到任，陳兵牙門，悉斬累次倡亂的驕兵三百餘人，而暫時中止已全無軍紀的一幕。

從「資治通鑑」唐紀五一貞元十五年條批判「士卒益驕縱，輕其主帥」惡風猛襲，十分明白，「新唐書」兵志所述「兵驕則逐帥，帥彊則叛上」雙重下剋上事態，自八世紀末，前一型態顯已壓倒後一型態。親兵或特定名詞的牙軍小不遂願，便利用集團壓力逐殺與廢立節度使，而推出的新人物，卻往往輕易憑一時好惡或是收受其錢財籠絡的將校，世襲的場合落入同一模式，以取得此輩承認為條件，然後報朝廷追認任命。惟其藩帥資望自驕兵悍將心目中大為跌落，所以待九世紀時所見，除河北諸鎮尚珍惜帥出本鎮的傳統外，一般藩鎮，祇要仰承將士顏色，主帥何人與來自何方，已不關心，冷漠視之。則此等藩鎮自身間下剋上變態的確定性存立，對朝廷而言，毋寧反而等於藩帥勢力的抵銷力量，安祿山事件得以避免重演，此其一。其二，也因而自元和中興以來，多數藩鎮能從表面維持了朝廷任命節度使機能的不受阻礙。繼服食丹藥而崩之姪武宗登位，又同蹈服食丹藥而崩覆轍的宣宗（憲宗子）之世，原安史亂中被吐蕃佔領近百年的河西──隴右地區，大中三──五年（紀元八四九──八五一年）由當地漢族居民推翻吐蕃統治，領袖張義潮領導下以河湟十一州復歸唐朝，沙州（今甘肅省敦煌）置歸義軍節度使，朝廷聲勢且曾稍振。

八世紀後半以來約百年間的唐朝政治，便於如上中央──地方多角化矛盾相互制衡之下，呈現平穩。

九世紀社會・經濟新境界

　　安史亂後的唐朝後半期，朝廷政治力固然以反動又反常的藩鎮、宦官勢力抬頭而削弱，但藩鎮倔強、宦官跋扈，其相互間的勾結與鬥爭，以及各自內部的矛盾，所引發制衡作用也為莫大。國內出現的因之反而是長期和平局面，迄於唐朝國祚延續的最後半個世紀前，並無大規模戰事發生，社會・經濟與人民生活的一般都傾向安定，抑且欣欣向榮，與政治的不振，正呈現強烈對照。

　　與社會生活存在密接關係的物價，堪資供為兩稅法社會安定繁榮的舉證。米價於唐初太宗貞觀年間，最低時一斗（以下均為一斗之價）錢四、五文，高宗麟德二年（紀元六六五年）豐年調查亦係五文，玄宗開元十三年（紀元七二五年）豐穰，東都十五文，青、齊之間五文，同二十八年（紀元七四〇年）豐年，長安二十文。經過安史之亂戰禍影響，又加淫雨、蝗害天災頻頻，代宗廣德二年（紀元七六四年）九月，長安千文；大曆四年（紀元七六九年）八月，八百文；翌年七月，千文。德宗時代兩稅法成立初期，貞元元年（紀元七八五年）河南、河北飢饉，千文，同三年十一月大豐收，回跌至百五十文後，漸向安定狀態回復。九世紀時，穆宗長慶初五十文，宣宗、懿宗時代四十文光景，約百年間，價格惟受天災影響才起波動，否則大體都無顯著變化。此一現象的成立，非全以兩稅法施行而錢貴物賤的原因，視唐朝具有貨幣機能的絹價便可了解。貞觀初年絹一匹當米一斗，卽當時的四、五文，玄宗天寶五載（紀元七四六年）左右二百文，安史亂後急激騰貴，德宗建中初兩稅法立法時三千二百文，貞元年間一千六百文，以後下落至穆宗長慶初

年的八百文。絹價變動與米價的場合相同，所表達正是社會‧經濟穩定
的意義。

　　兩稅法時代，以土地私有制獲得國家法律上承認，而大土地所有者
的莊園經營形成特色。莊園非其時創始，自漢朝已發生，江南六朝漸次
流行，均田制時代也祇隱藏其性格而非消滅，至唐朝中期以後，乃續自
均田制經營背後脫出，回復形象且大爲發達❶。莊園又名莊田，原包含
莊（別莊，漢朝以來也稱墅或別墅，別莊或別墅指同時具有林泉、亭榭
等設備的場合）與田園兩項各別的標的，但「莊」通常便均擁有附着的
廣大田園，所以「莊」與「莊園」，解釋上已就事實而歸於同一。唐朝
（以及其後宋朝）時代莊園、莊田的同義字，除了墅、別墅、別莊之外
，又有莊墅、莊宅、莊居、別業等名詞。

　　唐朝莊園，所有主區分官、私，官有莊園的政府所屬部份，總管機
關係工部與司農寺；「通典」職官五工部尙書項屯田郞中款注：「掌屯
田、官田、諸司公廨田、官人職分田及官園宅等項」，職官八司農卿項
諸屯監款：「掌營種屯田勾當功課畜產等事，畿內者隸司農，自外者隸
諸州」的說明便是。另一系統，散佈京畿內外，貸放民間耕種而屬宮廷
所有的莊田，則由莊宅使或內莊宅使管理，諸「宮使」似亦具此職掌，
「唐會要」卷五九長春宮使條：「開元九年十二月十七日勅，同、蒲、
絳、河東、西，並沙苑內，無問新舊注田蒲葦，並宜收入長春宮，仍令
長春宮使檢校」，可資參證。但官有莊園，爲數雖多，究非官人、寺
廟、以商業發達而大資本的商人、由均田農民自身成長的富戶等所擁有
私有莊園的普遍。規模宏大或主人具社會地位者，往往且付以嘉祥式、

❶　關於唐朝莊園的發達狀況，三島一就莊園意義、組織等均有詳記，平凡社「
　　世界歷史大系」⑤東洋中世史第二篇鈴木俊「土地制度及び財政」章（第一
　　七九——一八〇頁）補記部份，曾加系統的摘要記述，可供參閱。加藤繁「
　　支那經濟史考證」（一九五三年版）尤具豐富資料。

自然式的題名，著名之例如裴度的午橋莊、王維的輞川莊、李德裕的平泉莊等❷，都是。

各地農村間的莊園，依存於自給自足的自然經濟而成立，田莊主人的地主，其所有耕作地、勞動手段農具與牛、馬等之外，農田水利權、魚獵等山澤採取權、碾磑（利用水力的碓）使用權等，也依所有權所屬而歸之支配，一般自耕農的小農民需用時須向莊園主給付代價。莊園也非限種植作物（農田、果園、菜圃）與漁獵薪材，方式上係多角化經營，包括製粉、精穀、製油業等，高利貸❸，以及車坊（廣義卽馬車租貸業）、店舖（當時用語爲邸店，兼含倉庫、旅館、商店多重意義）❹莊園模規的寄有重大經濟意義。已可想像，但此大經濟組織的基礎財產仍係用地，則亦顯知。莊園內部組織，大體均由莊院（主人所居第宅）、田園、客坊的三要素構成，所謂客坊，乃佃戶、來往商人與莊外自耕農寄寓所在。勞動力來源，其一是奴婢，其二便是人格平等，身體自由，祇以喪失自己土地而入莊園，領耕田土佃作以維生計，由田莊主人貸予種子、農具、耕牛，供給住所（客坊），按所佃作用地收穀成數提供莊課爲報酬的佃戶。

兼指男女奴隸的奴婢，不禁買賣，而須立正式的交易文券，私賣係屬違法。唐朝中期以後，奴婢供應源主要在南方，而且多數出自掠賣，「唐會要」卷八六奴婢項如下記載都頗明晰：

——代宗大曆十四年（紀元七七九年），詔罷邕府歲貢奴婢。

——憲宗元和四年（紀元八〇九年）勅：嶺南、黔中、福建等道百姓，多罹掠奪，宜令所在長吏切加捉搦。

——同八年，詔嶺南諸道，不得以良口餉遺販易。

---

❷　平凡社版「世界歷史大系」⑤東洋中世史第二篇，第一八〇頁。
❸　人物往來社「東洋の歷史」⑤隋唐世界帝國，第三四九頁。
❹　平凡社版「世界歷史大系」⑤東洋中世史第二篇，第一八二頁。

——文宗太和二年（紀元八二八年）勅：重申元和四年、八年前令，嶺南、福建、桂管、邕管、安南等道百姓，禁斷掠賣餉遺良口。

——武宗會昌五年（紀元八四五年）四月中書門下奏：「天下諸寺奴婢，江淮人數至多。其間有寺已破廢，全無僧眾，奴婢既無衣食，皆自營生，或聞洪、潭管內，人數倍一千人以下，五百人以上處，計必不少。臣等商量，且望各委本道觀察使，差請強官與本州刺史、縣令同點檢……。深恐無良吏及富豪、商人、百姓綱維，潛計會藏隱，事有犯者，便以奴婢計估，當二十千以上，並處極法；官人及衣冠，奏聽進止」，勅旨依奏。

——同年八月重申前令：「如有依前隱蔽，有人糾告，官人已下遠販商人百姓，並處極法。其告事人，每一口賞錢一百千，便以官錢充給」。

——宣宗大中九年（紀元八五五年）勅：「嶺南諸州，貨賣男女，奸人乘之，倍射其利。今後無問公私土客，一切禁斷。若潛出券書，暗過州縣，所在搜獲，以強盜論。如以男女傭賃與人，貴分口食，任於當年立年限爲約，不得持出外界」。

自上引文獻，唐末奴隸價格標準，以及依於契約，立定年限的契約奴隸流行，也均可反映。

「唐會要」同卷同項值得注意的另一方面記事，係奴隸來源且多指向異民族。七世紀末武后時代禁令，已明示當時西北緣邊州縣蓄突厥奴婢成爲風習，唐朝後半，山東地方海賊，又往往渡海向新羅掠回良民，賣與登州、萊州與緣海諸道民間爲奴婢之事熾盛。所以穆宗長慶元年（紀元八二一年）曾以「新羅國雖是外夷，常稟正朔，朝貢不絕，與內地無殊」爲理由，頒發掠賣新羅人民的禁令，三年，又應新羅國使之請，命令放此等被掠者回新羅。然而，從文宗太和二年（紀元八二八年）掠

賣新羅奴婢「雖有明勅，尚未止絕」的地方官奏文，以及再頒禁止勅旨，可以明瞭，此風習的根絕，雖以國家之力而不可得。以後宣宗大中五年（紀元八五一年）勅邊上諸州鎮，吐蕃、回鶻奴婢等宜並配嶺外，不得隸內地，說明的事實相同。因南方海上交通、貿易盛大展開而携來的海洋產崑崙奴，尤於文獻中爲有名商業致富與貨幣利潤的泉源。

　　唐朝奴婢，已係中國奴隸史的最後盛用時代。唐朝後半，大土地所有的發展結果所成立莊園勞動力，其另一主要部份的佃戶，歷唐迄宋的演進過程中，由「佃戶」此一通用名詞又賦有佃人、佃客、佃家、佃民、客戶、莊戶、寄莊戶、莊客等眾多異稱，或單稱爲「客」，可明瞭其普遍性，而終發達爲經濟史上後代農業經營最大特徵的佃農制，或與莊園經營對稱的僱傭制，奴隸與土地的關係被替代。唐朝此一方向開啟，貧乏化的自耕農與他鄉流亡者，一部份流向都市，一部份應募充當兵士，一部份便投入莊園，非質、賣爲奴隸，即轉變身份爲佃戶。今日學界的研究發現，莊園內部的客坊，呈佃戶集合寄寓狀態，與各別所佃耕土地多相遠離，係莊園制一大特質，而莊園大者面積可達五十頃以上，多數佃戶聚居一地，已自然的形成其村落性❺。所以，唐——宋佃農制與村落制間具有密接關係，申言之，村落成長力量之一，也是莊園數增加、地域擴大，以及佃戶人口繁衍的結果❻。宋朝市鎮的小商業都市產生，又與莊、鄉的農村需要兩者都有關聯。

　　德宗時陸贄均節財賦六條陳事之六論兼幷之家私斂重於公稅之言：「今京畿之內，每田一畝，官稅五升，而私家收租，殆有畝至一石者，是二十倍於官稅也。降及中等，租猶半之」（「資治通鑑」唐紀五一貞元十年條）。約略收穫量二分之一的莊課誠然較官稅爲重，但莊園非可

❺　六花謙哉、岡本午一譯，鞠清遠著「唐代經濟史」，第五六頁。
❻　平凡社版「世界歷史大系」❺東洋中世史第二篇，第二二九頁。

豁免租稅，莊主仍須按土地所有額總繳官稅，而佃戶生產與生活手段的居處等，又均由莊主供給。所以，佃戶境遇實質並不比自耕農爲劣，相反，進入莊園的佃戶生活還存有安定感，而且佃戶也非全時間束縛於莊主，佃耕土地以外仍具剩餘時間自由支配的權利。佃戶與莊主間的關係，被剝削與壓迫意味因之非如若干著作中所強調的強烈，相互間感情，相反且頗和融，否則，宋朝以來僱傭勞動的佃農制成熟基盤，係自唐朝初建的此一歷史發展，將無由解釋其成立理由。佃戶如經營得法而又願意，仍得回復自耕農身份，「唐會要」卷八五籍帳項代宗寶應二年（紀元七六三年）勅曾有明文：「客戶若住經一年以上，自貼買得田地，有農桑者，無問於莊蔭家住及自造屋舍，勒一切編附爲百姓差科」。

　　寺院經濟，係私有莊園之一的特殊形態。所謂寺田、寺莊的寺院（包括道觀）所有莊園，由於布施與兼併而不斷增大之勢，唐朝中期以後已與官人、富家莊園土地面積得以相埒。王公官人對寺院、道觀田園的喜捨、布施之風，固非始自唐朝，南北朝時代開其風氣，卻至其時而益益流行。唐初建寺已多喜捨舊宅，貞觀元年以高祖仕隋朝時京師居第（所謂潛龍舊宅），武德元年所改通義宮立爲興聖寺（尼寺）係其例之一。其餘著名寺院相似的由來：西明寺本隋朝楊素宅，武德初萬春公主居住，貞觀中賜濮王，死後立以爲寺；慈恩寺，於隋朝乃無漏廢寺，貞觀二二年由當時係皇太子的高宗爲母文德皇后所立寺（其大雁塔則高宗永徽三年玄奘所建）；薦福寺，其一部份爲隋煬帝在藩舊宅，武德初賜蕭瑀爲園，襄城公主嫁瑀子後於園後造宅，公主死，轉移爲英王宅，則天武后時爲高宗立獻福寺後又賜額改名（均見「唐會要」卷四八寺項）。寺院、道觀增加，僧尼陪伴增加爲無疑義，但均田制下，道、僧每人法定給田三十畝，女冠與尼二十畝，公給寺田對寺莊發達原未存有何等重大關係爲可知。而便自均田制崩壞又唐朝政治力衰退，第一：貴戚官人

富家模倣朝廷喜捨已非僅邸宅而且是田莊，「唐會要」(寺項)「章敬寺，通化門外，(代宗)大曆二年（紀元七六七年）七月十九日，內侍魚朝恩請以城東莊，爲章敬皇后立爲寺，因拆哥舒翰宅及曲江百司看屋及觀風樓造焉」。第二：布施原立於祈願來世功德之意，而以僧道具有免除課役的特權，富家喜捨、寄附寺莊乃被變質利用其美名，以達逃避課稅的目的。第三：私有地制獲得國家承認，富裕寺院自身收買、典貸田地也大開方便之門，而寺莊急激發展。抑且，寺產除田地外，碾磑、店肆、倉庫、車坊等經營事業，全與一般私有莊園財富循環膨脹的軌跡相同。

　　度牒的泛濫，與寺院經濟發達兩相對應，「廿二史劄記」卷一九度牒篇說明：「宋時，凡賑荒興役，動請度牒數十百道濟用，其價值鈔一二百貫至三百貫不等，不知緇流何所利而買之，及觀李德裕傳而知唐以來度牒之足重也。徐州節度使王智興奏，准在淮泗置壇，度人爲僧，每人納二絹，即給牒令回。李德裕時爲浙西觀察使，奏言：江淮之人聞之，戶有三丁者，必令一丁往落髮，意在規避徭役，影庇資產。今蒜山渡日過百餘人，若不禁止，一年之內，即當失卻六十萬丁矣。據此，則一得度牒，即可免丁錢，庇家產，因而影射包攬可知，此民所以趨之若鶩也。然國家售賣度牒，雖可得錢，而實暗虧丁田之賦，則亦何所利哉」。濫發度牒現象的加大，也襯托開元二年「百官家不得輒容僧尼至家」勅令所糾正「百官家多以僧尼道士等爲門徒往還，妻子等無所避忌」（「唐會要」卷四九雜錄項）事態的故態復萌。官人與寺院僧尼兩相勾結，姑不論度牒問題的國家財政得不償失，僅就官人與僧人兩皆豁免課役而言，兩稅法立法前已如楊炎所言「凡富人多丁者，率爲官、爲僧，以免色役」的情況，楊炎兩稅法施行，對此漏洞的堵塞，仍然無能爲力。沒落小農民流入寺院爲寺奴婢，以及傳承自北魏時代僧祇戶（似係國家佃戶性質，而寺院受委任賦有僧祇粟的徵收權與管理權，唐朝已

無）與佛圖（寺）戶系統，多量客戶、佃戶的補充力提供寺院，又如同所有莊園對國家納稅戶口的減損發生嚴重影響。兩稅法施行初期朝廷財政收入曾經好轉，而以後又走向下坡，原因之一在此。武宗會昌五年（紀元八四五年）毀佛令發佈，表面固以信仰之事所觸發，實質便基於增多納稅戶的理由，視「其天下所拆寺四千六百餘所，還俗僧尼二十六萬餘人，收充兩稅戶，拆拓提、蘭若四萬餘所，收膏腴上田數千萬頃，收奴婢爲兩稅戶十五萬人」的制文（見「唐會要」卷四七議釋教上）可以明瞭。沒收寺田至數千萬頃，以及回復編入兩稅戶的僧尼、奴隸數字於是年戶籍總計四九五萬戶（「資治通鑑」唐紀六四會昌五年條）中總佔四十多萬人，隱匿入寺院的佃戶尚未列入，比例之大又可顯見。

　　然而，寺院於唐朝展開的社會事業也不容輕視，倉庫是其一。倉庫非單純的錢、粟、布等收藏功用而已，也利用所儲藏的金錢、穀物貸貸，一方面利殖，一方面調節供需。寺庫、僧庫、寺倉、庫院等種種名詞，同一的都指此類倉庫，乃寺院經濟重要一環節，性質上便是民間的金融事業。土木方面，修橋、舖路、穿溝，鑿義井以利旅人解渴等，均係寺院功德之舉。特別關於貧苦病患施療，以及收容老殘人等的救濟事業，唐朝專門委由寺院辦理，所謂「悲田養病」，設立藥藏（藥園）與病坊（開元二二年且「斷京師乞兒，悉令病坊收管」）。所以會昌五年廢佛，十一月勅：「悲田養病坊，緣僧尼還俗，無人主持。恐殘疾無以取給，兩京量給寺田拯濟，諸州府七頃至十頃，各於本置選者壽一人勾當，以充粥料」（引文均見「唐會要」卷四九病坊項）。寺院又以公共場所性格，其場地於節日開放爲交易、娛樂之所。寺院宿房，也非限外地而來的僧人住入，自唐朝已許一般俗人旅行者投宿，風氣漸漸加盛，至宋朝而士人寄居僧房苦讀成爲美談。

　　不論如何，兩稅法時代的唐朝社會‧經濟，莊園經營發達已漸形成

特徵，但國家財政收入的主泉源，仍是自耕農的小農民，此其一。其二，商業繁盛曲線愈益向上，尤其形成時代特色。

均田制下的唐朝初年，對商業發展原已特加獎勵，此自田令中，禁賣所分配田地而因購買住宅、邸店、碾磑而賣田的場合，卻予寬容，可獲明證。由是不斷昇進至唐朝中期以後的商業概觀，如下諸方面都授人以深刻印象：

第一、繁盛的外國貿易吸引西方商人前來中國，活躍地非限兩京，也以允許赴各地自由貿易而居留諸大都市的外僑、外商數字驚人。兩項今日常被引用的資料：其一，尙係史思明亂中的肅宗上元元年（紀元七六〇年），新仟都統淮南東、江南西‧浙西三道節度使劉展反亂，據揚州，平盧兵馬使田神功受命征伐入揚州，史書已出現「大掠居人貲産，殺胡商波斯數千人」（「新唐書」田神功傳）的記錄。其二，唐末黃巢之亂，僖宗乾符五年（紀年八七八年）攻陷廣州時，居住廣州的外國商人（包括阿拉伯人、猶太人、波斯人的回教徒、猶太教徒、基督教徒、祆教徒）被賊兵殺戮而死者，依在住的目擊者阿拉伯人 Abu Zaid Hassan 統計，爲數尤至十二萬人，甚或更多❼。此報導如無誇張成份，則九世紀廣州，足當今日世界第一國際人大都市紐約的地位而無愧。

第二、唐朝於中國貨幣‧金融史上的劃期性位置也以適應商業發達之勢而立定，「寶鈔」信用紙鈔的自唐初便已成立係其一，滙兌制度的原型，或者說，已近似今日通行的滙兌方式，也繼於九世紀初的憲宗元和初年發生，謂之「飛錢」。「新唐書」食貨志四所說明：「時商賈至京師，委錢諸道進奏院及諸軍、諸使、富家，以輕裝趨四方，合券乃取

---

❼　劉伯驥「中西文化交通小史」第七九頁據 Broomhall marshall, Islam in China, p. 50 轉譯爲「十二萬人」；方豪「中西交通史」第二册第三八頁，據 Reinaud 編 Relation des voyages, I., pp 61-68 轉譯，謂「數達十二萬人至二十萬人」。

之」便是，所以當時又稱「便換」或「便錢」。意義至爲明顯，乃是較
實鈔更大額錢財的利用處理方法，可避免遠地經商時現錢以重量而携帶
不方便，以及運輸巨額銅錢時途中的不安全。此類業務經營的值得注意
處，預納錢於所擬到達地節度使的京師進奏院，至目的地時憑票兌現，
自可藉官府統轄系統的支付之便與其保證，委託富商私人之手也相同，
京師民間的大金融家，在海內各地都有分支單位設立，其財富集積已
至如何程度，爲可想定。元和六年（紀元八一一年）曾認飛錢爲非法而
加禁止（「唐會要」卷八七泉貨項，是年制：「茶商等公私便換見錢，
並須禁斷」），但次年便在大量現金活潑轉移的現實需要下，先是規定
由商人給付定額手續費，轉移歸政府經營便換，實施後又以商人不願繳
納手續費，而仍行回復原貌，飛錢制度終獲得正式承認。見於「新唐
書」食貨志四的記事是：「自京師禁飛錢，家有滯藏，**物價寝輕**，判度
支盧坦、兵部尚書判戶部事王紹、鹽鐵使王播請許商人於戶部、度支、
鹽鐵三司飛錢，每千錢增給百錢。然商人無至者，復許與商人敵貫而易
之」。

　　第三，大資本商人來往各地，經營大宗貨物交易，所謂「商客」、
「估客」或後世所指的行商，係唐朝特爲發達的商業形爲（前來中國的
外國商人也屬此一形態）。買賣場所乃各大都市中，兼具貨物倉庫與旅
館意味的邸店，商客住宿亦卽在此。交易形式與政府所徵收交易稅，依
「唐會要」卷八四雜稅項德宗建中四年（紀元七八三年）條記述實施除
陌法之例：「天下公私給與貿易，率一貫舊算二十，益加算爲五十。給
與他物，或兩換者，約錢爲率算之。市牙各給印紙，人有買賣，隨自署
記，翌日合算之。有自貿易，不用市牙者，給其私簿；無私簿者，投狀
自集」。而商客交易所得貨幣，或爲購入貨物而準備的貨幣，以及貨
物，大抵均由所住邸店關室保管，但便自除陌錢施行上年的建中三年，

先已實施傲櫃納質錢，對「櫃」、「質」行業經營者開始徵稅。得知一類由邸店分離，專門性出租場所，代商客保管錢物而收取保管費的櫃場營業，或者說，如今日的保險箱與保管金制度，於唐朝中期已甚流行。儲櫃現金或現物，隨時憑來人所持預給商客的驗帖或其他信用物交付❽。櫃場以外，寺院、店肆也多代人經管錢物❾。

第四，受產銅量不敷的限制，而貨幣供應率始終落在需求度之後，現象自唐初已經鑄定，中期以後尤其形成發達的商業經濟一大矛盾。惟其如此，如下消極方面的貨幣政策，都被採用（「新唐書」食貨志四、「唐會要」卷八九泉貨項）：

──禁止或限制製用銅器（包括禁止鎔銷與流出國外），如德宗大曆七年（紀元七七二年）禁天下鑄銅器；貞元元年（紀元七八五年）禁江淮鏡鑑以外鑄銅為器；貞元十年（紀元七九四年）詔天下鑄銅器每器限一斤以內，價值不得過一百六十錢，銷錢者以盜鑄論；憲宗元和初（紀元八〇六年）以錢少復禁用銅器。

──恢復現物貨幣與金屬貨幣併用政策，如德宗貞元二十年（紀元八〇四年）命市井交易以綾、羅、絹、布、雜貨與錢兼用；憲宗元和六年（紀元八一一年）命貿易錢十貫（緡）以上者參用布帛；文宗太和四年（紀元八三〇年）命交易百貫以上者四帛、米粟居半。

──限制現錢儲藏，如憲宗元和三年（紀元八〇八年）命商買蓄錢者皆出以市貨；元和十二年（紀元八一七年）勅京城內自文武官寮不問品秩高下並公郡縣主、中使以下至士庶、商旅等，寺觀坊市所私貯現錢，並不得過五千貫，違者死，王公重貶，沒入於官，以五之一賞告者；文宗太和四年（紀元八三〇年），詔積錢以七千貫為率，一萬貫至

---

❽　六花謙哉、岡本午一譯，鞠清遠著「唐代經濟史」，第一一二──一一三頁，引加藤繁「唐宋櫃坊考」（「東洋學報」第十二卷第四號）。

❾　六花謙哉、岡本午一譯，鞠清遠著「唐代經濟史」第一一二頁。

十萬貫者期以一年出之，十萬貫至二十萬貫者以二年。河南府、揚州、江陵府以都會之劇，約束如京師（但此類詔勅的發布，結果均徒成具文，元和間，「富賈倚左右神策軍官錢為名，府縣不敢劾問，法竟不行」；太和間，又是「未幾皆罷」）。

——銅錢成貫使用時昇值計準，如憲宗元和四年（紀元八〇九年）京師用錢，每貫實除二十文；穆宗長慶元年（紀元八二一年）勅內外公私給用錢，每貫一例除墊八十，以九百二十文成貫；唐末哀帝天祐二年（紀元九〇五年）京師用錢，以八百五十文為貫，每陌八十五文，河南府以八十為百。

第五，唐朝高利貸，以政府採取放任主義，抑且便是政府公廨本錢（食利本錢）的鼓勵，而形特殊發展。「唐會要」卷九三諸司諸色本錢下會昌元年（紀元八四一年）「量縣大小，各置本錢，逐月四分收利」與「賜諸司食利本錢共八萬四千五百貫文，四分收利，一年柢當四萬九百九十二貫文」，乃文獻中有關利率的最後年代記錄。堪重視係高利貸的發展至唐朝中期以後，非僅「富」，且已與「貴」結合，如下文字都是印證：

——「自大曆以來，節度使多出禁軍。其禁軍大將資高者，皆以倍稱之息，貸錢於富室，以賂中尉，動踰數萬，然後得之，未曾由執政。至鎮則重斂以償所負（中外謂之「債帥」）」，（「資治通鑑」唐紀五九太和元年條）。

——「會昌元年中書門下奏……，選人官成後，（外官）皆於城中舉債，到任塡還。致其貪求，罔不由此」（「唐會要」卷九二內外官料錢下）。

所以唐朝後半，經濟變化態勢的展開，節度使以下地方長官多附着金錢關係，抑且自身便是商業‧金融圈人物，為一大特色。前述扮演飛

錢制度中角色之外，自「諸道節度、觀察使，以廣陵（揚州）當南北大衝，百貨所集，多以軍儲貨販，列置邸肆，名託軍用，實私其利息」（「唐會要」卷八六關市項德宗大曆十四年條）；「諸道節度使、觀察使，置店停止茶商，每斤收揚地錢，並稅經過商人」（「唐會要」卷八四雜稅項宣宗大中六年條），以及憲宗元和十二年蓄錢禁令頒布時，「京師區肆所積皆方鎮錢，少亦五十萬貫」（「唐會要」卷八九泉貨項）等記錄，都可獲致印象。而如上現象的發生與強化，正是中央政治力萎退，藩鎮所代表地方權勢抬頭的反映，朝廷約束效率鬆弛的必然結果。

　　惟其中央統一權力已向地方分散，而商業資本又正飛躍發展，兩京之外，節度使治所因之也各各崛起爲新興地方性繁榮都市，特別便以商人資本蓄積爲基礎的經濟性大都市，發達爲尤深一層。九世紀前半河南府、揚州、江陵府（荊州）博「都會之劇」之譽，而與京師等觀，其中河南府的洛陽歷經兵燹之後，僅維持東都外貌而已。揚州自隋朝已以繁華聞名，宋朝洪邁「容齋隨筆」初集卷九「唐揚州之盛」篇的生動追憶：「唐世鹽鐵轉運使在揚州，盡幹利權，判官多至數十人。商賈如織，故諺稱揚一益二，謂天下之盛，揚爲一而蜀次之也。杜牧之有春風十里珠簾之句；張祐詩云：十里長街市井連，月明橋上看神仙，人生只合揚州死，禪智山光好墓山；王建詩云：夜市千燈照碧雲，高樓紅袖客紛紛，如今不似時平日（德宗末、憲宗初正值淮西等變動），猶自笙歌徹曉聞；徐凝詩云：天下三分明月夜，二分無賴是揚州，其盛可知矣」。揚州的富力、財力，與其不夜城歡樂景象，上自官人、富豪，下迄一般市民，經濟能力均得以涉足的妓院、酒樓等娛樂‧遊興場所，其所指示的消費生活水準爲可想像。江陵府則安史亂後最具代表性的新興大都市舉證，「唐書」地理志二山南東道項荊州江陵府條有「自至德後，中原多故，襄鄧百姓，兩京衣冠，盡投江湘。故荊南井邑，十倍其初」的介

紹。另一著名大都市四川省的成都府，物資之富、商業之繁、人口之眾，視「揚一益二」之語，得知足與揚州相當。

唐末，江陵三十萬戶（「資治通鑑」唐紀六九僖宗乾符五年條），成都十萬戶❿的戶數統計，又係重要資料。唐朝戶口，兩稅法施行以來歷次調查的保存入文獻者：

> 基準：①安史亂前玄宗天寶十三載（紀元七五四年）統計，戶九、六一九、二五四，口五二、八八〇、四八〇（「唐書」玄宗紀下）（「唐會要」九、〇六九、一五四戶）

> ②德宗建中元年（紀元七八〇年）戶部記帳戶總三、〇八五、〇七六（「唐書」德宗紀上）（「唐會要」定天下兩稅戶凡三、八〇五、〇七六）

——憲宗元和（806-820）戶二、四七三、九六三
——穆宗長慶（821-824）戶三、九四四、九五九
——敬宗寶曆（825-826）戶三、九七八、九八二
——文宗太和（827-835）戶四、三五七、五七五
——文宗開成（836-840）戶四、九九六、七五二
——武宗會昌（841-846）戶四、九五五、一五一

（「唐會要」卷八四戶口數項）

即：元和戶數約當天寶時四分之一，會昌戶數增至二分之一。各州戶口數以「唐書」（天寶時）、「新唐書」（開元時）地理志統計爲基準，得以參照的則惟憲宗元和八年（紀元八一三年）撰定「元和志」地理書所載列（但揚州所屬的淮南道與荊州所屬山南東道析置的荊南道等已缺），一項據以整理玄宗至憲宗約六十年間變化的資料，對總戶數跌落在極盛期四分之一時期的諸道戶數比例說明❶：

---

❿　嚴耕望「中國歷史地理」唐代篇，第一九頁。
❶　同上，第一八頁統計。

關內道——約當舊十之一。

河南道——約當舊五之一至十之一，河南府尤自舊十九萬餘減至一萬餘戶。

河東道——約當舊三之一至五、六分之一。

河北道——約當舊三之一至十餘分之一。

山南道——西道略減，東道反而多有增加，襄州兩倍，郢、唐各一倍。

江南道——東、西道增、減互見，增加者之例，饒州三倍、鄂州一倍、洪州三之二、蘇州二之一。

劍南道——約當舊五之一至十之一，成都府亦僅存三之一。

嶺南道——約當舊五、六分之一，但廣州、安南均增。

即：戶口急激減少地區，便是安史之亂與其餘波影響最劇地區的淮水、漢水流域以北，距離戰火邊緣雖近，卻也是避禍最便利地區的長江中、下游，則戶口非祇穩定，反而多能增加（自戰亂北方以迄遠離兵災的嶺南，全國性戶口數字普遍都降低，原因非全出自死難，也由於隱匿，換言之，戶籍中納稅戶口的脫落，因之亦可獲得證明）。「元和志」戶數最多諸府州，依序是：京兆府二十四萬餘，太原府十二萬餘，襄、蘇二州各十萬餘，洪州九萬餘，廣州七萬餘，潤、常、杭、宣四州各五萬餘，唐、湖、婺、饒、吉五州與成都府各四萬餘⑫，十六府州中除京師的京兆府與太原外，全部都位於長江流域與其以南。比較「新唐書」地理志統計所顯示玄宗時代順位：京兆府三十六萬餘戶，河南府十九萬餘戶，益州成都府十六萬餘戶，魏州十五萬餘戶，婺州十四萬餘戶，宋、滄、宣三州與太原府各十二萬餘戶，冀州十一萬餘戶，汴、曹、相、貝、潤、常六州各十萬餘戶，同數的十六府州中，北佔十一而

⑫　同上，第一六——一七頁統計。

南僅佔五，乃鮮明對照。也正與「唐書」憲宗紀（上）元和二年條收錄
是年國計簿資料，天下方鎮凡四十八，管州府二百九十五，戶二百四十
四萬二百五十四，而「每歲賦入倚辦，止於浙江東、西、宣歙、淮南、
江西、鄂岳、福建、湖南等八道，合四十九州，一百四十四萬戶」，南
方戶數佔全國比重，以及中央財政倚仗南方賦稅收入的程度說明，相互
呼應。紀元八〇〇年左右，中國社會‧經濟的南——北偏倚已完成倒易
之勢，爲可全知，而九〇〇年左右唐末，江陵府與以一倍半速率回復的
成都府戶數，又十分明白浮現了南方加大發達的傾向。

　唐朝中期以來，鹽稅已與正賦同係國家重要稅收的基本，茶稅也
是，所以記錄中已往往茶、鹽並稱。活潑的商業交易進行，茶商與鹽商
又同等的大資本爲不可缺少。特別是鹽商的豪富，白居易「鹽商婦」詩
篇：「鹽商婦，多金帛，不事田農與蠶績。南北東西不失家，風水爲鄉
船爲宅。本是揚州小家女，嫁得西江大商客，綠鬟富去金釵多，皓腕肥
來銀釧窄，前呼蒼頭後叱婢。問爾因何得如此？婿作鹽商十五年，不屬
州縣屬天子。（中略）何況江頭魚米賤，紅鱠黃橙香稻飯，飽食濃裝倚
柁樓，兩朵紅顋花欲綻。鹽商婦，有幸嫁鹽商，終朝美飯食，終歲好衣
裳（下略）」，足資寫照。

　大資本商客，每年一次外地買賣或連亙數年間週歷各地大量販賣商
品，不但邸店遍設，登上商旅之途時也非單獨成行而多聚眾移動，且擁
有相當武力。「唐會要」卷八六關市項則天武后長安二年（紀元七〇二
年）條：「富商大賈、豪家惡少，輕死重氣，結黨連羣，喑鳴則彎刀，
睚眦則挺劍」，可知唐初已與「洪舸巨艦，千舳萬艘，交貿往還，昧旦
永日」的商貿盛況相結。此一態勢，於茶、鹽大商業資本家興起時爲尤
甚，勢力堪與官府對等，以及特權富商層便以商業資本‧高利貸資本的
媒介而受地方藩鎮庇護，藩鎮基於維持自身武力，發展武力的需要，也

不能不與當時又已與大土地所有結合的富商層，維繫經濟上密切關係，而存立相互倚賴與提携的相貌。而富商中的鹽商於專賣制度下，納稅後容許自由運輸販賣全國，不問數量多少，政府別無何等通行稅之類名目的課徵，利潤特厚，財富循環蓄積特快，鹽卻又是民生日常必不可缺的商品。所以，不被政府承認的不繳稅鹽商私販者，儘管嚴加取締重罰至處死，甘於犯法也敢於犯法，鹽的大資本走私集團卻愈到後來愈猖獗，武裝愈演愈盛，而其立場，則與一般官鹽商的與官府結合全然倒反。九世紀後半激發社會騷動而最終藩鎮支解唐朝的導火線，堪注目便在唐朝後半期財賦之源的南方，以及便由武裝私鹽商工仙芝、黃巢之亂所引燃。

巨大帝國崩裂的震力與轉運期開創

黃巢之亂前後的唐朝五十年暮運

　　黃巢之亂勃發，唐朝的最終命運由是決定——拖延僅僅最後五十年暮運。

　　這一史實，頗似蹈入七百年前漢末黃巾之亂覆轍。後半期唐朝歷史發展，表象也頗多似於後漢後半，實則多似是而非。宦官非中國特產品，形成令人嘔心的龐大勢力集團而嚴重損害國家·社會利益，則惟中國史上發生的大問題，也是漢、唐歷史惟一共通所在，卻是唐朝為害程度之劇較漢朝已有區別。漢朝外戚的實體與唐朝藩鎮全異，藩鎮本質視漢末州牧才相同，但漢末州牧是黃巾亂後產物，唐朝藩鎮歷史之始卻須上溯至黃巢亂前一百年。唐朝朋黨依附宦官勢力，形象又是朝臣自身間的互鬥，後漢黨人卻是後期制裁宦官的主力。漢末黃巾之亂乃長時期社會·經濟問題惡化到頂點不得不然的結果，唐朝黃巢之亂並無長時間社會經濟劇烈波動的背景，亂禍被煽動愈演愈烈固不能避免天災與農民流亡的觸媒因素，根源卻是累積政治矛盾的藉天變之際總爆發，簡言之，百年政治僵化的突破，而非漢末社會的經濟破產再現。相反，是黃巢大動亂引發社會秩序混亂至不可收拾，續以政治上宦官——藩鎮的最後大

決鬥，而結束唐朝的朝代生命。所以，如果比擬黃巢之亂，毋寧須是秦末陳勝、吳廣起義爲恰當，隋末混亂也相似。政治創傷，復原非如社會‧經濟基底潰壞又重建的艱難，唐朝滅亡原因的主要便是政治的而非經濟的。這層歷史區別必須判明，則爲何藩鎮蛻化五代十國，離亂五十四年又回復到統一宋朝。漢朝傾覆，出現的卻是時間持續四個世紀的大分裂局面，問題才能獲致解答。進一步說，惟其漢朝滅亡由社會秩序脫軸與經濟結構瓦解，所以重建出現的均田制社會，已是全非漢朝舊貌的徹底改造，宋朝社會基盤莊園制，卻直接導源自唐朝兩稅法時代，抑且便是加大步伐的再發展與成熟期，又是漢、唐歷史研究堪加判別所在。

黃巢之亂，「新唐書」懿宗紀贊：「懿、僖當唐政之始衰，而以昏庸相繼。乾符（僖宗年號）之際，歲大旱蝗，民愁盜起，其亂遂不可復支」，可概要說明其成因。「新唐書」列懿宗爲唐朝政治衰敗的起點，應由於上代宣宗奏收復河湟之效，並博「大中之政，訖於唐亡，人思詠之，謂之小太宗」（「資治通鑑」語）美評之故。但藩鎮、宦官的唐朝政治痼疾久已罹患又愈陷愈深，也無可否定。直接的嚴重影響是朝廷財政，稅源限制與支出浩大的雙重打擊，財政家努力增加稅收，殫心機實現的專賣法、兩稅法成績，包括執行偏差人爲因素，明顯的無從挽救其向窮乏化沈淪。早自黃巢亂前六、七十年前的元和中興時代，「唐書」憲宗紀已有如下兩段記錄：

元和二年（紀元八〇七年）條：「史官李吉甫撰元和國計簿，總計天下方鎮凡四十八，管州府二百九十五，縣一千四百五十三，戶二百四十四萬二百五十四。其鳳翔、鄜坊、邠寧、振武、涇原、銀夏、靈鹽、河東、易定、魏博、鎮冀、范陽、滄景、淮西、淄青十五道，凡七十一州，不申戶口（「唐會要」卷八四雜錄項元和二年條文字同，而原注說明：河東以上，皆被邊，易定以下，皆藩鎮世襲，故並不申戶口）。

每歲賦入倚辦，止於浙江東、西、宣歙、淮南、江西、鄂岳、福建、湖南等八道，合四十九州，一百四十四萬戶。比量天寶，供稅之戶則四分有一。天下兵戎仰給縣官者八十三萬餘人，比量天寶士馬，則三分加一，率以兩戶養一兵。其他水旱所損，徵科發斂，又在常役之外」。

元和六年（紀元八一一年）條：「中書門下奏，國家自天寶已後，中原宿兵，見在軍士可使者八十餘萬，其餘浮爲商販、度爲僧道，雜入色役，不歸農桑者，又十有五六。則是天下常以三分勞筋苦骨之人，奉七分坐衣待食之輩。今內外官給俸料者，不下一萬餘員，其間有職出異名，奉離本局府寺，曠廢簿組，因循者甚眾。況歛財日寡而授祿至多，設官有限而入色無數，九流安得不雜，萬物安得不煩。今天下三百郡，一千四百縣，故有一邑之地，虛設羣司；一鄉之甿，徒分縣職（「資治通鑑」元和六年條亦收錄此文，而此處作「或以一縣之地而爲州，一鄉之民而爲縣」，文意尤爲明顯），所費至廣，所制全輕。伏請錯綜利病，詳定廢置，吏員可併省者併省之，州縣可併合者併合之，每年入仕者可停減者停減之。此則利廣而易求，官少而易理，稍減冗食，足寬疲甿。又國家舊章，依品制俸，官一品月俸三十千，其餘職田祿米，大約不過千石，自一品以下，多少可知。艱難已來，禁網漸弛，於是增置使額，厚請俸錢。故大曆中權臣月俸有至九千貫者，列郡刺史，無大小給皆千貫。猶有名存職廢，額去俸存，閑劇之間，厚薄頓異，將爲永式，須立常規」。

則卽使平時，設官（包括州縣數）冗煩（包括其高待遇）與養兵太多，已是國家財政沉重包袱，了解甚明，戰時軍費支出尚未計列。養兵問題容後述，先言設官——

奏文中「一萬餘員」之數，不包括「諸色胥吏」，「通典」記錄玄宗天寶時官吏數，便是「內外文武官員凡萬八千八百五（內中央文武官

或所謂內官二千六百二十），內職掌齋郎、府史……並折衝府旅帥、隊
正、隊副等（內外）總三十四萬九千八百六十三，都計文武官及諸色胥
吏等總三十六萬八千六百六十八人」（職官二二秩品五大唐條）。天寶
如上內外文武官數字，較約百年前玄宗祖父高宗初的一萬三千四百六十
五員，增長率約二五％（高宗之父太宗貞觀初中樞「省內官」六百餘
員，僅天寶時的四分之一尚不足，其不敷肆應政務需要而必須擴充，也
可理解）。元和時代上距天寶末祗半個世紀，於已麗大發展的官府編制
未能回縮，玄宗伯父中宗時代開始大量增置的員外（員外置）、同正
（員外同正）、試、攝、檢校、判、知之官成為常制如舊，「開元後置
使甚眾」（「新唐書」食貨志五語）之勢也如舊的情況下，經過安史之
亂（所謂「艱難以來」），依「新唐書」食貨志五的兩項統計：①憲宗
曾祖代宗大曆時代文官千八百五十四員，武官九百四十二員（共二、七
九六員）；②憲宗祖父德宗建中時代文官千八百九十二員，武官八百九
十六員（共二、七八八員），至少關於中央「內官」，數字反而已超過
了天寶時代。「外官」雖無統計留存，但如杜佑於其大著「通典」職官
二二篇末議論所指，德宗建中時代「一州無三數千戶，置五、六十官
員，十羊九牧」，人民離散而州數維持原制的現象反映，官員數同樣得
知未較亂前減少。德宗貞元之末僅隔順宗永貞一年便接憲宗元和之初。
則「一萬餘員」內外文武官的約數，可能僅表示未滿二萬員而已，換言
之，約略的繼續維持了玄宗天寶時代之數。這是員額。

關於俸給，不涉貪污所得，僅合法待遇，唐朝向來優厚，安史亂後
且續增加。特別是對其時已有名無實的六軍、十六衛，非祗加置統軍、
上將軍更高官職，德宗貞元二年且堂堂頒下勅書：「自天寶艱艱以後，
雖衛兵廢缺，而品秩本高，宜增祿秩，以示優賞」（「唐會要」卷九一
內外官料錢上）。「新唐書」食貨志五補充說明，其時百官及畿內官增

加的除月俸外，一般又給手力資課，左右衞上將軍以下便是愈爲優待的
「六雜給：一曰糧米、二曰鹽、三曰私馬（五匹——二匹）、四曰手力
（七人——三人）、五曰隨身（十八人——八人）、六曰春多服。私
馬則有芻豆，手力則有資錢，隨身則有糧米鹽，春多服則有布絹絁紬
綿」。

　　官員數額未緊縮也未能緊縮，累議裁減都以雷大雨小結局，官員待
遇卻不斷增加，人事費支出較天寶時代膨脹爲可想見，而納稅戶如元和
國計簿所估列，反已較天寶時代減少達四分之三，人事費的壓力便祇能
聽任加大了。抑且，賦稅徵收以方式不正常而潛在的危機，安史亂後最
正常的憲宗時代便已暴露，如下兩文獻內容都是：

　　其一，「（元和）六年二月制：自定兩稅法以來，刺史以戶口增減
爲其殿最，故有析戶以張虛數，或分產以繫戶名，兼招引浮客，用爲增
益。至於稅額，一無所加。徒使人心易搖，土著者寡。觀察使嚴加訪
察，必令指實」（「唐會要」卷八四雜錄項）。

　　其二，元和十四年庫部員外郎李渤出使弔祭藩鎭之喪返京奏言：
「渭南縣長波鄉舊四百戶，今纔百餘戶；閺鄉縣舊三千戶，今纔千戶，
其他州縣大率相似。迹其所以然，皆由於逃戶稅課攤於比鄰，致驅迫俱
逃，此皆聚歛之臣，剝下媚上，竭澤不虞無魚。乞降詔書，絕攤逃弊」
（「資治通鑑」唐紀五七）。

　　穆宗長慶之初，時代性質尙係元和之續，二年（紀元八二二年）正
月戶部侍郎判度支王彥威進所撰「供軍圖略」序言：「至德、乾元之
後，迄於貞元、元和之際，天下有觀察者十、節度二十有九、防禦者
四、經略者三。犄角之師，犬牙相制；大都通邑，無不有兵，約計中外
兵額至八十餘萬。長慶戶口凡三百三十五萬，而兵額又約九十九萬，通
計三戶資奉一兵。今計天下租賦，一歲所入，總不過三千五百餘萬，而

上供之數三之一焉。三分之中，二給衣賜，自留州、留使兵士衣食之外，其餘四十萬眾，仰給度支焉」（「唐書」穆宗紀長慶二年條）。戶數與賦稅以朝廷收入（上供）數字，與四十年前兩稅法初施行之年的德宗建中元年（紀元七八〇年）約略都相等（「唐書」德宗紀建中元年條：「是歲，戶部計帳戶總三百八萬五千七十有六，賦入一千三百五萬六千七十貫，鹽利不在此限」；「資治通鑑」唐紀四二建中元年條：「天下稅戶三百八萬五千七十六，籍兵七十六萬八千餘人，稅錢一千八十九萬八千餘緡，穀二百一十五萬七千餘斛」）。但再約三十年與歷穆宗三子敬宗、文宗、武宗，而至媲美憲宗元和之治的憲宗之子與穆宗之弟，宣宗大中之治時，載入史書中的文字，意義已經全變——

「新唐書」食貨志二：「宣宗既復河湟，天下兩稅、榷酒、茶、鹽錢歲入九百二十二萬緡（貫）（「資治通鑑」唐紀六五大中七年或紀元八五三年條列其細數：「度支奏，自河湟平，每歲天下所納錢九百二十五萬緡，內五百五十萬餘緡租稅，八十二萬餘緡榷酤，二百七十八萬餘緡鹽利」）。歲之常費，率少三百餘萬。有司遠取後年，乃濟」。便是說，財政上嚴重赤字已經出現。關於江淮漕米，文宗時代以來，每年通過運河北輸的不過四十萬斛，經侵盜沈沒，實際運入渭倉時僅賸「十不三四」的情況，宣宗時代雖努力回復，仍止於每年百二十萬斛之數（「資治通鑑」唐紀六五大中五年條）。唐朝最後戶口統計記錄係距大中五年前六年的武宗會昌五年或紀元八四五年，計戶四百九十五萬五千一百五十一，宣宗之世增減應不致太多。比較德宗之初抑或穆宗之初，戶數增加百餘萬，而朝廷歲入無論錢、米均相反減少，明顯係不正常現象。不正常現象的造成，明白的又是元和時代早已暴露，州縣一方面浮列戶數，一方面強攤迫逃，弊端愈加深刻的原因，終致影響歲收短少將近三分之一，國家不得不出自殺雞取卵的預徵租稅手段以彌補財政赤

字，已是危機，元和時代州縣激起「人心易搖」、「驅迫俱逃」之勢不能中止而續發展，更是危機。內在潛伏的火團，經不起外來火種導燃之勢爲籌定。

　　黃巢大亂，正便是引發爆炸的最烈火種，又不幸，其先兆早隨宣宗崩於丹藥便已展現。大中十三年（紀元八五九年）八月，宣宗二七歲的公子哥兒式揮霍驕奢之子懿宗受宦官擁立繼位，十二月，裘甫指導下的浙東民變發生，約略同時，原爲唐朝牽制吐蕃，並因之與四川連結親密關係而文明化的「雲南蠻」南詔，一反恭順態度攻擊四川。裘甫之亂雖於翌年咸通元年（紀元八六〇年）即行平定，南詔反叛形態卻發展爲四川、西康、貴州、廣西、越南全邊線此退彼進，此落彼起的不斷大破壞，逼迫唐朝軍隊疲於奔命，也於此唐朝廣大邊境地域，吸盤似拖住唐朝必須調來更多軍隊曠日費時戒備。南詔突擊連續十多年後，至懿宗之子十二歲頑童型僖宗嗣位後的乾符四年（紀元八七七年）議和，而參與圍堵南詔，自徐州（江蘇省銅山）募調至桂州（廣西省桂林）的戍卒，已先以忿怒交替期限一再延長，裘甫亂後八年的咸通九年（紀元八六八年）於受騙感覺之下激起反亂，推牙兵首領之一龐勛爲領袖。龐勛之亂雖也於翌年咸通十年便撲滅，國內不安定氣氛已形濃厚，再五年或南詔停止攻擊同年的乾符元年，黃巢大動亂序幕終於掀開。所以「新唐書」南蠻傳中（南詔）贊一則說：「南詔內侮，屯戍思亂。龐勛乘之。倡戈橫行。雖凶渠殲夷，兵連不解，唐遂以亡」；再則說：「漢亡於董卓，而兵兆於冀州；唐亡於黃巢，而禍基於桂林」。

　　黃巢之亂兩次預演，裘甫之起，攻陷象山（今浙江省象山）後，記錄稱其「有眾百人，浙東騷動」（「資治通鑑」唐紀六五大中十三年條），何以致此？又何以坐令賊眾續攻陷郯縣（今浙江省嵊縣）前後，發展至千人、數千人？「資治通鑑」唐紀六六咸通元年條的記事堪注視：「時

二浙久安，人不習戰，甲兵朽鈍，見卒不滿二百。（浙東觀察使）鄭祗德更募新卒以益之，軍吏受賂，率皆得孱弱者，祗德遣子將沈君縱、副將張公署、望海鎮將李珪，將新卒五百人擊裘甫，戰於郯西，官軍大敗，三將皆死，官軍既盡。於是山海諸盜，及它道無賴，亡命之徒，四面雲集，眾至三萬，聲震中原。鄭祗德累表告急，且求救於鄰道，浙西（潤州）遣牙將凌茂貞將四百人，宣歙（宣州）遣牙將白琮將三百人赴之。祗德饋之，比度支常饋多十三倍，而宣、潤將士猶以為不足。宣、潤將士請土軍為導，以與賊戰，諸將或稱病，或陽墜馬，其肯行者，必先邀職級，竟不果遣。賊遊騎至（浙江東道治所越州，今浙江省紹興）平水東小江，城中士民儲舟裹糧，夜坐待旦，各謀逃潰」。反亂份子多數是所謂逃戶的沒落農民已可知，裘甫個人的身份不詳，推測也是。失卻或放棄了土地的小農民，或投入莊園為佃戶，或投靠強大藩鎮為傭兵，或往都市轉業小工商，否則，祗有形成浪流都市的游民，逃亡他鄉的流民，所謂「無賴與亡命之徒」，而化為羣盜。裘甫之亂，正是進入九世紀以來粉飾太平的「剝下媚上」政治，長時間累積其矛盾屆崩裂階段的最早警告。

　　令人詫異是政府所維持兵額，戰鬥力，與相關連的「養兵」問題。聚眾百人已能陷城略地，大鎮如浙江東道常時兵力僅二百人，都不可想像。此固可解釋為江南富庶地帶社會向來安謐的單獨現象，但兵額虛浮問題，則北方藩鎮，抑或宦官控制下中央禁軍，為共同存在，且非祗承平的九世紀中以前，八世紀後半尚係動亂時期已如「唐書」郭子儀傳郭子儀所言：「六軍之兵素非精練，皆市肆屠沽之人，務掛虛名，苟避征賦，及驅以就戰，百無一堪，亦有潛輸資財，因以求免」，神策軍代表中央禁軍時代的前後尤甚（參閱「藩鎮·宦官·朋黨」節）。元和中興之世，而也出現「資治通鑑」唐紀五五元和八年條，宰相李絳怵目驚心

之語：「邊軍徒有其數，而無其實，虛費衣糧，將帥但緣私役使，聚貨財以結權倖而已」，以及所記載「時受降城兵籍四百人，及天德軍交兵，止有五十人，器械止有一弓」的事實。所以，兩戶養一兵或三戶養一兵的平時兵員維持費，部份如同民國初年北洋軍閥時代「吃空額」的已被落入私囊，可謂最大的財政浪費，較唐朝當時冗官尤爲嚴重。以空額太多而臨事無從應變，倉卒召募烏合之眾的結果，便是前引「資治通鑑」的浙東記述。朝命徵發藩鎮兵，出本道境外的補給均由朝廷供應，另加賞賜，本道求援隣道派兵至境亦然。屆臨出戰時相互推諉，勒索長官卻理直氣壯，又由浙東之例可見。官軍既不可恃，也不堪用，新任浙東觀察使王式的鎮壓裘甫之亂成功，一方面固憑其前任安南都護經略使「咸服華夷，名聞遠近」，對朝廷調發移向江南平亂的北方諸鎮部隊，先聲奪人的震懾力與個人指揮調度的統御能力，另一方面，又是其解放原所虜配江淮地方爲奴隸的吐蕃人與回紇人，選其驍健者百餘人組成騎兵隊爲作戰主軸（參閱「資治通鑑」唐紀六六咸通元年條），情況正似同平定安史之亂利用回紇兵團的小型模倣。

　　裘甫亂中，右拾遺薛調上奏指陳：「兵興以來，賦歛無度，所在羣盜，半是逃戶，固須翦滅，亦可閔傷。望勑州縣，稅外毋得科率」（「資治通鑑」唐紀六六咸通元年條），是緊急避免政治問題向社會問題逆轉僅賸的最後之策。而建議雖被表面接受，顯然未加重視，所以黃巢之亂第二次預演，龐勛以戍卒八百人舉兵桂州，叛亂的態勢與性格都已變化。第一、騷動範圍驚人擴大，從廣西波及湖南、江西，向淮南推進而攻陷徐州，淮水流域與中原均爲之震動。第二，已脫卻單純的略奪與破壞路線而加深了政治意味，如「資治通鑑」唐紀六七咸通九年條載，攻陷宿州時，「悉聚城中貨財，令百姓來取之」，攻陷徐州時，「賊至城下，眾六七千人，鼓噪動地，民居在城外者，賊皆慰撫，無所

侵擾，由是人爭歸之」。對付這數萬人反亂集團，朝廷動員義成、魏博，鄜延、義武、鳳翔、橫海、泰寧、宣武、忠武、天平十鎮兵力七萬三千多人，北面行營、南面行營兩招討使分統夾擊，再由一都招討使統一指揮，而曠日持久。收場則仍如袞甫之亂，而且已是予安史之亂前例的正式翻版，服屬唐朝被安置寧夏省鹽州方面居住的西突厥新興一支沙陀部族，其酋長朱邪赤心與族人受命來援，寫下了此頁叛亂章篇的結論。戰鬪行動展開時官軍扮演的角色乃是欣賞者，如「資治通鑑」唐紀六七咸通十年條所記：「朱邪赤心將沙陀三千騎爲前鋒，陷陣卻敵。十鎮之兵，伏其驍勇」。唐朝北方回紇與西方吐蕃約略同時期都告式微之後，接替吐蕃的新興勢力是南詔，沙陀繼承回紇地位之勢也已形成。

懿宗、僖宗父子兩代，都是宦官選擇擁立最符合竊權、弄權教科書標準的天子，國家綱紀敗壞又朝廷財政窘迫的當時，「資治通鑑」先後介紹兩父子的作爲是：

「上（懿宗）好音樂宴遊，殿前供奉樂工，常近五百人，每月宴設不減十餘。聽樂觀優，不知厭倦，賜與動及千緡。每行幸，內外諸司扈從者十餘萬人，所費不可勝記」（唐紀六六咸通七年條）。

「上（僖宗）時年十四，專事遊戲，政事一委（知樞密神策中尉田）令孜，呼爲阿父。上與內園小兒狎昵，賞賜樂工伎兒，所賞動以萬計」（唐紀六八乾符二年條）。

而同書同係乾符元、二年（紀元八七四——五年）條的一系列記事又是：

——「自懿宗以來，奢侈日甚，用兵不息，賦斂愈急。關東連年水旱，州縣不以實聞，上下相矇。百姓流殍，無所控訴，相聚爲盜，所在蜂起。州縣兵少，加以承平日久，人不習戰，每與賊遇，官軍多敗」。

——「翰林學士盧攜上言：關東去年旱災，自虢至海，麥纔半收，

秋收幾無，多榮至少。貧者磑蓬實爲麵，蓄槐葉爲齏。常年不稔，則散
之隣境，今所在皆饑，無所依投，坐守鄉間，待盡溝壑，其蠲免餘稅，
實無可徵。而州縣以有上供及三司錢，督促甚急，動加捶撻，雖撤屋伐
木，雇妻鬻子，止可供所由酒食之費，未得至於府庫也。或租稅之外，
更有他徭，朝廷儻不撫存，百姓實無生計。乞勅州縣，應所欠殘稅，並
一切停徵，以俟蠶麥。仍發所在義食，亟加賑給，行之不可稽緩。勅從
其言，而有司竟不能行，徒爲空文而已」。

——「（朝廷）府藏空竭，（田）令孜說上籍兩市商旅寶貨，悉輸
內庫。有陳訴者，付京兆以殺之，宰相以下鉗口莫敢言」。

——「商州刺史王樞以軍州空窘，減折糴錢，民相率以白梃毆之，
又毆殺官吏二人。朝廷更除李誥，到官，收捕民李叔汶等三十餘人斬
之」。

——「浙西狼山鎮遏使王郢等六十九人有戰功，節度使趙隱賞以職
名而不給衣糧，郢等論訴不獲，遂刦庫兵作亂，行收黨眾近萬人，攻陷蘇、
常。乘舟往來，泛江入海，轉掠二浙，南及福建」（乾符五年平其亂）。

——「是歲（乾符元年），濮州人王仙芝，始聚眾數千，起於長
垣」；「（二年）王仙芝及其黨攻陷濮州、曹州，眾至數萬。寃句人黃
巢亦聚眾數千人，應仙芝，與仙芝攻剽州縣，橫行山東。民之困於重斂
者，爭歸之，數月之間，眾至數萬」。

——「羣盜侵淫，剽掠十餘州，至於淮南。多者千餘人，少者數百
人」。

中國歷史上最大規模民眾武裝暴動之一的黃巢之亂，便於上引文獻
資料指示的背景下勃發。可以明瞭，其係衰敗政治聽任惡化到頂點，非
祇無視已連連敲起社會秩序動搖的警鐘巨響，反而朝廷於原便捉襟見肘
的財政收支愈加浪費，愈以動亂發生，稅收減少又軍費增大而對人民橫

徵暴斂，以苛酷壓榨肆應財政危局的結果。苛政製造社會不安，社會不安再加大高壓的循環發展，一旦嚴重天變，民變乃注定不可收拾，前引資料所述便是「自虢至海」廣域災區內暴動頻頻，所在蠭起。抑且，暴動或造反者已非限羣盜、饑民與亡命之徒，也如商州之「民」例子，一般善良農民也加入了暴動行列，以及被視同盜賊被殘酷鎮壓，換言之，反亂已突破饑寒起盜心的原始型態。憤怒小農民對苛政忍無可忍，直接以重稅壓迫爲導因的反抗，政治問題轉變爲社會問題而爆炸性擴大滋長，正是九世紀七〇年代民變的一大特徵。蠭起烈燄中，自毗隣河北、河南兩省的山東省一角初起時已聲勢浩大，濮州（今山東省濮縣）人王仙芝點燃火頭，前後十一年間幾乎燒遍全中國的最大野火，便以後期指導者曹州寃句（今山東省荷澤）人黃巢之名，而稱黃巢之亂。

　　黃巢出身，「資治通鑑」與「新唐書」逆臣傳下的說明是：「少與仙芝皆以販私鹽爲事，富於貲。善擊劍騎射，稍通書記辯給，累擧進士不第。喜任俠，養亡命」，個人背景可謂與羣盜迥異，相反還是豪富。唐朝後期，經濟史上富商勢力爲特色，也因之與藩鎮勢力以相互需要而密切結合，鹽商的大資本尤係眾所週知。鹽價於安史亂前玄宗天寶時代一斗十錢，專賣後的德宗貞元四年（紀元七八八年）曾暴漲至三七〇錢，適應人民苦於日常生活不可缺少的食鹽需求，所以自此以來走私活躍。私鹽販賣利潤之豐爲可想像，卻愈以擁有雄厚資本爲必要，包括其採取與官鹽商抑且官府對抗的態勢，必須組織一定規模的徒眾武裝行商。鹽的走私，因而平時已形成一支以私鹽商爲中心，富冒險精神又反抗意識強烈的武裝集團，黃巢便是其中具備傑出領導才能如記錄所描述的人物，加以累次進士試驗落第，心理上塑定爲怨恨政府的不滿份子。揭開大亂序幕的黃巢同鄉友人與同業王仙芝同一類型，氣味相投，所以王仙芝率先把握社會混亂局勢，大規模煽動饑餓與受重稅壓迫的人民追

隨，從事個人更大的政治交易冒險投資時，黃巢立即響應，捲入叛亂漩渦而推動洶洶逆流愈形廣濶。兩人同係卓越的組織家與羣眾運動家，卻自登場，也已明瞭勾劃了大投機家與大野心家的面影，人民成為其偽善面具下被利用的工具，其成功乃因戴上了這付面具，失敗又以此一面具的剝落。

祸亂自長垣（山東省濮縣隣縣而屬河北省的濮陽縣）發端，結集三千人部隊於原始根據地山東省西南部的流動勢力，突入河南省境輾轉剽掠時，組織性動員力已如雪球似在擴大到數萬人。「新唐書」逆臣傳下黃巢條記述「咸通末，仍歲饑，盜與河南」的小股盜賊，多數已合流接受統一指導，乃成燎原之勢。流動化掠奪與破壞，乾符五年（紀元八七八年）由河南鄭州又轉向湖北省時，王仙芝在黃梅陣亡，殘黨與在湖北分兵出安徽，還指山東的黃巢部隊會合，黃巢自此被推舉接替王仙芝為共同領袖，開始樹立政權，稱王，號衝天大將軍。於河南、山東的移動中組織十萬人軍團，渡江經今江西、浙江、福建諸省，續南進廣東，攻陷廣州，時為乾符六年，（紀元六七九年）。由是，黃巢集團挾南方豐富財貨充軍需物資，意氣飛揚的大舉北伐展開，迂迴廣西省從湖南省入湖北省，奪下戰略據點江陵府時，賊軍已聲勢浩大至號稱五十萬眾。騷動續沿長江向淮河地域蔓延，由江西、浙江、安徽、江蘇折回河南。翌年的廣明元年（紀元八八〇年）下洛陽，怒潮似的賊眾西叩潼關時已六十萬人，關陷，黃巢於官軍無抵抗狀態下兵不血刃佔領長安入城，稱帝建國號為「齊」。此為起兵以來第七年，黃巢領導以來第三年，其時漢族中國也除山西、四川之外，全域均已被排山倒海的破壞力波及。

賊軍形成絕對優勢而人數又愈滙為洪流，史書中如下的文字都值得注視：

（王仙芝初起時）「檄諸道，言吏貪沓，賦重，賞罰不平」（「新

唐書」逆臣傳下黃巢條）。

（黃巢被推爲領袖時）「時多朋黨，小人讒勝，君子道消，賢豪忌憤，退之草澤，既一朝有變，天下離心。巢之起也，人士從而附之，或巢馳檄四方，章奏論列，皆指目朝政之弊，蓋士不逞者之辭也」（「唐書」黃巢傳）。

（黃巢在廣州）「自號義軍都統，露表告將入關，因詆宦豎柄朝，垢矗紀綱。指諸臣與中人賂遺交構狀，銓貢失才，禁刺史殖財產，縣令犯贓者族，皆當時極敝」（「新唐書」逆臣傳下黃巢條）。

（淮北相繼告急將入河南時）「黃巢自稱天補大將軍，轉牒（河南）諸軍云，各宜守壘，勿犯吾鋒，吾將入東都，即至京邑，自欲問罪，無預眾人」（「資治通鑑」唐紀七〇廣明元年條）。

（長安陷落）「金吾大將軍張直方率在京兩班，迎賊渭上。時巢眾累年爲盜，行伍不勝其富，遇窮民於路，爭行施遺。既入春明門，坊市聚觀，任讓慰曉市人曰：黃王爲生靈，不似李家不恤汝輩，但各安家。巢賊眾競投物遺人」（「唐書」黃巢傳）。

可以覺察，強烈的政治號召爭取基層民眾，正是龐勛之亂路線的延長與擴大活用。「資治通鑑」唐紀六九廣明元年條黃巢自湖北東犯江南之際的記事：「度支以用度不足，奏借富戶及胡商貨財，勒借其半。鹽鐵轉運使高駢上言：天下盜賊蜂起，皆出於饑寒，獨富戶、胡商未耳。乃止」，可知滔滔濁流中，未淌入的已僅地主與富商而已，餘外的社會諸階層均已隨從。而其流動掠奪的暴動方式，也自中國歷史上開創所謂「流賊」或「流寇」的範式。以大吃小、避實攻虛、突襲速退，機動出沒，令官軍疲於奔命與攻擊得手後澈底大破壞，以及不利時僞降邀官，而喘息已定時又翻臉的政略與戰略、遊擊戰與陣地戰熟練交互運用，都已與二十世紀世界的叛亂形態一般無二。

　　相對方面，官軍的防剿態度，卻如黃巢之亂初起時宰相鄭畋所言：
「國家久不用兵，士皆忘戰，所在節將，閉門自守，尚不能支」（「唐
書」本傳），仍是龐勛之亂，抑且裘甫之亂時舊貌。實戰之例：

　　（黃巢部隊將至江陵時）守將劉漢宏「大掠江陵，焚蕩殆盡，士民
逃竄山谷，會大雪，僵尸滿野。漢宏帥其眾北歸為羣盜」（「資治通
鑑」唐紀六九乾符六年條）。

　　（黃巢將攻潼關時）「神策軍士皆長安富家子，賂宦官竄名軍籍，
厚得稟賜，但華衣怒馬，憑勢使氣，未嘗更戰陳。聞當出征，父子聚
泣，多以金帛雇病坊貧人代行，不能操兵」（「資治通鑑」唐紀七〇廣
明元年條）。

　　藩鎮兵、中央禁軍各皆如此，加以「資治通鑑」續述潼關失陷後，
「博野、鳳翔軍還至渭橋，見所募新軍（觀軍容使出令收臨時召募補充
的神策左、右兩軍），衣裘溫新，怒曰：此輩何功而然，我曹反凍餒。
遂掠之，更為賊嚮導，以趣長安」，事態的不可為已屬顯見。而便在局
勢急轉直下的同年稍早，見於「資治通鑑」（唐紀六九廣明元年條）的
宮廷與朝廷記事卻是：「上好騎射劍槊法筭，於音律蒲博，無不精妙。
好蹴鞠鬥鷄，與諸王賭鵝，鵝一頭至五十緡。尤善擊毬，嘗謂優人石野
猪曰：朕若應擊毬進士舉，須為狀元」；「陳敬瑄，田令孜兄也（田令
孜咸通中隨義父入內侍省，遂冒田姓），因令孜得隸左神策軍，數歲，
累遷至大將軍。令孜見關東羣盜日熾，陰為幸蜀之計，奏以敬瑄及其腹
心左神策大將軍楊師立、牛勗、羅元杲鎮三川。上令四人擊毬，賭三
川，敬瑄得第一籌，即以為西川節度使。以楊師立為東川節度使，牛勗
為山南西道節度使」。好整以暇又國事兒戲至此，其屆臨黃巢入長安前
一刻，才驚變狼狽逃奔四川的一幕：「（當天）百官退朝，（官軍）聞
亂兵入城，布路竄匿。令孜帥神策兵五百奉帝自金光門出，惟福、穆、

澤、壽四王及妃嬪數人從行，百官皆莫知之。哺時，黃巢前鋒將入長安」（「資治通鑑」唐紀七〇廣明元年條），已無從博人同情。

　　黃巢的結局仍是失敗，其特有的運動能力與流動中驚人發揮的威力，待陷長安已形收縮甚且停止，轉向立定長安，依存唐朝殘留固定化，卻也形骸化了的既存機構而稱帝，係其致命傷。運動戰非着眼於「面」抑或「線」的控制，係以一個個繁華都市的「點」爲目標，無休止的移動與攻擊，必須掠奪一個都市又立即放棄此一都市，繼續前進，不斷昇進的破壞力才是威力所寄託，以及組織化動員力得以愈滾愈大又財富愈聚愈多，確保佔領地則全然損害此項利益。也惟其如此，黃巢長安稱帝的指導原則變化，前此攻陷的都市均已復歸唐朝控制，回頭再對中原地區加以佔領，且是線、面而不能單選擇點，性質迥異，便感費力。不能突破鳳翔以西唐朝防線乃是安史之亂敗因之一的重演，支配圈愈縮愈小，終淪爲地方性孤立形勢。中和二年（紀元八八二年）時，黃巢政權已僅保持長安以東的周圍地帶，如此狹小土地上擁擠數十萬部下，食糧匱乏，長安城中斗米三十千，內部矛盾激化。賊軍初入長安，「縛箠居人索財，富家皆跣而驅」、「捕得官吏悉斬之，宗室王侯屠之無數」（「新唐書」黃巢傳），民眾與包括了羣盜的破產小農民，爲一體參加此一反抗唐朝上流社會的大洪流，而團結力便在生活條件惡化下兩相乖離。特別自上一年（中和元年）唐朝突擊隊一度攻入長安城又被逐出，「巢復入京師，怒民迎王師，縱擊殺八萬人，血流於路可涉也，謂之洗城」（引同上書）的血手大屠殺以來，民眾離心，政權基礎崩裂之勢已早鑄定。但最後戡平黃巢之亂仍非官軍，如上述官軍僥倖突襲長安城得手，進入城中卻是「競掠貨財子女」，而致被賊軍掃蕩時，以「軍士得珍賄，不勝載，聞賊至，重負不能走，是以甚敗」（「新唐書」黃巢傳），以及翌年長安城中米價騰貴之際，「官軍皆執山砦百

姓，臠於賊爲食，人獲數十萬」（「唐書」逆臣傳下黃巢條），這付嘴臉與這般勾當的官軍，冀其平亂成功也純屬奢望，抑且空想。唐朝鎮壓大內亂無望於恃漢族自身或漢蕃混合部隊，必須賴其世界帝國有力成員的獨立兵團爲主力，方向自一個世紀前安史之亂已立定，十多年前龐勛之亂續加肯定。黃巢之亂的收場，便是撲滅龐勛之亂經驗的延續，以及當時功勞者沙陀兵力的增大利用。

　　沙陀部族領袖朱邪赤心以平定龐勛之功，受朝廷任命治所在雲州（今山西省大同）的大同軍節度使，賜姓名李國昌，本據地因而自內蒙古伸展至山西省北部，再改任振武節度使（治所在今山西省朔縣），勢力愈益南移。其子李克用殺接替大同軍的朝廷所派防禦使自立，父子兼有二鎮，朝廷不承認此一既成事實，感情因而破裂，雙方各走極端。結局是朝廷恕其叛亂侵寇之罪，招以討伐黃巢爲交換條件。李克用代其年邁之父允諾，受命來援，任朝廷爲之新設的雁門節度使職，管領地便是其南侵所奪，南面已隣接河東節度使治所太原府的忻、代等州。中和二年（紀元八八二年），沙陀騎兵與其携手者韃靼諸部軍團，在李克用率領下大舉南移，會合四方諸道齊已到達關中的兵力，翌年中和三年之初，李克用爲前鋒的大反攻展開。賊軍在李克用兵鋒下節節敗退，長安收復成功，黃巢與其殘眾潰向東方，威風凜凜的第一大功者二十八歲青年英雄李克用，立卽登上河東節度使的最重要方鎮之一位置。再次年中和四年（紀元八八四年），退入河南方面的黃巢殘部續被李克用兵團追擊，連續敗退至黃巢東方故鄉附近的瑕丘（今山東省滋陽），黃巢被部下所殺，亂平，李克用的節度使管轄地區也自此回復擴大爲大河東統一統制。翌年（光啟元年，紀元八八五年），僖宗由四川返長安。

　　十一年黃巢之亂坐令發展至不可收拾，朝廷姑息加以招撫而又吝嗇官位，犯下最大的錯誤。僞降固係流寇擅長的伎倆，王仙芝、黃巢使用

且非一次，但「唐書」、「新唐書」黃巢傳與「資治通鑑」對黃巢已得
賊軍領導權，而大亂尙非絕對不可避免前的乾符六年間記事綜合了解：
「時，高駢鎭淮南，加諸道行營都統，巢乃渡淮僞降於駢。駢遣將張璘
帥兵受降於天長鎭，巢擒璘殺之，因虜其眾。尋南陷湖湘，遂據交廣。
乃與浙東觀察使崔璆、嶺南東道節度使李迢書，求天平節度使（管鄆、
曹、濮等州，黃巢故鄕之地），兩人爲之奏聞。宰臣鄭畋與樞密使楊復
恭欲許之，盧携（另一宰相）與田令孜（觀軍容使）執不可。巢復上表
求廣州節度使，上命大臣議之，左僕射于琮以爲廣州市舶寶貨所聚，豈
可令賊得之，亦不許。乃議別除官，鄭畋請除同正員將軍，盧携駁其
議，請授率府率，從之」。此過程的「資治通鑑」唐紀六九注引實錄補
充說明又是：「迢、璆上表論請，詞甚懇激，乃詔公卿集議，巢又自表
乞廣州節度，安南都護。巢自春夏，其眾大疫，死者什三四，欲據有嶺
表永日巢穴，乃繼有是請」。可以猜測，求天平節鉞誠然可能仍是僞裝
，乞鎭廣州卻未必非確有其意，至少願意暫時停留在廣州，而跋扈又無
知的宦官與其附和大臣不能衡量輕重利害，惟以商業交易的殺價爲能，
乃終如「資治通鑑」所續記：「黃巢得率府率告身，大怒，急攻廣州，
卽日陷之」。滯在廣州富於資財的外國商人首當其衝遭遇大殺戮厄運。
否則，慘酷的這一幕，以及便以廣州佔領爲起點的北上攻陷長安悲痛事
件，都可以延緩出現，抑且，時間因素下局勢可能變換而避免發生。

　　同樣便以朝廷的愚昧，黃巢之亂近尾聲時的中和二年，窮迫而降的
黃巢同州（今陝西省大荔）防禦使朱溫，反被重用爲同華節度使，賜名
全忠。翌年收復長安，又令移兵駐屯黃河——運河交會點的汴州（今河
南省開封），改任宣武節度使，預爲培育了唐朝自掘墳墓的埋葬經手
人。而且，黃巢之亂以來「關東仍歲無耕稼，人餓倚牆壁間，賊俘人而
食，日殺數千。賊有舂磨砦，爲巨碓數百，生納人於臼碎之，合骨食

之」（「唐書」逆臣傳下黃巢條），人間地獄，悲慘世界的令人酸鼻景象，也未隨黃巢之誅中止。朱溫背叛黃巢的翌年（中和三年，紀元八八三年），唐朝蔡州節度使秦宗權倒反投降了黃巢，也繼承甫行停止的黃巢之亂餘勢，再興洶洶巨浪，迄於文德元年（紀元八八八年）末，秦宗權被叛變的部下執送其時四面討伐軍總指揮朱全忠，翌年（昭宗龍紀元年）解京師斬決而亂事再度平定以前，「資治通鑑」唐紀七二中和四年條的驚心動魄記述：「（秦宗權）所至屠夷焚蕩，殆無孑遺，其殘暴又甚於巢。軍行未始轉糧車，載鹽屍以從。州鎮存者，僅保一城，極目千里，無復烟火」；「唐書」昭宗紀龍紀元年條也說明：「巢賊雖平，而宗權之兇徒大集。西至金商陝虢，南極荊襄，東過淮甸，北侵徐兗汴鄭，幅員數十州，五、六年間，民無耕織，千室之邑，不存一二。歲既凶荒，皆膾人而食，喪亂之酷，未之前聞」，人類大浩刼如此，良可慨嘆。

　　尤堪注目，也尤所扼腕的，九世紀中以來三十年未間斷的連續大反亂，自裘甫起於浙東與南詔反叛侵入西南邊境開始，都發生在安史亂中戰火未波及，安史亂後一個世紀來唐朝命脈所繫，政治支配力最強，社會經濟力最富裕而國家財政最大依賴地帶的南方，黃巢之亂形成翻天覆地局面，且便以南方轉進為實力增大的溫床。南方資源寶庫連連被摧殘與斲傷，黃巢北伐之始的廣明元年（紀元八八〇年）正月改元制書，已有「江右海南，瘡痍既甚；湖湘荊漢，耕織屢空」之語（「唐書」傳宗紀），是年黃巢逆向渡江以至秦宗權亂平的大禍亂最後近十年，漢族中國全域沸騰，南方破壞更甚。對唐朝朝廷而言，如下的文獻記錄，已如一道道愈益加緊的催命符：

　　——「自咸通以來，蠻（南詔）兩陷安南、邕管，一入黔中，四犯西川。徵兵運糧，天下疲弊，踰十五年，租賦太半不入京師。三使內

庫，由茲空竭」（「資治通鑑」唐紀六九廣明元年條）。

　　——「時朝廷號令所行，惟河西、山南、劍南、嶺南數十州而已」；「初，田令孜在蜀，募新軍五十四都，每都千人，分隸兩神策，爲十軍以統之，又南牙北司官共萬餘員。是時藩鎮各專租稅，河南北、江淮無復上供，三司轉運，無調發之所。度支惟收京畿、同華、鳳翔等數州租稅，不能贍」（「資治通鑑」唐紀七二光啟元年條）。

　　——「至光啟中，所在征鎮，自擅兵賦，皆不上供，歲時但貢舉而已。由是江淮轉運路絕，國命所能制者，唯河西、山南、劍南、嶺南四道」（「唐會要」卷八七轉運鹽鐵總敍項）。

　　「新唐書」食貨志二，且便以「及羣盜起，諸鎮不復上計」爲全篇結語。財源涸竭，唐朝沒落無可逃避的到達了覆亡邊緣。自黃巢——秦宗權亂平，雖然朝廷外殼仍然勉強維持，唐朝命運已不絕如縷，容許苟延殘喘的時間不過十七年而已。

　　其時，僖宗先秦宗權之誅而死，繼位的僖宗之弟昭宗乃歷史界尊敬的英猷奮發之君，卻是狂瀾既倒之勢已成。非僖宗爲唐朝殉葬而係昭宗，固留存歷史界無限惆悵與惋惜，但昭宗之爲怒海漏舟努力掌舵失敗的犧牲者，由於通黃巢之亂前後，近半個世紀唐朝暮運的背景已注定。黃巢之亂既是前此逐次加大的動亂再昇高，黃巢亂中，也是地區性的各處動亂與黃巢之亂同時併發，黃巢亂後，頻頻動亂仍然未歇，兵革之興，迄於唐亡。討賊官軍又呈現亦官亦賊姿態，非祇掠奪行徑如同盜賊，身份也相轉化如前引文，以及賊軍受招撫也變官軍，官、盜難以判然區別，愈加大動亂形態與增添其複雜性。前「資治通鑑」引文所述乾符六年末黃巢陷江陵府，率部兵大掠城內引去爲盜的江陵守將劉漢宏，翌年廣明元年間見諸記錄係「寇掠荊襄」、「侵掠宋袞」、「南掠申光」，而同年朝廷授以宿州刺史之職，年末升浙東觀察使（治所越州），

再三年的中和三年，續以浙東升義勝軍而任節度使。黃巢之亂過渡至秦宗權之亂的期間，劉漢宏在浙東，累次兵侵浙西圖併吞，卻於光啟二年倒轉被浙西的杭州刺史董昌反消滅。董昌繼據浙東之位，朝廷無力約束，祇有聽任甚或縱容，事態愈益惡化。黃巢亂後，動亂所以無從停歇，類此，也因而轉變以藩鎮間的私相火併為動亂主要形貌。另一方面意義，藩鎮地位的取得，因而加開憑「力」自立與恃勢推薦其黨羽之門，而脅迫朝廷承認。一度表面平靜的藩鎮威勢再現颶風怒濤，宦官——藩鎮勢力對衝下的天子，純然下淪為任由此雙方擺佈的傀儡。

九世紀來已形成常態的藩鎮形相，徐州武寧軍可列為標本：「兵浸驕，小不如意，一夫大呼，其眾皆和之，節度使帆自後門逃去。前節度使田牟至與之雜坐飲酒，把臂拊背，或為之執板唱歌，犒賜之費日以萬計，風雨寒暑，復加勞來，猶時喧嘩邀求不已」（「資治通鑑」唐紀六六懿宗咸通三年條）。軍中姑息驕兵悍將風習，成長至已係長官諂媚部下，朝命新任藩帥籠絡又猶超過舊任的情況下，朝廷的藩帥任命機能因而反得不受阻礙。王仙芝、黃巢作亂愈陷愈烈期間，與田令孜一黨的宰相盧攜相結，自身又便是宦官所領導神策軍出身的軍閥高駢，由懿宗咸通年間秦州防禦使、安南都護經略招討使，其時再自天平（鄆州）節度使調劍南西川（成都府），調荊南（江陵府），調鎮海（浙江西道，潤州）以迄乾符六年黃巢南犯時再調淮南（揚州），充鎮壓黃巢之亂諸道兵統帥而託言「風痺不復出戰」的階段，幾乎已歷任大半個漢族中國域內方鎮，僅西川任內，遭遇「突將（南詔圍成都時，前任節度使特別召募的突擊隊）作亂，大譁，突入府廷，駢走匿於廁間，突將索之不獲」的一次波折，餘均相安無事，可供說明。屆黃巢已沒而秦宗權之亂續起的光啟三年，淮南在外牙將畢師鐸倒戈，聯合宣歙觀察使秦彥，攻入揚州，高駢先遭囚禁後被殺，秦彥自稱淮南節度使，任畢師鐸為行軍司

馬。淮南治下廬州刺史楊行密奪回揚州，並交結汴州朱全忠被薦爲留後，逃走的畢師鐸、秦彥引秦宗權賊將孫儒再攻陷揚州，而畢、秦兩人也被孫儒所殺，孫儒自是脫離秦宗權支配，同樣由勾結朱全忠而被推薦任淮南節度使。逃出揚州的楊行密轉奪宣州，朝命繼任宣歙觀察使，再以宣歙加號寧國軍改任節度使，後一度趁孫儒外侵之際襲取揚州，孫儒還師再逐楊行密，而於秦宗權敗亡三年後的大順二年，以「屬江淮疾疫，師人多死，儒亦臥病，爲部下所執，送於行密殺之」（「五代史」僭僞傳一楊行密條）而朝命楊行密爲淮南節度使，才結束五、六年未停息的揚州拉鋸戰，以及各別以揚州（孫儒）、宣州（楊行密）、杭州（錢鏐）爲據點，江南潤、常等諸州的三角激烈爭奪形勢暫時減緩。而出現在上述事態中的諸主角出身，畢師鐸乃王仙芝同鄉與隨從最早參與造反份子，秦彥本徐州卒，聚眾殺下邳令投入黃巢軍，兩人同時於黃巢大舉南犯前的乾符六年初，脫離賊軍陣營投降高駢，秦彥且以高駢奏授和州刺史，後攻奪宣州取代觀察使之位而經朝廷追認。楊行密也曾淪爲盜賊，後從軍淮南，典型行伍出身者的藩鎮將士。孫儒原係忠武軍（陳州）部將，黃巢亂中以所統部隊隸秦宗權指揮，而隨同反叛，與畢師鐸、秦彥情況恰相倒反。僅如上淮南一例，其時朝廷任命節度使如何又爲何頻頻改易，以及「力」的時代來臨，藩帥係何等人得具資格，可以全行知曉。「縱兵大掠」乃民亂以來記錄中慣見之詞，意味了藩帥縱容姑息而士卒索賞無饜的軍中上下關係維繫，變態已昇進至最高層次，一方面是澈底的允諾，一方面是直截的取得。楊行密已係五代十國的建國者之一，另一建國者王建奪取四川，「資治通鑑」唐紀七四昭宗大順二年條便赫然大書：「建常誘其將士曰：成都城中，繁盛如花錦，一朝得之，金帛子女，恣汝曹所取」。軍事指揮與行動力量都出之於此，民無噍類已爲當然之事。

　　唐末五十年的藩鎮形勢大變化，向來最強悍的河北三鎮，於全局勢激烈波動之際，反而以主帥世襲化的保守性而顯式微。混亂中先是竊盜了天子威權的宦官渾水摸魚，勢力發展至如「新唐書」宦者傳序所指「懷士奇才，則養以爲子；巨鎮強藩，則爭出我門」的態勢，自僖宗至昭宗初，楊復光「諸假子，守亮興元（山南西道）節度使，守宗忠武節度使，守信商州防禦使，守忠洋州節度使，其餘以「守」爲名者數十人，皆爲牧守將帥」（「唐書」宦官傳楊復光條），以及楊復恭「諸假子皆爲節度使、刺史，又養子六百人皆爲監軍，假子龍劍節度使守貞，武定節度使守忠，不輸貢賦」（「資治通鑑」唐紀七四大順二年條）。楊復恭假子鎮海節度使守立，且賜姓名李順節（「新唐書」宦者傳下楊復恭條）都是代表性事例。而待大叛亂終熄，藩帥之座已全歸前後大小亂事有關者據有，其布列態勢的嚴重性，又由「新唐書」兵志的綜合報導見出：「及其末，朱全忠以梁兵，李克用以晉兵，更犯京師。而李茂貞、韓建近據岐、華，妄一喜怒，兵已至於國門，天子爲殺大臣，罪己悔過，然後去。及昭宗用崔胤，召梁兵以誅宦官，而宦官刼天子奔岐，梁兵圍之逾年，當此之時，天下之兵無復勤王者。嚮之所謂（河北）三鎮者，徒能始禍而已。其他大鎮，南則吳、浙、荆、湖、閩、廣，西則岐、蜀，北則燕、晉，而梁盜據其中，自國門以外，皆分裂於方鎮矣」。崛起的新興獨立勢力，以唐初功臣最高封爵國公，安史亂起已多郡王，唐末昭宗之世再進國王時的獲封此等爵位者爲標誌，最早是乾寧二年（紀元八九五年）李克用的晉王，依次天復元年（紀元九〇一年）李茂貞岐王，翌年楊行密吳王、錢鏐越王，三年朱全忠梁王、王建蜀王。其中，楊行密、錢鏐均本道藩鎮將士出身，顯然的在地勢力抬頭意味。李茂貞、王建均起自地方軍卒而轉爲禁軍發跡，因之與宦官具有淵源，且都便是僖宗時代第一號權力宦官，專斷威福的田令孜假子（養

子）集團中人。關於李茂貞，「新唐書」宦者傳田令孜條記載：「右神策統軍宋文通爲諸軍所疾，令孜因事召見，欲殺之，旣見，乃欣然更養爲子，名彥賓（田令孜假子均「彥」字輩），卽李茂貞也」，李茂貞係朝廷賜名；關於王建，同書同條記載：「（中和四年黃巢敗，僖宗自蜀準備還京時），王建率義勇四軍迎帝，復以建及韓建等主之，號隨駕五都，令孜皆養爲子」。勢力最強大的兩系統則脫離以上軌跡，粉碎黃巢叛亂最大功勞者，本據地太原又在大反亂戰火圈外的河東節度使李克用，其所領導歸化沙陀人爲中核的蕃——漢聯合統制陣線，於黃巢亂平之初，以最是實力雄厚而氣燄萬丈。但扼運河咽喉而物資轉運便捷的汴州爲本據，農民出身的黃巢反亂軍投降者，宣武節度使朱全忠，繼於朝廷的牽制李克用政策下受扶植，勢力迅速壯大。總負戡平秦宗權亂事之責係其事業起點，十多年間，對中原藩鎮已完成其統一號令。「資治通鑑」唐紀七八昭宗天復元年條記：「以全忠爲宣武、宣義（義成軍改名，滑州）、天平（鄆州）、護國（河中府）四鎮節度使」，注：「當是時，自蒲、陝以東至于海，南距淮，北距河，諸鎮皆爲朱全忠所有」，又說明介在宣義、護國兩鎮間的佑國（洛陽）、河陽、陝虢三鎮，雖非兼領而實質相彷彿，河北諸鎮也已被懾服，朱全忠於羣雄割據形勢中，建立了絕對優勢。

如上過程中，宦官兇燄也正愈燃愈烈至不可遏止狀態。田令孜「顓威福，斲喪天下，中外莫敢亢」（「新唐書」宦者傳下楊復恭條語），黃巢陷京師，中央禁軍的左右神策軍盡散，田令孜在蜀召募神策新軍五十四都，分爲十軍，左右神策大將軍改左右神策諸都指揮使，諸都領以稱爲「都頭」的都將，軍制再度變化，田令孜以左神策護軍中尉領十軍兼十二衞觀軍容使，於僖宗時代係第一號炙手可熱人物。同時期在外監軍而與田令孜持敵對立場的楊復光，黃巢亂中以天下兵馬都監總諸軍，

係戰時統一的全國藩鎮最高監臨者，以及召用李克用沙陀部隊爲平亂主
力的建議人，黃巢亂平前卒於軍中，諸史書均給以「慷慨喜忠義，善撫
士卒」的對宦官少見好評，謂其死，「軍中慟哭累日」。楊復光「從
兄」（各別的養父爲「兄弟」）樞密使楊繼恭，以楊復光之死失恃被田
令孜排擠，僖宗末李克用表誅田令孜引起一連串藩鎮以京師爲目標的攻
殺展開，田令孜解職出外爲西川監軍，依其兄陳敬瑄，接替其職的便是
楊復恭，僖宗崩時擁兵迎立昭宗的，也便是楊復恭。楊復恭盛氣凌人如
同田令孜，結局的失腳也如同田令孜，投靠興元（原梁州，山南西道治
所，今陝西省南鄭）其「姪」楊守亮。景福元年（紀元八九二年），鳳
翔（府，原岐州）節度使李茂貞發動聯合諸藩鎮兵攻略興元得手，楊復
恭、守亮等北行圖奔太原途中，被鎮國軍（華州）節度使韓建部下截獲
處死。李茂貞、韓建均田令孜義子，太原李克用又係楊復光推介得志與
推倒田令孜的實力份子，楊復恭下場的這一幕演出，固可視爲宦官集團
間田派、楊派兩系統內鬨的延長，然而，壓迫楊復恭倒臺，卻便出自受
其提拔而青雲直上至其時已躋身宰相的假子李順節反噬，「盡以復恭陰
事告上」（「資治通鑑」大順二年條）。前一年大順元年西川藩帥易
座，尤其是義兒王建對義父田令孜、陳敬瑄兄弟的公然反逆，田令孜下
場是落在王建手中下獄死。所以，宦官以控制禁軍與發展假子集團爲威
福自擅，牽天子似玩物的手段，但大亂平定的九世紀九〇年代之初，控
制不穩的端倪也已顯露。

　　而宦官對自身危機迸發的預兆全無警覺，「資治通鑑」唐紀七八記
述繼起的宦官首腦左神策中尉觀軍容使劉季述，竟已囂張到「適少陽
院，季述以銀槌劃地，數上曰：某時某事，汝不從我言，其罪一也，如
此數十不止，乃手鎖其門，鎔鐵錮之，矯詔令太子嗣位，以上爲太上
皇」。幸便以宦官與禁軍間矛盾正逐漸擴大，宰相崔胤得在宦官自恃兵

力，威懾百官服從僞命的表面勝利下，秘密策反神策軍將校，以迅雷不及掩耳的行動，捕殺政變主謀的左、右神策中尉與兩樞密使，兩個月的大風波平息，時爲光化三年（紀元九○○年）末與翌年天復元年初。政變過去，宦官領導班子立卽塡補其新主腦，仍然嚴重壓迫朝廷，乃終追隨朱全忠氣吞中原之勢已成，於天復元年當年多爆發了不可思議的反常事件：「昭宗召朱全忠入誅宦官，宦官覺，刦天子幸鳳翔。全忠圍之歲餘，天子乃誅中尉韓全誨、張弘彥等二十餘人，以解梁兵，乃還長安。於是悉誅宦官，而神策左右軍由此廢矣」（「新唐書」兵志）。召朱全忠兵誅宦官的一般記錄均謂出自崔胤主意，宦官刦昭宗奔鳳翔，又由於新任左右神策中尉韓全誨乃前任鳳翔監軍，張彥弘則接韓全誨鳳翔監軍之任，與李茂貞關係均親密。最後，「帝旣惡宦人脅遷，而茂貞又其黨，全忠雖外示順終悖逆，皆不可倚」，無可選擇下的選擇，昭宗「乃定計歸全忠」（均「新唐書」宦者傳下韓全誨條），而天復三年初歸回長安時，聽任盡誅宦官八百餘人於內侍省，寃號之聲徹於內外，諸道監軍所在賜死，止留黃衣幼弱者三十人以備洒掃的宦官大悲劇上演。其後果，卻也是天子、朝廷、唐朝的共同大悲劇：

——朱全忠大發所領四鎮兵西進，原與李茂貞同等跋扈而近在京師東隣的華州韓建被逼降，朱全忠勢力直入長安已暢通無阻。

——鳳翔自光復元年（紀元九○一年）十一月被圍至三年（紀元九○三年）正月，李茂貞係在窘迫至本鎮外領地全失，城內食盡，主動要求昭宗犧牲密友宦官首領，並以前後所殺此等人二十餘顆首級送朱全忠示信的屈辱條件下，求得和平，勢力從此一蹶不振。

——韓建、李茂貞各別以華、岐爲本據而對帝都虎視眈眈之勢消失，李克用勢力又以朱全忠自兼河中鎮而從地理形勢上隔斷。於是，已如朱全忠囊中物的昭宗於第二年（紀元九○四年），被輕易自長安東移

以靠近本據大梁（汴州）的洛陽。同年，三八歲的昭帝被朱全忠弒害，立其十三歲之子哀帝，紀元天祐。

——天祐四年（紀元九○七年），黃巢之亂前後近半個世紀唐朝暮運的風中之燭，燭光終於熄滅。朱全忠於大殺唐朝宗室諸王與大臣（且便係以崔胤開刀）後，於大梁受繼卽遇害的哀帝禪，正式登位爲皇帝，新朝代的國號「梁」，改元開平。

唐朝國運，自其支配體制與財政基礎，以黃巢大亂而從事實上崩壞，便已宣告爲死亡絕症的癌症。如今，命脈的扼殺者雖非直接是黃巢，仍係黃巢的化身陰魅，而且所託附還是唐朝賜名「全忠」的人之手。傳世二○代，二九○年，安史之亂以來一四代，一五二年的唐朝全歷史，於焉結束，另一階段以登大位改名晃的朱全忠梁朝爲始，連續五朝代而總年數僅五四年的五代離亂時代展開。

堪浩嘆的，頗多歷史名城，也隨生民塗炭中唐朝生命之火熄滅而墮壞，昔日繁華，僅留文獻供追憶。「容齋隨筆」初集唐揚州之盛篇緬懷「揚一益二」的隋——唐最大都市之一揚州，已稱「自畢師鐸、孫儒之亂，蕩爲邱墟，楊行密復葺之，稍成壯藩，又燬於顯德。本朝（宋朝）承平百七十年，尚不能及唐之什一，今日眞可酸鼻也」。更痛心是長安，「廿二史劄記」長安地氣篇附錄述長安雄麗帝都，歷經安祿山、吐蕃、朱泚之亂，至「黃巢之亂，九衢三內，宮室尚宛然，自諸道勤王兵破賊後入城，爭貨相攻，縱火焚掠，市肆十去六七，大內惟含元殿獨存，此外惟西內、南內、及光啟宮而已」，昭宗時「田令孜刧帝出奔，焚坊市，並火宮城，僅存昭陽、蓬萊二宮。還京後，坐席未暖，又因李茂貞之逼奔華州，岐軍入京，宮室閭閻，鞠爲灰燼」。中國歷史上，也從而總結長安立爲國家京城的時代。

新時代誕生的陣痛期──五代十國

以紀元九○七年（唐天祐四年或後梁開平元年）朱全忠簒唐所展開的五代離亂期，就其時代性格而言，不能獨立爲另一個自成單元的歷史時代，而祇是唐末離亂的延續。明白言之，如果便以「離亂」爲特徵，則此時代的上限也須推前設定在黃巢之亂勃發，再區分動亂全過程爲前、後階段。前一階段社會‧政治劇烈顛簸到達頂點，顛簸又漸漸減緩與穩定而轉換爲後一階段，兩個階段的中間高峯位置才是朱全忠簒位，以及對應前一階段的唐末，後一階段便是「五代」。唐末紊亂之極的藩鎮火併，五代轉變由藩鎮蛻化的少數「國」的對立，且非如估測中全然是離亂的時代，倒反已係離亂收場意味，漢族中國再統一的曙光自此時期透露。

「五代」係從統一到再統一，漢族中國分解期的紀元九○七──九六○年半個世紀間，北方連續五個朝代名詞襲用歷史上曾已出現的舊名，因而記錄中各各加「後」字辨別的政權交替。後梁二代十六年，後唐四代十三年，後晉二代十一年，後漢二代四年，後周三代十年，通計五四年中十三代君主更易，每一君主平均在位四年，每一朝代興亡未滿十一年，都可謂創短命紀錄。

以汴京（大梁，河南省開封）爲國都的朱全忠建立五代最初朝代後梁，於五朝代中領域卻最狹小，未及唐朝原版圖之半。於唐朝便是朱全忠最大政敵沙陀系歸化部族領袖的晉（河東，山西）李克用，以及岐（鳳翔，長安以西）李茂貞，吳（淮南，淮河以南）楊行密，蜀（西川，四川）王建，都不承認後梁政權，於唐亡後公開獨立，唐時原已服

從朱全忠領導的燕（盧龍，河北）劉仁恭也變換態度對抗。朱全忠的下場乃被其諸子之一所弒，此子又被其弟所殺而由弟繼位。時李克用已死，其子天才戰術家李存勖一舉滅燕，定魏（魏博），在魏州（河北省大名）登皇帝位後，趁後梁內鬨，自河北南下滅亡後梁，所建朝代以已歸化「李」氏的再興唐朝意味，而恢復名「唐」（後唐），國都也回復到洛陽。接續又併合岐、蜀，急速發展為五代時統治圈最廣大的朝代，保有唐朝直轄領土三分之二程度的範圍，祇是四川旋仍回復獨立。漢族中國北方域外領導勢力，自唐末離亂中沙陀移住內地接受漢化，已完成壇代，原長期服屬唐朝與散布唐朝直轄領土東北外緣的契丹，勃興為東臨日本海，西至天山，北有外蒙古的廣域統一勢力，後唐與最後之君不和的發源地太原鎮守大將河東節度使歸化沙陀人石敬塘，便以向契丹請求援助，由契丹册立之為中國皇帝，相對則石敬塘承諾對契丹：①稱臣又事以父禮，②割讓中國北方領土燕、雲十六州，③每年定額獻贈絹三六萬匹的巨大代價付出為約束，而得契丹助力推翻後唐，建國後晉。包括漢族中國最成熟土地的今日北平（燕州，原幽州，盧龍節度使治所）、薊縣（薊州）、涿縣（涿州）、密雲（檀州）、順義（順州）、河間（瀛州）、任邱（莫州），唐朝河北三鎮之地的河北省中、北部，察哈爾南部與大同（雲州）等地的山西省北部燕雲十六州被犧牲，自此遺留為以後宋朝困難回復的痛苦大問題。但後晉「兒皇帝」次代孫皇帝時代所遭命運竟是被祖父之國，已立國號「遼」的契丹滅亡（紀元九四六年），隨卽由同係沙陀系歸化人出身，也同係河東節度使身份的劉知遠，建國後漢。再迅被鎮守鄴都（原魏州）的魏博節度使漢人大將郭威，替代為後周。後晉、後漢、後周三朝代國都，再度遷回後梁的汴京。後漢——後周交替之際，劉知遠之弟河東節度使劉崇拒絕服從新朝代，倚恃契丹勢力，於山西省獨立而另分解為地方性割據政權，仍維持「漢」的國

號，史稱北漢。

後晉亡國與後漢立國，時間並非啣接爲堪注意，中間尚介入了契丹的短暫征服統治。其過程：後晉次代或末代皇帝對契丹的態度，片面**轉**變爲僅稱「孫」而不連帶稱「臣」，契丹以之爲侵略藉口，紀元九四六年十二月，南陷汴京，翌年紀元九四七年正月契丹主正式君臨中國，以大遼會同十年紀年，孫皇帝被俘往契丹本據，所有後晉藩鎮皆降，紛紛奉表賀貢承認契丹統治。二月，藩鎮中蒙契丹主親於其姓名上加「兒」字以示恩寵的劉知遠，悄然在太原自立爲帝，三月，契丹主不慣中原正漸來臨的暑熱氣候，改汴京爲節度使管轄後，脅中國文武百官盡隨北歸。俟契丹主北歸，劉知遠自太原南下，是年六月從洛陽東入汴京，帝位才獲藩鎮承認而立國號爲漢。所以，「五代」的時代名詞，正確而言，須加列短暫中介的契丹稱「六代」，以及君主增至十四人。契丹統治區別於五代的，惟在其性格係外力征服，而五代均漢族中國內部的朝代交替，儘管其中三個朝代的建國者出自原沙陀系後裔，本質上已同化與漢族合一而爲「中國人」，較之契丹人仍是住居漢族中國以外的異民族，意義迥異。

石敬塘受契丹冊立，臣事契丹又是契丹的兒皇帝，向被歷史界認係中國與漢族的奇恥大辱，然而，「臣事」「父事」究竟是否恥辱宜加分辨。父子名份的設定，固同時存在尊卑之義，卻須注意，無論遊牧民族或古代漢族的觀念，毋寧都示以爲感情親密的表徵而不含侮辱意味。唐朝天可汗秩序便以此爲連結關係的感情因素之一，後晉——契丹間關係不過唐朝北、西異民族與唐朝間關係的倒轉。關於遊牧傳統的移動律，包括力強時主盟，力弱時服屬的組合變換，因之臣伏也原非爲辱，但此則非固定社會意識能接受。石敬塘之子願向契丹稱「孫」而不願稱「臣」，契丹主視不稱臣便是背盟反抗行爲，緣由都基於社會生活的習

俗不同，後晉悲劇因而釀成。但擬制親子關係的被漢族重視，五代也已
係最後時代，相對，又是抵達最高峯的時代——

　　君主非一朝代一姓相續，五代中後梁、後晉、後漢由父及子卽行滅
亡可無論，傳世四代的後唐第二代明帝係李克用養子，末代又係明帝養
子，後周三代的第二代世宗也係養子繼統，所以，五代乃五朝代而君主
八姓。此一事實，與五代君臣兩無廉恥的後代批判，常被相提並論，引
爲五代政治特徵。無恥之尤的舉證，一卽上述石敬塘，另一則馮道爲相
歷五朝八姓（胡三省注：五朝，謂唐、晉、遼、漢、周。八姓，謂唐
莊宗、明宗、潞王各爲一姓，石晉、邪律、劉漢、周太祖、世宗各爲一
姓），「若逆旅之視過客」（「資治通鑑」後周紀三臣光曰），尙自炫反
榮老。但如果注意，養子之風於唐朝後半已形熾盛，唐初已然的賜姓頻
頻也同一意味，而且投牒自進，不羞自荐，依附爲榮，不尙氣節，史學
界久已了解便是唐朝向來的習俗。則至爲明顯，習俗都係唐朝延續，不
過五代到達極端而已。而風氣所以養成，大唐四海一家的世界帝國所展
開文化國際性與風靡的自由國際思想，乃是背景。由五代過渡到宋朝，
儒學的倫理道德觀重建，才有「新五代史」所指通五代僅得「全節之士
三」、「死事之臣十有五」、全節、死事諸人又均武夫戰卒而無一儒者
（見死節傳、死事傳、雜傳四二序），以及同書義兒傳序：「世道衰，
人倫壞，而親疏之理反其常，干戈起於骨肉，異類合爲父子。開平、顯
德五十年間，天下五代而實八姓，其三出於丐養」的慨嘆。以「資治通
鑑」司馬光立於「正女不從二夫，忠臣不事二君」道德倫理基準對馮
道的批判，對照「廿二史劄記」張全義、馮道篇述馮道當時，「四方談
士，無賢不肖皆以（馮道）爲長者，道死年七十三，論者至謂與孔子同
壽」，時代評價差距如何之大可見。

　　五代立國的基底，便是唐朝藩鎭，所以「廿二史劄記」五代諸帝多

由軍士擁立篇，說明後唐明宗李嗣源與廢帝潞王從珂、周太祖郭威，以迄宋太祖趙匡胤陳橋兵變，黃袍加身，前後四度演出，仍然都踏襲唐朝舊路線，乃是驕兵悍將自擇藩鎮主帥事件，昇高至極致的形態。因之此事態不能解釋之爲五代特有的混亂現象，如同義兒、無廉恥的非是，一般無二。

　　五代立國地域限制在北方黃河流域與漢水地帶，淮河以南的南方，由同係唐朝藩鎮後身的各個地方性獨立政權分割，非北方五代的主權支配所及。這些南方割據勢力相互併合的結果，屹立國家前後凡九，加五代末期新自太原一帶分出，北方惟一的地域性政權與契丹附庸國家北漢，歷史界通稱「十國」。十國一覽——

立　　國　　者	國號	國　都	領　有　地	變　　遷	存在年數（前蜀、吳越、吳以唐亡計準）	
唐昭宗時蜀王王建	①蜀（前蜀）	成都	四川省與陝西、甘肅一部份（滅於後唐）	⑧蜀（後蜀）前蜀滅後八年，後唐節度使孟知祥叛唐，獨立建國。	（前蜀）19	（後蜀）32
唐昭宗時越王錢鏐	②吳越	杭州（錢鏐任浙西鎮海軍節度使時治所由潤州移此）	浙江省與江蘇省一部份		70	
唐昭宗時吳王楊行密	③吳	揚州	江蘇、安徽、江西三省與河南、湖北一部份	⑨唐（南唐）楊行密養子李昇（賜姓名徐知誥，立國時復姓更名）篡代楊行密後裔，改國號，移都金陵（潤州、升江寧府）	（吳）31	（南唐）39
唐末武安節度留後馬殷	④楚	長沙（潭州）	湖南省與廣西省北部（滅於南唐）		45	
唐末威武節度使王審知	⑤閩	福州	福建省（滅於南唐）		36	

唐末清海節度使劉隱	⑥漢（南漢）	廣州	廣東省與廣西省一部份		66
後梁荊南節度使高季興	⑦荊南（南平）	江陵	湖北西部		51
劉崇	⑩漢（北漢）	晉陽（太原府）	山西大部份		29

　　十國立國，最短的國家壽命也超過五代中任何一朝代，抑且，十國（依地域別應係「八」數，或減北方北漢又係「七」）中吳——南唐，中斷八年又連續的前、後蜀、吳越、南漢，存立年數均超過五代總年數。其意義，正是唐朝中期以來，政治力所倚恃日益增大的南方經濟潛力，十世紀時，已繼三世紀三國蜀、吳兩國再一度的政治突破反映，且除早期持續的成都、金陵（六朝時代建康）之外，領導中心於大南方各個方位已能平均分佈，特別是雄厚資源開發力南移時湖南、廣東的躍進。然而，領導中心分散的態勢，究竟也指示南方政治成長的速率與效率，於中國歷史演進過程的十世紀階段，仍然不能與先進的北方匹敵，漢族中國南北再統一的力量仍然必須自北方產生，追隨「五代」向宋朝嬗代才結束「十國」歷史。這也是五代所以被列為中國歷史正統朝代，以及「五代十國」儘管共同代表十世紀中國從分裂到再統一政治過渡期形態，而時代名詞，通常仍以「五代」為稱謂的理由。

　　五代十國的興亡——

　　五代固仍在離亂中，但從大破壞回復安定社會秩序與統一政治的契機，也自此時期展現。南方國家立國一般都頗長久已是說明，南唐且初步展開了穩定的併合運動。北方雖然朝代頻頻更替，「新五代史」也曾對半世紀中兩位明君的治績加以特筆：「（後唐明宗）為人純厚，寬仁愛人，於五代之君有足稱也。自初即位，減罷宮人、伶官，廢內藏庫，四方所上物悉歸之，不邇聲色，不樂遊畋。在位十年，於五代之君最為

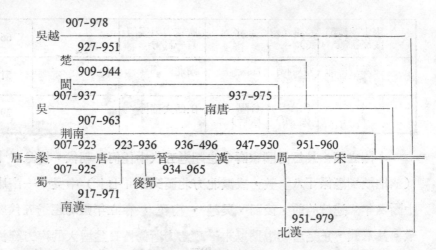

長世，兵革粗息，年屢豐登，生民實賴以休息」（唐紀第六）：「（後周）世宗區區五、六年間，取秦隴，平淮右，復三關，威武之聲，震懾夷夏。而方內延儒學文章之士，參制度，修通禮，定正樂，議刑統，其制作之法，皆可施於後世。其英武之材可謂雄傑，及其虛心聽納，用人不疑，豈非所謂賢主哉」（周紀第十二），都不能不嘆爲可喜的活潑新氣象，迎接新時代已跨出第一步。治世中分別倂合南唐淮水以南、後蜀的陝西、甘肅方面土地，又北征契丹，收復燕雲十六州最南端與今日河北省中部的莫、瀛二州，中國再統一態勢已自其手撥雲見日的五代最傑出人物周世宗，三九歲英年而逝。其七歲之子繼位翌年（紀元九六○年），歸德軍節度使趙匡胤（宋太祖）於受命出禦契丹途中，由軍士擁立登皇帝位，還汴京行禪讓，完成漢族中國再統一的宋朝乃告建立。

五代過渡期意義，非祇政治上回復南北統一而已，而係全面性社會的、文化的迎接新時代。三世紀三國以迄南北朝根深蒂固形成的門閥世族，經過隋——唐強力抑制，雖已以特權被剝奪而不振，基盤所在的社會地位卻於唐朝中期仍然強勁，仍受社會尊重，門第族望的意識仍然是社會結構維繫重心，非人爲的政治壓力可以轉變。便須待安史之亂，特

別再是黃巢之亂以來，社會自身的激烈波動，望族觀念才自發的激起大變化。「新唐書」兵志「武夫戰卒，以功起行陣，列爲侯、王，皆除節度使」的說明尙係起點，離亂局面展現，節度使層尤已流爲羣盜、流亡農民、無賴之徒、逃亡兵士等底子的大雜燴，便是說，造反者與造反鎭壓者素質相同也相互通。五代十國君主中，荊南高季興出身且是奴隸（汴州富人李讓家僮，李讓於朱全忠鎭汴時被收爲養子，改姓名爲朱友讓），西川王建從軍前在許州家鄉，「少無賴，以屠牛、盜驢、販私鹽爲事，里人謂之賊王八」。無一出自縉紳之家或讀書人。此等人向在族望尊重的社會傳統下被卑視，相對的，此等人反抗傳統的輕蔑族望心理也必然強烈潛在，此其一。其二，熾熱的假子、義兒之風此際正煽起最盛，朱全忠、李茂貞、王建等各別大量養子之名出現於史書，李克用養子且於「新唐書」中專錄「義兒傳」，家族擬制又嚴重破壞血統觀念。如上兩方面夾擊態勢於戰亂一波接連一波擴大的社會劇烈顚簸中持續，門第族望社會意識與其社會地位，終於盡行喪失維持能力而徹底墜毀，隋——唐的理想實現。而如「五季以來，取士不問家世，婚姻不問閥閱」的鄭樵「通志」氏族略序所敍，淨化了觀念的眞正平等社會得自宋朝展現。

馬上得天下，不能馬上治天下，卽使出身低賤的實力主義者唐末藩鎭與五代十國君主厭惡舊傳統，舊傳統的統治方法卻不能否定，行政管理的人才仍然不能不重視。所以，陪伴八世紀後半唐朝朝廷權威萎退而地方勢力抬頭傾向初現，已見「大凡才能之士，名位未逾，多在方鎭」（德宗時趙憬之言，「唐書」本傳）的現象。九世紀以來愈益顯著，視「兩河諸侯競引豪英，士之喜利者多趨之，用爲謀士。故藩鎭日橫，天子爲旰食」（文宗時李石之言，「新唐書」本傳）；「懿僖以來，王道日失厥序，腐尹塞朝，賢人遁逃，四方豪英各附所合而奮，天子塊然，

所與者惟佞復庸奴，乃欲郛橫流，支已顚，寧不殆哉」（「新唐書」畢
諴等合傳贊）等文獻記錄可知。也明瞭文化人、知識份子以對中央離心
而向地方倒流，同係加速唐朝解體的因素之一，至五代仍如「廿二史劄
記」五代幕僚之禍篇所說：「五代之初，各方鎭猶重掌書記之官，蓋羣
雄割據，各務爭勝，雖書檄往來，亦恥居人下，覘國者並於此觀其國之
能得士與否。一時遂各延致名士，以光幕府。」

才能與學問之士志願分散四方，尙係個別的、家族的播遷，黃巢亂
起而全國性大騷動中，賊軍、官軍、集體逃避戰亂者、受反亂軍驅迫遷
移者，移動人數之眾，包括社會層面之複雜，流動範圍之廣，全屬空
前，而且又以中原南移爲主方向。五代十國的南方國家立國主之中，除
楊行密、錢鏐代表現地勢力外，幾乎所有原籍均係河南省，追隨的夥
伴，所統率創業部隊與移民，同一的中原來源也可想像。「新五代史」
兩段記錄足資說明，其一：「蜀恃險而富，當唐之末，士人多欲依
（王）建避亂。建雖起盜賊而爲人多智詐，善待士，故其僭號所用，皆
唐名臣世族」（前蜀世家）；「天下已亂，中朝人士以嶺外最遠，可
以避地，多遊焉」（南漢世家）。五代十國已係大亂初步回復穩定的時
代，移民潮固漸漸平息，其另一方面的歷史意義，正也是閃耀榮華之光
的大唐文化已向地方完成普及。

惟其如此，五代十國於人文方面固存有黑暗面，卻非可謂其文化便
是黑暗時代，與社會・政治的非可純然以離亂爲特徵，正相配當。漢朝
以來經濟・文化俱已發達的四川盆地前、後蜀國，筆、墨、紙等文房具
精品製作，字畫、佛經、曆本、詩文集等印刷本書籍刊行，均爲有名。
繪畫（人物畫、山水畫、花鳥畫）與純文學方面的詞，前、後蜀與唐朝
中期以來，固定爲統一國家財源區域的江淮穀倉地帶南唐，作品同登
圓熟境界，南唐末代君主李後主煜尤其是中國文學史上最偉大的天才之

一，詞的藝術由他發揚至極致。以金陵爲都城，又是音樂、戲劇都市文明發達之國的南唐，與以錢塘（杭州）爲都城，十國中國阼最長久，也因之比較最爲和平而文化穩定向上的吳越國，共同代表了江南文化，漸漸成長如今日印象的中國文化最盛之地，基礎便立於此際。婦女纏足歷史，通說也起源於南唐宮廷，以愛好婀娜多姿的纖弱美，由當時嘗試步步生金蓮，而發展爲後世的大流行，祇是如何以及何時變質爲強迫性社會習俗的過程，則不能確知。

北方朝代文物，也未可一筆抹煞其成績，後梁的繪畫，後唐的石經，後漢與後周的經書印刷，後周的柴窯（河南）製青瓷等，影響均及於後世。馮道始任後唐宰相時已從事而於後周時代完成的木版印刷九經（三經＝易、書、詩，三禮＝周禮、儀禮、禮記，以及春秋、論語、孝經），對儒學發展尤給予莫大方便，所以，五代之世，中國印刷史上係佔有重要位置的時代，爲所週知。自後周末至宋初活躍學術界的陳摶（希夷先生）融合儒、佛、道思想，唱三敎調和說，於宋朝性理學的成立存有深切關係。

中國文化至宋朝而再一次向世界炫耀燦爛光輝，其光源固隔代傳承自唐朝，直接的系譜則連結自五代人文。便以唐末五代的離亂爲契機，五代十國地域開發與承受分散傳播地方的唐朝文化，區域小單位經濟·文化各別的、齊頭的，卻又是平均的與堅實的展開，特別是江南開發突飛猛進，乃有宋朝社會、經濟、文化的發展基礎鑄定。幾乎宋朝受禪立卽展開有名的杯酒釋兵權戲劇性一幕，也是唐朝中期以來兩個世紀變態性格的地方分權態勢，由盛而衰，由疲而息，定必來臨的結果，而以宋朝建國把握此時機。節度使行政權被限制在治所之州，此外原管諸州統一的直接收歸中央，派出文人爲長官。前代遺留至其時的有力節度使也相繼引退，改由中央任命文臣接替，州以上新設大區劃的「路」，置轉運

使掌握路的財政權,原節度使徵稅權也被解除。藩鎮割據與武人跋扈之勢,乃以裁軍問題解決,節度使制解體,軍閥勢力被打倒,而總結其反動歷史。唐朝後半顯著成長的莊園經營與佃戶制,也以經歷唐末五代混亂期,地方上完成新興的地主層再編成,以及雇傭勞動再發展,宋朝已係莊園制本格化盛行時代。抑且,對應社會安定秩序出現時的流通經濟發展,商業與手工業發達,貨幣收入確立爲政府主要財源。都市的近代化消費傾向增大,居民一般生活水準均形向上,遊興‧娛樂向庶民大眾廣泛開放,門第族望的社會根底永絕。所以宋朝中國回復強力的中央集權機能時,政治‧社會新生力的登場,都已以平等的通過科舉考試爲條件,卻也是純然懸要求於文學與古典教養的新型科舉。於是,一類修身、齊家循序以進,以治國、平天下爲己任的士大夫身份,自新的歷史舞臺展開時明顯於社會形成。新時代也便以讀書爲底子的新身份者士大夫爲中核,由士大夫經科舉之途取得官位的文臣,固定其國家建設指導地位,文治主義成立爲國家根本方針。惟其如此,士大夫與新興都市居民共同代表了宋朝展開的新文化,對照唐朝文化性質之爲國際的、貴族式的,宋朝文化已全然相異,轉變以國粹的、庶民的爲特色。

　　社會、經濟、政治、文化諸形態,宋朝視唐朝巔峯期均非同型,而下迄明——清卻已無大變化的事實,指示中國歷史的時代區分,前後也已異質。唐朝於歷史分期列中世,歷史界通常無異論,則宋朝以後,便均須歸屬近代範疇,或者說,十世紀中宋朝已開啟近代中國的歷史之頁。人類世界各地域的歷史進程,步伐原非齊一,時代區分的標準與其時間表,因之均不能強其全同。然則,立於唐——宋中間位置的五代,其性格便是時代轉換的中間位置,五代抑或推前至唐末,社會誠然混亂,卻正是新時代胎動,爲近代中國催生的陣痛意味。

八—十世紀的東方世界

一部日本歷史著作記述：「寬平六年（紀元八九四年）遣唐使停止，日本透視世界之窗固已關閉，中國也終究失卻日本」❶。事實上，非祇日本，所有前此蒙受中國文明的德澤庇護，或以宗主──屬國關係平衡國際秩序的中國周圍諸民族，相與都於約略同時期，對中國斷絕了關係。此一現象，說明的正是大唐世界帝國解體。

大唐──東方太陽之國❷的陽光淡滅，威容俯臨東方世界的國際統一體紐帶崩裂，而巍然巨人頹倒，國內、外事情為相對應，步調也相同。申言之，世界帝國從繁榮走向下坡，東方世界變貌，起點都須置之八世紀中安史之亂，而係唐朝內政變化的外延。

北方突厥自六世紀中的中國南北朝之末強大，建設東起興安嶺，西及鹹海的北亞細亞大版圖統一遊牧國家後，隋朝利用其分裂時機，征服據有內、外蒙古的東突厥，也對伊犁地方為中心的西突厥懷柔成功。形勢轉換入七世紀唐朝時，太宗滅東突厥，高宗滅西突厥，八世紀中突厥確定性覆亡而政治體瓦解，蒙古高原由原突厥系統中新興崛起而制霸的回紇，接替為統治天地。建立北方領導勢力後的回紇又因參預平定中原安祿山之亂，與唐朝間前後連結兄──弟、舅──甥、父──子三階段關係，而屹立為大唐世界帝國後期最重要的加盟國家。卻是，唐朝已必須向回紇承諾每年無償給付絹二萬匹的代價，以及應其要求互市，另以馬匹交易大數量的絹，才得換取可汗的忠誠，又聽任其貪婪中國物資的獲得而捨外蒙古本據南移內蒙古，唐朝對屬國約束力大為減弱也已可

❶ 讀賣新聞社「日本の歷史」③平安貴族，第二五〇頁。
❷ 同上㉒飛鳥と奈良，第二五八頁的唐朝形容詞。

知。容忍回紇的再一重大原因，也是唐朝製造當回紇下方，亦即唐朝自身西方位置的吐蕃間，兩「大」勢力的均衡，相互牽制抗爭以解消吐蕃對唐朝壓力的外交運用。

吐蕃自七世紀初統一漢族中國領土以西的西藏高原，便以舅——甥關係的成立，加入爲唐朝世界帝國一成員，履行其國際義務，王玄策便宜動員其國軍隊征伐印度是有名的事例。唐朝高宗時代，棄宗弄贊死後當國權臣對外擴張，侵略吐谷渾（青海）得手，勢力伸向新疆，一度攻佔安西四鎮而仍被唐朝回復。但安史亂起，吐蕃氣燄終於獲得機緣大昇，趁唐朝西北邊境軍隊調入內地平亂，防衞空虛的間隙，一舉併合甘肅河西之地，唐朝卻已無力回復。亂後德宗建中四年（紀元七八三年）與穆宗長慶元年（紀元八二一年）的兩次締結和約會盟，使從來的雙方關係一變，站立到對等立場，名、實俱已脫離中國世界。唐朝制衡獨立不再接受領導的吐蕃，力量也惟有依恃北方新興勢力回紇，西方如日之升，接收了唐朝中亞細亞支配權的阿拉伯大食，以及從吐蕃東南或唐朝自身西南方面，漢朝一度收入版圖而其後又已放棄的雲南、貴州之地，提攜富有發達潛力的現住民藏緬系部族南詔，建立大包圍形勢。

大變局以安史之亂而展開，固係唐朝社會基礎已發生破綻，浮面卻長期沈湎於太平盛世安適生活所育成政治懈怠與社會惰性的矛盾滋長，不能肆應安史之亂大衝擊的突發爲主要原因，另一原因又是馬匹問題。「新唐書」兵志的記事：「安祿山以內外閑廐都使兼知樓煩監，陰選勝甲馬歸范陽，故其兵力傾天下，而卒反。其後邊無重兵，吐蕃乘隙陷隴右，苑牧畜馬皆沒矣。乾元後回紇恃功，歲入馬取繒，馬皆病弱不可用」。南方沼澤地帶作戰可以降低騎兵重要性，黃河大平原與北方沙漠邊緣，馬匹卻是戰場決勝的絕對條件。安史之亂馬匹損失殆盡，平亂自惟恃保有麗大強力騎兵部隊的回紇與其他遊牧化異民族。亂後回紇以馬

易絹要脅也便針對此一弱點，相對意義，又是唐朝戰鬥力已被操縱在回紇之手，此其一。其二，與回紇交換所得卻均為無用馬匹，而面對大陸東、北、西三方面，又都是馬為基本生存手段的民族，一旦戰爭，唐朝制勝希望注定極微。這應是安史亂後唐朝勢力不得不自中國域外各個方位後退，而依憑主要已以熟練又雄大的外交魄力，才繼續維持世界帝國面貌於不墮的直接原因。

　　對吐蕃的圍堵戰略是成功的，壓迫吐蕃對外侵略到達限界時，內亂頻發，吐蕃勢力漸漸衰落。其東方佔領地河西方面的支配權，紀元八四九年（宣宗大中三年）起被在地漢族居民武力奪回，翌年，領導中心續在沙州（甘肅省敦煌）成立，領袖張義潮以甘肅全域回復唐朝歸屬，再次年的紀元八五一年或大中五年，由唐朝任命之為節度使。而其意義，祇是唐朝變態為地方分權性格的半獨立藩鎮連鎖上，再增添一環節而已。另一方面，受唐朝積極扶植的雲南地方異民族南詔，以地理形勢與四川毗連，快速自四川攝取中國文化而文明化的結果，吐蕃完全喪失河西地方後十年的紀元八五九年（宣宗大中十三年懿宗即位後），呈現與河西倒反現象的背叛唐朝，獨立建設大禮國，連年交替從北、東、南三方對唐朝攻擊騷擾。而便與之同時，唐朝國內，黃巢之亂前奏意味的浙東裘甫之亂已經登場。

　　吐蕃沒落的同時期稍早，同樣以內部頻頻紛爭的原因，北方回紇步上同一衰敗命運。紀元八四〇年（文宗開成五年）被勃興於蒙古西北隅阿爾泰山方面，同係突厥種族系統的黠戛斯南下擊破，而沿天山方面西進，改據中亞細亞與新疆。回紇大退卻或相對意義的再前進稍後，盤據寧夏省方面的另一支同種族沙陀部開始茁壯，填補回紇撤退了的內蒙古勢力。紀元八六九年（懿宗咸通十年），沙陀部奉召平龐勛之亂後開始整族移住山西，續平黃巢之亂而愈南移中國內地，踏襲回紇路線放棄蒙

古故鄉。

漢族中國域外與唐朝世界帝國域內，繼起的大變化在東方發生。東方中國世界最早出現新生力尚係唐朝盛世，通古斯系靺鞨種族聯合被唐朝滅亡的高句麗遺民，八世紀前半已於今日中國東北中部輝發河流域立國，自稱震國，得玄宗册封渤海郡王（開元元年，紀元七三一年）而改以渤海爲國號。但其意義，毋寧與朝鮮半島新羅同等存立爲大唐世界帝國最忠實政治一員，另外再加日本，共同代表中國世界內，吸收中國文化成熟最堪誇傲的三個國家。九——十世紀之交巨大影響東方局勢的力量，雖也出自原已存在的民族，乃是舊民族而開新機運意味，卻非任何較早便已文明化的民族，係五世紀已知其名，先後服屬突厥、回紇（遊牧）與北魏、隋、唐（農耕），遼北省、熱河省一帶爲活動舞臺的文化後進民族契丹。黃巢亂後的九世紀末，契丹部族之一驟然增大，且努力躍向文明，紀元九〇七年（後梁推翻唐朝的同一年）統合契丹諸部後，紀元九一六年稱皇帝，暴雷似橫掃中國大陸北方，接替退出了的回紇、沙陀勢力，進出內、外蒙古，漢族中國五代後晉時代的紀元九三七年定國號爲「遼」。

唐朝傾覆前後，陪伴係亞洲局勢一連串的波動，波動特形強烈地區便在東方。史學界曾以「爲大唐帝國殉死的小唐帝國」❸ 形容，唐朝中國延長型的三個小中國，無一不追隨唐朝滅亡而國內發生大變故：

——紀元九一八年，朝鮮半島高麗立國，十七年後滅新羅統一半島。

——紀元九二六年，契丹併滅渤海。

——紀元九三九年，日本平將門之亂勃興，自稱「新皇」。

然而，此非漢族中國域外中國文化的傳與受，都已發生阻礙或後退

---

❸ 每日新聞社「世界の歷史」東洋篇，第一五八頁語。

之謂，相反的續在增長，契丹或遼，便是後起特以中國文化立國享盛譽
的範例。契丹原是中國世界一員，文化上的漢化雖曾長期停滯，卻素具
淵源，躍進期立國號、年號，稱皇帝，熱心輸入中國制度而迎頭趕上，
自爲順理成章。然而，學習中國文化的精神，契丹已一變，文字係其表
徵。契丹文字，與突厥、回紇、吐蕃等文字的非漢式系統迥異，仍是漢
字基礎，卻也避免直接移用漢字、漢文爲其自身文字，乃依據漢字方
式、原理，製成獨立的自國文字，已非傳統性格的純粹是中國文化移
植，以及中國文化忠實的模倣者，係有能力加以消化的意味。此與日
本同時期也已作出假名文字似乎彷彿，但日本僅日常生活中使用假名文
字，正式場合包括官文書與史書撰定，仍然全用純正漢字與漢文，契丹
文字卻是眞正的國字，毋寧乃爲進步。

　　與契丹全然相同的進步性中國化例子，又是原先從屬吐蕃，也與吐
蕃同係西藏系種族，吐蕃衰弱時解放的党項（＝唐古特）族，以今寧夏
省爲中心獨立的（西）夏國，與所製作的西夏文。西夏正式建國雖須延
至十一世紀宋朝，唐末以追隨沙陀部平黃巢而受任節度使，也與沙陀同
樣受唐朝賜國姓「李」，自此如同河西漢族政權似成立世襲割據形態。
地理形勢被回紇、吐蕃、吐谷渾、党項等族包圍的河西敦煌政權，紀元
一〇三八年（宋仁宗寶元元年），且便以西夏立國而被併合。

　　西夏切割漢族中國領土獨立，而最後復歸漢族中國爲領土的一部
份，與西夏歷史軌跡相同，結局卻不同的例子是今日越南。唐朝安南都
護改設節度使，時間須遲至南詔侵擾交州以後，五代十國時代屬南漢版
圖而漢人節度使的傳統一變，開始代表了土豪勢力抬頭。已同入中國內
地藩鎮割據模式的交州，於中國總結五代時代的宋朝消滅南漢政權前三
年，已自南漢治下節度使獨立，國號大瞿越，正式展開越南自主歷史第
一頁，時爲宋太祖開寶元年與紀元九六八年，自此確定脫離中國主權統

治。惟其如此，中國歷史上兩次大分裂期間，每一次都有領土邊際的過份突出部份，於分裂形勢展開後，以地理位置特殊而未能隨中國再統一回復原狀。第一次是五胡亂華期的極東方朝鮮半島，第二次便是五代十國時代的極南方越南，這是唐朝覆亡與其世界帝國崩壞的永久性影響之一。

摩尼教保護者遊牧回紇喪失北亞細亞霸權，大規模向西移動，通過準噶爾盆地定着伊犁河谷與中亞細亞，重新發展其大勢力支配圈時，開始接觸回教文化，漸漸信仰上改宗回教，也因十世紀中所建政權的全有帕米爾高原東、西之地，而在各個沃洲上，改變其生活形態爲農耕文明化。同一期間，八世紀西突厥傾覆後留住中亞細亞以北諸種族，也已向南播遷，在回教世界中紛紛抬頭與回教化。突厥系的各個政權自此在中亞細亞相繼成立，十一世紀又完成突厥人一掃西亞細亞、小亞細亞之勢。相對的回紇人方面，則勢力退出中亞細亞而席捲新疆塔里木盆地，分佈到天山以南塔克拉馬干大沙漠周圍全域，人種、文化博覽會性格與佛教溫床的古代新疆面貌，由是一變，淨化爲突厥化、回教化，最早鑄定回教維吾爾（回紇）人爲主要居民的今日新疆人文。向由印歐語族與西方系雅利安白色人種分佈的中亞細亞，也便以回紇人亡命移住行動的決定性契機，同血緣突厥人壓倒性大移動，而今日所見中亞細亞（以及土耳其）係黃膚色北方系突厥諸種族天地的歷史性轉變成立，西洋著作中乃有土耳其斯坦（Turkestan），意卽土耳其（突厥）人所居住土地的名詞出現與慣用，這又是唐朝覆亡與其世界帝國崩壞的永久性影響之二。

遼史於廿二史成立的時代已列正史，所以遼朝也被承認爲中國正統朝代。雖然紀元九四六年（遼太宗會同九年，五代後晉出帝開運三年）末至翌年初，遼主入汴京君臨中國的時間至爲短暫，其餘時間領有中國農耕文明世界的部份，限於燕雲十六州與勃興期最早佔領的遼河流域，

而漢族中國未以支配地域廣狹問題否定其朝代地位，中國修史態度的客觀，立場的公正，可以顯見。堪注意的，起源自北方草原系統的民族，在漢族中國北方成立政權，雖然早自四——五世紀五胡十六國以迄南北朝北朝的場合均然，遼朝的性格卻與此等朝代迥異，也自遼朝開端而以後所有發源於北方異民族的漢族中國朝代，均已脫離早期朝代軌跡。南北朝北朝以前，都是異民族以投降形式被允諾移住漢族中國文明地帶，在漢族中國領土上與漢族混居，受本格的漢族文化同化已成熟階層，以及至少第二代後裔時，追隨漢族自身的建國運動而建國，所以，本質上，此等國家或朝代的歷史，仍是漢族中國的，僅此等建國者留有原異民族祖先系譜爲殘存痕跡。遼朝已非是，儘管以往也早已蒙受中國文化培育，居住地則始終立於漢族中國域外，係自外而來，用武力征服所建立的漢族中國朝代，簡言之，征服朝代。以後，十二世紀時滅亡**遼朝**而廣大支配黃河流域全域的金朝，以及十三世紀時滅金又滅宋的蒙古人元朝，接連都是征服朝代，且是規模愈到以後愈大的征服現象。而無論於中國史或東亞史都是劃期性轉捩的征服朝代最早出現，便是十世紀中國混亂期的契丹或遼，這又是唐朝滅亡與其世界帝國崩壞的永久性影響之三。

所以，唐朝壞滅時巨大影響東亞世界的歷史意義，固於今日的亞洲史學界間尚多不同觀點，而呈各具見解的狀態，譬如，以唐朝統制力衰退而契丹人崛起建設遼國，其性格的理論上解釋，以及越南立場的越南獨立史實剖析等，都是。但唐朝之爲包含了東亞諸民族共同形成的世界帝國，因而其崩壞也是東亞世界全體的變貌，非僅漢族中國社會自身劃期的變革而已，則歷史界一般意見，都是一致的，也都是肯定的。

主要參考書

筑摩版「世界の歷史」⑥東アジア世界の變貌，一九六八年新版。

誠文堂新光社版「世界史大系」③東アジアI，昭和三九年。

平凡社版「世界歷史大系」⑤東洋中世史第二篇，昭和九年。

學生社版「古代史講座」第十卷「世界帝國の諸問題」，昭和四一年。

西嶋定生「六──八世紀の東アジア」（岩波講座「日本歷史」②古代（2）），

　　一九六二年。

石母田正「中世的世界の形成」附錄諸篇，東京大學出版會，一九五七年。

藤間生大「東アジア世界の形成」，春秋社，一九六六年。

田和淸「中國史槪說」（上）（岩波全書），一九五一年。

鈴木俊「中國史」（世界各國史（9）），山川社，一九六四年。

加藤繁「支那經濟史槪說」，弘文堂，一九四四年。

三民大學用書 (七)

書　　　　　名	著　作　人	任　教　學　校
自　然　地　理　學	劉　鴻　喜	美國加州大學
非　洲　地　理	劉　鴻　喜	美國加州大學
聚　落　地　理　學	胡　振　洲	中　興　大　學
海　事　地　理　學	胡　振　洲	中　興　大　學
經　濟　地　理	陳　伯　中	臺　灣　大　學
地　形　學　綱　要	劉　鴻　喜	美國加州大學
修　　辭　　學	黃　慶　萱	師　範　大　學
中　國　文　學　概　論	尹　雪　曼	文　化　大　學
中　國　哲　學　史	勞　思　光	香港中文大學
中　國　哲　學　史	周　世　輔	政　治　大　學
西　洋　哲　學　史	傅　偉　勳	臺　灣　大　學
西　洋　哲　學　史　話	鄔　昆　如	臺　灣　大　學
邏　　　　輯	林　正　弘	臺　灣　大　學
邏　　　　輯	林　玉　體	師　範　大　學
符　號　邏　輯　導　論	何　秀　煌	香港中文大學
人　生　哲　學	黎　建　球	輔　仁　大　學
思　想　方　法　導　論	何　秀　煌	香港中文大學
如　何　寫　學　術　論　文	宋　楚　瑜	臺　灣　大　學
奇　妙　的　聲　音	鄭　秀　玲	師　範　大　學
美　　　　　學	田　曼　詩	中國文化大學

書　　　名	著　作　人	任　教　學　校
審　計　學	殷　文　俊	政　治　大　學
投　資　學	龔　平　邦	逢　甲　大　學
財　務　管　理	張　春　雄	政　治　大　學
財　務　管　理	黃　柱　權	政　治　大　學
公　司　理　財	黃　柱　權	政　治　大　學
公　司　理　財	劉　佐　人	前　中　興　大　學
統　計　學	柴　松　林	政　治　大　學
統　計　學	劉　南　溟	前　臺　灣　大　學
推　理　統　計　學	張　碧　波	銘　傳　商　專
商　用　統　計　學	顏　月　珠	臺　灣　大　學
商　用　統　計　學	劉　一　忠	政　治　大　學
應用數理統計學	顏　月　珠	臺　灣　大　學
資　料　處　理	黃景彰 黃仁弘	交　通　大　學
企業資訊系統設計	劉　振　漢	交　通　大　學
COBOL 程式語言	許　桂　敏	工　業　技　術　學　院
BASIC 程式語言	劉振漢 何鈺威	交　通　大　學
FORTRAN 程式語言	劉　振　漢	交　通　大　學
PRIME 計　算　機	劉　振　漢	交　通　大　學
PDP–11 組合語言	劉　振　漢	交　通　大　學
APPLE BASIC 程式語言與操作	德勝電腦公司	
RPG II 程式語言	葉　民　松	臺　中　商　專
微電腦基本原理	杜　德　煒	美　國　矽　技　術　公　司
PRIME 計算機總論	林柏青 郭德惠	美國AOCI 電腦公司 高　雄　工　專
COBOL 技巧化設計	林　柏　青	美國AOCI 電腦公司
微　算　機　原　理	王小川 曾憲章	清　華　大　學 全　友　電　腦　公　司
中　國　通　史	林　瑞　翰	臺　灣　大　學
中　國　現　代　史	李　守　孔	臺　灣　大　學
中　國　近　代　史	李　守　孔	臺　灣　大　學
黃河文明之光	姚　大　中	東　吳　大　學
古代北西中國	姚　大　中	東　吳　大　學
南方的奮起	姚　大　中	東　吳　大　學
西　洋　現　代　史	李　邁　先	臺　灣　大　學
英　國　史　綱	許　介　鱗	臺　灣　大　學
印　度　史	吳　俊　才	政　治　大　學
美　洲　地　理	林　鈞　祥	師　範　大　學

書　　　　名	著　作　人	任　教　學　校
財　政　學	林華德	臺　灣　大　學
財　政　學	魏萼等	臺　灣　大　學
財　政　學　原　理	魏萼	臺　灣　大　學
國　際　貿　易	李穎吾	臺　灣　大　學
國　際　貿　易　實　務	松惠民	中　國　文　化　大　學
國　際　貿　易　實　務	張錦源　林茂盛	輔　仁　大　學　淡　水　工　商
國　際　貿　易　實　務　概　論	張錦源	輔　仁　大　學
國　際　貿　易　實　務　附　圖	松惠民	中　國　文　化　大　學
英　文　貿　易　契　約　實　務	張錦源	輔　仁　大　學
貿　易　英　文　實　務	張錦源	輔　仁　大　學
海　關　實　務	張俊雄	東　海　大　學
貿　易　貨　物　保　險	周詠棠	交　通　大　學
國　際　匯　兌	林邦充	政　治　大　學
信　用　狀　理　論　與　實　務	蕭啓賢	中　原　大　學
美　國　之　外　匯　市　場	于政長	
保　險　學	湯俊湘	中　興　大　學
人　壽　保　險　學	宋明哲	德　明　商　專
火　災　保　險　及　海　上　保　險	吳崇清	中　國　文　化　大　學
商　用　英　文	程振粤	臺　灣　大　學
商　用　英　文	張錦源	輔　仁　大　學
國　際　行　銷　管　理	許士軍	政　治　大　學
市　　　場　　　學	王德馨	中　興　大　學
線　性　代　數	謝志雄	東　吳　大　學
商　用　數　學	薛昭雄	政　治　大　學
商　用　微　積　分	何典恭	淡　水　工　商
微　積　分	楊維哲	臺　灣　大　學
銀　行　會　計	李兆萱　金桐林	臺　灣　大　學
會　計　學	幸世間	臺　灣　大　學
會　計　學	謝尚經	淡　水　工　商
會　計　學	蔣友文	台　灣　大　學
成　本　會　計	洪國賜	淡　水　工　商
成　本　會　計	盛禮約	政　治　大　學
政　府　會　計	李增榮	政　治　大　學
中　級　會　計　學	洪國賜	淡　水　工　商
商　業　銀　行　實　務	解宏賓	中　興　大　學
財　務　報　告　分　析	李祖培	中　興　大　學
財　務　報　表　分　析	洪國賜	淡　水　工　商

三民大學用書 (四)

書　　　　　名	著　作　人	任　教　學　校
社 會 教 育 新 論	李 建 興	師 範 大 學
中 等 教 育	司 琦	政 治 大 學
中 國 體 育 發 展 史	吳 文 忠	師 範 大 學
心 理 學	張 春 興 楊 國 樞	師 範 大 學 臺 灣 大 學
心 理 學	劉 安 彥	美國傑克遜州立大學
人 事 心 理 學	黃 天 中	中 興 大 學
人 事 心 理 學	傅 肅 良	文 化 大 學
新 聞 英 文 寫 作	朱 耀 龍	中 國 文 化 大 學
新 聞 傳 播 法 規	張 宗 棟	中 國 文 化 大 學
傳 播 研 究 方 法 總 論	楊 孝 濚	東 吳 大 學
廣 播 與 電 視	何 貽 謀	政 治 大 學
電 影 原 理 與 製 作	梅 長 齡	中 國 文 化 大 學
新 聞 學 與 大 眾 傳 播 學	鄭 貞 銘	文 化 大 學
新 聞 採 訪 與 編 輯	鄭 貞 銘	文 化 大 學
採 訪 寫 作	歐 陽 醇	師 範 大 學
廣 告 學	顏 伯 勤	輔 仁 大 學
中 國 新 聞 傳 播 史	賴 光 臨	政 治 大 學
媒 介 實 務	趙 俊 邁	東 吳 大 學
數 理 經 濟 分 析	林 大 侯	臺 灣 大 學
計 量 經 濟 學 導 論	林 華 德	臺 灣 大 學
經 濟 學	陸 民 仁	臺 灣 大 學
經 濟 政 策	湯 俊 湘	中 興 大 學
總 體 經 濟 學	鐘 甦 生	美國西雅圖銀行
個 體 經 濟 學	劉 盛 男	臺 北 商 專
合 作 經 濟 概 論	尹 樹 生	中 興 大 學
農 業 經 濟 學	尹 樹 生	中 興 大 學
西 洋 經 濟 思 想 史	林 鐘 雄	政 治 大 學
凱 因 斯 經 濟 學	趙 鳳 培	政 治 大 學
工 程 經 濟	陳 寬 仁	中 正 理 工 學 院
國 際 經 濟 學	白 俊 男	東 吳 大 學
國 際 經 濟 學	黃 智 輝	淡 水 工 商
貨 幣 銀 行 學	白 俊 男	東 吳 大 學
貨 幣 銀 行 學	何 偉 成	中 正 理 工 學 院
貨 幣 銀 行 學	楊 樹 森	文 化 大 學
貨 幣 銀 行 學	李 穎 吾	台 灣 大 學
商 業 銀 行 實 務	解 宏 賓	中 興 大 學
財 政 學	李 厚 高	中 國 文 化 大 學

三民大學用書 (三)

書　　　　名	著　作　人	任　教　學　校
企　業　管　理	蔣　靜　一	逢　甲　大　學
企　業　管　理	陳　定　國	台　灣　大　學
企業組織與管理	盧　宗　漢	中　興　大　學
組　織　行　為　管　理	龔　平　邦	成　功　大　學
管　理　新　論	謝　長　宏	台　灣　大　學
管　理　心　理　學	湯　淑　貞	成　功　大　學
管　理　數　學	謝　志　雄	東　吳　大　學
人　事　管　理	傅　肅　良	中　國　文　化　大　學
考　銓　制　度	傅　肅　良	中　國　文　化　大　學
作　業　研　究	林　照　雄	輔　仁　大　學
作　業　研　究	楊　超　然	臺　灣　大　學
系　統　分　析	陳　　　進	前美國聖瑪麗大學
社　會　科　學　概　論	薩　孟　武	台　灣　大　學
社　　會　　學	龍　冠　海	台　灣　大　學
社　會　思　想　史	龍　冠　海	臺　灣　大　學
社　會　思　想　史	龍冠海 張承漢	臺　灣　大　學
都市社會學理論與應用	龍　冠　海	臺　灣　大　學
社　會　學　理　論	蔡　文　輝	美國印第安那大學
社　會　變　遷	蔡　文　輝	臺　灣　大　學
社　會　福　利　行　政	白　秀　雄	政　治　大　學
勞　工　問　題	陳　國　鈞	中　興　大　學
社會政策與社會立法	陳　國　鈞	中　興　大　學
社　會　工　作	白　秀　雄	政　治　大　學
文　化　人　類　學	陳　國　鈞	中　興　大　學
普　通　教　學　法	方　炳　林	師　範　大　學
各　國　教　育　制　度	雷　國　鼎	師　範　大　學
教　育　行　政　學	林　文　達	政　治　大　學
教　育　社　會　學	陳　奎　憙	師　範　大　學
教　育　心　理　學	胡　秉　正	政　治　大　學
教　育　心　理　學	溫　世　頌	美國傑克遜州立大學
教　育　經　濟　學	蓋　浙　生	師　範　大　學
家　庭　教　育	張　振　宇	中　興　大　學
當　代　教　育　思　潮	徐　南　號	師　範　大　學
比　較　國　民　教　育	雷　國　鼎	師　範　大　學
中　國　教　育　史	胡　美　琦	中　國　文　化　大　學
中國國民教育發展史	司　　　琦	政　治　大　學
中　國　現　代　教　育　史	鄭　世　興	師　範　大　學

三民大學用書 (二)

書　　　　　名	著　作　人	任　教　學　校
商 事 法 要 論	梁 宇 賢	中 興 大 學
刑 法 總 論	蔡 墩 銘	臺 灣 大 學
刑 法 各 論	蔡 墩 銘	臺 灣 大 學
刑 法 特 論	林 山 田	輔 仁 大 學
刑 事 訴 訟 法 論	胡 開 誠	臺 灣 大 學
刑 事 政 策	張 甘 妹	臺 灣 大 學
強 制 執 行 法 實 用	汪 褘 成	前 臺 灣 大 學
監 獄 學	林 紀 東	臺 灣 大 學
現 代 國 際 法	丘 宏 達	臺 灣 大 學
平 時 國 際 法	蘇 義 雄	中 興 大 學
國 際 私 法	劉 甲 一	臺 灣 大 學
破 產 法 論	陳 計 男	東 吳 大 學
國 際 私 法 新 論	梅 仲 協	前 臺 灣 大 學
中 國 政 治 思 想 史	薩 孟 武	臺 灣 大 學
西 洋 政 治 思 想 史	薩 孟 武	臺 灣 大 學
西 洋 政 治 思 想 史	張 金 鑑	前 政 治 大 學
中 國 政 治 制 度 史	張 金 鑑	前 政 治 大 學
政 治 學	曹 伯 森	陸 軍 官 校
政 治 學	鄒 文 海	前 政 治 大 學
政 治 學 概 論	張 金 鑑	前 政 治 大 學
政 治 學 方 法 論	呂 亞 力	臺 灣 大 學
公 共 政 策 概 論	朱 志 宏	臺 灣 大 學
中 國 社 會 政 治 史	薩 孟 武	臺 灣 大 學
歐 洲 各 國 政 府	張 金 鑑	前 政 治 大 學
美 國 政 府	張 金 鑑	前 政 治 大 學
各 國 人 事 制 度	傅 肅 良	中 興 大 學
行 政 學	左 潞 生	中 興 大 學
行 政 學	張 潤 書	政 治 大 學
行 政 學 新 論	張 金 鑑	立 法 委 員
行 政 法	林 紀 東	臺 灣 大 學
行 政 法 之 基 礎 理 論	城 仲 模	中 興 大 學
交 通 行 政	劉 承 漢	交 通 大 學
土 地 政 策	王 文 甲	中 興 大 學
現 代 管 理 學	龔 平 邦	成 功 大 學
現 代 企 業 管 理	龔 平 邦	成 功 大 學
現 代 生 產 管 理 學	劉 一 忠	政 治 大 學
生 產 管 理	劉 漢 容	成 功 大 學
企 業 政 策	陳 光 華	交 通 大 學

三民大學用書 (一)

書　　　名	著　作　人	任　教　學　校
比　較　主　義	張　亞　澐	政　治　大　學
國父思想新論	周　世　輔	政　治　大　學
國父思想要義	周　世　輔	政　治　大　學
國　父　思　想	周　世　輔	政　治　大　學
最新六法全書	陶　百　川	監　察　委　員
最新綜合六法全書	陶　百　川 王　澤　鑑	監　察　委　員
憲　　法　　論	張　知　本	臺　灣　大　學
中國憲法新論	薩　孟　武	臺　灣　大　學
中華民國憲法論	管　　　歐	東　吳　大　學
中華民國憲法逐條釋義 (一)(二)(三)(四)	林　紀　東	臺　灣　大　學
比　較　憲　法	鄒　文　海	前　政　治　大　學
比　較　憲　法	曾　繁　康	臺　灣　大　學
比較監察制度	陶　百　川	監　察　委　員
國　家　賠　償　法	劉　春　堂	輔　仁　大　學 考　試　院　參　事
中　國　法　制　史	戴　炎　輝	臺　灣　大　學
法　學　緒　論	鄭　玉　波	臺　灣　大　學
法　學　緒　論	蔡　蔭　恩	中　興　大　學
民　法　概　要	董　世　芳	實　踐　家　專
民　法　概　要	鄭　玉　波	政　治　大　學
民　法　總　則	鄭　玉　波	臺　灣　大　學
民　法　總　則	何　孝　元	中　興　大　學
民法債編總論	鄭　玉　波	臺　灣　大　學
民法債編總論	何　孝　元	中　興　大　學
民　法　物　權	鄭　玉　波	臺　灣　大　學
判解民法物權	劉　春　堂	輔　仁　大　學
判解民法總則	劉　春　堂	輔　仁　大　學
判解民法債篇通則	劉　春　堂	輔　仁　大　學
民　法　親　屬	陳　棋　炎	臺　灣　大　學
民　法　繼　承	陳　棋　炎	臺　灣　大　學
公　　司　　法	鄭　玉　波	臺　灣　大　學
公　司　法　論	梁　宇　賢	中　興　大　學
票　　據　　法	鄭　玉　波	臺　灣　大　學
海　　商　　法	鄭　玉　波	臺　灣　大　學
保　險　法　論	鄭　玉　波	臺　灣　大　學
商　事　法　論	張　國　鍵	臺　灣　大　學